Werner Rau

MOBIL REISEN
DÄNEMARK

Individuell Reisen mit
Auto, Motorrad und Wohnmobil
in Jütland, Fünen, Seeland,
Falster, Lolland und Bornholm

Rau's Reisebücher
Band 2

RAU'S REISEBÜCHER
Band 2

MOBIL **REISEN**

DÄNEMARK

**Individuell Reisen mit
Auto, Motorrad und Wohnmobil
in Jütland, Fünen, Seeland, Falster, Lolland
und Bornholm**

WERNER RAU VERLAG STUTTGART

Idee, Text, Layout, Karten, Stadtpläne und Fotos (falls nicht anders gekennzeichnet): Werner Rau

Titelfoto: Im Freilichtmuseum von Odense, Fünen.

5. vollständig überarbeitete und aktualisierte Auflage 1999/00

Umschlaggestaltung: Hitz Artworks, 72667 Schlaitdorf
Herstellung: Druckerei Fritz Steinmeier, 86720 Nördlingen
Printed in Germany

Gedruckt auf chlorfreiem Papier.

ISBN 3–926145–02–1

INHALT

Kurzessays

Karten und Stadtpläne

EIN WORT ZUM BUCH

Nicht suchen, sondern finden, erleben und genießen. *RAU's TOURING GUIDES* sagen konkret wo's langgeht.

RAU's REISEBÜCHER aus der neuen Reihe *MOBIL REISEN* sind handliche, praktische Reiseführer, sowohl für individuelles Reisemobil- und Auto-Touring als auch fürs Motor-Biking – oder einfach für erlebnisreiches Reisen auf eigene Faust.

Zusammen mit ihren bewährten Tourenvorschlägen und Reisetips bilden Rau's Reisebücher eine gelungene Mischung aus zeitgemäßer Informationsvielfalt, Kultur und aktuellen Tips für täglich neue Reiseerlebnisse.

Gehen Sie mit dem vorliegenden Band *„MOBIL REISEN: DÄNEMARK"* auf Ihre ganz individuelle Entdeckungsreise – durch **Jütland** zu den herrlichen, kilometerlangen Stränden, nach **Seeland** mit seinen wunderschönen Schlössern und mit „wonderful, wonderful Copenhagen", nach **Fünen** mit seinen lieblichen Landschaften und nach **Bornholm**, der beschaulichen Ferieninsel, mit schneeweißen Stränden, urigen Kneipen und interessanten Sehenswürdigkeiten.

Jeden Tag können Sie neue, naturschöne oder dramatische Landschaften erkunden, Reisehöhepunkte erleben. Der vorliegende Band bietet Ihnen dazu Routenvorschläge, Ausflüge, Stadtspaziergänge, Tips zu Radl- oder Wandertouren und vieles mehr.

Und jeden Abend können Sie in kleinen, behaglichen Hotels übernachten und die ländliche Küche probieren oder auf naturnahen Campingplätzen Station machen – auf jeder Etappe. Denn auf jeder in diesem Band beschriebenen Route finden Sie ausgesuchte Hotels und Campingplätze. Dieser Reiseführer sagt Ihnen kompetent und ehrlich wo's langgeht. Und vergessen Sie weder Fahrrad, noch Wanderstiefel, Surfbrett oder Kanu. Sie könnten sie vermissen.

☑ *neu!* Und durch eine ganz neue Seitengestaltung mit Symbolen und Markierungen wird der vorliegende Reiseführer den Ansprüchen eines praktischen Touring-Guides noch weiter gerecht. Einzelheiten darüber stehen hinten unter „Zeichenerklärung".

Alle Angaben sind mit größter Sorgfalt nach dem zum Zeitpunkt der Manuskripterstellung aktuellsten erreichbaren Stand zusammengestellt. Änderungen sind aber nicht auszuschließen, leider auch nicht Irrtümer. Autor und Verleger können deshalb keine Haftung für die gemachten Angaben übernehmen. Und alle genannten Preise sollten nur als Anhaltspunkte verstanden werden.

Zuschriften mit reiserelevanten Neuigkeiten aus Dänemark sind sehr willkommen, unterstützen sie doch mein Bestreben, *RAU's TOURING GUIDES* aus der Reihe *MOBIL REISEN* immer auf dem neuesten Stand zu halten.

Gute Reise!

Ihr Werner Rau

Werner Rau Verlag, Feldbergstraße 54, D – 70569 Stuttgart.
Fax 0711/682247. E-mail: RauVerlag@aol.com

KURZPORTRAIT DÄNEMARK

Dänemark, offizieller Staatsname *Kongeriget Danmark*, ältestes Königreich Europas, liegt zwischen Nord- und Ostsee und grenzt im Süden mit der Halbinsel Jütland an Schleswig-Holstein. Das Land wird ansonsten begrenzt von Nordsee und Skagerrak im Westen und Nordwesten, vom Kattegat im Nordosten und von der Ostsee im Osten.

Dänemarks Wappen

Größe des Landes: Das dänische Inselreich erstreckt sich über ein Territorium von 43.094 qkm. Davon entfallen auf die Halbinsel Jütland etwa 30.100 qkm (70%), der Rest verteilt sich auf gut 470 Inseln, von denen etwa 100 bewohnt sind. Die größten Inseln sind Seeland (7.025 qkm), Fünen (2.980 qkm), Lolland (1.245 qkm), Bornholm (590 qkm) und Falster (515 qkm). Ebenfalls zu Dänemark gehören – wenn auch mit autonomer Verwaltung – die Färöer Inseln und Grönland.

Nach Kopenhagen sind **die größten Städte** des Landes: Århus (ca. 214.000 Einw.), Odense (ca. 145.000 Einw.), Aalborg (ca. 119.000 Einw.) und Esbjerg (ca. 74.000 Einw.).
Die Länge der **dänischen Küste** mißt 7.500 km! Die Landgrenze hingegen nur 67 km.

Bevölkerung: Dänemark hat etwas mehr als 5,27 Mio. Einwohner. Die Be-

völkerungsdichte beträgt etwa 122 Menschen pro qkm (im Vergleich: BR Deutschland dagegen rund 218 Einwohner pro qkm).
Der ganz überwiegende Teil der Bevölkerung (ca. 90%) gehört der evangelisch-lutherischen Glaubensrichtung (Staatsreligion, Volkskirche) an. Zumindest wird dieser große Personenkreis statistisch über die Erhebung Kirchensteuer als der Staatsreligion zugehörig angesehen. Katholiken, Juden, Baptisten, Methodisten und andere Gruppierungen zählen zu den religiösen Minderheiten. Generell ist die Glaubensfreiheit garantiert. Nur der Monarch hat als einziger Staatsbürger im Dänenreich kein Recht auf Religionsfreiheit. Laut Verfassung hat er der Volkskirche anzugehören.
Die Staatssprache ist Dänisch.

Hauptstadt ist Kopenhagen (København) auf der Insel Seeland, mit annähernd 477.000, bzw. ca. 1,4 Mio. Einwohnern inklusive der Außenbezirke und 26 Vororte.

Staatsform: Konstitutionelle Monarchie. Mit Einführung des Grundgesetzes 1849 wählten die Dänen die demokratische Regierungsform.

Dänemarks Monarchie ist eine der ältesten der Welt. Zeugnisse eines ersten dänischen Königs namens Hardekund gibt es aus dem Jahre 943. Kaum mehr

DÄNEMARKS KÖNIGIN

Königin Margrethe II. Alexandrine Thorhildur Ingrid, Königin von Dänemark, wurde am 16. April 1940 auf Schloß Amalienborg in Kopenhagen geboren. Nach dem Abitur studierte sie in Cambridge, an der Sorbonne in Paris, in London und in Kopenhagen u.a. Philosophie, Geschichte und Politikwissenschaften. Am 10. Juni 1967 heiratete sie Prinz Henrik (Henri-Marie-Jean-André Count de Laborde de Monpezat). Nach dem Tode ihres Vaters, König Frederick IX., bestieg Margrethe II.

die dänische Königsfamilie

am 15. Januar 1972 als erste Regentin Dänemarks seit fast 600 Jahren den dänischen Thron. Die Königin hat zusammen mit ihrem Gemahl unter einem Pseudonym Werke von Simone de Beauvoirs übersetzt und sie gilt als profilierte Malerin und Archäologin.

Foto m. frdl. Gen.: Ted Fahn, Dänisches Fremdenverkehrsamt

als der Name ist auch von dessen Nachfolger, Gorm der Alte, bekannt. Erst mit Gorms Sohn, Harald Blauzahn, der zwischen 940 und 986 herrschte, werden die Details über das Wirken der nachfolgenden 52 Könige und Königinnen umfangreicher. Eine der längsten Regentschaften leistete König Christian VI., der ganze 60 Jahre den dänischen Thron innehatte.

Im Laufe der Generationen ging das dänische Königshaus viele Verbindungen durch Heirat mit anderen europäischen Dynastien ein. Peter Harmsen schreibt in seiner Broschüre „Tatsachen über Dänemark": König Christian IX. der 1818 geboren wurde, 1863 den Thron bestieg und 1906 starb, wurde z.B. „der Schwiegervater Europas" genannt. Einer seiner Söhne, der spätere König Frederik VIII., heiratete eine Prinzessin aus Schweden, und ein anderer Sohn, Vilhelm, wurde König Georg I. von Griechenland. Eine Tochter, Alexandra, heiratete den englischen Prinzen von Wales, den späteren König Edward VII. Eine andere Tochter, Dagmar, wurde als Gattin Zar Alexanders III. Zarin von Rußland. Zarin Dagmar war die Mutter Zar Nikolaj II., der nach der russischen Revolution dem Bolschewiken hingerichtet wurde."

Von der Mitte des 15. Jh. an stellte über 300 Jahre lang das Haus Oldenburg die dänische Könige. Der letzte Monarch aus dieser Dynastie, Frederik VII., starb 1863 kinderlos. Von nun an stellte das Haus der Herzöge von Glücksburg die dänischen Thronfolger.

Staatsoberhaupt ist seit ihrer Inthronisierung am 15. Januar 1972 **Königin Margrethe II**. Sie folgte König Frederik

IX. auf dem dänischen Thron. Thronfolger ist Kronprinz Frederik. Im Hause Schleswig-Holstein-Sonderburg-Glücksburg ist die Königswürde erblich. Nach einer Verfassungsänderung von 1953 ist die weibliche Thronfolge möglich. Die Machtbefugnisse des dänischen Monarchen sind relativ gering. Seine Verfügungen müssen mit dem Parlament abgestimmt sein. Der Monarch ernennt die Minister der Regierung. Unter dem Vorsitz der Königin bilden die Minister den Staatsrat.

Als **Volksvertretung** fungiert das **Folketing**, ein Ein-Kammer-Parlament mit 179 auf vier Jahre gewählten Abgeordneten, inkl. je zwei Parlamentariern aus Grönland und von den Färöern. Schon 1953 wurde die Institution eines „Ombudsman" eingerichtet, der als Folketing-Beauftragter fungiert und sich mit Klagen und Beschwerden aus der Bevölkerung befaßt.

Parlamentspräsident ist *Ivar Hansen*, Premierminister ist *Poul Nyrup Rasmussen* von der Sozialdemokratiet. Die bedeutendsten politischen Parteien Dänemarks sind die *Sozialdemokratiet*, die bei den letzten Wahlen 1998 ziemlich unerwartet 36% der Stimmen erhielt, dann die *Venstre* (Liberale), *Konservative Folkeparti, Socialistik Folkeparti, Danks Folkeparti, Centrum-Demokraterne*, sowie allerlei Parteien, die bei den letzten Wahlen allerdings unter 4% blieben. Einen überraschend großen Erfolg hatte 1998 die erst 1995 gegründete rechtsradikale Danks Folkeparti, die mit ihrer Parole „Dänemark den Dänen" 7,4 % der Stimmen und 13 der Mandate errang. Seit 1978 ist das Wahlalter auf 18 Jahre festgesetzt.

Verwaltungstechnisch ist Dänemark in 14 Amtskommuner (Kreisgemeinden) und 275 Primaerkommuner (Gemeinden) eingeteilt. Gemeinden und Kreisgemeinden werden von demokratisch gewählten Kreistagen bzw. Gemeinderäten geleitet. Ein Ausnahme in diesem System bildet die Hauptstadt Kopenhagen. Hier ist eine Stadtverordnetenversammlung (Borgerrepraesentationen) für die legislativen Aufgaben zuständig, während der Magistrat (Magistraten) über die administrative Gewalt wacht.

Landesnatur: Dänemark besteht aus der großen, sich annähernd 350 km nach Norden erstreckenden Jütischen Halbinsel, sowie aus den Inseln Seeland mit der Hauptstadt Kopenhagen, Fünen, Lolland, Falster, Møn, Langeland, Ærø, Alsen, Bornholm und diversen kleineren Insel. Jütland alleine ist fast dreimal so groß wie die restlichen 406 Inseln des Landes. Die Insel Bornholm liegt gut 130 km östlich von Seeland in der Ostsee.

Geologisch gesehen bildet Dänemark mit seinem tiefen Kreideuntergrund einen Übergang von Mitteleuropa zu Nordeuropa. Deutlich zutage treten die Kreideschichten z.B. am Limfjord oder an den Klippen auf Møn (Mønsklint).

Bemerkenswert ist die nur schwach gegliederte Westküste Jütlands, die nur einige wenige Naturhäfen bietet.

Das recht dicht besiedelte und landwirtschaftlich intensiv genutzte Land weist kaum nennenswerte Erhebungen auf. Lediglich einige aus der Eiszeit übriggebliebenen Endmoränen bilden „Berge" mit Höhen um 170 m. Würde sich die dänische Landmasse um 30 Meter senken, wäre fast das halbe Staatsgebiet vom Meer überflutet.

Wirtschaftliche Schwerpunkte: Dänemarks Wirtschaft hat sich in den vergangen Jahren eine herausragende Stellung in Europa erarbeitet. Eine vorzügliche, überaus effektive Landwirtschaft mit ausgezeichneter Viehzucht und ausgedehntem Getreideanbau ist immer noch eine der wichtigen Wirtschaftssäulen des Landes. Von wesentlicher Bedeutung ist folglich auch die verarbeitende Industrie landwirtschaftlicher Produkte. Allerdings verschieben sich die Gewichte von der Agrarwirtschaft immer mehr hin zu anderen Industriezweigen und zum Dienstleistungssektor. Metallverarbeitende Industrie und Textilindustrie haben ihren festen Stellenwert im Wirtschaftsgefüge Dänemarks. Von Bedeutung ist nach wie vor der Fischfang und die damit verbundenen Industriezweige. Exportiert werden vor allem Fleisch-, Milch- und Fischprodukte und Erzeugnisse der Maschinenindustrie. Dänisches Design im Bereich des Kunsthandwerks und der Innenarchitektur wird weltweit geschätzt. Und Dänemark ist führend im Bereich der Technologie von Windenergie.

Die drei größten Wirtschaftszweige, die in den vergangen Jahren die größten Umsätze landesweit erwirtschafteten, sind die Nahrungs- und Genußmittelindustrie an unangefochtener erster Stelle, danach folgen Maschinenbau und chemische Industrie, die fast gleichauf mit der elektronischen Industrie liegt.

Die **Nationalflagge *„Danebrog"*** ist ein querliegendes weißes Kreuz auf rotem Grund. „Danebrog" bedeutet übrigens soviel wie „rotes Tuch". Der Überlieferung nach soll die Urflagge „Danebrog" im Jahre 1219 vom Himmel gefallen sein, als König Valdemar II. in Estland auf Kriegszug war. Am 15. Juni jenen Jahres soll dieses Wunder geschehen sein. Den Dänen gefiel die Geschichte offenbar so gut, daß sie den 15. Juni fortan zum Valdemarstag ernannten. Gesichert dagegen ist, daß die „Danebrog"-Fahne seit Mitte des 14. Jh. als Flagge des Königreiches geführt wird.

Nationalfeiertag ist der 5. Juni.

Längster Fluß ist mit 160 km Länge die Gudenå in Jütland. Im Osten Mitteljütlands, südwestlich von Skanderborg, findet man auch die **höchsten Erhebungen** Dänemarks: Yding Skovhøj, 173 m hoch und Ejer Bavnehøj, 171 m hoch.

Auto-Nationalitätskennzeichen: DK.

KUNST UND GESCHICHTE – IN STICHWORTEN

Mit dem Rückgang der Eismassen am Ende der Eiszeit vor 10.000 bis 15.000 Jahren drängten die ersten Menschen, wahrscheinlich aus osteuropäischen Gegenden, auf die dänischen Inseln und auf die skandinavische Halbinsel vor.

Um 8000 bis ca. 2000 v. Chr. – Erste Jäger und Sammler der **Steinzeitkultur** besiedeln die Küsten der dänischen Inseln. In der jüngeren Steinzeit wird mit der Kultivierung des Bodens und mit einer bescheidenen Landwirtschaft begonnen.

Um 1500 bis ca. 500 v. Chr. – In der **Bronzezeit** werden die alten Steinwerkzeuge und Waffen rasch von der widerstandsfähigeren Bronze verdrängt. Erste eherne Gebrauchs- und Ziergegenstände werden gefertigt. Als Zeugen aus der Vorgeschichte sind Hünengräber und Dolmen erhalten.

5. Jh. v. Chr. – Erstmals wird Eisen verwendet. Einblick in die Lebensweisen der Menschen in der Epoche der Bronze- bzw. der Eisenzeit bietet u. a. das rekonstruierte Vorzeitdorf Lejre auf Jütland.

Ca. 3. Jh. v. Chr. – ca. 5. Jh. n. Chr. – Kimbern und Teutonen wandern von Jütland aus südwärts. **Völkerwanderung.** Später siedeln Dänen in die frei gewordenen Zonen Jütlands. Es bilden sich Kleinkönigreiche.

8. – 9. Jh. n. Chr. – Es ist die Zeit der **Wikinger**, eine Zeit, in der sich das Augenmerk der Bevölkerung vor allem aufs Meer richtet. Wikinger bestimmen das Geschehen im nord- und mitteleuropäischen Raum.

Dänemark wird ein wichtiges Siedlungsgebiet der Wikinger. Viele ihrer Eroberungszüge in den Mittelmeerraum, in die Normandie und nach England gehen von Dänemark aus. Erster dänischer König wird *Godfred*, der 810 stirbt.

Zeugen aus der Wikingerzeit sind in Dänemark noch erhalten bzw. rekonstruiert worden, so z.B. die Wikingerfestung Trelleborg bei Slagelse/Seeland, Fyrkat bei Hobro/Jütland, die Ausgrabungen eines Wikingergrabes bei Ladby nordöstlich von Odense auf Fünen oder das Wikingerschiff-Museum in Roskilde/Seeland.

In ihren bewundernswerten, meisterlich konzipierten und gebauten Holzbooten erkunden die Wikinger die Meere. Auf Handels- und Raubzügen dringen sie nach Frankreich, bis an den Bosporus, nach England, Island, Grönland, ja bis nach Nordamerika vor.

Im 9. Jh. beginnt mit dem norddeutschen **Bischof Ansgar** (801 – 865), dem „Apostel des Nordens", die Christianisierung Dänemarks. Die mit vielen Kriegen und Auseinandersetzungen verbundene Missionierung ist im 11. Jh. abgeschlossen.

10. Jh. – Der Dänenkönig *Gorm der Alte* (gest. ca. 950) eint sein Land und befestigt es im Süden (Schleswig) durch den Wall „Danewerk". **Harald Blåtand,** Harald Blauzahn (940 – 986), herrscht anschließend über Dänemark und Norwegen. Der König läßt sich taufen und festigt damit weiter die bis dahin noch keineswegs gesicherte Position der Kirche in Dänemark.

11. Jh. – Der Dänenkönig *Knud der Große* (1018 – 1035) dehnt das Dänenreich aus. 1028 erobert er Norwegen und für kurze Zeit auch Teile Englands. 1042 wird *König Magnus Olavsson* aus Norwegen durch einen Erbvertrag auch König von Dänemark.

Die Kunstepoche der **Romanik** (1060 – 1265) manifestiert sich in Dänemark vor allem in Sakralbauten. Viele Dorfkirchen sind da eine Fundgrube. Besonders erwähnenswert sind die Dome von Ribe und Viborg.

12. Jh. – *Valdemar I.* von Dänemark, der Große (1157 – 1182), eint nach den dänischen Nachfolgekriegen (1146 – 1157) das Reich erneut. Valdemar regiert ein Reich, das bis dahin von Aufständen und Bürgerkriegen erschüttert war. Das Königtum war bis zur Regentschaft Valdemars noch keineswegs eine stabile Institution. Die sollte sich nun ändern. Dänemark erlebte ein starkes Königshaus, dessen kluge Politik das Reich stärkte. Erstmals gelingt es nachhaltig, die Küsten vor den Einfällen baltischer Völker, wie den Wenden, deren Machtzentrum auf Rügen lag, zu sichern.

Bis ins 12. Jh. wurde der dänische König von den Mitgliedern des Things, also quasi vom Volk gewählt. Valdemar aber wollte die Monarchie unabhängig machen, sie von unterschiedlichen Interessen des Things befreien. Um dies zu erreichen, suchte er die Hilfe des einflußreichen Klerus und ließ sich mit maßgeblicher Unterstützung des Erzbischofs Eskil auf dem Thron bestätigen.

Der Bischof von Roskilde, Absalon, engster Berater von König Valdemar I., gründet 1167 Kopenhagen. Dänen siedeln sich auch in Pommern, Mecklenburg und Holstein an.

13. Jh. – Die deutsche **Hanse** herrscht im Ostseeraum und festigt ihre Position als Handelsmacht. Dänemark verliert einen Teil seiner Ostseeküste. Höhepunkte des **gotischen Baustils** (1265 – 1550) in Dänemark sind die Dome von Aarhus, Haderslev, Maribo und Roskilde, sowie die St.-Knuds-Kirche in Odense. Die bildenden Künste entfalteten sich im Mittelalter in erster Linie auf dem Gebiet der Kirchenkunst. Altartafeln, Schnitzwerk und Holzplastiken sind erhalten.

1340 – 1375 – König Valdemar IV. Attertag.

1380 – Dänemark gewinnt Gotland und Island. **Olav Håkonsson** ist in Personalunion König von Dänemark und Norwegen.

1397 – Die „**Kalmarer Union**" wird auf Betreiben und unter Vorsitz der dänischen **Königin Margrethe I.** unterschrieben. Beabsichtigt ist, Schweden, Dänemark und Norwegen unter einem dänischen Unionskönig zu vereinigen. Bald aber versucht Schweden, sich der dänischen Vorherrschaft zu entziehen. Es gibt Aufstände, die der Bauernführer Engelbrekt nutzt und sich zum Reichsvorsteher Schwedens ernennen läßt.

Es entsteht ein Reichstag, zu dem Adel, Geistlichkeit, Bürgertum und Bauern ihre Vertreter entsenden. Dänemark erlebt eine Blütezeit. Burgen und Kirchen aus jener Zeit geben Einblick in die Kulturgeschichte.

15. Jh. – Schweden löst sich aus der Kalmarer Union. 1448 gelangt das Haus Oldenburg auf den dänischen Thron.

1520 – König Christian II. von Dänemark (1481 – 1559) versucht mit Angriffen auf Stockholm Schweden in die Union zurückzuzwingen. Am 8. November 1520 läßt er alle seine Gegner hinrichten („Blutbad von Stockholm"). Das Massaker aber schwächt die Position des Monarchen, der 1523 Dänemark sogar verlassen muß.

1524 – Ende der Union von Kalmar durch den „Frieden von Malmö".

1536 – König Christian III. (1534 – 1559) bringt die Reformation nach Dänemark. Während der Reformation werden die katholischen Bischöfe in den nordischen Ländern entmachtet. Dem dänischen und dem schwedischen Königshaus fallen riesige Ländereien zu, die ehemals im Besitz des Klerus waren.

1537 – Durch die von Dänemark erzwungene Abschaffung des Reichsrates wird Norwegen faktisch der Status eines eigenständigen Königreichs (bis 1814) genommen. Aufstände gegen die dänische Krone scheitern.

1563 – 1570 – Im Siebenjährigen Krieg wird Norwegen als Reichsteil Dänemarks in die Kriegshandlungen gegen Schweden verstrickt.

1550 – Die Vormachtstellung der Hanse in Norwegen wird durch Dänemark gebrochen.

1588 – 1648 – In Dänemark regiert **König Christian IV.**, der versucht – allerdings ohne Erfolge – in den Dreißigjährigen Krieg einzugreifen. Unter Christian IV., der 60 Jahre lang das Reich regiert, entstehen viele schöne Bauwerke im Stil der Holländischen Renaissance. Beispiele der dänischen **Renaissance** (1550 – 1660) findet man vor allem in den großen dänischen Schlössern wie Frederiksborg in Hillerød oder Kronborg am Øresund in Helsingør. In Kopenhagen sind bedeutende Renaissancebauten Schloß Rosenborg, der Runde Turm und die Börse. Das wohl schönste Privatpalais im Renaissancestil steht in Aalborg. Es ist dies das Jens Bangs Stenhus.

17. Jh. – Die erste Hälfte des Jahrhunderts ist geprägt von Kriegen zwischen Dänemark und Schweden (1611 – 1614 und 1643 – 1645), in die auch Norwegen verwickelt ist. Bis auf Kopenhagen wird 1648 nahezu ganz Dänemark von den Schweden besetzt. Dänemark verliert alte dänische Gebiete in Südschweden.

Der 1684 im norwegischen Bergen geborene Schriftsteller **Ludvig Holberg** lebte bis zu seinem Tod 1754 in Dänemark. Er schrieb u.a. Komödien.

Die Zeit des **Barock** (1660 - 1760) hinterließ in Dänemark nur wenig Spuren. Die wichtigsten in diesem Stil errichteten und dekorierten Bauten sind in Kopenhagen Schloß Amalienborg und die Erlöserkirche sowie Schloß Fredensborg, die königliche Sommerresidenz nahe Hillerød.

1754 – Die 1754 gegründete „Königliche Akademie der schönen Künste" bringt neue Impulse in das Kunstleben Dänemarks. Maler wie **N. A. Abildgaard** und **Jens Juel** setzen Maßstäbe (Landschafts-, Portrait- und historische Malerei). Unter dem Bildhauern tritt **Bertel Thorvaldsen** (1770 – 1884) hervor. Thorvaldsen-Museum in Kopenhagen.

1773 – Schleswig-Holstein wird mit Dänemark vereinigt.

1783 – 1853 – C. W. Eckersberg, „Vater der dänischen Malerei".

1807 – 1814 – Während des Krieges Englands und Schwedens mit Dänemark/Norwegen verhängt England zwischen 1809 und 1812 eine Blockade, die die Verbindungen Norwegens mit Dänemark sehr stört und Norwegens Handelsschiffahrt hart trifft. Schon 1807 hatten die Engländer Dänemarks Flotte beschlagnahmt. Dänemark verbündet sich daraufhin mit Napoleon I. Der Staatsbankrott 1813 ist aber nicht mehr abzuwenden.

1814 – Kieler Frieden. Nach den Wirren der Napoleonischen Kriege – Dänemark hatte während dieser Zeit mit Frankreich sympathisiert – muß sich Dänemark gegenüber England geschlagen geben und Helgoland an England und Norwegen an Schweden abtreten. Norwegen erklärt sich mit den Resultaten des Kieler Friedensvertrages nicht einverstanden. Auf der am 10. April 1814 in Eidsvoll einberufenen Nationalversammlung wählen die Norweger den dänischen Kronerben **Christian Frederik** zu ihrem neuen König. Island, Grönland und die Faröer werden von Dänemark annektiert.

1848 – Der Versuch Dänemarks ganz Schleswig einzugliedern, führt zu den deutsch-dänischen Kriegen zwischen 1848 und 1850.

1849 – Dänemark gibt sich seine erste freie Verfassung mit demokratischer Regierungsform, Verabschiedung eines Grundgesetzes, Gründung des Reichstages.

1852 – Nach dem Krieg um Schleswig-Holstein fällt Holstein an Dänemark.

1864 – Erneut Krieg um Schleswig-Holstein. Diesmal hat Dänemark aber gegen die Streitkräfte Österreichs und Preußens zu kämpfen, den schlagkräftigsten Truppen im damaligen Europa. Das Resultat war für Dänemark vernichtend. Es verlor ganz Schleswig-Holstein, das damals noch um einiges größer war als das heutige Bundesland. Erst mit dem Versailler Vertrag erhält Dänemark 1920 den nördlichsten Teil von Schleswig-Holstein zurück.

1872 – Am 3. August 1872 wird als zweitältester Sohn des dänischen Königs Frederik VII., **Prinz Carl**, der spätere norwegische König *Håkon VII.* geboren.

1891 – Frederik Bajer (1837 – 1922), Politiker, gründet 1891 des Internationale Friedensbüro in Bern. 1908 wird Bajer mit dem Friedensnobelpreis ausgezeichnet.

1903 – Niels R. Finsen (1860 – 1904), Arzt und Erfinder eines Heilverfahrens zur Behandlung von Hauterkrankungen mit Licht erhält 1903 den Nobelpreis für Medizin.

1914 – 1918 – Erster Weltkrieg. Dänemark und Norwegen bleiben neutral. 1918 wird Island selbständiges Königreich.

1915 – Dänemark führt das allgemeine, gleiche Wahlrecht und das Frauenwahlrecht ein.

1919 – 1945 – Nordschleswig fällt 1920 durch den Versailler Vertrag und durch Volksabstimmung an Dänemark. Der 1939 zwischen Deutschland und Dänemark geschlossene Nichtangriffspakt wird 1940 von Deutschland gebrochen. Deutsche Truppen besetzen Dänemark bis 1945.

1944 – Grönland wird selbständige Republik.

1947 – *König Frederik IX.* amtiert.

1949 – Dänemark wird Mitglied der NATO.

1952 – Der **Nordische Rat** wird gegründet. Ihm gehören alle fünf Nordischen Länder Dänemark, Norwegen, Schweden, Island und Finnland an. Es beginnt eine enge Kooperation und Annäherung der Gesetzgebung der Nordischen Länder (Sozialabkommen, Arbeitsrecht, Paßrecht, Entwicklungs- und Handelspolitik u.a.).

1953 – Verfassungsreform in Dänemark, die weibliche Thronfolge wird erlaubt, das Einkammerparlament wird geschaffen, Grönland wird Teil des Königreiches.

1972 – *Königin Margrethe II.*, Tochter König Frederiks IX., besteigt am 14. Januar den dänischen Thron. Am 2. Oktober 1972 stimmen die Dänen über einen Beitritt zur EG ab, mit zustimmendem Ergebnis.

1973 – Dänemark tritt der Europäischen Gemeinschaft (EG) bei.

1975 – *A. Jørgensen* wird dänischer Ministerpräsident in einer sozialdemokratischen Minderheitsregierung, die auch nach Neuwahlen 1977, 1979 und 1981 weiterbesteht.

1982 – *Paul Schlüter* wird Ministerpräsident in Dänemark und führt eine konservative Minderheitsregierung bis 1993.

1985 – In Dänemark beeinträchtigt im April eine landesweite, tagelange Streikwelle stark das öffentliche Leben.

1988 – *Bille August*, 1948 geborener Filmregisseur, erhält auf dem Filmfestival von Cannes die Goldene Palme für seinen Film „Pelle der Eroberer". Max von Sydow spielte die Hauptrolle.

1992 – Am 2. Juni Volksabstimmung in Dänemark über den Beitritt zur Europäischen Union. Mit einer knappen Mehrheit von 50,7% sprechen sich die Dänen gegen die Union aus. Dadurch geraten die im Dezember 1991 ausgehandelten Maastrichter Verträge zur Union Europas in Gefahr.

1993 – Im Januar tritt Ministerpräsident Schlüter zurück. Nachfolger wird der Sozialdemokrat Rasmussen. Am 18. Mai findet eine erneute Abstimmung über die Maastrichter Verträge statt. Bei einer sehr hohen Wahlbeteiligung entfallen diesmal 56,8% der abgegebenen Stimmen (insgesamt waren vier Millionen Dänen wahlberechtigt) auf „Ja" für eine Europäische Union.

1994 – Bei den Wahlen zum Europäischen Parlament werden die dänischen Rechtsliberalen stärkste Kraft. Bei vorgezogenen Parlamentswahlen im September 1994 verliert die Mitte-Links-Koalition die absolute Mehrheit. Unter Rasmussen wird ein Minderheitskabinett gebildet.

1995 – 4. Internationale Nordseeschutz-Konferenz in Esbjerg. U. a. konferieren die acht Norseeanrainerstaaten über das Verbot der Versenkung ausgedienter Ölplattformen auf hoher See. Frankreich, Norwegen und Großbritannien widersetzen sich dem angestrebten Verbot.

1996 – In Ottawa, Kanada, wird der Arktische Rat gebildet, dem auch Dänemark angehört.

WIE KOMMT MAN HIN?

Mit dem Auto

Bei der Anreise per Auto nach Dänemark führen so gut wie alle Wege über Hamburg, ob man nun auf die dänischen Inseln oder nach Jütland will.

Ist **Jütland** das Ziel, nimmt man ab Hamburg die Autobahn E45/A7, passiert **Neumünster, Schleswig** und **Flensburg** und reist bei **Padborg** nach Dänemark ein. Entfernung Hamburg – Grenze etwa 165 km.

Von eben dieser E45/A7 zweigt nördlich von Neumünster die Autobahn A215 nach **Kiel** ab. Von dort verkehren Autofähren nach Bagenkop auf Langeland. Entfernung Hamburg – Kiel rund 93 km.

Reist man dagegen über die **„Vogelfluglinie"** nach Seeland, bedient man sich ab Hamburg der Autobahn E22/A1 Richtung **Lübeck**. Die Autobahn (ab Lübeck E47/A1) endet bei Oldenburg/Holstein und führt als zweispurige Bundesstraße B207 über die markante **Fehmarnsund-Brücke** auf die Ostseeinsel Fehmarn und dort zum Fährhafen **Puttgarden**. Entfernung Hamburg – Puttgarden ca. 154 km.

Den Hafen **Lübeck-Travemünde** erreicht man zunächst ebenfalls über die E22/A1, muß dann aber bei Lübeck die Autobahn verlassen und über die Bundesstraße B75 Travemünde ansteuern. Entfernung Hamburg – Travemünde rund 80 km.

Mit der Bahn

Wichtiger Knotenpunkt für Bahnreisen nach Dänemark ist Hamburg. Von dort verkehren bis zu 10 mal täglich Schnellzüge nach Kopenhagen. Außerdem bestehen in Hamburg Anschlüsse zu vielen Schnellzugverbindungen nach Jütland.

Eine schnelle Verbindung stellt z.B. der Intercity „Merkur" zwischen Karlsruhe und Kopenhagen dar. Die Fahrzeit beträgt hier rund 12 Stunden.

Andere Direktverbindungen sind mit dem „Komet-Express" von Basel nach Kopenhagen mit Umsteigen in Mannheim und Hamburg gegeben. Hier beträgt die Reisedauer etwa 18 Stunden. Eine andere quer durch Deutschland führende tägliche Verbindung stellen der „Alpen"- und der „Tirol-Express" von München über Hamburg nach Kopenhagen her. Fahrzeit ca. 15 Stunden.

Von Köln gibt es Direktverbindungen nach Kopenhagen (12 Stunden) und nach Frederikshavn und Fredericia auf Jütland.

Autoreisezüge verkehren zwischen Mai und Oktober von Lörrach oder München-Ost nach Hamburg-Altona. Auf Autoreisezügen können in der Regel keine Wohnmobile oder Caravans befördert werden.

Mit dem Flugzeug

Von fast allen großen deutschen Flughäfen (außer Bremen, Köln und Nürnberg) bestehen bis zu fünf tägliche direkte Flugverbindungen. Zielpunkt in Dänemark ist immer der Flughafen Kopenhagen-Kastrup. Die Flugzeit beträgt z.B. von Frankfurt nach Kopenhagen 1 1/2 Stunden, von München 2 Stunden und von Hamburg eine halbe Stunde. Verbilligte Wochenendflüge werden das ganze Jahr über angeboten. Zudem gibt es Sondertarife.

Vom Flughafen Kopenhagen-Kastrup besteht ein Pendelverkehr zur Stadtmitte, etwa 10 km entfernt. Busse fahren alle 15 Minuten. Die Fahrt dauert 20 Minuten.

Mit dem Schiff

Die wohl am meisten frequentierte Fährverbindung auf einer Reise Richtung Kopenhagen ist sicher die zwischen **Puttgarden** und **Rødbyhavn** auf der Insel Lolland. Die Schiffe verkehren zumindest in den Sommermonaten Tag und Nacht. Die Überfahrtsdauer ist kurz (1 Stunde).

Diese Strecke kann, da sie auch eine ganz wichtige Anreiseroute für Schweden-, Norwegen- und Finnlandurlauber ist, in der Ferienzeit zeitweise überlastet sein. Das bedeutet lange Wartezeiten am Fährhafen.

Wer seinen Reiseplan also sehr knapp kalkuliert, sollte während der Hauptreisezeit in den Urlaubsmonaten eine Reservierung für einen Autoplatz vornehmen. Die Aufnahmekapazität für Autos ist pro Schiff natürlich begrenzt und hier gibt es bei starkem Andrang zuerst Engpässe. Einzelheiten siehe unter „Fährverbindungen".

Alle hier aufgeführten Fähren bieten das „roll-on-roll-off-System" an. Man kann also mit dem Auto direkt vom Pier ins Schiff fahren und nach Ankunft ohne großes Manövrieren wieder heraus.

Endlich auf der Fähre, ist man gut beraten, sein Fahrzeug ordentlich zu verschließen, denn es gibt kaum eine Reederei, die für das Gepäck im, am oder auf dem Auto haftet. Selbstverständlich sind gasbetriebene Aggregate (z.B. Kühlschrank im Wohnmobil) während der Überfahrt abzuschalten und der Haupthahn am Gastank zu schließen. Gerade in der betriebsamen Hochsaison werden die Autos auf den Fähren sehr, sehr dicht geparkt. Es ist deshalb wirklich kein Fehler, die Handbremse gut anzuziehen (eingelegter Gang genügt nicht), um die Bewegungen des Autos während der Überfahrt so gering wie möglich zu halten.

☑ *Mein Tip!* Alle Utensilien die man während der Überfahrt zu brauchen glaubt (Fotoapparat und Filme, Lesestoff, Pullover etc.), nimmt man gleich aus dem Auto mit, denn während der Überfahrt ist das Autodeck in aller Regel nicht mehr zugänglich.

FÄHRVERBINDUNGEN

„Vogelfluglinie" Puttgarden – Rødbyhavn/Lolland,
DFO Deutsche Fährgesellschaft Ostsee – Ganzjähriger Verkehr, im Sommer bis zu 42 Abfahrten täglich. Fahrtdauer knapp 1 Stunde.
Achten Sie darauf: DFO bietet günstige **Kombinationstarife** für die Strecken Puttgarden – Rødby / Helsingør – Helsingborg!

Gelting – Fåborg/Fünen
Nordisk Færgefart A/S – März bis Dezember bis 3 Abfahrten täglich. Fahrtdauer 2 Stunden.

Kiel – Bagenkop/Langeland
Langeland-Kiel Linien – Ganzjährig, bis 3 Abfahrten täglich. Fahrtdauer ca. 2 1/2 Stunden.

im Fährhafen von Frederikshavn

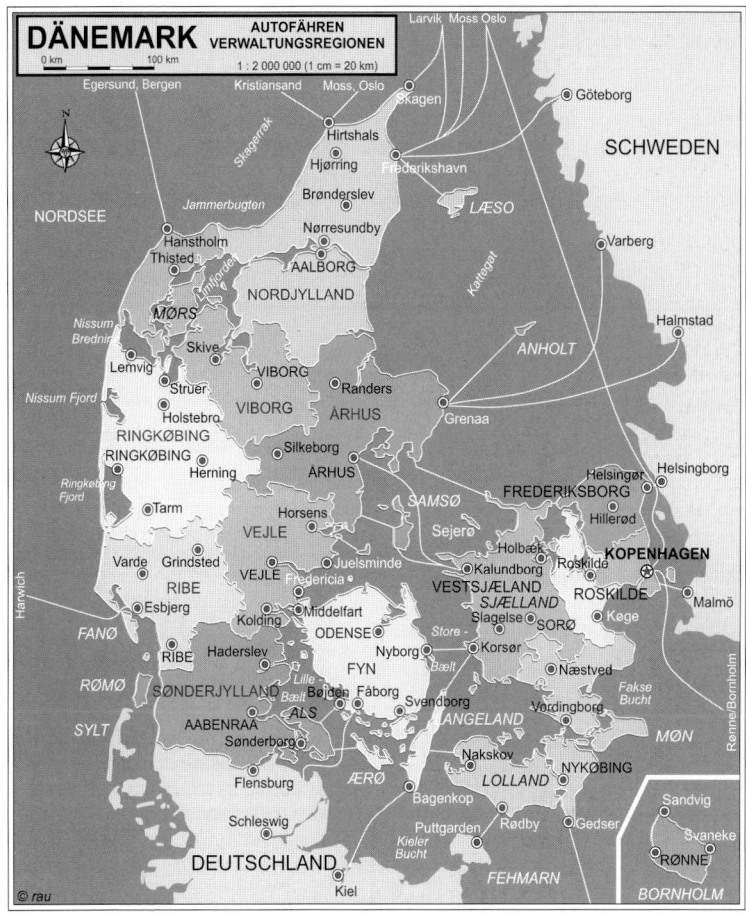

Neu Mukran/Rügen – Rønne/Bornholm

Bornholmstrafikken – Bis zu 6 Abfahrten pro Woche. Fahrzeit ca. 3 Stunden 30 Minuten.

Saßnitz/Rügen – Rønne/Bornholm

DFO – Bis zu 9 Abfahrten pro Woche. Fahrtdauer ca. 3 Stunden 30 Minuten.

Rostock – Gedser/Falster

ScandLines – Im Sommer bis zu 9 Abfahrten täglich. Fahrtdauer ca. 2 Stunden 10 Minuten, Schnellfähren 70 Minuten.

Fährverbindungen zwischen den **dänischen Inseln** siehe unter „Reisen im Lande – Mit dem Schiff".

MOBIL REISEN: DÄNEMARK
DIE ROUTEN

Der Weg der in diesem Reiseführer beschriebenen Route führt zunächst nach **Jütland**. Meist in Küstennähe führt Sie der Reiseweg zu herrlich langen Sandstränden, durch schmucke Dörfer, nicht selten noch mit von strohgedeckten Fachwerkhäusern gesäumten Gassen und durch Städte, in denen vielfach noch gediegene, prächtige Kaufmannshöfe zu finden sind.

In der ganz überwiegend agrarwirtschaftlich genutzten Landschaft, die im Sommer von wogenden Getreidefeldern und dem leuchtenden Gelb der Rapswiesen überzogen ist, stößt man auf versteckte Herrensitze, Gutshöfe und Schlösser. Dazwischen verstreut, wie Landmarken, die weiß getünchten Kirchtürme mit ihren auffälligen Stufengiebeln.

Ein anderer Farbtupfer sind die überall gegenwärtigen Fahnen, Wimpel und Flaggen mit den Staatsfarben Rot und Weiß. Stolz zieht jedermann gerne seinen Danebrog auf, im Vorgarten, auf dem Bauernhof, vor dem Landgasthof, an Gebäuden in der Stadt – überall. Nur die Schweizer sind ähnlich fleißige Fahnenaufzieher. Wenn Sie sich in Dänemark vielleicht ein Ferienhäuschen mieten wollen, dann tun Sie um Himmels- und des lieben Nachbarfriedens Willen nur eines nicht, ziehen Sie am Fahnenmasten vor ihrem Ferienhäuschen nicht Ihre aus Deutschland mitgebrachte Fahne auf. So nach dem Motto: Was die können, kann ich auch. Denn darauf dürften Ihre dänischen Nachbarn äußerst allergisch reagieren.

Fünen, der „Garten Dänemarks", die Insel mit unzähligen Gutshöfen, die Heimat des legendären Märchendichters H. C. Andersen, ist unser Sprungbrett nach **Seeland**. Neben ausführlich beschriebenen Stadtrundgängen durch Dänemarks Hauptstadt Kopenhagen, stellen auf dem Weg durch Seeland die Stadt Roskilde, sowie die Schlösser Kronborg und Frederiksborg Reisehöhepunkte dar. Vielleicht gelingt es Ihnen nun endlich herauszufinden, ob der sagenumwobene Hamlet auf Schloß Kronborg nun wirklich lebte oder nicht. Manche Dänen jedenfalls sind der Ansicht, daß zwar kein Mensch wisse, ob Hamlet wirklich gelebt habe, sicher sei nur, daß er starb. Woher sollten sonst die vier Hamletgräber im Lande kommen?

Eine Fahrt rund um **Bornholm** steht am Ende der in diesem Band geschilderten Reise durch das dänische Inselreich.

Die gesamte hier beschriebene Rundreise durch Dänemark ist in 15 Abschnitte eingeteilt, die meist einer Tagesreise entsprechen. Jede Etappe beginnt mit einer Streckenkarte, die zur ersten Orientierung und als Anhaltspunkt dienen soll. Unterwegs wird alles Sehenswerte rechts und links der Route beschrieben. Hotels und Campingplätze sowie Touristeninformationsbüros in wichtigen Orten sind entlang der Reiseroute angegeben.

JÜTLAND
1. KRUSÅ – RIBE

⊙ **Entfernung:** Rund 180 km, ohne Abstecher.

→ **Strecke:** Über die Straße 8 bis **Sønderborg** – Straße 41 bis **Åbenrå** – Straßen 42 u. 8 bis **Tønder** – Straße 25 bis **Løgumkloster** – Straßen 401 u. 11 bis **Ribe**.

⏲ **Reisedauer:** Mindestens ein Tag.

⌘ **Höhepunkte:** Die **Kirche von Broager** – das sehenswerte **Tønder** * – die reizvolle Slotsgade in **Møgeltønder** ** – die Kirche von **Løgumkloster** – die historische **Innenstadt von Ribe** **.

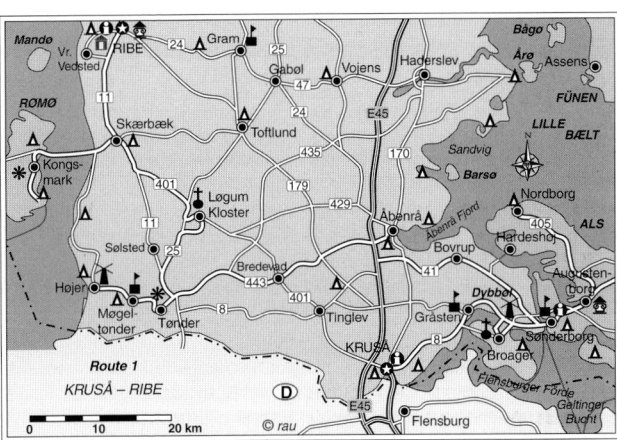

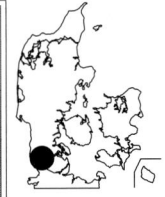

Route 1
KRUSÅ – RIBE

→ **Route: Kruså** erreicht man entweder über Padborg und über die Autobahn E45/A7 (Ausfahrt 75) oder über Flensburg und die B200. ●

Das Städtchen **Kruså**, dicht an der deutsch-dänischen Grenze gelegen, bietet neben einer ungewöhnlich großen Ansammlung von Tankstellen und einer Parade von Souvenirgeschäften nichts was den Reisenden aufhalten könnte. Gut bestückt mit Informationsmaterial über fast ganz Dänemark ist das *Touristen-Informationsbüro* in Kruså.

Praktische Hinweise

☎ **Kruså Information**, Flensborgvej 11, 6340 Kruså, Tel. 74 67 21 71, Fax 74 67 14 67.

Kruså

Kruså Hotels

Hotels: **Hotel Herregårdshotellet Krusågård** * 57 Zi., Flensborgvej 13, Haus der einfacheren Kategorie, Tel. 74 67 15 57, Fax 74 67 56 55. – Und andere Hotels.

Camping

▲ – **Kruså Camping** ***, Tel. 74 67 12 06; Anf. Mai – Ende Okt.; am nördl. Ortsrand nahe Kreuzung Straßen 8 und 170; weitläufiges Wiesengelände, durch Baumgruppen und kleine Waldstücke aufgelockert und windgeschützt; ca. 8 ha – 300 Stpl. + Dau.; Standardausstattung, Schwimmbad. 3 Miethütten.

→ **Route:** Bevor man nach Norden weiterfährt, bietet sich ein kleiner Umweg ostwärts auf der Straße 8 über **Rinkenæs** und **Gråsten** und auf die **Insel Als** an. ●

In **Rinkenæs** sollte man zur **Dorfkirche** abzweigen. Die weiße Kreuzkirche steht, von Wiesen umgeben, oberhalb der Förde. Das besonders reizvolle aber ist der schöne Blick über den Meeresarm nach Broager mit seiner markanten Kirche mit den beiden Turmspitzen. Besonders Ende Juli zur Zeit des **Ringreiterfestes** lohnt der Weg über **Gråsten**.

Traditionsfeste

Ringreiterfeste – ein aus dem Mittelalter überkommener Brauch – werden in Südjütland und besonders im Alssundgebiet alljährlich noch veranstaltet. Der Höhepunkt dieser Volksfeste sind die Reiterspiele, an denen oft mehr als 400 Reiter teilnehmen. Die Reiter müssen mit lanzenartigen Stangen vom galoppierenden Pferd aus kleine Ringe treffen, die an dünnen Leinen über der Reitbahn hängen. Und das Ringreiterfest in Gråsten, das immer am dritten Wochenende im Juli stattfindet, gehört zu den großen Festen dieser Art.

Gråsten heißt auf deutsch *Gravenstein*. Dem Obstfreund wird der Name vertraut vorkommen. Aus den Treibhausanlagen, der Orangerie des Schlosses in Gråsten, stammt die bekannte Apfelsorte „Gravensteiner". Dort wurde sie erstmals gezüchtet.

Schloß Gråsten *
Park: ganzjährig 7
Uhr bis
Sonnenuntergang

Das **Gråstener Schloß** ist seit 1935 königliche Sommerresidenz. Das weitläufige Anwesen, zu dem einst auch Gut Søgård gehörte, stammt aus dem 17. Jh. und wurde von den Ahlefeldts errichtet. Im Laufe der Zeit entstand dann um das Schloß herum der Ort. Während der Reformation wurden Gråsten und Søgård aufgeteilt. 1603 brannte der größte Teil des Schlosses nieder. Daraufhin entstand an der gegenüberliegenden Seeseite – damals war der See noch Teil der Flensburger Förde – das jetzige Schloßgebäude. Dem neuen Schloßbau stand eine ganze Fischeransiedlung im Wege. Aber mit einem Federstrich befahlen die Ahlefeldts den Umzug des ganzen Dorfes nach Süden. Es entstand der Ort Alnor.
Der Bau des Gråstener Schlosses, so wie man ihn heute sieht, stammt aus der Mitte des 17. Jh., der Zeit des Großkanzlers Frederik Ahlefeldt. Ein Sohn des Großkanzler, ebenfalls mit Namen Frederik, brachte von einem Aufenthalt in Savoyen südlich von Genf junge Apfelbäumchen mit, die die Basis für die Zucht der Apfelsorte „Gravensteiner" bilden sollten.

Die Jahre brachten dem Anwesen mehrere Eigentümer. In der Mitte des 18. Jh. gehörte es z.B. dem Herzog von Augustenburg, Christian August, der das gesamte Anwesen nach einer Zwangsauktion erwarb. In den folgenden Jahren war der Märchendichter H. C. Andersen häufig Gast in Gråsten. Und wie man liest, soll er unter einer Eiche im Park das Märchen „Das kleine Mädchen mit den Schwefelhölzchen" geschrieben haben.

die Kirche von Broager mit ihrem markanten Doppelturm

Schließlich zerstörte ein Brand den größten Teil des Bauwerks. Nur der Westflügel und die Schloßkirche sind erhalten geblieben. 1935 kam das Anwesen zum Königshaus. Der damalige Kronprinz Frederik und dessen aus Schweden stammende Gemahlin und Königinmutter Ingrid erhielten es als Hochzeitsgeschenk.

Im herrlichen Schloßpark mit See und angrenzenden großen Wäldern findet man markierte Spazierwege. Die prächtig im barocken Stil dekorierte **Schloßkirche** kann man von Mai bis Oktober montags, mittwochs, samstags und sonntags zwischen 14 und 16 Uhr besichtigen – wenn man Glück hat. Denn der Öffentlichkeit sind das Anwesen, der Park und die Kirche nur zugänglich, wenn die Königsfamilie nicht anwesend ist.

Praktische Hinweise

☎ **Gråsten Turistbureau**, Banegården, Kongevej 71, im Bahnhof, 6300 Gråsten, Tel. 74 65 09 55. Mo. - Fr. 9 - 17 Uhr, Sa. 9 - 14 Uhr.

⌂ Hotels: **Hotel Axelhus**, 36 Betten, Borggade 16, Tel. 74 65 06 15. – Und andere Hotels.

Gråsten Hotels

➜ **Route:** Auf der Weiterfahrt von Gråsten nach Osten lohnt der Umweg über **Broager**. ●

St. Georg, Broager

Den Turm mit den Zwillingsspitzen der hochgelegenen **Ortskirche** von **Broager** sieht man schon von Rinkenæs aus. Das Innere besticht zunächst durch seine Schlichtheit und Klarheit. Der Kirchenraum des um 1200 erbauten Gotteshauses ist vor allem wegen seiner gut erhaltenen Kalkmalereien, die teils erst in den 20er Jahren wieder freigelegt worden sind, einen Besuch wert. Außerdem sieht man im Seitenschiff die historische Holzplastik „St. Georg mit dem Drachen". Und in der Apsis verdienen die herrlichen Malereien ebenso Beachtung wie die wunderschön gearbeitete, fast üppig dekorierte Kanzel.

In Grenzgebieten, die Nordschleswig oder Südjütland nun einmal sind, findet man auch andere Denkmäler. Neben den Soldatengräbern auf und bei dem Broager Friedhof erinnert die **Dybbøl Banke**, die Dyppler oder Dybbøler Schanze – rund 6 km östlich Broager an der Straße 8 kurz vor Sønderborg – an den deutschdänischen Krieg von 1864. Die **Windmühle** (tgl. 10 – 17 Uhr) dort auf dem 68 Meter hohen Moränenhügel ist zum dänischen Symbol für Willenskraft und Standhaftigkeit geworden. Schöne Aussicht von der Anhöhe. Auf der Dybbøler Schanze standen sich 1864 die Truppen Dänemarks und Preußens gegenüber. Informationszentrum mit **Gedenkpavillon** und Multivisionspräsentation der Kriegsgeschehnisse.

schöne Aussicht von der Dybbøler-Schanze

Geschichtszentrum Dybbøl Banke Mitte Apr. – 30. Sept. tgl. 10 - 17 Uhr. Eintritt.

Camping zwischen Kollund und Sønderborg/Als

▲ **Kollund**
– **Frigård Camping** ***, Tel. 74 67 88 30; 1. Jan. – 31. Dez., oberhalb der Küstenstraße; ausgedehntes Wiesengelände; 13 ha – 400 Stpl. + Dau.; 12 Miethütten; gute Standardausstattung.
– **FDM-Camping Kollund** **, Tel. 74 67 85 15; Anf. Apr. – Mitte Okt.; an der Küstenstraße, Wiesengelände teils zur Straße hin abfallend, 3 ha – 150 Stpl.; 7 Miethütten; zur Förde über die Straße; Komfortausstattung.
Rinkenæs
– **Lærkelunden Camping** ***, Tel. 74 65 02 50; Ostern – Mitte Okt.; zwischen Straße 8 und Förde; Wiesengelände; 5 ha – 250 Stpl.; 7 Miethütten; Bademöglichkeit; Standardausstattung.
Dynt bei Broager
– **Gammelmark Camping** ***, Tel. 74 44 17 42; Anf. Apr. – Ende Sept.; östlich Dynt am Strand von Gammelmark; an drei Seiten von hohen Bäumen umgebenes Wiesengelände; ca. 3 ha – 150 Stpl. + Dau.; Komfortausstattung.

Skeldebro bei Broager
– Spar Es Camping **, Tel. 74 44 14 18; Anf. Jan. – Ende Dez.; über Dynt zum Strand östlich von Skeldebro; Wiesengelände; 2 ha – 90 Stpl. + Dau.; Standardausstattung.

Über die 324 Meter lange Christian X.-Brücke aus dem Jahre 1930, die den Alssund als seefahrtsgerechte Klappbrücke überspannt, kann man nach **SØNDERBORG** auf der **Insel Als** gelangen. Die Stadt mit großer Seefahrertradition ist stolz darauf, Sitz der ältesten Seefahrerzunft Dänemarks zu sein.

Schon von der Brücke (Straße 481/427) aus sieht man rechterhand am Ende des Kais den viereckigen Block des **Sønderborger Schlosses** auf einem Landvorsprung liegen. Ein Besuch lohnt, denn im Schloß ist heute das größte **landeskundliche Museum** außerhalb Kopenhagens untergebracht.

Sønderborg
Schloß und
Museum *
Sommer tgl. 10 -
17 Uhr, Winter tgl.
13 - 16 Uhr. Eintritt.

Begonnen wurde mit dem Schloßbau 1160. König Waldemar der Große wollte damals den Alssund durch eine Feste gesichert wissen. Langsam begann sich dann um das Schloß die Stadt Sønderborg zu entwickeln.
Später besaßen Herzöge und Könige Schloß Sønderborg, aber eine bedeutende Rolle spielte es nie. Außer im 16. Jh. vielleicht. Da kam der Bau ins Gerede, weil dort ab 1532 König Christian II. 17 Jahre lang gefangen saß.
Ausgangs des 16. Jh. wurde von Königin Dorothea die **Schloßkapelle** hinzugefügt. Der Kirchenraum gilt als eine der ältesten und schönsten Renaissancekapellen in Nordeuropa. Aber der älteste noch original erhaltene Raum im Schloß ist der **Drabantsaal** aus dem 15. Jh.
Im frühen 18. Jh. wurden – bis auf einen – alle Ecktürme abgerissen, was den nüchternen und strengen Charakter des äußeren Erscheinungsbildes des Schlosses noch mehr hervorhob. 1920 ging Schloß Sønderborg in den Besitz des Staates über.
Von baugeschichtlichem Interesse in Sønderborg ist die **St. Marienkirche**. Sie liegt nördlich der Auffahrtsrampe zur Christian X.-Brücke. Der wuchtige, etwas gedrungen wirkende Kirchenbau stammt aus dem späten 16. Jh. Er erhielt 1962 wieder sein ursprüngliches Aussehen. Beachtenswert sind Altar, Kanzel, Taufbecken und der Herzogstuhl. Glockenspiel 8, 12 und 16 Uhr.
Schließlich kann in Sønderborg noch das **Deutsche Museum Nordschleswig** (Rønhaveplads 12) besichtigt werden. Das Museum ist nur dienstags von 14 bis 16 Uhr und Freitags von 10 bis 12 Uhr geöffnet.

Praktische Hinweise

☎ **Sønderborg Turistbureau**, Rådhustorvet 7, 6400 Sønderborg, Tel. 74 42 35 55, Fax 74 42 57 47. Geöffnet Mo. - Fr. 9 - 17, Sommer bis 19 Uhr. Sa. 9. 30 - 12.30, Sommer bis 14 Uhr.

Sønderborg/Als

❖ Feste, Folklore, Märkte: **Ringreiterfest**, zweites Juliwochenende, großes Volksfest mit Ringstechen, Jahrmarkt, Festlichkeiten.

Feste, Folklore,
Märkte

Sønderborg/Als Hotels

⌂ Hotels: **Arnkilhus**, 13 Zi., Arnkildegade 13, Tel. 74 42 23 36, Fax 74 42 23 39.
City, 13 Zi., Domhuset, Kongevej 64, Tel. 74 42 16 26, Fax 74 42 16 36.
Garni, 15 Zi., Kongevej 96, Tel. 74 42 34 33, Fax 74 43 61 73.
Interscan Hotel, 102 Zi., Ellegårdsvej 27, Tel. 74 42 26 00, Fax 74 42 76 00, zeitgemäßes Haus der gehobenen Mittelklasse, teuer.
Scandic, 95 Zi., Rosengade 2, Tel. 74 42 19 00, Fax 74 4219 50; gutes Mittelklassehotel, teuer.

Camping

▲ – **Sønderborg Camping** ***, Tel. 74 42 41 89; Anf. Apr. – Mitte Sept.; südöstl. Stadtbereich über Ringgade, Strandvej; dreieckige Wiese in Buchtnähe; 2 ha – 150 Stpl.; Standardausstattung.
– **Madeskov Camping** ***, Tel. 74 42 13 93; 15. März – 25. Okt.; zwischen Sønderborg und Augustenborg abseits der Straße 8; Wiese zwischen Wald und Bucht; 1,3 ha – 70 Stpl.; einfache Standardausstattung.

ABSTECHER AUF DIE INSEL ALS

Beliebt ist Als bei Sommergästen vor allem wegen seiner schönen Strände bei Skovbyballe, Mommark und Østerby/Kegnæs im Süden und bei Købingsmark im Norden der Insel.

Auf einer Inselrundfahrt können der Fischereihafen von **Høruphav**, die **Wassermühle** bei Vibæk (Juni bis Aug. tgl. 13 – 15 Uhr, Eintritt), für Vogelfreunde der Hart-See auf **Kegnæs**, dann die Kirchen von **Lysabild** und **Sønderby**, die **Windmühle** bei Elstrup, der schön restaurierte, strohgedeckte **Alsingerhof** aus der Mitte des vorigen Jahrhunderts bei Svenstrup, der **Schloßgarten** und die **Kirche** in Nordborg, sowie Park und Kapelle von **Schloß Augustenborg** (17. Jh.) von Interesse sein.

Besichtigen kann man in Augustenborg, dem ehemaligen Stammsitz der Herzöge von Augustenborg, im Hauptportal eine Ausstellung über die Geschichte des Schlosses und der Herzogsfamilie, des weiteren die Schloßkapelle, den Gartensaal und das Arbeitszimmer des Herzogs.

Versteckt im Wald „Nørreskov" bei Ertebjerg, nördlich von Fynshav, findet man die fast fünftausend Jahre alten Hünengräber „**Blomeskobbel**". Einer der größten dieser prähistorischen Steine ist annähernd 53 m lange und ist von 69 großen Steinen umgeben. Im Nørreskov lag einst auch die alte Burg „Østerholm" von Thomas Sture, um die sich viel Sagen und Legenden ranken. So heißt es z.B., daß in einem der Gräber bei der Burg eine Goldkette liegen soll, die so lang ist, daß sei einmal um die ganze Insel Als reicht.

Fähren von und nach Als:
Von **Mommark** nach **Søby** auf Ærø, im Sommer bis zu 6 Abfahrten täglich, Fahrzeit eine Stunde.
Von **Fynshav** nach **Bøjden** auf Fünen, bis zu 7 Abfahrten täglich, Fahrzeit 50 Minuten.
Von **Hardeshøj** nach **Ballebro**, Jütland, bis zu 24 Abfahrten täglich, Fahrzeit 8 Minuten.

▲ – Camping auf der Insel Als
Nordborg/Als
– **Augustenhof Camping ****, Tel. 74 45 03 04; Anf. Jan. – Ende Dez.; nordwestl. Nordborg; Wiesen mit hohen Hecken bei einem alten Bauernhof, ansprechend und relativ ruhig am Meer gelegen; ca. 3,5 ha – 100 Stpl. + Dau.; gute Standardausstattung. Laden. 5 Miethütten. Badestrand. Fahrradverleih.
– **Lavensy Strand Camping *****, Tel. 74 45 19 14; 1. Apr. – Ende Sept.; ca. 3 km östl. Nordborg; gestufte Wiesen, ansprechende, ruhige Lage am Meer; ca. 2,5 ha – 90 Stpl. + Dau.; Standardausstattung. Laden, Imbiß.
– **Købingsmark Strand Camping ****, Tel. 74 45 18 70; 1. Apr. – 30. Sept.; nördl. Nordborg; durch Hecken in größere Felder unterteilte, ebene Wiese am Meer; ca. 2,5 ha – 60 Stpl. + 50 Dau.; gute Standardausstattung. Laden, Fahrradverleih.

Fynshav
– **Lillebælt Camping ****, Tel. 74 47 48 40; ca. 1 km südl. Fynshav; geneigte Wiese mit Hecken, am Kleinen Belt; ca. 3 ha – 150 Stpl. + Dau.; Standardausstattung. Laden. Badestrand.
– **Naldmose Camping ****, Tel. 74 4742 49; 1. Jan. – 31. Dez.; nördl. Fynshav am Strand; ca. 3 ha – 180 Stpl. + 100 Dau.; einfache Standardausstattung. Laden, Imbiß, Fahrradverleih.

Kegnæs Halbinsel
– **Kegnæs Camping ****, Tel. 74 40 52 51; 1. März – 1. Okt.; östl. Østerby, zum Strand hin leicht gestuft, eine Platzhälfte mit Baumbestand; über eine Düne zum Strand; relativ kleiner, überwiegend von Dauercampern belegter Platz.
– **Møllers Camping ****, Tel. 74 40 53 21; 15. März – 1. Okt.; östl. Østerby; Sand- und Wiesengelände, Windschutzhecken, am Meer; ca. 2 ha – 70 Stpl. + Dau.; Standardausstattung, Sand- und Kiesstrand.

Mommark
– **Bellevue Camping *****, Tel. 74 40 72 08; Ende März – 15. Sept.; südl. d. Fährhafens; naturschönes Wiesengelände oberhalb der steilen Küste, teils terrassiert, ansprechend und ruhig gelegen; ca. 5 ha – 190 Stpl. + Dau.; gute Standardausstattung; Laden. Strand.

Skovby
– **Lysabildskov Camping *****, Tel. 74 40 43 98; 1. Apr. – 30. Sept.; ca. 5 km östlich Skovby; ebene Wiesen mit Bäumen und Hecken, inmitten von Feldern recht ruhig gelegen; zum Strand 600 m; ca. 4 ha – 160 Stpl. + Dau.; Komfortausstattung; Laden, Imbiß; Schwimmbad, Tennis.
– **Skovmose Camping *****, Tel. 74 40 41 33; 1. Apr. – 1. Okt.; ca. 2 km südöstl . Skovby; ebene, von Hecken begrenzte Weisen, am Sandstrand; ca. 3 ha – 250 Stpl., davon gut die Hälfte Dauercamper; gute Standardausstattung. Laden.
– **Drejby Camping *****, Tel. 74 40 43 05; 1. März – 31. Okt.; ca. 3 km südl. Skovby; ausgedehnte, vielfach unterteilte Wiese zwischen Strand und Straße; ca. 10 ha – rund 450 Stpl., gut die Hälfte von Dau. belegt. Komfortausstattung. Laden. Imbiß. 40 Miethütten. Strand unterhalb des Steilufers.

Camping auf der
Insel Als

➜ **Route:** Von Sønderborg fahren wir in nordwestlicher Richtung und folgen der Straße 41 über **Bovrup** bis **Åbenrå**. ●

Die Landschaft zwischen Alssund und dem See Nybøl Nor ist für Dänemark von historischer Bedeutung. Diese Region, die in etwa dem Gebiet der Großgemeinde Sundeved entspricht, war Mitte des vorigen Jahrhunderts Schauplatz verschiedener Schlachten zwischen dänischen und preußischen Streitkräften. Schanzanlagen und Denkmäler, wie die bei Dybbøl (siehe weiter oben), erinnern an die

Kämpfe von 1848 – 51 und 1864. Und man erzählt sich, daß der Mohn, den man im Frühsommer am Wegesrand blühen sieht, noch von Mohnsamen stammen soll, den österreichische Söldner 1848 in ihrem Verpflegungstroß mitbrachten.

Åbenrå (Apenrade), am gleichnamigen Fjord gelegen, ist ein hübsches altes Schifferstädtchen, das seine Handelstradition bis ins 14. Jh. zurückverfolgen kann. Später dann, im 17. Jh., erwarb der Ort seinen guten Ruf als Silberschmiedestadt. Wer in die Innenstadt fährt, findet vor allem in der Slotsgade noch einige schöne alte Stadthäuser.

Åbenrå Museum
tgl. a. Mo. 10 - 13,
14 - 18 Uhr. Eintritt.

Im **Stadtmuseum** in der H. P. Hanssens Gade 33 wird u.a. die Seehandelsgeschichte von Åbenrå dokumentiert. Schöne Sammlung von Bottleschiffen und Schiffsmodellen.

Åbenrå
Hotels

Camping

> ### Praktische Hinweise
>
> ☎ **Åbenrå Turistbureau**, H. P. Hanssens Gade 5, 6200 Åbenrå, Tel. 74 62 35 00., Fax 74 63 07 44.
>
> ⌂ Hotels: **Europa**, 50 Zi., H. P. Hanssens Gade 10, Tel. 74 62 26 22, Fax 74 62 04 16, gutes Haus der Mittelklasse.
> **Lundsbjerg Kro**, 8 Zi., Flensborgvej 260, Tel. 74 61 35 95, Fax 74 61 44 01, relativ preiswerter Gasthof.
> **Missionshotellet**, 20 Zi., Klinkebjerg 20, Tel. 74 63 00 91, Fax 74 63 00 91.
> **Sølyst Kro**, 10 Zi., Flensborgvej 164, Styrtom, Tel. 74 62 11 63, Fax 74 63 10 85. – Und andere Hotels.
>
> ▲ – **Aabenraa Camping** **, Tel. 74 62 26 99; 1. Jan. – 31. Dez.; über Straße 170 am südl. Stadtrand, bei der Jugendherberge; ca. 1,5 ha – 70 Stpl.; Standardausstattung. 5 Miethütten.

➔ **Route:** Zur Weiterreise nehmen wir ab Åbenrå die Straße 443 nach Südwesten über **Bredevad** und stoßen nach gut 30 km bei **Bov** auf die Hauptstraße 8. Ihr folgen wir westwärts und kommen nach 13 km nach **Tønder**. ●

sehenswertes
Tønder *

TØNDER, früher Tondern, ist eine alte Stadt. Schon im 12. Jh. wurde sie urkundlich erstmals erwähnt und erhielt bereits 1243 Stadtrechte, die ältesten heute in Dänemark. Das Stadtwappen enthält u.a. ein Schiff, ein Hinweis darauf, daß Tønder früher eine sehr lebhafte Handels- und Hafenstadt war. Einigermaßen erstaunlich, denn heute ist die Küste immerhin etwa 14 km von der Stadt entfernt. Dies wiederum ist das Resultat eines früher bitter nötigen Deichbauprogramms, das einerseits zwar die Auswirkungen der Sturmfluten etwas erträglicher machte, andererseits aber auch die Verlandung des Watts und die Entstehung von Marschen rasch fortschreiten ließ. Das letzte große Deichbauprogramm, ein dänisch-deutsches Projekt übrigens, konnte 1981 von der dänischen Königin und dem Bundespräsidenten eingeweiht werden.
Tønder wird nicht umsonst auch die „Hauptstadt der Marsche" genannt. „Marsch" wird tiefliegendes, aber fruchtbares Land genannt,

das zwar bei Flut immer wieder überflutete wird, durch Ablagerungen aber auch stetig ansteigt. Hat das Marschland eine gewisse Höhe erreicht, wird es gewöhnlich eingedeicht, um es fürderhin vom Meer zu schützen. Die so gewonnen Flächen nennt man „Koog". Wie hoch das Wasser bei Sturmfluten schon gestiegen ist, kann man an der Sturmflutsäule bei der alten Højerschleuse sehen. Dort sind die Höchststände durch Eisenringe markiert.

Große Tradition hatte in Tønder Jahrhundertelang das Kunsthandwerk des **Spitzenklöppelns**. Heute wird diese alte Handarbeit nur noch im Kreise von Liebhabern weitergeführt. Alle drei Jahre gibt es in Tønder ein internationales Klöppelfestival. Zuletzt trafen sich die Klöpplerinnen zu Pfingsten 1998. Eine schöne Ausstellung von Klöppelspitzen findet man im Tønder Museum.

eines der schönen Bürgerpalais in Tønder

Wer den Weg über Tønder macht, wird dort vor allem die **hübschen alten Straßenzüge** um den Marktplatz (bunter Wochenmarkt jeden Dienstag und Freitag), in der Storgade, vor allem aber in der **Uldgade** bewundern und im kulturhistorischen **Tønder Museum** (Kongevej 55) die umfangreiche Sammlung von Trachten, Möbeln, Klöppelspitzen, Silberschmiedearbeiten und die bemerkenswerte Sammlung alter flandrischer Kacheln bestaunen, die zu den größten ihrer Art in Nordeuropa zählt. Außerdem sind im Tønder Museum die Kopien zweier uralter, aus keltischer Zeit um 500 n. Chr. stammender Goldhörner ausgestellt. Die Originale sind Mitte des 17. bzw. 18. Jh. bei Gallehus, einem Dorf nördlich von Møgeltønder, gefunden worden.

Tønder Museum
1.5. - 31.10. Di. - So. 10 - 17 Uhr. Winterhalbjahr Di. - So. 13 - 17 Uhr. Eintritt. Gleiche Öffnungszeiten für die anderen Museen.

Beachtung verdient die **Christuskirche** mit ihrem gotischem Turm aus dem 16. Jh. Das Kircheninnere besticht durch sein kunstvoll gearbeitetes Inventar, darunter ein Altaraufsatz aus dem Jahre 1696, durch eine mit Schnitzereien geschmückte Kanzel und durch das schön gearbeitete Renaissancegestühl.

Sehenswert ist schließlich der **Museumsturm** mit der Wegner-Ausstellung. Das Museum befindet sich in einem umgebauten Wasserturm und zeigt auf sieben Etagen Möbel und vor allem Stühle des in Tønder geborenen, weit über Dänemark hinaus berühmten Möbeldesigner Hans Jørgen Wegner. Ganz oben gibt es in 35 m Höhe

idyllisches Møgeltønder

einen Panoramasalon (auch per Aufzug zu erreichen), von dem aus ein weiter Blick über die Stadt und das Marschland möglich ist. Das Museum soll bis 1999 umgebaut werden und dann auch das *Sønderjyllands Kunstmuseum* aufnehmen. Änderungen der geschilderten Situation sind also möglich!

In **Højer**, unweit westlich von Tønder, kann man das **Tøndermarkens Naturcenter** (Naturschutzthemen und Informationen über die Watten- und Marschlandschaft und die gefährdete Fauna und Flora dort; tgl. 10 – 18 Uhr geöffnet) und die **Højer Mølle** (Apr. – Okt. tgl. 10 – 16 Uhr), eine schöne alte Windmühle im Stil einer Holländermühle aus dem Jahre 1857, besichtigen.

Praktische Hinweise

☎ **Tønder Turistbureau,** Torvet 1, 6270 Tønder, Tel. 74 72 12 20, Fax 74 72 09 00.

❖ Feste, Folklore, Märkte: **Wochenmarkt** jeden Dienstag und Freitag. Gewöhnlich Mitte Juli in der Fußgängerzone **Markt wie zu Großmutters Zeiten,** mit Marktleuten in alten Gewändern.
Tønder Festival, jährlich Ende August. Seit Jahren beliebtes und viel besuchtes Open-Air-Festival mit Blues, Jazz, Soul und viel Folkmusic.

Tønder
Hotels
Camping

🏠 Hotels: **Hostrups,** 23 Zi., Søndergade 30, Tel. 74 72 21 29, Fax 74 72 07 26, Restaurant.
Tønderhus, 47 Zi., Jomfrustien 1, Tel. 74 72 22 22, Fax 74 72 05 92, Restaurant. – Und andere Hotels.

Jugendherberge: **Tønder Vandrerhjem „Kogsgården",** Sønderport 4, 6270 Tønder, Tel. 74 72 35 00, 124 Betten.

▲ **– Tønder Camping** ***, Tel. 74 72 18 49, Anf. Apr. – 30. Sept.; östl. Stadtrand, Nähe Straße 11; gut eingerichteter Platz der Gemeinde; ca. 1,5 ha – 75 Stpl.; 9 Miethütten, Jugendherberge; Hallenbad 200 m.

Møgeltønder zählt zu den hübschesten dänischen Dörfern **

Ein lohnender Abstecher führt von Tønder ins nur knapp 6 km westlich gelegene **Møgeltønder**. Das überaus reizvolle, denkmalgeschützte **Straßenbild** an der kopfsteingepflasterten Slotsgade, mit ihren nostalgischen Laternen und den Alleebäumen, hinter denen sich die strohgedeckten Häuser aufreihen, hat Møgeltønder wohl das stolze Prädikat eingebracht, die „schönste Dorfstraße Dänemarks" zu haben .

Sehenswert auch **Schloß Schackenborg** und die **Kirche** des Ortes, die gewöhnlich zwischen 9 Uhr und 16 Uhr (aber nicht während der Messen!) Besuchern offen steht. Die Kirche enthält neben mittelalterlichen Fresken die Grabkapelle der Grafen Schack und eine Orgel aus dem 17. Jh., die als die älteste noch „diensttuende" Orgel in Dänemark gilt.

Das historische Schloß Schackenborg stammt im wesentlichen aus dem 17. Jh. Hans Schack erhielt 1661 die mittelalterliche Burg „Møgeltønderhus" von der Krone für seine Verdienste im Krieg gegen Schweden vermacht. Schack ließ das alte Gemäuer fast vollständig abreißen und errichtete statt dessen ein stattliches Barockschloß. Elf Generationen lang blieb das Anwesen im Besitz der Grafen Schack. Seit 1993 nun ist Schloß Schackenborg Residenz des jüngsten Sohnes der dänischen Königin, Prinz Joachim und dessen Gemahlin Prinzessin Alexandra. Im Sommer werden von Montag bis Samstag Führungen durch den Schloßpark angeboten.

Torhaus, Schloß Schackenborg, Møgeltønder

Wer sich sehr für Klöppelspitzen interessiert, kann in Møgeltønder gegenüber der Kirche das „**Kniplehuset Museum**" besichtigen.

Klöppelmuseum tgl. 10 - 18 Uhr. Eintritt.

> ☑ *Mein Tip!* ☒ Hotels: **Schackenborg Slotskro**, 11 Zi., Slotsgaden 42, in Møgeltønder, Tel. 74 73 83 83, eine einladendes, kleines Haus mit gemütlicher Kaffeestube und gepflegtem Restaurant.
>
> ▲ – **Møgeltønder Camping** **, Tel. 74 77 84 60; Anf. Jan. – Ende Dez.; gut eingerichteter Gemeindeplatz am südöstl. Ortsrand; ca. 3,5 ha – 185 Stpl. + Dau.; gute Standardausstattung, Laden, Schwimmbad, 15 Miethütten.

Møgeltønder Hotel

Camping

➔ Auf der Weiterfahrt von Tønder nach Norden auf der Straße 11 lohnt ab Abild der kleine **Umweg** über die Straße 25 nach **Løgumkloster** (Jugendherberge, Hotel), ca. 17 km nördlich **Tønder** gelegen. ●

Sehenswert in **Løgumkloster** ist die im Stil nüchterner Backsteingotik errichtete **Kirche des Zisterzienserklosters** aus dem 13. Jh. In der Kirche mit ihrer gestuften Giebelfassade verdient vor allem

sehenswerte Kirche in Løgumkloster *

der herrliche **Flügelaltar** aus dem 15. Jh. Beachtung. Man rechnet ihn mit zu den schönsten seiner Art in ganz Dänemark.

➔ Nach weiteren 17 km erreichen wir **Skærbæk** (Abzweig zur Insel Rømø). •

Bei besonderem Interesse für die Geschichte der Region sollte man in **Skærbæk** das **Skærbækmuseum** in der Storegade 47 besuchen. Es ist in einem Kaufmannshof aus dem Jahre 1909 eingerichtet und zeigt Ausstellungen zur Landwirtschaft, zu Handwerksberufen oder zur Frauenarbeit in der ersten Hälfte des 19. Jh. Außerdem sieht man Sammlungen aus der Frühgeschichte, zum Thema Walfang, sowie Möbel und Kunstgegenstände von der Insel Rømø. Und ein Besuch im **Hjemsted Oldtidspark**, einem Freilichtmuseum der Eisenzeit mit Erlebnispark und einem großen unterirdischen Museum, kann für die ganze Familie ein neuer Ferienspaß sein.

ABSTECHER AUF DIE INSEL RØMØ

Wer vor allem Badeurlaub machen will, zweigt in Skærbæk nach Westen ab und erreicht nach 15 km über einen breiten Fahrdamm die **Insel Rømø**. Mit fast 100 qkm Ausdehnung ist sie die größte dänische Insel in der Nordsee und zählt noch zur Gruppe der Nordfriesischen Inseln.

Nationalmuseum
Kommandørgården
Mai - Sept. Di. -
So. 10 - 18 Uhr.
Okt. bis 15 Uhr.

Auf Spuren der großen Zeit, als Walfängerkapitäne Wohlstand nach Rømø brachten, stößt man heute nur noch im **Heimatmuseum** in **Toftum**, in Grabinschriften auf dem Friedhof der **Rømø-Kirche bei Kirkeby** oder in Straßen- und Hofnamen, wie dem **Kommandørgården**, einem alten Gutshof aus dem 15. Jh. im Juvrevej 60, heute Museum. Kommandeure wurden hier noch im 17. und 18. Jh. die Kapitäne auf Walfangschiffen genannt. Im Nationalmuseum Kommandørgården kann man der Zeit und dem Leben der Seefahrerfamilien im 16. und 17. Jh. nachspüren.

der Sandstrand
von Rømø *

Berühmt und bei Sommerurlaubern beliebt ist Rømø aber vor allem wegen des unvergleichlich breiten **Sandstrandes**, der zudem extrem flach ist. Einen Nachteil hat die riesige Strandausdehnung denn doch. Bei Ebbe nämlich wird man vergeblich nach dem salzigen Naß der Nordsee suchen. Das Meer zieht sich dann soweit zurück, daß man erst nach einer kleineren Wattwanderung Badefreuden genießen kann.

Rømø
Hotels

Praktische Hinweise

☎ **Rømø Turistenbureau,** Havnebyvej 30, 6792 Tvismark/Rømø, Tel. 74 75 51 30, Fax 74 75 50 31.

⌂ Hotels: **Hotel Kommandørgården**, 80 Zi., Havnebyvej 201, Mølby, Tel. 74 75 51 22, Fax 74 75 59 22, Restaurant, Sauna, Schwimmbad, Hallenbad, Ferienwohnungen.
Hotel Lakolk, 52 Zi., Lakolk 150, Tel. 74 75 51 45, Fax 74 75 59 87.

Hotel-Motel Rømø, 40 Zi., Gl. Færgevej 1, Tel. 74 75 51 14, Restaurant. – Und andere Hotels, vor allem Appartementanlagen.

Rømø Hotels

▲ – **Lakolk Camping** ***, Tel 74 75 52 28; Ende März – Mitte Okt.; an der Westküste; ausgedehnte, schattenlose, ebene, stark besuchte Ferienanlage mit zahlreichen Naherholern; ca. 18 ha – 700 Stpl. + rund 400 Dau.; Komfortausstattung. Laden, Fahrradverleih. Über Dünen zum breiten Sandstrand und zum Meer 800 m.
– **Rømø Familie-Camping** ***, Tel. 74 75 51 54; Ende März – Ende Sept.; ca. 2 km nördl. der Straße vom Festland; schattenloses, offenes, ebenes, heideähnliches Gelände; ca. 8 ha – 300 Stpl. + Dau.; Standardausstattung; Laden, Fahrradverleih, 17 Miethütten; Baden an der Westküste 5 km.
– **Kommandørgårdens Camping** ***, Tel. 74 75 51 22; 1. Jan. – 31. Dez.; ca. 4 km südl. Kongsmark; schattenlos und eben, fast zur Hälfte von Dauercampern belegt; ca. 12 ha – 350 Stpl. + Dau.; gute Standardausstattung; Laden, Imbiß, Restaurant, Schwimmbad, Sauna, Hallenbad, Tennis, Fahrradverleih. 13 Miethütten; Baden am Südstrand gut 2 km.

Camping

➔ **Route:** Im weiteren Verlauf unserer Route folgen wir weiter der Straße 11 nordwärts, die zwischen Tønder und Brokær/ Gredstedbro nördlich Ribe auch „Grüne Küstenstraße" genannt wird, und erreichen nach 22 km die Stadt **Ribe**. ●

auf der „Grünen Küstenstraße" nach Ribe

ROUTENALTERNATIVE ÜBER HADERSLEV

➔ **Route:** Alternativ zu unserem Reiseweg über Tønder kann man von Åbenrå auch auf der Straße 170 nach Norden fahren und erreicht dann nach 25 km **Haderslev**. ●

Haderslev (Touristeninformation, Hotels), ein alter Fürsten- und Bischofsitz am Haderslev Fjord, erlangte schon ausgangs des 13. Jh. Stadtrechte. Im 16. und 17. Jh. war Haderslev zeitweise gar königliche Residenz. König Frederik II. hielt sich hier mehrmals, wenn auch nur kurzzeitig auf. Und sein Nachfolger, König Christian IV., Dänemarks baufreudiger Regent, feierte in Haderslev seine Vermählung.

Der sehenswerte historische Stadtkern wird überragt vom hohen Backsteinbau der **Domkirche**. Der Bau wurde im 14. Jh. im gotischen Stil errichtet. Im bis zu 22 Meter hohen Kirchenschiff verdienen vor allem das schöne, bronzene Taufbecken, das in 1485 in Flensburg gegossen worden sein soll und die beachtenswerte Barockkanzel Beachtung. In der Domkirche, die der hl. Maria geweiht ist, hatte Martin Luther seine Lehre erstmals in Dänemark verkündet.

die Domkirche von Haderslev

Trotz des großen Stadtbrandes von 1627, der auch die Domkirche in Mitleidenschaft gezogen hatte, sind im Stadtzentrum und vor allem in unmittelbarer Nähe des Domes einige hübsche **alte Stadthäuser** und Fachwerkgebäude erhalten geblieben, die allesamt schön restauriert sind. Dafür wurde Haderslev vor einiger Zeit zu Dänemarks „Stadt des Jahres" gekürt.

Dem **Heimatmuseum** von Haderslev in der Dalgade 7 ist ein interessantes Freilichtmuseum mit alten Fachwerkhöfen, Windmühle und Ziehbrunnen angeschlossen.

Man kann Spaziergänge entlang oder Bootsfahrten auf dem Haderslev-Dam unternehmen. Dieser größte Binnensee in Nordschleswig liegt westlich der Stadt.

→ **Route:** Wir verlassen Haderslev auf der Straße 47 über **Vojens** (Camping) westwärts, stoßen in **Gabøl** auf die Straße 24 und folgen ihr über **Gram** (Schloß Gram aus dem 17. Jh.; Camping) nach **Ribe.** ●

RIBE

Ribe**
Dänemarks
älteste Stadt

Ribe nimmt für sich in Anspruch, die älteste Stadt Dänemarks zu sein, schließlich hatten schon zu Beginn des 9. Jh. Wikinger hier einen wichtigen Umschlagplatz für Waren eingerichtet. Und Handel und Schiffahrt waren es auch noch im 12. Jh., die der Stadt Wohlstand brachten. Saxo, der dänische Historiker jener Zeit, berichtet, die Geschäfte seien voll mit allen nur erdenklichen Gütern gewesen.

Bis weit ins Mittelalter behielt Ribe seine Bedeutung als Seehandelsstadt, als Warenumschlagsplatz zwischen Nord und Süd, sowie zwischen England, Nordeuropa und dem Ostseeraum. Als jedoch der Hafen an der Flußmündung zu versanden begann, sank auch der Stern Ribes als Handelsstadt.

Große Bedeutung erlangte Ribe als Bischofsitz und Residenzstadt. Seit 948 schon ist Ribe Bischofsitz, der die ersten christlichen Bauten Dänemarks aufweist. Von Ribe aus betrieb der Apostel Ansgar die Christianisierung Dänemarks. Das Ansehen der Stadt wuchs noch, als um 1200 das Königsgeschlecht der Valdemars sich Ribe als Residenz wählte. Unübersehbares Symbol dieser Glanzzeit ist noch heute der mächtige Dom von Ribe.

Selbst als 1417 Kopenhagen Hauptstadt des dänischen Königreiches wurde, behielt Ribe viele seiner Privilegien. Erst mit der Reformation 1536 und durch spätere Naturkatastrophen, darunter Sturmfluten, Pest und Feuersbrünste, wurde Ribe seines Glanzes beraubt. Und als schließlich mit dem Absolutismus 1665 alle Macht nach Kopenhagen verlagert wurde, war das Ende der Blütezeit Ribes gekommen.

Für das kleine Städtchen sollten Sie sich ein bißchen Zeit nehmen, denn ein Bummel durch die malerische Innenstadt lohnt.

ausgeschilderte
Parkplätze am
Rande der
Altstadt

Da das Parken in der verkehrsberuhigten, historischen Altstadt so gut wie unmöglich ist, beginnt man einen Stadtrundgang am einfachsten an einem der beiden großen öffentlichen, gut ausgeschilderten Parkplätze (WC's), entweder im Norden der Stadt bei der Jugendherberge oder im Südwesten am Tøndervej, nahe dem Abzweig von der Umgehungsstraße 11.

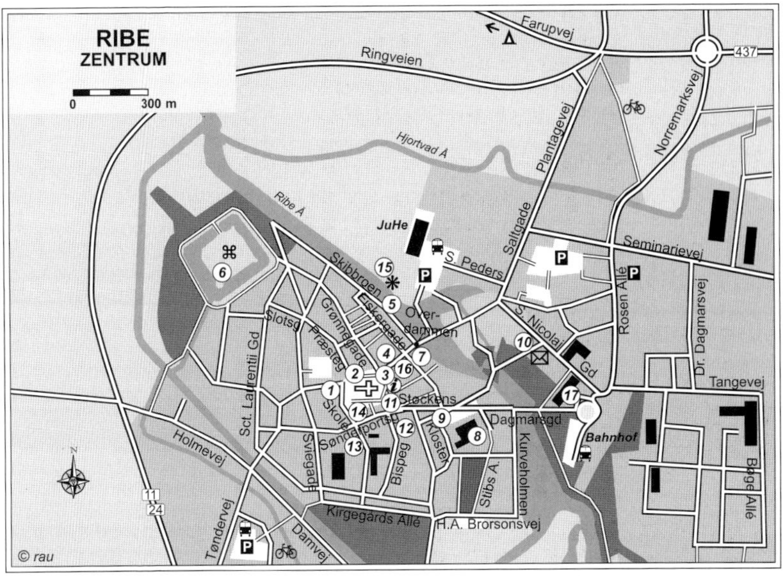

RIBE ZENTRUM

0 — 300 m

Farupvej
Ringveien
437
Norremarksvej
Hjortvad Å
Ribe Å
Plantagevej
Saltgade
Seminarievej
JuHe
S. Peders
15 P
Rosen Allé P
Skibbroen
6
5
Over-dammen
S. Nicolai
Dr. Dagmarsvej
Slotsg.
Grønnegade
Præstegade
Sct. Laurentii Gd
4 7
3 16
2
1
Stackens
10
Gd
Tangevej
14 11
9
12
Dagmargd
17
Holmevej
13
Bispeg.
8
Kloster
Bahnhof
Søndportsgade
Sviegade
Kurveholmen
Stibs A.
Bøge Allé
11 24
Tøndervej
Damvej
Kirgegårds Allé
H.A. Brorsonsvej

© rau

RIBE	5 Skibbroen	11 Altes Rathaus	Dom
	6 Schloß Riberhus	12 Gedenktafel	16 Hotel Dagmar
1 Lateinschule	7 Quedens Gaard	13 Häuserensemble	17 Ribes Wikinger-
2 Dom	8 St. Katharinenkirche	14 Hans Tausens Haus	museum
3 Touristeninformation	9 Badstuegade	15 Aussicht auf Skib-	
4 Weis' Stue	10 Kunstmuseum	broen Pier, Stadt und	

STADTSPAZIERGANG

Wir beginnen unsern **Stadtrundgang** am Parkplatz am Tøndervej. Von hier gehen wir bis zum markanten Dom von Ribe, der sich mitten im Zentrum am Stadtplatz Torvet erhebt.

lohnender Spaziergang durch die male-rische Innenstadt von Ribe **

Vom Parkplatz folgen wir zunächst einem Fußweg, der über das Flüßchen Stampemølle Å führt, gehen links am Friedhof vorbei zur Gravsgade und weiter über die Sviegade. Rechts sieht man die Kathedralschule, deren Anfänge ins 12. Jh. zurückreichen. Weiter über die Gråbrødregade. In der stadteinwärts führenden **Sønderportsgade** stehen einige sehr schöne alte Fachwerkhäuser. Schließlich führt uns die Grydergade, vorbei am **Restaurant Backhaus** (7 Betten, Tel. 75 42 11 01), auf den Dom zu.

Bevor wir aber über die Grydergade auf den Domplatz Torvet kommen, verdient das Gebäude rechts, Grydergade/Ecke Skolegade, Beachtung. Es ist die alte **Lateinschule (1)**, die 300 Jahre lang vom 16. bis ins 19. Jh. ihre Zöglinge nicht nur in Latein unterrichtete. Hier wurde 1849 Jacob A. Riis geboren, der später nach Amerika auswanderte, dort durch sein soziales Engagement in den Elendsvierteln von New York von sich reden machte, daß in sogar Präsident Roosevelt als „nützlichsten Bürger Amerikas" bezeichnete.

Ribe
Stadtspaziergang

Dom zu Ribe * (2)
1.6. - 31.8. tgl. 10 -
18 Uhr; Mai + Sept.
bis 17 Uhr, übrige
Zeit bis 16 Uhr.
Eintritt.

Torvet, der zentrale Stadtplatz, wird beherrscht vom **Dom (2)**. Angeblich ließ Ansgar, der Apostel des Nordens, hier schon im Jahre 860 eine Holzkapelle errichten. Der Sakralbau, so wie er sich uns heute darbietet, entstand zwischen 1150 und 1250. Der teils aus Ziegeln teils aus Tuffstein aus dem Rheinland und jütländischem Granit errichtete Dom zählt zu den schönsten fünfschiffigen romanischen Kirchenbauten in Dänemark. In späteren Um- und Anbau-

in Ribe, Blick zum Dom

ten sind aber auch Stilelemente der Gotik erkennbar. Denkmale erinnern an den dänischen Reformator Hans Tausen, der von 1491 bis 1561 lebte und an den Dichter und Bischof Adolf Brorson, der im 18. Jh. in Ribe wirkte.

Deutlich erkennbar ist, daß die Türme an der Westseite des Doms von recht unterschiedlichem Aussehen sind, vor allem im oberen Abschluß. Grund: Der eine Turm brach schon wenige Jahre nach Fertigstellung des Doms während der Weihnachtsfeierlichkeiten im Jahre 1283 in sich zusammen und begrub einen großen Teil der Kirchengemeinde unter sich.

Aussicht vom
Turm *

Nach diesem Desaster entstand der imposante viereckige, fast 52 Meter hohe Turm des Doms, der **Bürgerturm** oder „**Store Tårn**", der 1333 fertiggestellt werden konnten. Der ganz aus Ziegeln aufgeführte Turm diente sowohl als Wach- und Sturmglockenturm als auch als Landmarke für die Schiffahrt. Der Bürgerturm kann bestiegen werden (248 Stufen). Die Mühe wird mit einem weiten Blick über die Marsch belohnt.

Das Glockenspiel des Doms ertönt täglich um 8, 12, 15 und 18 Uhr. Morgens und abends wird die Melodie des Psalms „Den yndigste rose er funde" (Die anmutigste Rose ist gefunden) intoniert und um 12 und 15 Uhr hört man die Volksweise „Dronning Dagmar ligger

das historische Restaurant „Weis' Stue"

udi Ribe syg" (Königin Dagmar liegt krank zu Ribe).

In der Skolegade an der Südseite des Doms, liegt das **Tausens Hus (14)**, eine der ältesten Bischofsresidenzen in Ribe aus dem 16. Jh. Hier lebte der Bischof und Reformator *Hans Tausen* von 1551 bis zu seinem Tode 1561. Hans Tausen (auch Tavsen) gilt in Dänemark als eine der treibenden Kräfte während der Reformation. Tausen ging als Ordensbruder nach Wittenberg, wo er natürlich mit den Lehren Luthers in Kontakt kam und davon stark beeinflußt und geprägt wurde. Wieder zurück in Dänemark wurde Tausen einer der Vorreiter der Reformationslehre, der sich der schützenden Hand des Königs gewiß sein konnte. Seine Bibelübersetzung sollte ein entscheidender Faktor bei der Gründung der Lutherischen Kirche in Dänemark sein. 1541 wurde Hans Tausen zum Bischof von Ribe geweiht.

Östlich vom Dom, in der Straße Overdammen, finden wir **Weis' Stue (4)**, eines der urigsten und ältesten Gasthäuser der Stadt. Stilgerecht in einem schon etwas windschiefen, niederen Fachwerkbau untergebracht, findet man alte Gaststuben aus dem frühen 18. Jh. mit Balkendecken, flandrischen Kacheln, Wandtäfelung und alten Öfen. Das Haus fungiert nach wie vor auch als Herberge. Es gibt fünf Gästezimmer, Tel. 75 42 07 00. altes Gasthaus
Weis' Stue ** (4)
Gegenüber der Weis' Stue liegen am alten Markt, einem idyllischen Platz, das **Hotel Dagmar (16)** in einem repräsentativen Patrizierhaus und der alte Handelshof „Porsborg" aus dem 16. Jh. Hier findet sich auch das **Touristenbüro (3)**.

Wir gehen nun am Touristenbüro vorbei und folgen ein Stück der nach Westen führenden Grønnegade. Schon wenig später führen

Ribe
Stadtspaziergang

mehrere kleine Gassen nach rechts. Wir folgen einer der schmalen, von niederen Gebäuden gesäumten Gassen und kommen kurz darauf zur Fiskergade, eine der idyllischsten Straßen in Ribe. Schon um 1400 wurde diese Straße angelegt. 1580 wütete hier ein verheerendes Feuer, dem der größte Teil der Stadt zum Opfer fiel. Wir folgen der Fiskergade nach links (westwärts), die wenig später in die **Skibbroen (5)** am Wasser mündet. Hier am Ribe Å war früher der Hafen von Ribe.

Ganz in der Nähe, dort wo die Fiskergade auf die Skibbroen stößt, sieht man am Ufer die **Sturmflutsäule**. Eisenringe markieren die Hochwasserstände und erinnern daran, wie weit der „Blanke Hans" bei Sturmflut ins Land dringen kann. Bei der Flutkatastrophe 1634 stieg das Wasser auf unvorstellbare 6 Meter über Normal. Der oberste Eisenring zeigt es an.

Man könnte nun flußabwärts gehen und käme nach etwa 200 Meter zum linkerhand gelegenen ehemaligen **Schloß Riberhus (6)**. Nur noch spärliche Ruinenreste, der Schloßgraben und ein Standbild von Königin Dagmar sind heute vorhanden. Die Büste erinnert an die Gattin König Waldemars des Siegers, der 1241 starb. Schloß Riberhus entstand im 12. Jh. auf Geheiß von König Nils. Etwa 300 Jahre lang war es Königsresidenz.

Ab Skibbroen verkehren im Sommer Ausflugsboote. Auf die schöne alte Häuserzeile an der Skibbroen mit dem urig gemütlichen Gasthaus „Værtshuset Sælhunden" hat man vom gegenüberliegenden Ufer nahe des dortigen Parkplatzes oder von der etwas weiter östlich gelegenen Brücke einen sehr schönen Blick.

Von der Skibbroen gehen wir wieder stadteinwärts bis zur Brücke am Overdammen, wenden uns rechts und biegen gegenüber der schon bekannten Fiskergade in die Sortebrødregade ein.

Museum im
Quedens Gaard
(7)

Interessant ist **Quedens Gaard (7)**, gleich an der Ecke Sortebrødregade/Overdammen. Der vierflüglige Fachwerkbau eines reichen Kaufmanns stammt aus dem 16. Jh. Heute *Stadtmuseum* (1. 6. – 31.8. tgl. 10 – 17 Uhr. Übrige Zeit bis 15 Uhr und montags geschlossen. Eintritt).

St. Katharinen-
kirche (8)
1. 5. - 30. tgl. 9. 10
- 12, 14 - 17 Uhr.
Eintritt für
Klostergarten.

Am Ende der Sortebrødregade erkennen wir auf der anderen Strassenseite die **St. Katharinenkirche (8)** und das **Dominikanerkloster**. Das Kloster wurde 1228 gegründet. Der jetzige Kirchenbau stammt aus dem 15. Jh. Im mittelalterlichen Klosterhof ein Kreuzgang. Kloster und Kirche sind – neben dem Dom – die letzten Zeugen der zahlreichen Kirchen aus der Zeit vor der Reformation. Sehr malerisch und romantisch ist die Szenerie an den Flußarmen und Fußstegen am Ostende der Badstuegade (9).

Kunstmuseum (10)
15. 6. - 31. 8 tgl. 11 -
17 Uhr. Übrige Zeit
Di. - Sa. 13 - 16 Uhr.
Eintritt.

Überquert man die Stege und hält sich Richtung Postamt, kommt man zum **Ribe Kunstmuseum (10)** in der St. Nicolaj Gade. Ausgestellt sind in erster Linie Werke heimischer Künstler aus dem 19. und 20. Jh. Schöne Sammlung von Ribe-Motiven.

an der Skib-broen in Ribe

Wir gehen die St. Nicolaj Gade nach rechts (südostwärts) bis zum Odins Plads am Bahnhof. Rechts liegt das **Museum Ribes Wikinger (17)**. Das Haus präsentiert anhand seiner Exponate, vor allem auch aus der Wikingerzeit und dem Mittelalter, die Geschichte Ribes von 700 bis 1700.

Wikinger Museum (17)
1. 6. - 14. 9. tgl. 10 - 17 Uhr. Übrige Zeit bis 16 Uhr. Eintritt.

Vom Dominikanerkloster gehen wir zurück Richtung Dom und wenden uns am Støkkens Plads links in die Sønderportsgade. Gleich rechts am Eck das **Alte Rathaus (11)**. 1496 wurde es als Handelshaus errichtet und diente von 1709 bis 1966 als Rathaus der Stadt. Im Ratssaal, der Ende des 19. Jh. angebaut wurde, tagt heute gelegentlich noch der Gemeinderat. Der Dichter und erste dänische Zeitungsverleger Anders Bording wurde im alten Rathaus 1619 geboren. Das ehemalige Schuldgefängnis ist heute zum Museum umfunktioniert.

Schräg gegenüber am Støkkens Plads findet man das **Legetøjmuseum**. In dem Spielzeugmuseum mit weit über tausend Exponaten sind z.B. über 500 Puppen ausgestellt. Außerdem sieht man seltene Modellautos, Teddys, Holzspielzeug, alte Spiele u. ä. Videopräsentation über alte Dampfmaschinen.

Spielzeug-museum
1. 6. - 31. 8. tgl. 10 - 12, 13 - 17 Uhr. Übrige Zeit nur nachmittags. Eintritt.

Auf dem Weg durch die Sønderportsgade kann man an der Ecke zur Bispegade eine Gedenktafel (12) sehen. Sie erinnert an *Maren Splid*, die am 9. November 1641 „blev braendt for Trolddom", also wegen Hexerei auf dem Galgenberg verbrannt wurde.

Sehr **schönes Häuserensemble(13)** an der Ecke mit der Puggårdsgade mit Gebäuden zum Teil aus dem 16. Jh.

Ribe Stadtspaziergang

Der weiter Verlauf unseres Stadtspaziergangs führt durch die Puggårdsgade stadtauswärts, passiert den linkerhand gelegenen ehemaligen Domherrensitz **Tårnborg** aus dem 16. Jh., kommt an einer mittelalterlichen Reihenhaussiedlung in Fachwerkbauweise vorbei und stößt schließlich auf die Gravsgade.

Wir gehen rechts bis zum rechterhand gelegenen **Puggård**, Domherrensitz und Schulstift aus dem 14. Jh. Wenige Meter weiter biegen wir links zum Friedhof ab, gehen an seiner Westseite entlang, überqueren den Damvej und kommen über den Fußweg zurück zu unserem Parkplatz am Tøndervej.

Rundgang mit dem Nachtwächter

Wer Geschichte und Geschichten über Ribe aus erster Hand (Dänisch und Englisch) erfahren will, kann sich in der Zeit vom 1. Mai bis 15. September dem **Rundgang des Nachtwächters** anschließen. Zünftig gekleidet und mit Morgenstern und Laterne versehen, macht er allabendlich seine Runde, die um 22 Uhr an der Weis' Stue am Torvet beginnt (vom 1. 6. bis 31. 8. auch um 20 Uhr).

Ribe Vikingecenter
Mitte Mai - Ende Sept. tgl. a. Mo. 11 - 16 Uhr. Eintritt.

Rund 2 km südlich von Ribe findet man das **Ribe Vikingecenter**. Das Freilichtmuseum wurde nach Ausgrabungsfunden, die nahe von Ribe gemacht wurden, rekonstruiert. Der Besucher sieht einen nachempfundenem Marktplatz aus dem Jahre 720, einen großen Gutshof aus dem Jahre 980 und ein Stadtmilieu aus dem Jahre 1050. Außerdem kann man Handwerkern bei der Arbeit zusehen, die sich mit Korbflechten, Töpfern, Schmieden, Gerben, Strohflechten und anderen so gut wie ausgestorbenen Handwerken betätigen.

Ribe Hotels

Praktische Hinweise

☎ **Ribe Turistbureau,** Torvet 3 - 5, 6760 Ribe, Tel. 75 42 15 00., Fax 75 42 40 78.

⌂ Hotels: **Dagmar**, 50 Zi., Torvet 1, Tel. 75 42 00 33, Fax 75 42 36 52, zentral am Dom, in einem historischen Gebäude aus dem Jahre 1581, eine der besten Adressen am Platz, gepflegte Restaurants u.a. „Vægterkælderen".
Den Gamle Arrest, 11 Zi., Torvet 11, Tel. 75 42 37 00, Fax 75 42 37 22, zentral am Dom, im alten Stadtgefängnis eingerichtet, hier schlafen Sie tatsächlich in den ehemaligen Zellen, recht rustikale, einfache Zimmer, nur zwei Zimmer mit eigenem Bad, Restaurant, Café, Atriumgarten.
Frau Mathies, 6 Zi., Saltgade 15, Tel. 75 42 34 20, Fax 75 41 02 44.
Weis' Stue, 5 Zi., Torvet 2, zentral, hist. Fachwerkhaus, rustikales Restaurant, Tel. 75 42 07 00. – Und andere, meist kleinere Hotels.

Jugendherberge

Jugendherberge: **Danhostel, Ribe Vandrerhjem „Ribehallen" ****,** Sct. Pedersgade 16, Tel. 75 42 06 20, Feb. – Ende Nov.; 140 Betten, 34 Familienzimmer. Lt. Angabe auch für Rollstuhlfahrer gut geeignet.

Camping

▲ – **Ribe Camping ***,** Tel. 75 41 07 77; 1. März – 31. Okt.; 1 km nördl. Ribe und westl. der Straße 11/24; ebene Wiese, von Bäumen umgeben; ca. 5 ha – 200 Stpl. + Dau; Standardausstattung; 16 Miethütten.

AUSFLUG

Ausflug z.B. in die **Marsch** hinter den Deichen. Störche und Strandvögel können beobachtet werden. Wattwanderungen.

Mit dem Trekkerbus durchs Watt über den Ebbeweg auf die 8 qkm große **Insel Mandø**. Dazu fährt man von Ribe ca. 5 km auf der Straße 11 südwärts Richtung Vedsted und zweigt dort meerwärts nach Vester Vedsted ab.

Ausflug ab Ribe

Erst im Frühjahr 1998 wurde das neue **Vadehavscentret** (Wattenmeerzentrum) in **Vester Vedsted**, Okholmvej 5, eröffnet. Das Museum befaßt sich mit Flora und Fauna im Wattenmeer und die Kulturlandschaft der Marsch. Ausstellungsthemen sind außerdem die Gezeiten, die Deiche, Sturmfluten u.a.

Wattenmeer-zentrum
1. 6. - 20. 10. tgl.
10 - 18 Uhr. Übrige
Zeit bis 16 Uhr.
Eintritt.

2. RIBE – VIBORG

⊙ **Entfernung:** Rund 240 km, ohne Abstecher.

➔ **Strecke:** Über die Straße 11/24 bis **Esbjerg** – Straße 463/431 bis **Oksbøl** – Landstraße bis **Henne** – Straße 181 bis **Søndervig** – Straße 15 bis **Herning** – Straße 12 bis **Viborg**.

🕐 **Reisedauer:** Mindestens ein Tag, mit allen Abstechern und Besichtigungen besser zwei Tage.

⌘ **Höhepunkte:** Küste und **Dünen bei Blåvand** ** – der **Ringkøbing Fjord** * – der **Dom in Viborg** **.

➔ **Route:** Wir verlassen Ribe auf der Straße 11/24 in nördlicher Richtung und erreichen nach rund 31 km **Esbjerg**. ●

ESBJERG

Esbjerg, Dänemarks wichtigste Hafenstadt an der jütländischen Westküste, ist eine sehr junge Stadt. Erst 1868 begann man unter der Regentschaft von König Christian IX. – sein Reiterstandbild steht auf dem Marktplatz – einen Hafen zu bauen. Damals, nach dem deutsch-dänischen Krieg, sah sich Dänemark genötigt, einen eigenen Nordseehafen anzulegen. Bis dahin lebten an diesem Küstenstrich gegenüber der Insel Fanø kaum eine Handvoll Familien. Schon kurz nach der Fertigstellung des Hafenbeckens florierte die Handelsschiffahrt vor allem mit England ausgezeichnet. Schnell entstand um den geschäftigen Hafen eine rapide wachsende Stadt. 1910 lebten bereits knapp 20.000 Menschen in den schachbrettartig angelegten Straßenzügen Esbjergs. Heute, über 130 Jahre nach der Stadtgründung, wohnen fast 80.000 Menschen in der Stadt, deren Hafen sich zum größten Containerhafen, zum bedeutendsten Fischereihafen Dänemarks mit über 400 Kuttern und zum wichtigsten Stützpunkt für die Offshore-Aktivitäten des Landes im Nordseeölgeschäft entwickelt hat.

Wen wundert es da, daß bei soviel Handel und Wandel touristisch wenig nennenswertes geboten wird. Eine Fußgängerzone mit Geschäften – die Kongensgade in Esbjerg mit über 150 Geschäften, Restaurants, Cafés gilt als längste Fußgängerzone in Dänemark –

41

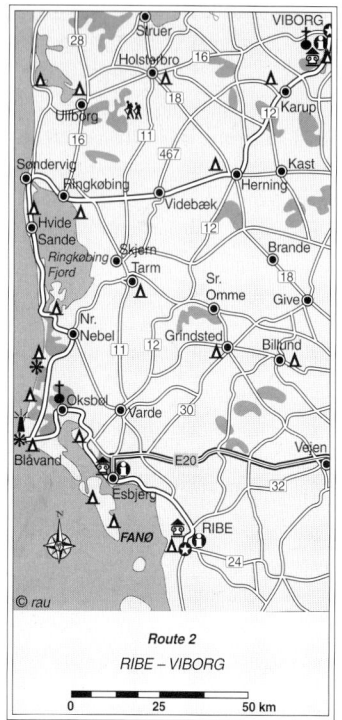

Route 2
RIBE – VIBORG

0   25   50 km

Fischerei und Seefahrtmuseum ** (2)
tgl. 10 - 17, Sommer bis 18 Uhr. Eintritt.

gibt es schließlich auch woanders. Von Anfang Juli bis Mitte August kann man täglich außer samstags und sonntags an knapp zweistündigen Stadtrundfahrten teilnehmen. Abfahrt am Marktplatz. Außerdem werden **Hafenrundfahrten** angeboten. Infos im Touristenbüro.

Interessante **Museen:**
Das **Fischerei- und Seefahrtmuseum (2)** am Tarphagevej nahe des Fischereihafens, mit großem Seeaquarium, einer schönen Sammlung von Fischereiwerkzeugen, Schiffsmodellen und Gegenständen aus der langen Seefahrtstradition Westjütlands. Großes Seehundbecken, Robbenfütterung tgl. 11.00 und 14.30 Uhr. Neueste Attraktion ist die Off-Shore-Ausstellung, die anschaulich Auskunft über die Ölförderung gibt.

Das **Esbjerg Museum (3)** in der Torvegade 45, ein kulturhistorisches Heimatmuseum und Bernsteinmuseum.

Das **Buchdruckermuseum (4)** in der Borgergade 6; Ausstellungen zum Buchdruckerhandwerk durch fünf Jahrhunderte.

Der **Kunstpavillon (5)** im Stadtpark am Wasserturm, Havnegade; Werke dänischer Maler und Bildhauer nach 1915. Eine Auswahl neuer dänischer Kunst.

Und im Nordwesten der Stadt findet man in der Nähe der Straße nach Hjerting die „**Menschen am Meer" (6)**, mehrere neun Meter hohe, sitzende, weiße Gestalten, von Jörn Utzon entworfen.

Feuerschiff (7)
1. 5. - 30. 9. Mo. - Fr. 10 - 16 Uhr. Eintritt.

Das ausgediente **Motorfyrskib Nr. 1** (- 7 - Motorfeuerschiff), das heute als Museumsschiff dient und an die Zeit der Feuerschiffe in den Gewässern vor Esbjerg erinnert, hat für den Rest seiner Tage an der Mole im Hafen der Fanø-Fähren festgemacht. Das Schiff, 1912 in Fåberg gebaut, gilt als das größte noch erhaltene, aus Holz gebaute Feuerschiff der Welt.

Ein interessantes Erlebnis für Frühaufsteher ist die Fischauktion in der 225 m langen Versteigerungshalle am Hafen. Die Auktion findet von Montag bis Freitag jeweils um 7 Uhr morgens statt. Viel verstehen wird man allerdings nicht. Auch wird man kaum hinter die Be-

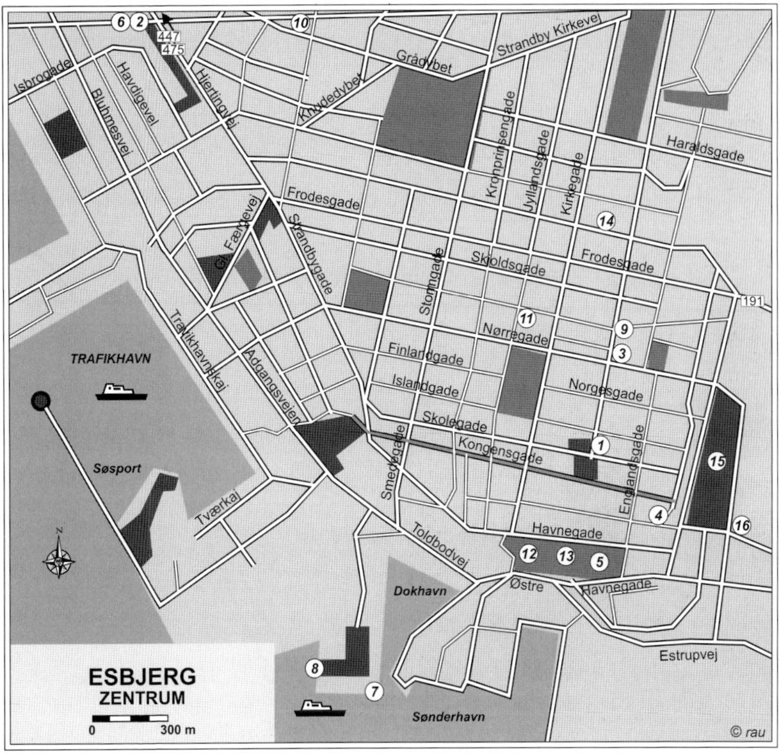

ESBJERG
ZENTRUM

0   300 m

© rau

ESBJERG	Westjütisches	7 Motorfeuerschiff	12 Stadtpark
	Bernsteinmuseum	8 Fanøfähren	13 Wasserturm
1 Information	4 Buchdrucker-	9 Stadtgeschichtliches	14 Rathaus
2 Fischerei- und	museum	Museum	15 Bahnhof
Seefahrtmuseum	5 Kunstpavillon	10 Schwimmstadion	16 Multihaus
3 Esbjerg Museum u.	6 Menschen am Meer	11 St. Nikolaj Kirche	Tabakfabrik

deutung der Zeichensprache kommen, die dem Eingeweihten sagt, wer was ersteigert. Aber allein die Atmosphäre und das bunte Treiben ist den Abstecher wert. Oft werden in der Hochsommerzeit jeweils am Freitag und auch erst zur christlichen Uhrzeit von 9.30 Uhr Auktionen veranstaltet, bei denen vor allem Nichtprofis und Touristen mitbieten dürfen.

Praktische Hinweise

☎ **Esbjerg Turistkontor**, Skolegade 33, 6700 Esbjerg, Tel. 75 12 55 99. Fax 75 12 27 67.

🏨 Hotels: **Ansgar**, 55 Zi., Skolegade 36, Tel. 75 12 82 44, Fax 75 13 95 40, Restaurant, Garage.
Bell-Inn, 30 Zi., Skolegade 45, Tel. 75 12 01 22, 75 13 16 40, Restaurant, Garage.

Esbjerg
Hotels

Esbjerg, Hotels **Britannia,** 79 Zi., Torvet, Tel. 75 13 01 11, Fax 75 45 20 85, Restaurant. – Und andere Hotels.

Jugendherberge Jugendherberge: **Esbjerg Vandrerhjem,** Gl. Vardevej 80, Tel. 75 12 42 58, ganzjährig geöffnet; 122 Betten.

Camping   ▲ – **Ådalens Camping** ***, Tel. 75 15 88 22; 1. März – 31. Dez.; nordwestlich der Stadt, über die Küstenstraße Strandvejen Richtung Hjerting; im Stadtteil Sædding; städtischer Platz, fast ebenes Wiesengelände, teils von Büschen und Bäumen begrenzt; ca. 4,5 ha – 200 Stpl.; gute Standardausstattung. 4 Miethütten.

ABSTECHER ZUR INSEL FANØ

Ab Esbjerg verkehren ganzjährig und in halbstündlichem Abstand **Fähren nach Nordby** auf der „Ferieninsel" **Fanø**. Die Überfahrt dauert knapp 15 Minuten. Reservierungen sind nicht möglich. Wartezeiten in der Hauptreisezeit einkalkulieren!

Fanø, die nördlichste der Nordfriesischen Inseln, ist rund 55 qkm groß und wird im 13. Jh. erstmals in Chroniken erwähnt. Bis zur Mitte des 18. Jh. war Fanø Kronbesitz. Im 18. und 19. Jh. machte sich Fanø einen Namen durch seine bedeutende Handelsflotte, die zeitweise mehr als 150 stolze Segler zählte.

Ab dem 19. Jh. wuchs der Ruf der Insel als renommiertes Seebad. Damals entstanden z.B. die Badehotels in Fanø-Vesterhavsbad. Und noch heute erlebt Fanø jeden Sommer eine wahre Invasion von Gästen.

Vor allem an der Westküste der Insel liegen kilometerlange, breite **Sandstrände**. Campingplätze und Ferienhäuser findet man vor allem im Süden bei Sønderho und in Fanø Vesterhavsbad.

Nordby, der Fährhafen an der Nordostküste der Insel, ist die größte Gemeinde auf Fanø. Im alten Ortskern sind noch einige der traditionellen, niederen, strohgedeckten Fanø-Häuser zu finden.

Fanø-Museum tgl. 14 - 17 Uhr. 1. 7. - 15. 8. auch 10 - 12 Uhr. Eintritt.

Die große Tradition als Heimat der Seefahrer lebt in der Seefahrtschule im Nordwesten der Stadt fort. In einem fast 300 Jahre alten Fanø-Haus ist das **Fanø-Museum** eingerichtet, mit Exponaten zur Schiffahrtsgeschichte und Einrichtungsgegenständen eines inseltypischen Hauses aus dem 18. Jh.

Schiffahrtmuseum 1. 5. - 1. 10. Mo - Sa 10 - 12, 14 - 17 Uhr, So 10 - 12 Uhr. Übrige Zeit nur 10 - 12 Uhr. Eintritt.

Eine Schiffahrt- und Trachtenausstellung ist im „**Skipperhuset**", dem alten Sitz der früheren Reedereivereinigung, zu sehen. Schiffsmodelle, Fotos, Dokumente etc. zeigen die Entwicklung der einstmals bedeutenden Segelschiffsflotte von Fanø auf. Außerdem umfangreiche Trachtensammlung aus dem 19. Jh.

Auf dem Weg nach Sønderho im Süden der Insel kann man am Südrand von Nordby an der **Kirche** haltmachen. Sie stammt aus dem Jahre 1786. Neben dem bronzenen Taufbecken aus dem 14. Jh. sind die acht Schiffsmodelle bemerkenswert, die an die lange Seefahrtstradition erinnern.

An der einzigen Straße nach Süden, die durch flaches Heidegebiet und Jungforste führt, sind Parkplätze angelegt, von denen aus schöne **Spaziergänge** unternommen werden können.

Ca. 7 km südlich Nordby kann man westwärts zu einem Parkplatz abzweigen, der umgeben von Heidekraut und Kiefernschonungen am Fuße des 21 m hohen „Pælebjerg" liegt. Vom höchsten „Berg" Fanøs hat man einen schönen Blick auf die mächtigen Dünen an der Westküste der Insel, die größtenteils unter Naturschutz stehen. Der nächste Parkplatz – an der Ostseite der Straße – ist Ausgangspunkt für **Wanderungen in ein Vogelschutzgebiet** im Marschland an der „Albo Bugt".

Aussicht vom höchsten „Berg" Fanøs

Sønderho, 13 km südlich von Nordby, liegt geschützt hinter Dünen und Deichen. Viele der Häuser des kleinen Städtchens stehen unter Denkmalschutz, so daß sich zumindest dort das Gepräge aus der großen Zeit der Segelschiffkapitäne kaum verändert hat.

Hannes Hus ist ein schönes Beispiel für ein typisches Haus aus den Tagen der großen Zeit der Windjammer. Bescheidenes, aber interessantes zeitgenössisches Inventar.

Hannes Haus in Sønderho
14 - 17 Uhr. Eintritt.

Nördlich von Sønderho liegt das Wahrzeichen der Stadt, eine alte **Windmühle**. Daneben erhebt sich eine **Kirche** aus dem 18. Jh. mit Schiffsmodellen und einem Seefahrerdenkmal, einer Frauengestalt, die suchend aufs Meer blickt.

An der Südspitze der Insel, „Hønen" genannt, gehen Wiesen und Marsch langsam in das Wattenmeer der Nordsee über.

Man kann auf der Teerstraße oder aber über den für den Autoverkehr freigegebenen Sandstrand nach Nordby zurückfahren. Auf diesem **„Autostrand"** wurden zwar schon Geschwindigkeitsrekorde aufgestellt (1924 240 km/h), aber heute ist die Höchstgeschwindigkeit natürlich beschränkt, auf 40 km/h.

kilometerlanger „Autostrand"

Vorbei an endlosen Dünen und einigen Bunkerruinen kommen wir zunächst nach **Rindby-Strand** und etwas weiter nach **Fanø-Vesterhavsbad**, das Seebad auf Fanø schlechthin. Hier endet der „Autostrand". Am Strand weiter nördlich wird auch hüllenloses Baden toleriert.

Fanøs Seebad Vesterhavsbad

Unter Kennern ist Fanø auch als Fundort für **Bernstein** bekannt. Wenn Sie also mal Langeweile haben und Wetter und Meer nicht zum Baden verleiten, können Sie ja mal auf Bernsteinsuche gehen. Bernstein ist hart gewordenes Harz und schwimmt. Gerade nach ein paar Tagen Sturm aus Westen wird Bernstein oft zusammen mit Tang oder Treibgut angespült.

Praktische Hinweise

☎ **Fanø Turistbureau**, Havnepladsen, 6720 Nordby/Fanø, Tel. 75 16 26 00, Fax 75 16 29 03.

Fanø

Fanø
Hotels

⌂ Hotels: **Fanø Badeland**, 126 Zi., 118 Appartements, Strandvejen 52, Tel. 75 16 60 00, Fax 75 16 60 11, Restaurant, Sauna, Hallenbad.
Fanø Krogaard, 16 Zi., Langelinie 11, Nordby, Tel. 75 16 20 52, Fax 75 16 23 00, Restaurant.
Kellers Hotel, 12 Zi., Strandvejen 48, Tel. 75 16 30 88, Restaurant.
Sønderho
Sønderho Kro, 9 Zi., Kropladsen 11, Tel. 75 16 40 09, Fax 75 16 43 85, Restaurant. – Und andere Hotels.

Camping auf
Fanø

▲ – Fast alle Campinganlagen auf Fanø sind sehr stark, nicht selten bis zur Hälfte, mit Dauercampern belegt.
– **Tempo Camping** ***, Tel 75 16 22 51; 15. Mai – 15. Sept.; an der Straße nach Vesterhavsbad; durch hohe Sträucher und Hecken windgeschützte Wiesen; ca. 6 ha – 150 Stpl. + Dau.; gute Standardausstattung; 25 Miethütten; zum Meer gut 1 km.
Rindby
– **Feldberg Familie Camping** ***, Tel. 75 16 36 80; Ende März – Mitte Okt.; an der Straße nach Rindby Strand; ebene Wiese mit Hecken; ca. 3 ha – 120 Stpl. + Dau.; gute Standardausstattung; Fahrradverleih; zum Meer ca. 1 km.
– **Feldberg Strand Camping** ***, Tel. 75 16 24 90; Ende März – Mitte Okt.; an der Straße nach Rindby Strand; Senke hinter Dünen; ca. 2 ha – 50 Stpl. + Dau.; gute Standardausstattung; Laden, Imbiß, Restaurant in der Saison; 6 Miethütten; zum Meer ca. 300 m.
– **Ro-Land Camping** ***, Tel. 75 16 32 36; Ende März – Ende Sept.; Richtung Rindby Strand; ca. 4 ha – 100 Stpl. + 100 Dau.; gute Standardausstattung; Laden, Imbiß, Fahrradverleih; 10 Miethütten; zum Meer knapp 2 km.
Sønderho
– **Sønderho Ny Camping** ***, Tel. 75 16 41 44; Ende März – Ende Okt.; ca. 2 km nördl Sønderho; ebene Wiese durch hohen Hecken vielfach unterteilt und relativ windgeschützt, ruhige Lage; ca. 2,5 ha – 100 Stpl. + Dau.; Komfortausstattung; Laden, Fahrradverleih; zum Meer ca. 2,5 km. – Und andere Campingplätze.

HAUPTROUTE

→ **Route:** Der weitere Weg unserer Route Richtung Viborg führt von Esbjerg auf der Straße 12 zunächst nach Norden Richtung **Varde** (Varde Museum, Miniaturstadt, Hotels, Jugendherberge, Touristeninformation). Unterwegs passiert man das interessante Fischereimuseum siehe unter Esbjerg. Aber schon nach wenigen Kilometern zweigen wir nach Nordwesten ab und erreichen nach 16 km **Billum** und gleich darauf **Oksbøl** (Camping). ●

Wer sich sehr für Kirchenbaukunst interessiert, wird sich die **Aal Kirke** am Nordrand von **Oksbøl** ansehen. Die Kirche stammt aus dem 12. Jh., ist somit eines der ältesten Gebäude der Region und weist interessante Fresken und ein weit über Oksbøl hinaus bekanntes Reiterfries auf.

Camping bei
Oksbøl

▲ – **Baunhøj Camping** ***, Tel. 75 27 11 30; Ende März – Ende Okt.; nördl. des von Oksbøl bei einem Forst; ca. 2 ha – 140 Stpl.; Standardausstattung. 2 Miethütten.

Es bietet sich ein **Abstecher** auf der Straße 431 nach **Blåvand** und zum westlichsten Punkt Dänemarks „**Blåvands Huk**" an. Blåvands Huk wird markiert von einem schlanken, 39 m hohen Leuchtturm, der von den weißen Dünen aus sein Licht gut 50 km weit auf die Nordsee schickt. Der Leuchtturm, der 1900 erbaut wurde, warnt die Schiffahrt vor den Untiefen eines 40 km langen Riffs.

Abstecher zu Dänemarks westlichstem Punkt *

Macht man den kleinen Umweg über **Ho** (Camping), kann man in der dortigen Kirche aus dem 15. Jh. das älteste Kirchen-Schiff in Dänemark bewundern.

Südlich von Ho erstreckt sich die **Halbinsel Skallingen**. Sie steht als Vogelreservat unter Naturschutz.

▲ – **Ho Camping** *, Tel. 75 27 91 57; 15. Mai – Ende Aug.; einfach, aber schön und ruhig zwischen Dünen und Wald gelegen; ca. 1 ha – 60 Stpl. + Dau.

Camping bei Ho

➜ **Route:** Von Blåvand fahren wir über **Oksby, Vejers, Børsmose** und **Henne** bis **Nymindegab**. ●

Auf dem Wege nach Nymindegab durchquert man ausgedehnte militärische Übungsgebiete, die mit Warnschildern deutlich markiert sind.

Kilometerlange **Sandstrände** und hohe Dünengürtel findet man westlich davon zwischen **Vejers Strand** und **Henne Strand**. Gelegentlich kann der Feriengast hier durch übendes Militär in seiner Ruhe gestört werden. Der höchste Dünenhügel ist der 64 m hohe „**Blåbjerg**". Er liegt etwa 3 km nördlich von Henne.

ausgedehnte Sandstrände und Dünen *

64 m hoher Dünenhügel *

▲ – **Blåvand**
– **Blåvand Camping** **, Tel. 75 27 90 40; Ende März – Anf. Sept.; ca. 1 km östl. Oksby; recht einfacher, dafür sehr strandnaher Platz; ca. 1 ha – 80 Stpl. + Dau.; Standardausstattung; zum Meer mit breitem Sandstrand kaum 100 m.
– **Hvidbjerg Strand Camping** *****, Tel. 75 27 90 40; Ende März – Mitte Okt.; südl. Oksby; ansprechender Ferienplatz, weitläufiges, überwiegend ebenes Gelände, teils direkt hinter der Düne; ca. 25 ha – 580 Stpl. + Dau.; gehobene Komfortausstattung; Laden, Imbiß, Restaurant, Tennis; Freibad, großes Hallenbad; Fahrradverleih; zum Meer ca. 300 m, schöner Strand.
Vejers Strand
– **Vejers Strand Camping** ***, Tel. 75 27 70 50; Ende März. – 15. Sept.; weitläufiges Dünengelände, relativ ruhige Lage; ca. 20 ha – 440 Stpl. + Dau.; Standardausstattung; Laden, Imbiß; Fahrradverleih; zum Meer ca. 300 m, „Autostrand".
– **Schlüters Camping** **, Tel. 75 27 70 36; Anf. Apr. – Ende Sept.; an der Straße zum Strand; ca. 2 ha – 100 Stpl. + Dau.; gute Standardausstattung; zum Meer ca. 1 km, „Autostrand".
Børsmose
– **Børsmose Strand Camping** ***, Tel. 75 27 70 70; Ende März – 15. Sept.; ca. 3 km westl. Børsmose; ausgedehntes Dünengelände; ca. 25 ha – 450 Stpl. + 180 Dau.; Standardausstattung; Laden, Imbiß; zum Meer ca. 500 m.
Henne
– **Henneby Camping** ***, Tel. 75 25 51 63; Ende März – 1. Nov.; südl. Henne, nahe der Straße nach Varde; in typ. westjütischer Landschaft; ca. 3,5 ha – 150 Stpl. + Dau.; Komfortausstattung; Laden, Fahrradverleih; 5 Miethütten.

Camping zwischen Blåvand und Nymindegab

Camping zwischen
Blåvand und
Nymindegab

– **Henne Strand Camping** ***, Tel. 75 25 50 79; Ende März – 1. Nov.; Heide und Dünengelände; ca. 4 ha – 250 Stpl.; gute Standardausstattung; Laden, Hallenbad, Tennis; zum Meer ca. 800 m.

Houstrup (Nørre Nebel)
– **Houstrup Camping** ***, Tel. 75 28 83 40; Ende März – 15. Sept.; südl. Lønne Kirke; ebene, durch Hecken unterteilte Wiesen; ca. 6 ha – 200 Stpl. + Dau.; Standardausstattung; Laden, Schwimmbad, Fahrradverleih, Tennis.

Nymindegab
– **Nymindegab Camping** ***, Tel. 75 28 81 83; Ende März – 1. Okt.; an der Straße nach Nørre Nebel; ausgedehnt, mit Waldstücken; ca. 7 ha – 270 Stpl. + Dau.; gute Standardausstattung; Laden, Schwimmbad; zum Meer ca. 2 km.

➔ **Route:** Von Nymindegab führt unser Weg auf der Straße 181 und über die Landenge „Holmsland Klit", die den Ringkøbing Fjord von der Nordsee trennt, nach Norden bis **Søndervig**. ●

Am Südende des Ringkøbing Fjords liegt die **Insel Tipperne**, ein Vogelschutzgebiet. Hier nisten und brüten z.B. Säbelschnäbler und Eidergänse und rasten Zugvögel. Das Reservat ist nicht zugänglich, außer im Juni und Juli mit Sondergenehmigung.

Strand und
Dünen
„Holmsland Klit"
*

Die schmale Landzunge **Holmsland Klit** ist 40 km lang und bietet gute Strände und breite Dünengürtel. „Klit" ist übrigens das dänische Wort für Dünen.

Bei **Sønder-Havrig** lohnt ein Abstecher zum **Abelines Gård**, einem alten Strandvogtshof aus dem Jahre 1871, mit Strohdach und interessanter Inneneinrichtung.

Wir kommen nach **Hvide Sande**. Hier wurde die Landzunge 1931 durchstochen. Ein Kanal mit Schleuse verbindet seitdem den relativ seichten, lagunenartigen **Ringkøbing Fjord** mit der Nordsee. Hvide Sande weist einen großen Fischerei- und Jachthafen auf. Außerdem gibt es herrliche, weiße **Strände** und windschützende Dünen.

Windsurfrevier
Ringkøbing Fjord
*

Der ganze Ringkøbing Fjord ist ein beliebtes Revier für Windsurfer mit fast immer vorhandener Brise aus Westen und dennoch ruhigem Gewässer.
Die höchste Düne auf Holmsland Klit liegt knapp 3 km nördlich von Hvide Sande und ist 24 m hoch.

Rundblick vom
Leuchtturm

Bei **Nørre-Lyngvig** ragt an der Nordseeküste ein 36 m hoher Leuchtturm auf. Wenn er gerade zugänglich ist, sollte man ihn besteigen. Die Belohnung ist ein herrlicher Rundblick.

Seebad
Søndervig

Søndervig, 14 km nördlich von Hvide Sande, liegt am Ende der Landzunge Holmsland Klit und ist wegen der schönen **Strände** als Badeort beliebt. Seit einiger Zeit können alle jung gebliebenen Rock n'Roll Fans in Søndervig das kleine **Elvis Presley Museum** besichtigen, das erste seiner Art außerhalb der USA! Die Sammlung von zwei unverbesserlichen dänischen Elvis-Fans zeigt Erinnerungsstücke an die im August 1977 viel zu früh gestorbenen Rocklegende

Elvis Presley. U. a. sieht man Elvis' persönliche Bibel, bunte Hemden, glitzernde Gürtel, Filmplakate, Plattenverträge, Autogramme, Fotos, Schallplatten etc.

Camping zwischen Nymindegab und Søndervig

▲ – Bjerregård

– **Fiskerögeriets Camping ****, Tel. 97 31 50 44; Ende März – 31. Okt.; 5 km nördl. Nymindegab; ebene Wiese am Nymindegab Ström; ca. 6 ha – 150 Stpl. + Dau.; Standardausstattung; Laden; 14 Miethütten; zur Nordsee ca. 1 km.

Hvide Sande

– **Nordsø Camping *****, Tel. 97 31 17 22; Ende März – Ende Okt.; 5 km südl. Hvide Sande; ebene, sandige Wiese, durch hohe Dünen von der Nordsee getrennt; ca. 5 ha – 300 Stpl.; Komfortausstattung; Laden, Imbiß, Restaurant, Freibad, Hallenbad, Tennis, Fahrradverleih; 41 Miethütten.

– **FDM-Camping Holmsland Klit**, Tel. 97 31 13 09; Apr. – Mitte Sept.; 3 km südl. Hvide Sande; ebene sandige Wiese, durch hohe Dünen von der Nordsee getrennt; ca. 5 ha – 150 Stpl.; Standardausstattung; Laden; 7 Miethütten.

der Leuchtturm bei Nørre-Lyngvig

– **Beltana Camping ****, Tel. 97 31 12 18; Apr. – Mitte Okt.; ca. 1 km südl. Hvide Sande; Strandwiese hinter Dünen; ca. 2 ha – 140 Stpl. + Dau.; Standardausstattung 15 Miethütten.

– **Nørre Lyngvig Camping ****, Tel. 97 31 12 31; 1. Jan. – 31. Dez.; ca. 4 km nördl. Hvide Sande; riesiges, unübersichtliches Heide- und Dünengelände mit Hügeln; ca. 50 ha – 800 Stpl. + Dau.; einfache Standardausstattung; 19 Miethütten, Fahrradverleih, über die Dünen zum langen Sandstrand.

Søndervig

– **Søndervig Camping *****, Tel. 97 33 90 34; Ende März – 31. Okt.; südl. Søndervig; sandige Wiese; ca. 3 ha – 200 Stpl. + Dau.; Standardausstattung.

➔ **Route:** In Søndervig zweigen wir auf die Straße 15 ab, die uns ostwärts ins Landesinnere von Jütland führt. Nach 9 km erreichen wir **Ringkøbing**. ●

Ringkøbing ist der Hauptort Westjütlands. Das Stadtzentrum am Marktplatz „Torvet" wird markiert vom trutzigen, viereckigen Backsteinturm der spätmittelalterlichen **Kirche**. Kurioserweise ist der Turm oben breiter als am Fundament.

Ebenfalls am Marktplatz steht das älteste Gebäude der Stadt, ein Fachwerkhaus aus dem 17. Jh. Es beherbergt heute das Hotel „Ringkøbing". Daneben der „Bürgermeisterhof", ein Patrizierhaus aus dem Jahre 1807.

Ringkøbing
Stadtmuseum
10 - 17 Uhr.
Eintritt.

Das **Stadtmuseum** stellt Funde aus dem Altertum aus, zudem kulturhistorische Abteilung und Grönlandausstellung. Die Figur vor dem Museum stellt den Grönlandforscher Mylius Erichsen dar.

☑ *Mein Tip!* In den Gewässern des Ringkøbing Fjords wird eine Fischart namens *Maräne* gefangen. Geräuchert ist sie eine Delikatesse und eine Spezialität der Region. Nach alter Tradition ißt man geräucherte Maränen nicht mit Messer und Gabel, sondern greift herzhaft mit den Fingern zu. Man hält das zu verzehrende Stück Fisch mit dem Rücken nach unten, zieht mit den Fingern die Haut ab und knabbert dann das Fischfleisch von den Gräten. Dazu wird normalerweise deftiges Vollkornbrot gereicht und wer's mag, nimmt einen kräftigen klaren Schnaps dazu.

Ringkøbing
Hotels

Jugendherberge

Camping

Praktische Hinweise

☎ **Ringkøbing Turistbureau**, Torvet, 6950 Ringkøbing, Tel. 97 32 00 31, Fax 97 32 49 00.

⌂ Hotels: **Fjordgården**, 98 Zi., Vesterkær 28, Tel. 97 32 14 00, Fax 97 32 47 60, Restaurant, Erlebnisbad, Sauna.

Jugendherberge: **Ringkøbing Vandrerhjem ******, Kirkevej 28, Tel. 97 32 03 50, 58 Betten.

▲ – **Ringkøbing Camping** ***, Tel. 97 32 08 38; Ende März. – 1. Nov.; am südöstl. Stadtrand am Ringkøbing Fjord; ca. 3,5 ha – 150 Stpl. + Dau.; Standardausstattung; Laden, Cafeteria, 16 Miethütten.
– **Æblehavens Camping** ***, Tel. 97 32 04 20; Ende März – 30. Sept.; 5 km östl. Ringkøbing nahe der Straße 15; windgeschützt im Waldgebiet; ca. 1,5 ha – 90 Stpl. + Dau.; Standardausstattung; Miethütten.

Auf der Weiterreise kann man einen kleinen Umweg über **Hee** machen. Der Ort liegt an der Straße 16, kaum 8 km nördlich von Ringkøbing. Grund des Umwegs ist die **Kirche von Hee**, ein großer Granitbau im romanischen Stil.
In der Nähe von Hee liegt *Sommerland Vest*, ein Freizeit- und Tierpark.

➔ **Route:** Unser nächstes Ziel ist **Herning** an der Straße 15, 45 km östlich von Ringkøbing gelegen. ●

Auf dem Wege nach Herning passiert man nach ca. 37 km den Ort **Havnstrup** mit „Jyllands Minizoo".

In **Herning** (Touristeninformation, Hotels, Jugendherberge, Camping) gibt es außer einem volkskundlichen **Museum**, dem Skulpturenpark mit modernen Metallplastiken und zwei Kunstgalerien weiter nichts touristisch Interessantes.

Herning

Praktische Hinweise

☎ **Herning Turistbureau**, Bredgade 2, 7400 Herning, Tel. 97 12 44 22, Fax 97 12 48 05.

Windsurfen im Ringkøbing Fjord

⌂ Hotels: **Birkegaarden,** 55 Zi., Engdahlsvej 14 – 16, Birk, Tel. 97 22 15 22, Fax 97 12 29 33, Restaurant, Schwimmbad.
Corona, 60 Zi., Skolegade 1, Tel. 97 12 54 44, 97 21 04 37, Restaurant.
Eyde, 98 Zi., Torvet 1, Tel. 97 22 18 00, Fax 97 21 01 65, zentral, Restaurant.
Hotel Herning, 92 Zi., Vardevej 9, Tel. 97 22 24 00, Fax 97 12 13 39, Restaurant, Schwimmbad.
Center Hotel, 79 Zi., Silkeborgvej 94, Tel. 97 12 45 55, Fax 97 12 01 52, Restaurant. – Und andere Hotels.

Herning Hotels

Jugendherberge: **Herning Vandrerhjem ******, Hollingknuden 2, Tel. 97 12 31 44, 70 Betten.

Jugendherberge

▲ – **Herning Park-Camping *****, Tel. 97 12 04 90; 1. Apr. – 1. Okt.; Gemeindeplatz westl. der Stadt an der Straße 15; Wiese durch teils dichten Baumbestand mehrfach unterteilt; ca. 2 ha – 100 Stpl.; gute Standardausstattung, Laden, 10 Miethütten.

Camping bei Herning

Sunds
– **Sunds Sø Camping ****, Tel. 97 14 20 31; Ende März – Ende Sept.; ca. 8 km nördl. Herning am Südufer des Sundsees; ca. 2 ha – 100 Stpl. + Dau; einfache Standardausstattung; Laden, Imbiß; 4 Miethütten.
Karup
– **Hesselund Sø Camping *****, Tel. 97 10 16 04; Ende März – Mitte Okt.; nordwestl. Karup nahe dem Flugplatz; gestufte Wiesen nahe dem Karup Å; ca. 6 ha – 200 Stpl. + Dau.; Komfortausstattung, Schwimmbad, 18 Miethütten.

Camping zwischen Herning und Viborg

➔ **Route:** Der weitere Verlauf unserer Route führt von Herning auf der Straße 12 zunächst nach Nordosten. Über Landstraßen und über **Hald Ege** gelangen wir schließlich nach **Viborg.** ●

Etwa 10 km vor Viborg sollte man von der Hauptstraße 12 nach **Dollerup** am Hald See abzweigen. Der Weg entlang des Sees durch

Laubwälder und Heide ist abwechslungsreicher als der auf der Hauptstraße.

Wir passieren den 61 m hohen Aussichtspunkt „**Dollerup Bakker**" und kommen gleich darauf zum **Schloß Hald**. Schon Mitte des 14. Jh. stand hier ein befestigtes Rittergut, das aber zum Ende des Jahrhunderts zerstört wurde. Etwa 150 Jahre später ließ der Bischof von Viborg, Jörgen Friis, hier eine richtige Burg erbauen, die aber auch zerstört wurde. Um 1700 entstand eine neue Feste und erst 1789 wurde Schloß Hald in der Form umgebaut und ergänzt, wie wir es heute sehen.

Von den früheren Bauten und Anlagen sind nur noch Reste übrig. Die Ruinen der Bischofsburg liegen auf einer Landzunge am See östlich von Schloß Hald. Im Schloß ist ein **Geologisches Museum** eingerichtet. Restaurant am See.

VIBORG

Viborg „Das Herz Jütlands"

Viborg verdankt seine Entstehung wahrscheinlich einer heidnischen Kultstätte, die in alter Zeit einmal im Jahr von den Wikingern aufgesucht wurde. Der Stadtname weist darauf hin. Nach einer Stadtbeschreibung des Touristenbüros hieß Viborg früher *Wibjerg*. „Wi" bedeutet soviel wie Heiligtum und „bjerg" heißt Hügel oder Berg. Wibjerg war also der Heilige Berg.

Die Stadtgründung wird im 8. Jh. angesiedelt. Viborg ist demzufolge eine recht alte Stadt und macht der Stadt Ribe unverhohlen den Rang streitig, älteste Stadt Dänemarks zu sein.

Über den alten Heerweg, der von Nord nach Süd mitten durch Jütland führt, kamen früh die ersten Missionare nach Viborg und brachten das Christentum in die Stadt. Rasch etablierte sich hier ein Zentrum des Christentums. Schon 1065 war Viborg bedeutender Bischofssitz mit Dom, sechs Klöstern und zwölf Kirchen.

Viborg war bis ins 17. Jh. größte Stadt Jütlands und erlangte Bedeutung auch als Thingstätte (Gerichtsort) und als Stadt der Königswahl.

Schutzheiliger der Stadt ist der Heilige Kjeld, der 1150 in Viborg starb. Ihm werden viele Wunder nachgesagt. Einer der Legenden zufolge stieg Kjeld während eines Brandes im Jahre 1145, damals Domprobst zu Viborg, auf einen der noch unfertigen Türme des Doms, um mit seinem Gebet die Flammen vom Dom abzuhalten, mit Erfolg wie überliefert ist.

Ein anderer Großbrand im Jahre im Jahre 1726 vernichtete fast ganz Viborg. Damals hatte der Brand seinen Ursprung in der Küche des wohlhabenden Kaufmanns Peter Vandet. Eine Dienstmagd, so die Überlieferung, hatte mit Heidekraut eine Feuer zum Biersieden entfachen wollen und ließ den Herd eine Zeit lang unbeobachtet. Die Flammen sprangen auf das Strohdach des Hauses über. Und es wird behauptet, daß die Herrin des Hauses aus Geiz es verweigerte, daß man zum Löschen der Flammen, was im Anfangsstadium des Brandes wohl noch erfolgversprechend gewesen wäre, das kostbare Bier verwendete. In der Folge breitete sich das Feuer in rasender Geschwindigkeit über die ganze Stadt aus. Drei Tage und

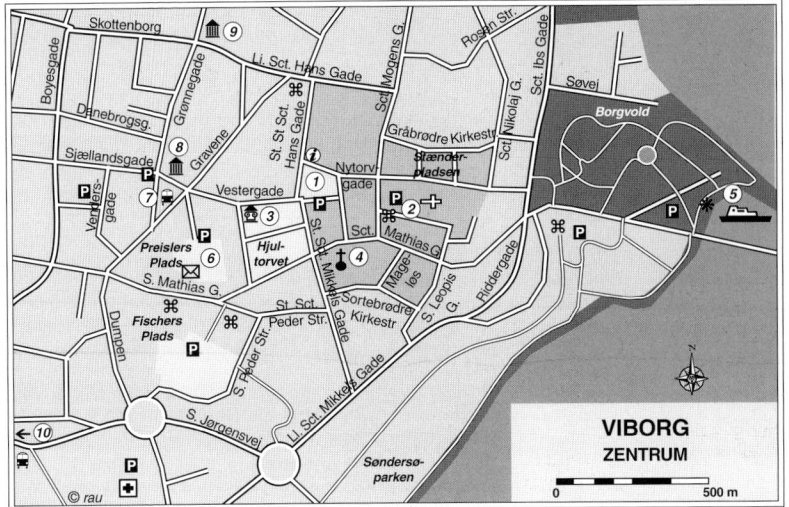

VIBORG	2 Domkirche,	5 Ausflugsschiff	8 Theater
	Skovgård Museum	„Margrethe I"	9 Landesarchiv
1 Information,	3 Stiftsmuseum	6 Postamt	10 zum Bahnhof
Nytorv	4 Sder Sogns Kirche	7 Busstation	11 Krankenhaus West

Nächte lang wütete damals das Großfeuer. Trotz dieses Desasters sind in Viborg doch noch einige wenige alte Profanbauten erhalten geblieben.

Übrigens war Bier aus Viborg bis ins vergangene Jahrhundert ein begehrtes Produkt in Jütland. Wahrscheinlich hieß es nicht umsonst: „Viborg ist bekannt für sein Bier und seine Küster". Richtiggehend berühmt war Viborgs „Skald-Bier". Chronisten berichteten über das Gebräu: „Viborg Skald dringt durch Mark und Bein wie ein Schwert, rumort im Bauch, daß die Haut brummt." Letzte Relikte aus Viborgs Bierzeit sind die Bierkeller in der Sct. Mathias Gade.

Heute ist Viborg mit annähernd 41.000 Einwohnern Sitz der Kreisverwaltung, des Landgerichts und anderer wichtiger Verwaltungen.

Größte Sehenswürdigkeit ist zweifellos der **Dom (2)** im Stadtzentrum. Schon 1130 wurde über einer Krypta eine Kirche errichtet. Nach Bränden entschied man sich 1870 zum Wiederaufbau der Kirche im romanischen Stil. Sieben Jahre später war der Dom aus Granitblöcken in der Form vollendet, wie wir ihn heute sehen. Im Inneren sind vor allem die Fresken mit biblischen Motiven von Joakim Skovgård, sehenswert. Sie entstanden bald nach der Jahrhundertwende. Der Turm des Doms kann bestiegen werden. Eintritt.

Auf dem Gammeltorv (Altmarkt, Parkmöglichkeit) oder Domplatz, dem mittelalterlichen Richtplatz der Stadt, sieht man links vom Dom das alte Rathaus (Domkirkestræde 2 - 4). Den schönen Barockbau

Viborgs Dom **

(2)

11 - 16 Uhr

53

hübsche alte Fachwerkhäuser zählen zu den Sehenswürdigkeiten in Viborg

hatte der aus Altona stammende Baumeister Claus Stallknecht nach dem großen Brand von 1726 errichtet. 1828 wurde hier Viborgs Sparkasse gegründet und im zweiten Stock war dazu passend gleich das Schuldgefängnis untergebracht. Heute beherbergt das Gebäude das **Skovgård-Museum** (1. 6. – 31. 8. tgl. 10 – 12.30, 13.30 – 17 Uhr. Übrige Zeit nur nachmittags.) mit Ausstellungen über den Kirchenmaler und Ehrenbürger Viborgs, Joakim Skovgård.

An der Westseite des Doms verläuft die **Sct. Mogens Gade** nach Norden. Einst befand sich hier das Wirtshaus „Paradies" und wie man liest, war die Sct. Mogens Gade traditionell der nächtliche Austragungsort von Ehrenhändeln und Duellen. Hier sind noch einige bemerkenswerte alte Patrizierhäuser erhalten. Beachtung verdienen u.a. Haus Nr. 7 „Hauchske Gård" aus dem Jahre 1726, Haus Nr. 9a „Villadsens Gård" mit Treppengiebel und der Jahreszahl 1520, oder Haus Nr. 11, der alte Pfarrhof „Gamle Præstegård" von 1736.
Gepflegt und behütetet wird von den Eigentümern von Haus Nr. 26 das alte Zunftschild mit Brezel und Krone einer traditionsreichen Bäckerei. Auf dem Schild steht der Vers: „Bageren er desværre død – så nur bager han ei brød" (Leider ist der Bäcker tot - darum backt er jetzt kein Brot).

Von der Sct. Mogens Gade kann man das kurze Stück nach Westen zum großen **Marktplatz Nytorv** (Parkmöglichkeit) gehen. Der Platz ist umgeben von einigen stattlichen Häusern, wie z.B. dem Stillings Gård an der Ostseite. Dieses Bürgerhaus im klassizistischen Stil stammt aus dem Jahre 1813. Am Nytorv (Neumarkt) findet man auch das **Touristeninformationsbüro (1)** und den Sct.-Kjelds-Brunnen aus dem Jahre 1914, eine Arbeit des Bildhauers Anders Bundgård. Auf dem Brunnen blicken Eichhörnchen auf Marktfrauen herab, die ihr Gemüse waschen.

Stiftsmuseum (3) 1. 6. - 31. 8. tgl. 11 - 17 Uhr. Sonst tgl. a. Mo. 14 - 17 Uhr.

Vom Nytorv gehen wir die Store Sct. Mikkels Gade nach Süden und kommen gleich darauf zum rechterhand gelegenen Platz **Hjultorvet**, dem Radmarkt. An der Nordseite des Platzes, auf dem traditionell der Wochenmarkt abgehalten wird, findet man in einem Gebäude aus dem Jahre 1867 das „**Viborg Stiftsmuseum" (3)** mit kulturhistorischen Sammlungen. Die beiden Standbilder vor dem Gebäude stellen die Herren Morville und Lüttichau dar, der eine Justizrat, der andere Kammerherr und beide Vorkämpfer der Bewegung, die sich für die Urbarmachung der Heide einsetzte, im 19. Jh. offenbar ein Anliegen vieler Bürger Viborgs.

Noch ein Stück weiter südlich, jenseits der Sct. Mathias Gade, liegt die **Søndre Sogns Kirche (4)**. Sie entstand um 1250 als Klosterkirche („Schwarzbrüder-Kirche") einer Dominikanerabtei. Der Dominikanerorden, die „Schwarzbrüder", waren einer der ältesten Orden im Norden Europas. Im Inneren kostbarer, vergoldeter Altar von 1520 und etwa 200 Malereien am Gestühl.

Über die Sct. Mathias Gade gelangt man zurück zum nahen Dom. Bei längerem Aufenthalt und be-

Viborg, der Domplatz

sonders bei schönem Wetter lohnt eine Rundfahrt auf dem Stadtsee mit dem Ausflugsschiff „Margrethe I.".

Praktische Hinweise

☎ **Viborg Turistbureau**, Nytorv 9, 8800 Viborg, Tel. 86 61 16 66, Fax 86 60 02 38.

Viborg Hotels

⌂ Hotels: **Golf Hotel**, 133 Zi., Randersvej 2, Tel. 96 61 02 22, Fax 86 61 31 71, Restaurant, Sauna, Schwimmbad.
Palads Hotel, 80 Zi., Sct. Mathiasgade 5, Tel. 86 62 37 00, Fax 86 62 40 46, Restaurant, Sauna, Garage.
Viborg Motel, 22 Zi., Århusvej 5, Tel. 86 63 96 11, Fax 86 63 95 89, Cafeteria. – Und andere Hotels.

Jugendherberge: **Viborg Vandrerhjem ******, Søndersø, Vinkelvej 36, Tel. 86 62 14 81, März – Nov.; 130 Betten; beim Campingplatz.

Jugendherberge

Camping

▲ – **DCU Viborg Sø Camping *****, Tel. 86 67 13 11; Ende März – Ende Sept.; am Ostufer des Sees zwischen Waldstücken, zentrumsnah, ca. 3 ha – 150 Stpl. + Dau.; Standardausstattung; 5 Miethütten; Jugendherberge.

AUSFLUG

Gut Tjele liegt am Tjele Langsø, ca. 15 km nordöstlich von Viborg. Die Ursprünge von Tjele gehen zurück bis ins frühe 16. Jh. Bis heute in ganz Jütland bekannt ist das Gut aber wegen der dramati-

Gut Tjele
tgl. 9 - 18 Uhr.
Eintritt.

schen Geschichte von *Marie Grubbe*, die adlige Herrin auf Tjele um 1700. Viele Schriftsteller haben das Schicksal dieser Frau in ihren Werken verarbeitet.

Marie Grubbe hatte offenbar Pech mit den Männern. Verheiratet war sie anfangs mit einem Sproß aus der königlichen Familie, den sie bald gegen einen gemeinen Adligen eintauschte. Als sie dann später mit dem Kutscher des Gutes das Weite suchte, hatte sie sich als Adelige mit normalen Bürgerlichen gemeingemacht. Eine unmögliche Situation damals. Der Skandal war perfekt. Schließlich soll sie als Frau eines Fährmanns auf Falster geendet haben und mußte nach einer Verurteilung ihres Mannes das schwere Fährgeschäft eigenhändig weiter betreiben.

Besucher haben Zutritt zu Teilen des Gutshofes mit Kutschensammlung, Kapelle und Garten.

Camping am
Tjele Langsø

▲ – **Tjele Langsø Camping ***, Tel. 86 65 23 12; Ende März – Mitte Sept., abseits der Straße 517 (Viborg – Hobro), ausgedehntes Gelände zwischen Wald und See, ruhig gelegen; ca. 3 ha – 150 Stpl. + zahlr. Dau.; Standardausstattung, 5 Miethütten.
Vammen
– **Vammen Camping ****, Tel. 86 69 01 52; 1. Mai – 1. Sept.; am Südwestende des Sees, Zufahrt von der Straße 517 beschildert; geneigte Wiese am See, teils große Geländestufen, ruhige, schöne Lage, rustikaler Gemeinschaftsraum; ca. 5 ha – 90 Stpl.; Standardausstattung. Laden. Badegelegenheit im See.

3. VIBORG – THISTED

☉ **Entfernung:** Rund 265 km, ohne Abstecher.

→ **Strecke:** Über die Straße 16 bis **Holstebro** – Landstraße und Straße 28 bis **Ulfborg** – Straße 537 bis **Husby** – Straßen 181 und 513 bis **Lemvig** – Straße 565 bis **Humlum** – Straße 11 bis **Hurup** – Straße 181 bis **Klitmøller** – Straße 557 bis **Thisted.**

☽ **Reisedauer:** Mindestens ein Tag.

⌘ **Höhepunkte:** Die **Steilküste am Bovbjerg *** – **Wandern** in den Staatswäldern – **Windsurfen** und **Bootssport** rund im Thyholm.

→ **Route:** Wir verlassen Viborg auf der Straße 16 westwärts Richtung Holstebro. Nach 14 km kommen wir nach **Mønsted**. ●

Bei **Mønsted** liegen alte ausgediente **Kalkgruben** mit einem 35 km langen unterirdischen Ganglabyrinth. Teile werden heute als Käselager genutzt. Besichtigung war zuletzt nur während der Konzerte möglich, die hier gelegentlich veranstaltet werden.

Und auf dem Wege von Mønsted nach Daugbjerg passier man **Den Gamle Hestestald**, ein Minidorf mit 20 Bauernhöfen und der „Königlichen Kalkbrennerei".

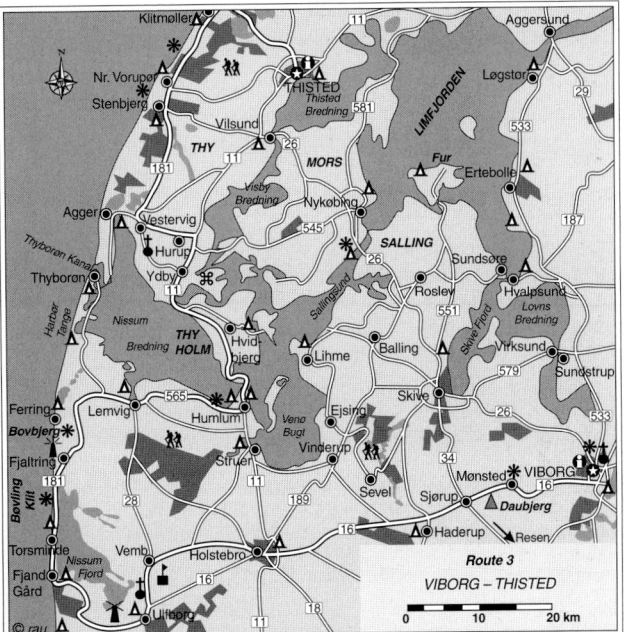

Route 3
VIBORG – THISTED

Daugbjerg liegt 4 km weiter westlich. Auch hier gibt es alte unterir-
dische Kalkgruben. Sie sollen schon um 950 von König Gorm dem
Alten angelegt worden sein. Besichtigen kann man das **Daugbjerg
Egensmuseum**. Dort werden alte landwirtschaftliche Geräte und
Werkzeuge gezeigt.

Ab Daugbjerg läßt sich – vorbei am 71 m hohen Aussichtsberg
Daugbjerg Das – ein Abstecher nach Süden Richtung Resen machen. Nach 7 km erreicht man den **Kongenshus Gedenkpark**. Dieses 1.200 Hektar umfassende Naturschutzgebiet wurde zum An-
denken an die Heide-Pioniere angelegt. Mitte des 19. Jh. hatte sich
die „Heidegesellschaft" mit Sitz in Viborg gegründet. Mitglieder waren u.a. Persönlichkeiten wie der Militäringenieur Enrico Dalgas, der
Justizrat G. Morville und der Kammerherr C. D. Lüttichau (siehe auch
unter Viborg). Ziel der Gesellschaft war die Urbarmachung der ausgedehnten Heideflächen Jütlands. Der Park zeigt eine ursprüngli-
che Heidelandschaft die anschaulich macht, wie große Teile Jütlands bis vor etwa 100 Jahren aussahen. Ein Museum zeigt Fauna
und Flora der Urheide, sowie Gegenstände und Häuser aus dem
Lebensbereich der frühen Heidebewohner.

→ **Route:** Wir kehren zurück zur Straße 16, die wir bei **Sjørup**
erreichen. Camping in **Haderup**, ca. 8 km westl. Sjørup. Nach
weiteren 31 km sind wir in **Holstebro**. ●

Holstebro ist eine geschäftigen Stadt mit interessantem **Kunst- und Stadtmuseum** und dem Ruf, eine experimentierfreudige Theater- und Kunstszene zu haben. Tatsächlich findet man in den Einkaufs- straßen und auf den Plätzen, ja sogar auf den neueren Gebäuden zahlreich moderne Skulpturen und Plastiken.

Holstebro
Hotels

Camping

Praktische Hinweise

☎ **Holstebro Turistbureau,** Brotorvet 8, 7500 Holstebro, Tel. 97 42 57 00, Fax 97 42 57 07.

⌂ Hotels: **Royal Holstebro,** 63 Zi., Den Røde Plads, Sønderlandsgade 2, Tel. 97 40 23 33, Fax 97 40 30 87, Restaurant, Sauna.
Schaumburg, 57 Zi., Nørregade 26, Tel. 97 42 31 11, Fax 97 42 72 82. – Und andere Hotels.

▲ – **DCU-Camping Mejdal ***,** Tel. 97 42 20 68; 1. Jan. – 31. Dez.; über die Ringstraße, am südöstl. Stadtrand; weitläufige Wiese am Stausee; ca. 2 ha – 100 Stpl.; Standardausstattung; Laden, Schwimmbad. 20 Miethütten.

➔ **Route:** Holstebro verlassen wir in westlicher Richtung. Man kann der Straße 16 nach Ulfborg folgen oder einen kleinen Um- weg über die Landstraße machen, die zwischen Bahnlinie und dem Flüßchen Storå nach **Vemb** führt (19 km). Ab Vemb geht es dann auf der Straße 28 südwärts Richtung **Ulfborg**. ●

Herrensitz Vosborg
Mitte Juni - Anf. Aug. tgl. 11 - 18 Uhr. Sonst nur Sa. + So.; Eintritt.

Unterwegs kann man wenige Kilometer südlich Vemb zum alten be- festigten Herrensitz **Nørre Vosborg** abzweigen. Vosborg ist einer der ältesten Herrensitze in Westjütland. Er wird schon in einem Dokument von König Glipping aus dem Jahre 1299 erwähnt. Erbaut haben soll die alte Burg ein Niels Bugge. 1532 zerstörte eine Sturm- flut das Anwesen. Zwanzig Jahre später begann die Familie Gyldenstjerne mit dem Bau einer neuen Burg. Zunächst entstand der Ostflügel der heute vierflügligen und mit Wällen und Gräben befestigten Anlage, die in einem Park mit unzähligen Rhododendron- büschen liegt. Der Hauptflügel ist seit dem späten 18. Jh. unverän- dert geblieben und ist Besuchern gewöhnlich zugänglich. Als Ein- gangstor in den Hof dient ein schöner Glockenturm aus der Zeit, in der auch der Hauptflügel entstand.

Pferdemarkt in Ulfborg im August

Auf der Weiterfahrt südwärts passieren wir **Ulfborg Kirkeby** mit ei- ner interessanten, 1980 vollständig restaurierten Kirche, deren Ur- sprünge ins Mittelalter reichen. Seltene Anordnung der Kanzel und Empore. Grabkapelle der Gyldenstjernes aus Vosborg.
Ulfborg, die kleine Marktgemeinde, entwickelte sich erst Ende des vorigen Jahrhunderts zur Stadt, nachdem man hier eine Bahnstati- on gebaut hatte. Zuvor war Ulfborg lediglich der Platz für den seit 1840 abgehaltenen Pferdemarkt, der aber so an Bedeutung für ganz Jütland gewann, daß die Bahnstrecke nötig wurde. Noch heute fin- det dieser Pferdemarkt jedes Jahr am letzten Mittwoch im August statt, ein großes Volksfest.

Schwimmzentrum mit großem Hallenbad, mehrere Schwimmbecken, Rutschen, Sauna, Solarium, Fitnesscenter, Café.

Praktische Hinweise

📞 **Ulfborg-Vemb Turistbureau**, Bredgade 9 - 11, 6990 Ulfborg, Tel. 97 49 12 77, Fax 97 49 25 70.

Ulfborg
Hotels

☐ Hotels: **Hotel Vedersø Klit,** 66 Zi., Vedersø Klitvej 59, in Vedersø Klit an der Küste westlich von Ulfborg, Tel. 97 49 52 22, Fax 97 49 50 45; Restaurant, Sauna, Schwimmbad.

Camping bei
Ulfborg

▲ – **Rejkjær Camping ***,** Tel. 97 49 12 11; 1. Jan. – 31. Dez.; ca. 4 km südl. Ulfborg nahe der Straße 16; ca. 3 ha – 110 Stpl.; Standardausstattung; 7 Miethütten.
Campingmöglichkeit von Mitte Juni bis Mitte August auch am Schwimmbad **Vestjysk Fritidscenter.**
Vedersø Klit
– **Campinggården Vedersø Klit ***,** Tel. 97 49 51 60; 1. Jan. – 31. Dez.; an der Küste rund 12 km westl. von Ulfborg; von hohen Hecken eingefaßte und in große Stellplatzfelder eingeteilte ebene Wiesen; ca. 2,5 ha – 120 Stpl. + Dau.; Standardausstattung; Laden, Fahrradverleih; zum Meer ca. 400 m.
– **Vedersø Klit Camping ***,** Tel. 97 49 52 02; Ende März – Ende Okt.; an der Küste rund 12 km westl. von Ulfborg; durch Hecke unterteile ebene Wiesen; ca. 4 ha – 280 Stpl., davon über 100 Dau.; gute Standardausstattung; Laden, Imbiß; Tennis, Fahrradverleih; zum Meer ca. 700 m.

Eine auffallende Landmarke bei Ulfborg ist die 1975 entstandene 54 m hohe Windmühle **Tvind Windmølle.** Sie soll die größte ihrer Art sein und liefert Strom für das Schulgebäude des Ortes. Überall im Lande sieht man diese dreiflügligen Windräder. Schließlich ist Dänemark in der Welt führend in der Erforschung und im Bau von Windkrafträdern, die Strom erzeugen. Im Land gibt es ein Gesetz, das den privaten Bau von Windkrafträdern fördert und es erlaubt, daß zuviel produzierter Strom, der für den Eigenbedarf des privaten Erzeugers nicht benötigt wird, in das öffentliche Stromnetz eingespeist und verrechnet werden kann.

➜ **Route:** Weiterreise von Ulfborg auf der Straße 537 nach Westen. Bei **Husby** treffen wir auf die Straße 181 und bei **Fjand Gårde** erreichen wir die Nordseeküste. ●

Fjand Gårde
Camping

▲ – **Fjand Camping ***,** Tel. 97 49 53 60; 1. Jan. – 31. Dez.; ebene Wiese mit Hecken beim Gasthaus an der Straße 181; ca. 7 ha – 120 Stpl. + Dau.; gute Standardausstattung; Laden, Imbiß, Restaurant im Gasthof, Schwimmbad; 15 Miethütten. Zum Meer gut 1 km.

Erneut folgt eine Fahrt auf einer schmalen Landzunge oder besser einem Dünenstreifen, die **Bøvling Klit,** die den Nissum Fjord von der offenen Nordsee trennt.

Torsminde liegt mitten auf dem Bøvling Klit. Das Städtchen an der wasserstandsregulierenden Schleuse zwischen Meer und Nissum

Fischereihafen
Torsminde

Fjord ist ein wichtiger Stützpunkt für die dänische Hochseefischerei-flotte. Seit jeher ist Torsminde aber auch Basis eines Seenotret-tungskreuzers.

Strandungs-museum
1. 4. - 31. 10. tgl. 10 - 17 Uhr. Eintritt.

Sehenswert ist das **Strandungsmuseum St. George**. Es liegt un-weit der offenen Nordsee am Hafen von Torsminde. Das 1992 eröff-nete Museum befaßt sich mit Havarien und Strandungen, die bei stürmischen Wetterlagen bis ins vergangene Jahrhundert hinein vor der Küste immer wieder vorkamen. Eine der letzten dramatischen Strandungskatastrophen, mit der sich auch das Museum ausführ-lich befaßt, passierte am Weihnachtsabend des Jahres 1811, als das britische Kriegsschiff HMS „St. George" und das Linienschiff HMS „Defence" vor der Küste von Torsminde sanken. Damals ka-men weit über tausend Menschen um. Mehrere tausend Fundstük-ke wurden später von Tauchern aus den Wracks geborgen und vie-le davon sind im Museum zu sehen.

Torsminde Camping

▲ – **Torsminde Camping *****, Tel. 97 49 70 56; Mitte März – 31. Okt.; nördl. der Schleuse; ebene Wiese hinter Bretterzäunen, zwischen Nissum Fjord und Nordsee; ca. 6 ha – 250 Stpl. + Dau.; Komfortausstattung; Laden, Schwimm-bad, zum Meer rund 300 m.

➜ **Route:** Weiter auf der Straße 181 nordwärts über **Fjaltring** bis **Ferring**. ●

herrliche Steilküste am Bovbjerg **

Ferring liegt in unmittelbarer Nähe der 41 m hohen Steilküste von **Bovbjerg**. 1877 baute man hier den 26 m hohen Leuchtturm „Bovbjerg Fyr" der längst nötig war, um die Schiffsstrandungen an der gefährlichen Küste hier zu vermindern (siehe auch oben unter Torsminde). Der Leuchtturm kann bestiegen werden.

Künstlermuseum
9 - 12, 14 - 18 Uhr. Eintritt.

Erwähnung verdient auch das **Jens Søndergaard Museum**, das im ehemaligen Sommerhaus des Malers Søndergaard eingerichtet ist. Ausgestellt sind Mobiliar, Staffelei und 70 Werke des Künstlers, der vor allem Küstenlandschaften malte.

Camping bei Ferring

▲ – **Bovbjerg Camping *****, Tel. 07 89 51 20; Ende März – 15. Sept.; ebene, durch Hecken eingefriedete Wiesen bei einem alten Bauernhof nahe der Steil-küste; ca. 2,5 ha – 100 Stpl. + Dau.; gute Standardausstattung; Laden, Schwimmbad, Fahrradverleih; 7 Miethütten; zum Meer ca. 250 m.

➜ **Route:** Im weiteren Verlauf unserer Route verlassen wir nun die Nordseeküste, fahren ostwärts, zunächst über Landstraßen, dann auf der Straße 513 und erreichen nach knapp 15 km **Lemvig**. ●

Das Städtchen **Lemvig** erstreckt sich an einem Hügelkamm, der zur Lemvig-Bucht, einem Ausläufer der ausgedehnten Bucht Nissum Bredning, abfällt. Überragt wird die Stadt von der weiß getünchten Kirche mit Stufengiebel am Marktplatz. Traditioneller Freitagsmarkt.

Heimatmuseum in der Vestergade mit Gemälden lokaler Künstler, einer Sammlung handbemalter Bauernmöbel und für Lemvig typische Hornlöffel sowie einer Ausstellung über das Seenotrettungswesen.

Lemvig Museum
10 - 13, 15 - 17 Uhr. Eintritt.

Praktische Hinweise

☎ **Lemvig** Turistbureau, Toldbodgade 4, 7620 Lemvig, Tel. 97 82 00 77, Fax 97 82 30 77.

Lemvig Hotels

⌂ Hotels: **Industriehotellet**, 20 Zi., Vasen 11, Tel. 97 82 02 00, Restaurant. **Norre Vinkel**, 27 Zi., 26 Appartements, Søgaardevejen 6, Tel. 97 82 22 11, Fax 97 81 05 41, Restaurant, Hallenbad, Golfcenter. – Und andere Hotels.

Camping

▲ – **Lemvig Camping ****, Tel. 97 82 00 42; Ende März – Anf. Sept.; nördl. der Stadt am Westufer der Lemvig Bucht; städtischer Platz in schöner Lage, ebene Wiesen zur Straße hin mit dichtem Baumbestand, teils durch hohe Hecken unterteilt; ca. 8 ha – 250 Stpl. + Dau.; Komfortausstattung; Laden.

Ausgedehnte Wanderungen sind im Waldgebiet **Kronhede/ Klosterhede Plantage** südöstlich von Lemvig möglich. Der Forst ist eine der größten Waldpflanzungen in Dänemark. Zahlreiche markierte Wanderwege durchziehen dieses riesige Wald- und Heidegebiet.

Wanderungen auf markierten Wegen

➜ **Route:** Über die Straße 565 und **Nissumby** geht unser Weg weiter am Südufer der Bucht Nissum Bredning entlang. Kurz vor **Humlum** liegt linkerhand der 49 m hohe Aussichtspunkt **Toftum Bjerge**. Von oben hat man einen schönem Blick auf die Nissum Bucht und den Oddesund. In Humlum treffen wir auf die Straße 11. Ihr folgen wir nordwärts. ●

Aussichtsberg

▲ – **Skovly Camping ***, Tel. 97 89 51 20; 1. Jan. – 31. Dez.; westl. von Humlum, nahe Toftum Bjerge und dem Südufer der Nissum Bredning; ebenes, von hohen Hecken eingesäumtes Wiesengelände, beiderseits der Zufahrtsstraße zur Bucht, der kleinere Platzteil grenzt an ein Wäldchen; ca. 3 ha – 150 Stpl. + Dau.; einfache Standardausstattung.
– **Bredalsvig Camping ***, Tel. 97 86 13 04; 15. Apr. – 1. Sept.; zwischen Straße 11 und Veno Sund; Wiesengelände mit hübschem Naturhafen, recht ruhige Lage; ca. 2 ha –150 Stpl. + Dau.; einfache Standardausstattung.

Camping bei Humlum

Über die Oddesund-Brücke kommen wir auf die **Halbinsel Thyholm**, die mittels eines Straßendammes mit der östlich benachbarten **Insel Jegindø** verbunden ist. Thyholm und Jegindø sind Hochburgen der Aalfischerei. Entsprechend werden in den Restaurants häufig gute Aalgerichte angeboten.

kulinarische Spezialität: Aalgerichte

Die Gewässer, die Thyholm und Jegindø umgeben, gehören alle noch zum riesigen, verzweigten und buchtenreichen Seensystem des **Limfjord.** Das ganze Gebiet ist ein wahres Eldorado für Windsurfer und Bootssportler. Überall findet man gute Sporthäfen. Einer der größten Jachthäfen ist in Struer an der Venø Bucht entstanden.

der Limfjord, Eldorado für Windsurfer und Bootssportler **

Zur Wikingerzeit sammelten die seefahrenden Nordmänner oft ihre Flotte bei der Insel Thyholm, um dann über die Nissum Bredning und den Thyborøn Kanal in die offene See zu gelangen und zu ihren Eroberungszügen nach England aufzubrechen.

Hauptort von Thyholm ist **Hvidbjerg** inmitten der Halbinsel. Über die Kirche von Hvidbjerg erzählt man sich eine grausame Geschichte. Mitte des 13. Jh. soll sich der Graf Jens Glob, genannt „der Harte", an Bischof Oluf Glob, seinem Onkel, auf echte Wikingermanier gerächt haben. Vor dem Kirchenaltar spaltete der Edelmann mit seiner Streitaxt des Bischof Kopf.

Hvidbjerg/
Thyholm
Hotels

Camping

Praktische Hinweise

☎ Hvidbjerg/Thyholm Turistbureau, Skolegade 2, 7790 Hvidbjerg/Thyholm, Tel. 97 87 14 47.

⬜ Hotels: **Tambohus Kro,** 29 Zi., Tambogade 29, in Tambohus an der Ostseite der Halbinsel, Tel. 97 87 53 00, Restaurant.
Uglev Kro, 5 Zi., Saturnvej 10, in Uglev, Tel. 97 87 54 55, Restaurant. – Und andere, kleine Gasthöfe.

▲ **– Tambosund Camping ***,** Tel. 97 8717 72; 15. Apr. – 15. Sept.; südöstl. Hvidbjerg, an der Ostküste der Halbinsel; ebene Wiesen am Sund, an einer Seite von einem Waldstück begrenzt; relativ ruhig gelegen; ca. 2,5 ha – 150 Stpl.; Standardausstattung; Schwimmbad, 3 Miethütten.

Über eine Landenge, die in Jahrhunderten entstand und Thyholm an die nördlich angrenzende Landschaft Thy anschloß, kommen wir nach **Ydby.**

Sandstrände gibt es südlich von **Hellingsø,** übrigens einer der wenigen Sandstrände an der Nissum Bredning Bucht.

die Hügelgräber
bei Ydby

Das Gebiet um Ydby und das Heidegelände Ydby Hede östlich davon ist voller frühgeschichtlicher **Hügelgräber.** Einer der bedeutendsten Grabhügel aus der Bronzezeit, Boddum Højo, liegt ca. 2,5 km südöstlich des Ortes, etwa auf halbem Wege nach Boddum.

bedeutendes
Ganggrab

Folgt man der Straße 11 weiter nordwärts, kann man zwischen **Heltborg** (Kunst- und Heimatmuseum) und **Ullerup** ostwärts abzweigen und kommt dann zum frühgeschichtlichen Ganggrab **Lundehøj.** Das fast 5.000 Jahre alte Ganggrab ist eines der größten seiner Art und das am besten erhaltene in ganz Dänemark.

➔ **Route:** Der weitere Verlauf unserer Route führt westwärts und über **Hurup** nach **Vestervig.** ●

ein bißchen
„Romeo und
Julia" in
Dänemark

Vestervig Kirke liegt etwa 1 km nördlich des Ortes. Sie gilt als die größte Dorfkirche der Region. Ursprünglich war sie als Dom konzipiert worden. An der Nordseite der Kirche findet man „**Kirstens Grab".** Wie es heißt, ist sie die letzte Ruhestätte von Liden Kirsten, einer Halbschwester König Waldemars des Großen. Sie soll hier mit ihrem vom König ungelittenen Liebhaber, Prinz Buris, begraben sein. Zu ihren Lebzeiten hatten die beiden ständig mit Strafen und mit der Mißgunst des Königs zu kämpfen. Ein bißchen Romeo und Julia in Dänemark. Und noch heute ist es Brauch, daß jungvermählte Bräute nach der Trauung in der Kirche ihren Brautstrauß auf Kirstens und Buris' Grab niederlegen.

Nördlich des Friedhofs wurden in den sechziger Jahren Reste eines eisenzeitlichen Dorfes ausgegraben.

Camping bei Vestervig

▲ – **Krik-Vig Camping** ***, Tel. 97 94 14 96; Ende März – 14. Sept.; ca. 3 km westl. Vestervig; überwiegend ebenes Gelände zwischen einer Waldung und einem breitem Kanal; ca. 6,5 ha – 200 Stpl. + Dau.; Standardausstattung. 6 Miethütten.

Beenden kann man diese Etappe, je nach Vorliebe, entweder in **Nørre Vorupør** mit langen Stränden, in **Klitmøller,** einem alten Fischerdorf, jetzt beliebtes Seebad mit herrlichem **Sandstrand,** oder in **Thisted,** der Hafenstadt am Limfjord.

Nördlich von **Vester Vandet** grenzt an den **Vandet Sø** ein Natur- und Vogelreservat.

Rund um den Vandet Sø findet man ausgedehnte Baumpflanzungen, Schonungen und Forste wie die Torup Klitplantage, die Nystrup Klitplantage und andere. Diese Forste – „Klitplantage" bedeutet soviel wie Dünenpflanzung – sind Ende des letzten Jahrhunderts angelegt worden. Man wollte endlich dem verheerenden Sandtreiben Einhalt gebieten. Bis dahin wurden ganze Landstriche bis 14 km ins Landesinnere unter Wanderdünen begraben. Und noch heute ist das Sandtreiben ein Problem, mit dem die Küstenbewohner Westjütlands zu kämpfen haben. Aus diesem Grund achtet man auch ganz genau darauf, daß Dünenpflanzungen, Strandhafer oder Reisiggestecke, die alle dazu dienen sollen, den Sand festzuhalten, nicht mutwillig zerstört werden.

Durch dieses hügelige, fast 3.000 ha große Landschaftsgebiet führen eine ganze Reihe markierter Wanderwege, die von Parkplätzen ausgehen und zwischen 1 und 9 km lang sind. Wer Interesse daran hat, sollte in den Touristenbüros der Gegend nach dem Faltblatt „Wanderwege in den Staatlichen Wäldern – Vandet Sør Thy" fragen, das mit ganz exakter Karte und Beschreibung der Wege aufwartet.

Wanderungen in Dünenforsten

Praktische Hinweise

☎ **Thisted Turistbureau,** Store Torv 6, 7700 Thisted, Tel. 97 92 19 00, Fax 97 92 56 04

Nørre Vorupør Turistinformation, Vesterhavsgade 85 C, Tel 97 93 83 77.

Nørre Vorupør Thisted

⌂ Hotels: **Limfjorden,** 60 Zi., Simons Bakke 39, Tel. 97 92 40 11, Fax 97 91 06 66, Restaurant, Sauna, Schwimmbad.
Hotel Thisted, 20 Zi., Frederiksgade 16, Tel. 97 92 52 00, Fax 97 92 61 23, Restaurant. – Und andere Hotels und Gasthöfe in der Umgebung.

Hotels

Jugendherberge: **Danhostel Thisted Vandrerhjem,** 1. März – 31. Okt., 92 Betten, 22 Familienzimmer, Tel. 97 92 50 42; Kiosk, Laden, Bushaltestelle.

Jugendherberge

Camping bei
Thisted

▲ – Thisted
– Thisted Camping ***, Tel. 97 92 16 35; Ende März – 30. Sept.; im südöstl. Stadtbereich; Platz der Gemeinde am Limfjord mit schmalem Badestrand; ca. 3 ha – 150 Stpl. + Dau.; einfache Standardausstattung. Laden, Imbiß; Schwimmbad; 9 Miethütten.
Nørre Vorupør
– Strandgårdens Camping **, Tel. 97 93 80 05; Ende März – 30. Sept.; von der Küstenstraße zum Meer; größtenteils unebenes Dünengelände, einige durch Schotter befestigte Stellflächen; ca. 3 ha – 150 Stpl. + Dau.; einfache Standardausstattung; zum Meer ca. 300 m.
Klitmøller
– Nordsø Camping ***, Tel. 97 97 51 71; Ende März – Mitte Okt.; westl. Klitmøller, beschildert; überwiegend ebenes Gras- und Dünengelände, in Küstennähe, in einem locker mit Ferienhäusern bebauten Gebiet, teils Bretterzäune als Windschutz; ca. 3 ha – 120 Stpl.; gute Standardausstattung; Laden, Tennis, Schwimmbad; 10 Miethütten; zum Meer ca. 500 m.
– Nystrup Camping ***, Tel. 97 97 52 49; Ende März – 15. Sept.; südwestl. Klitmøller; aufgeforstetes Dünenareal; ca. 6 ha – 200 Stpl. + Dau; Komfortausstattung; Laden, Imbiß; 14 Miethütten; zum Meer ca. 800 m.
Hanstholm
– Hanstholm Camping ***, Tel. 97 96 51 98; Ende März – 30. Sept.; ca. 3 km östl. des Fährhafens, an der Küstenstraße Richtung Vigsø beschildert; leicht hügeliges, bewachsenes Dünengelände, teils von hohen Hecken unterteilt; über einen hohen Dünenhang hinab zum Meer; ca. 13 ha – 250 Stpl. + Dau.; Standardausstattung; Schwimmbad, Tennis, Supermarkt.

4. THISTED – SKIVE

⊙ **Entfernung:** Rund 150 km.

→ **Strecke:** Über die Straße 26 und über **Nykøbing/Mors** bis **Harre/Salling** – Landstraßen über **Balling, Lihme, Eising** und **Sahl** bis **Sevel** – Landstraße und Straße 34 bis **Skive.**

🕒 **Reisedauer:** Mindestens ein halber Tag.

⌘ **Höhepunkte:** Der Blumen- und Freizeitpark **Jesperhus Blomsterpark** – Freilichtmuseum „**Das Alte Dorf".**

→ **Route:** Über die Straße 26 und die Brücke bei **Vilsund**, 10 km südlich von Thisted, gelangen wir auf die **Insel Mors**. ●

markante Steil-
küste auf Mors

Mit 363 qkm ist **Mors** die größte Insel im Limfjord. Gleich in **Sundby** zweigen wir nordostwärts ab und fahren ca. 6 km bis zu der **Steilküste „Hanklit".** 61 m fällt hier das Ufer fast senkrecht zum Meer hin ab. Interessant sind die dunklen Erdstreifen in der sonst hellen Abbruchkante. Sie stammen von der Asche der Vulkanausbrüche, die in grauer Vorzeit im Skagerrak stattfanden. Gletscher schoben die Asche dann in der Eiszeit bis hierher.

Ausblick vom
höchsten „Berg"
auf Mors

Unweit östlich davon liegt beim Ort **Flade** der höchste Punkt der Insel, die 89 m hohe „Salgjer Høj". Bei schönem Wetter kann man bis an die Küste bei Thisted sehen.

Der Umweg über **Glomstrup**, genau am entgegengesetzten (südwestlichen) Ende der Insel, lohnt eigentlich nur im Juli. Nur dann ist das Freilichtmuseum dort für Besucher geöffnet. Bis 1914 war Glomstrup ein Schloß, ein Rittergut. Später nutzte man die großen Ländereien und die Wirtschaftsgebäude als landwirtschaftliches Gut. Heute ist das ganze Anwesen in Privatbesitz. Im Wohnhaus von 1797 ist ein Heimatmuseum eingerichtet, hauptsächlich mit Exponaten aus dem 19. Jh. Das Freilichtmuseum wird von 14 teils wieder aufgebauten Wirtschafts- und Bauernhäusern gebildet. Da das Anwesen Privatbesitz ist, können Änderungen bei den Zutritts- und Besichtigungsmöglichkeiten eintreten. Bei Interesse also besser erst im

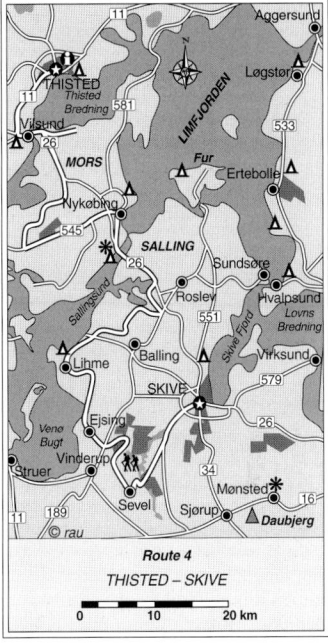

Route 4
THISTED – SKIVE

0   10   20 km

Touristenbüro z. B. in Nykøbing nach Stand der Dinge erkundigen.

➔ **Route:** Weiterreise auf der Straße 26, bzw. auf der Straße 545 ab Glomstrup, Richtung **Nykøbing/Mors**. ●

Landschaftlich sehr reizvoll sind die teilweise aufgeforsteten Hügel **Legind Bjerge** am Sallingsund südlich der Sundbrücke. Ganz in der Nähe liegt **Jesperhus Blomsterpark**, ein botanischer Garten mit Gewächshäusern, Palmengarten, tropischem Aquarium, Terrarien, mit dem größten Vogelzoo Dänemarks, einem Schmetterlingsland und einem Freizeitpark für Kinder. In der Nachbarschaft liegt Jesperhus Camping.

Botanischer Garten mit Freizeitpark

Praktische Hinweise

☎ **Morsø Turistbureau**, Havnen 4, 7900 Nykøbing M., Tel. 97 72 04 88, Fax 97 72 55 82.

Nykøbing/Mors Hotels

⌂ Hotels: **Hotel Pakhuset**, 18 Zi., Havnen, Tel. 97 72 33 00, Fax 97 72 25 40, Restaurant.
Sallingsund Færgekro, 42 Zi., Sallingsundvej 104, in Sallingsund, Tel. 97 72 00 88, Fax 97 72 25 40, Restaurant. – Und andere Hotels.

Jugendherberge

Jugendherberge: **Danhostel Nykøbing Mors Vandrerhjem ★★★★**, Østerstrand 15, 7900 Nykøbing M, Tel. 97 72 06 17, geöffnet von 1. Feb. bis 20. Dez.; 129 Betten, 27 Familienzimmer, Kiosk, Laden, Gästeküche.

Camping

▲ – Nykøbing/Mors
– **Morsø Camping ***, Tel. 97 71 01 99; Ende März – 30. Sept.; im Osten der Stadt am Limfjord; eben, von Bäumen umgeben; ca. 1,5 ha – 70 Stpl. + Dau.; einfache Standardausstattung.
– **Jesperhus Camping ******, Tel. 97 72 37 01; 1. Jan. – 31. Dez.; 5 km südl. Nykøbing, beim botanischen Garten Jespershus Blomsterpark; ausgedehntes Gelände, teils ebene Wiesen mit jungem Bewuchs, teils auf Terrassen, dort durch hohe Hecken begrenzte Stellplätze; großzügiges, modernes Hallenbad, Erlebnisbad im Freien, großer Kinderspielplatz; ca. 10 ha – 500 Stpl. + Dau.; Komfortausstattung; Laden, Imbiß, Restaurant; Fitnesseinrichtungen, Tennis; 60 Miethütten, auch Mietcaravans.
Dragstrup
– **Dragstrup Camping *****, Tel. 97 74 42 49; Ende März – 30. Sept.; nordwestlich von Nykøbing an der Westseite der Insel Mors; Zufahrt von der Straße 26 beschildert; weitläufiges, teils bewaldetes Gelände an der Dragstrup Bucht; ca. 10 ha –150 Stpl. + Dau.; Standardausstattung.

➔ **Route:** Auf der Straße 26 und über die schon erwähnte Brücke über den Sallingsund – sie ist 1.730 m lang, wurde im Mai 1978 eingeweiht, die Durchfahrtshöhe für Schiffe ist 26 m – kommen wir auf die **Halbinsel Salling**. ●

beschauliche, ruhige Insel Fur
schöne Strände und gute Windsurfreviere
Museum
Jul. + Aug. 10 - 17 Uhr, sonst 13 - 16 Uhr. Eintritt.

Wer's ruhig und abgeschieden liebt, sollte auf die nördlich vorgelagerte **Insel Fur** fahren. Eine regelmäßig verkehrende Autofähre bringt den Besucher von Branden in wenigen Minuten über den Fur Sund auf die Insel, die kaum 5 km breit und 7 km lang ist.
Schöne Strände findet man bei **Engelst** und an der teilweise sehr steilen Nordküste von Fur. Die Gewässer des Limfjord um die Insel werden von Kennern als sehr gute Windsurfreviere geschätzt.
Zu besichtigen gibt es bei **Madsbad/Fur** das **Fur Museum** mit einer schönen Fossiliensammlung und kulturhistorischen Exponaten von der Insel.

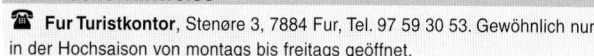

Praktische Hinweise

☎ **Fur Turistkontor**, Stenøre 3, 7884 Fur, Tel. 97 59 30 53. Gewöhnlich nur in der Hochsaison von montags bis freitags geöffnet.

Fur
Hotels

🏠 Hotels: **Fur Færgekro**, 4 Zi., Stenøre 8, Tel. 97 59 30 02, Restaurant. **Hotel Fuur-Bo**, 6 Zi., Sundevej 49, Tel. 97 59 30 32, Restaurant.

Camping auf Fur

▲ – **Råkilde Camping ***, Tel. 97 59 33 33; Ende März – 15. Sept.; im Nordosten der Insel; ansprechendes Gelände am Waldrand, ruhige Lage; ca. 3,5 ha – 100 Stpl. + Dau.; Standardausstattung; 5 Miethütten; zum Meer ca. 500 m.

➔ **Route:** Über Harre und Oddense auf der Straße 591 südwärts bis Balling. Dort auf der Straße 573 westwärts und durch eine flache, mit Getreide und Rapsfelder überzogene Agrarlandschaft nach Spøttrup. ●

Burg Spøttrup
Mai - Sept. 10 - 18 Uhr. Führungen im Sommer. Eintritt.

Burg Spøttrup liegt nahe der Westküste der Halbinsel Salling. Der aus rotem Ziegel aufgeführte, dreiflüglige Bau mit einem trutzigen

markant, Jütlands hübsche Dorfkirchen

Wehrturm, durch den der einzige Zugang führt, stammt aus dem 15. Jh. Die Befestigungsanlagen, doppelter Wall und Wassergräben, machten die kalt und abweisend wirkende, kompakte Anlage fast uneinnehmbar. Seit 1937 in Staatsbesitz und vollständig restauriert. Inventar ist heute nur noch wenig vorhanden. Nahebei ein Rosen- und Arzneikräutergarten.

Weiter nördlich des Ortes **Rødding** findet man das einzige zugängliche **Ganggrab** (Jættestuen) auf der Halbinsel Salling. Es stammt aus der Zeit um 2.500 v. Chr

➔ **Route:** Über **Albæk, Lihme** und **Ejsing** fahren wir nun südwärts bis **Sahl**. ●

Die **Kirche von Lihme**, die ein altes, romanisches Taufbecken aufweist, stammt aus dem frühen 11. Jh. und gilt als eine der älteste Steinkirchen in Jütland.

Sahl ist bekannt wegen seines „**goldenem Altars**" in der **Dorfkirche**. Das Werk stammt aus dem 11./12. Jh. und wird einem Handwerksmeister aus Ribe zugeschrieben. Die Bezeichnung „goldener Altar" stammt wohl von den vergoldeten Kupferbeschlägen und Tafeln, die kunstvoll bearbeitet sind und den Altaraufbau aus Eichenholz bedecken.

Den Weg wert ist ein Abstecher in die **Hjerl Hede** am Flynder See und zum dortigen Freilichtmuseum „**Das Alte Dorf**".

Mitten in dem 1.100 ha großen unter Naturschutz stehenden Heidegebiet wurden seit 1929 40 alte Gebäude, Bauernhäuser, eine Kirche, eine Dorfschule, Mühlen, Werkstätten aus allen Teilen Däne-

Freilichtmuseum mit ältestem Bauernhof Dänemarks **
Apr. - Okt. tgl. 9 - 17 Uhr. Eintritt.

marks zusammengetragen und hier wieder aufgebaut. Zu den historischen Höfen zählt auch der älteste Bauernhof Dänemarks, der aus dem Jahre 1530 und aus der Gegend von Viborg stammt,
An Sommernachmittagen (meist nur im Juli) werden einige der alten Werkstätten von Leuten in zeitgenössischen Kostümen und Trachten wieder aktiviert. Dann wird nach alter Väter Sitte wieder gemahlen, geschmiedet, gewoben, gesponnen, Kerzen gezogen oder Seile gemacht u.a.
Unten am See wurde eine steinzeitliche Siedlung und eine Hütte aus der Eisenzeit rekonstruiert. Bei schönem Wetter sollte man den Spaziergang zum mit „Udsigten" beschilderten Aussichtspunkt nicht auslassen. Schöner Blick auf den Flyndersø, Dänemarks größten Heidesee. Angegliedert an das „Alte Dorf" ist ein **Forstmuseum** mit Sägewerk und Kleinbahn und ein **Moorkulturmuseum**.

➔ **Route:** Über **Sevel** setzen wir unseren Weg fort. ●

Abstecher für gehfreudige Romantiker.

Etwa 3 km südöstlich von **Sevel** liegen auf einer Halbinsel im Stubbergård See die Ruinen eines Nonnenklosters aus dem 13. Jh. Einst gehörte es dem Benediktinerorden an. Lediglich das Gewölbe des ehemaligen Refektoriums ist noch einigermaßen erhalten. Ca. 2 km hinter Sevel führt von der Straße nach Skive ein Feldweg (Hinweisschild, später an der Gabelung rechts) in die Nähe der Ruine. Den Rest des Weges muß man zu Fuß gehen.

➔ **Route:** Der weitere Weg unserer Route führt über **Estvad** (Flyndersø Camping) nach **Skive**. ●

SKIVE ist eine Industriestadt mit alten Handelsrechten und liegt am Skive Fjord, einem Seitenarm des Limfjords.
Zu den eher bescheiden zu nennenden Sehenswürdigkeiten von Skive zählt – neben dem **Kunstmuseum** mit einer Kollektion moderner dänischer Kunst des 20. Jahrhunderts – das **Skive Museum**, Havnvej 14. Es zeigt archäologische Funde, eine große Bernsteinsammlung, eine Grönlandsammlung und Kunstgegenstände.
Liebhaber sakraler Baukunst wird die alte **Frauenkirche** interessieren. Sie liegt erhöht in der Stadt und weist in ihrem Kreuzbogengewölbe über 400 Jahre alte Fresken auf. Altar aus dem frühen 17. Jh.
Schließlich gehört zu den Sehenswürdigkeiten von Skive noch **Krabbesholm**, ein Herrensitz aus dem 16. Jh. am nordöstlichen Stadtrand. Hauptgebäude mit reich verziertem Stufengiebel und zwei Fachwerkseitenflügeln. Rittersaal im Hauptgebäude. Heute Volkshochschule. Zutritt auf Anfrage.

Skive
Hotels

Praktische Hinweise

☎ **Skive-Egnes Turistbureau**, Østerbro 7, 7800 Skive, Tel. 97 52 32 66, Fax 97 52 88 31.

◫ Hotels: **Gammel Skivehus**, 56 Zi., Sdr. Boulevard 1, Østertorv, Tel. 97 52 11 44, Fax 97 52 81 68, Restaurant, Sauna.

Hilltop, 36 Zi., Sdr. Boulevard, Tel. 97 52 37 11, Fax 97 52 66 37, Restaurant. – Und andere Hotels.

Skive
Hotels

▲ – **FDM-Camping Skive *****, Tel. 97 51 44 55; rund 3 km nördlich von Skive, bei Resen, zu erreichen über die 551; schattenloses Wiesengelände in mehreren geschwungenen Geländestufen, noch ohne Baumbewuchs, am Skive Fjord in schöner, relativ ruhiger Lage; ca. 8 ha – 200 Stpl.; Komfortausstattung. Laden; Fahrradverleih. 10 Miethütten.

Camping östlich
von Skive

AUSFLÜGE AB SKIVE

Bootswanderung (auch mehrtägig) auf dem Flüßchen Karup Å, weiter südlich der Stadt. Infos darüber findet man im Touristenbüro.

Ausflüge

Außerdem bietet sich die Halbinsel Skalling für Touren mit dem Fahrrad an. Fahrräder vermietet z.B. der FDM-Campingplatz Skive. Weitere Mietstation erfährt man im Touristenbüro. Eine **Radtour** könnte z.B. zum ca. 12 km nördlich von Skive gelegenen, ehemaligen Wohnhaus des dänischen Dichters Jeppe Aakjær und dessen Frau Nanna, einer namhaften Bildhauerin, in **Jenle,** nordöstlich von Grøning, führen. Das Haus war bislang allerdings nur im Juli tgl. von 10 – 17 Uhr zu besichtigen.

5. SKIVE – SKAGEN

⊙ **Entfernung:** Rund 245 km.

→ **Strecke:** Über die Straße 26 bis **Højslev** – Straße 579 bis **Sundstrup** – Straße 533 bis **Aggersund** – Straße 29 bis **Fjerritslev** – Straße 11 bis **Aabybro** – Straße 55 bis **Hirtshals** – Straße 597 bis **Aalbæk** – Straße 40 bis **Skagen.**

⌚ **Reisedauer:** Mindestens ein Tag.

⌘ **Höhepunkte: Strand und Dünen** zwischen Løkken und Hirtshals – die „Dünenwüste" **Råbjerg Mile** – die **Landzunge** „**Grenen**" – Skagens **versandete Kirche.**

→ **Route:** Skive verlassen wir auf der Straße 26 in östlicher Richtung. Ab **Højslev** folgen wir der Straße 579 nordostwärts über **Virksund** bis **Møldrup.** ●

Gut 3 km südlich von Møldrup liegt bei **Vester-Bjerregrav** das Ausgrabungsgebiet **Hvolris.** Grabungsfunde von der Steinzeit über die Bronze-, Eisen- und Wikingerzeit bis ins Mittelalter sind hier ausgestellt.

frühgeschichtliche Grabungsfunde
Mai - Sept. 9 - 17 Uhr.

→ **Route:** Von Møldrup weiter auf der Straße 13 9 km nach Norden und westwärts auf die Straße 561 nach **Ålestrup.** ●

Ålestrup besitzt ein interessantes **Fahrradmuseum** mit etwa 100 Zweirädern, vom Holzrad bis zu den heutigen Modellen. Außerdem kann man eine umfangreiche Sammlung von Fahrradzubehör, Näh-

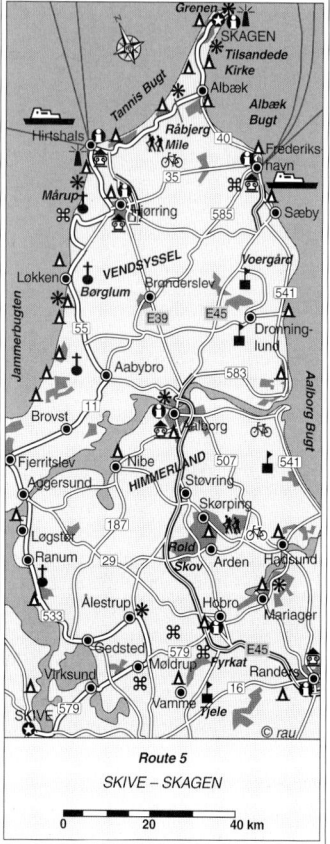

Route 5
SKIVE – SKAGEN
0   20   40 km

maschinen, Radios u.ä. besichtigen.

Etwas südlich von **Ålestrup** (Ålestrup Camping, 15. Mai – 15. Sept.; kleiner, bescheidener Platz am Rosenpark) liegt der **Jütländische Rosenpark** mit 15.000 Rosen aus mehr als 2.000 Sorten. Kunstpavillon.

→ **Route:** Weiterfahrt von Ålestrup auf der Straße 561 westwärts bis **Gedsted**, knapp 10 km. Von dort über die Straße 533, entlang des Limfjords und durch die Landschaft **„Himmerland"**, über **Løgstør** und **Aggersund** nordwärts bis **Fjerritslev.** ●

Auf dem Wege liegt ca. 3 km südlich von **Ranum** an der Bjørnsholm Bucht **Kloster Vitskøl**, dessen Gärten von Juni bis August gegen Eintritt zwischen 10 und 20 Uhr besichtigt werden können.

Camping an der Ostküste des Limfjord zwischen Ulbjerg und Fjerritslev

▲ – Ulbjerg
– **Ulbjerg Camping *****, Tel. 86 69 70 93; Ende März – Mitte Okt.; ca. 1 km nördl. Ulbjerg, Straße 553 Richtung Gedsted; etwas unebenen Weisen, teils von hohen Bäumen umgeben, schöne, ruhige Lage in abgeschiedener Heidelandschaft mit Blick zur Bucht; ca. 5 ha – 160 Stpl. + Dau.; Standardausstattung; 2 Miethütten; zur Bucht ca. 800 m.
Hvalpsund
– **Hvalpsund Camping *****, Tel. 98 63 81 23; 1. Apr. – 30. Sept.; ebenes Wiesenareal am Limfjord, durch Baumreihen in lange Felder unterteilt; ca. 5 ha – 100 Stpl. + Dau.; gute Standardausstattung; Laden, Schwimmbad; Fahrradverleih.
Strandby
– **Sistrup Camping *****, Tel. 98 63 61 76; Ende März – 30 Sept.; an der Straße 533, ca. 6 km westl. Farsø; ca. 4 ha – 150 Stpl. + Dau.; Komfortausstattung; Laden, Imbiß; Schwimmbad, Tennis, Fahrradverleih; zum Limfjord ca. 200 m.
– **Myrhøj Camping *****, Tel. 98 63 60 65; Ende März – Mitte Okt.; östl. der Straße 533; ca. 2,5 ha – 80 Stpl. + Dau.; Standardausstattung; Laden, Imbiß; Schwimmbad, Fahrradverleih; 10 Miethütten.
– **Ertebølle Camping *****, Tel. 98 63 63 75, Ende März – Mitte Okt.; zwischen Straße 533 und Limfjord; ca. 3,5 ha – 120 Stpl. + Dau.; Standardausstattung; Laden; Schwimmbad, Sauna, Fahrradverleih; 6 Miethütten.

– **Trend Camping** **, Tel. 98 67 82 50; 1. Jan. – 31. Dez.; nördl. Trend an der Straße 533; 5 Miethütten.

Løgstør

– **Løgstør Camping** ***, Tel. 98 67 10 51; Ende Apr. – 1. Sept.; beim Park am Südwestrand der Stadt; ca. 3 ha – 120 Stpl.; Standardausstattung; Laden; zum Limfjord ca. 300 m.

Fjerritslev

– **Klim Strand Camping** *****, Tel. 98 22 53 40; 15. März – Mitte Okt.; ca. 10 km nordwestl. Fjerritslev; ausgedehntes Wiesenareal durch Hecken unterteilt; ca. 24 ha – 550 Stpl.; Luxusausstattung; Laden, Imbiß, Restaurant; Hallenbäder, Tennisplätze, Fahrradverleih; zum Meer ca. 200 m.

– **Svinkløv Camping** **, Tel. 98 21 71 80; 1. Mai – 14. Sept.; westl. Slettestrand; leicht hügelig in aufgeforstetem Dünengelände, recht ruhig gelegen; ca. 9 ha – 300 Stpl. + Dau.; Standardausstattung; Laden; zum Meer ca. 500 m.

Camping an der Ostküste des Limfjord zwischen Ulbjerg und Fjerritslev

➜ **Route:** Ab Fjerritslev (Heimatmuseum mit Brauereiabteilung) folgen wir der Straße 11 ostwärts bis **Aabybro**, wenden uns dort auf der Straße 55 nordwärts und kommen über **Løkken** und **Hjørring** nach **Hirtshals**. ●

Kunsthistorische Sehenswürdigkeiten in Form von Fresken und Runensteinen findet man in der **Jetsmark Kirke** zwischen Kås und **Pandrup**.

Løkken ist nicht nur Fischereihafen, sondern auch größter Badeort an der Nordwestküste Jütlands. Die fast endlos langen Strände und Dünengürtel ziehen jeden Sommer Scharen von Gästen an. Entsprechend groß ist das Angebot an Campingplätzen, Hotels und Ferienhäusern, Einkaufs- und Verpflegungsmöglichkeiten, Schwimmbad, Tennis- und Sportanlagen. Vom Anschein eines mondänen Seebades aber ist Løkken weit entfernt. Zu den eher bescheidenen Sehenswürdigkeiten zählt das Küstenfischereimuseum.

5 km östlich von Løkken liegt **Børglum Kloster**. Die äußere Fassade dieses alten ehemaligen Herrensitzes ist alles andere als aufgelockert oder einladend. Kahl und farblos erwartet das vierflüglige Anwesen seine Besucher, das im 11. Jh. zeitweise Residenz von König Knud „dem Heiligen" war. Der König wurde schließlich von Bauern vertrieben, die es leid waren, immer wieder Soldaten für Wikinger-Raubzüge stellen zu müssen. Um auch ganz sicher zu gehen, ihren Wikingerfürsten los zu sein, verfolgten die Landmänner König Knud bis nach Odense, wo sie ihn und des Königs Bruder Benedikt in der St. Albans Kirche töteten. Danach wurde aus Børglum ein Kloster des Prämonstratenserordens. Eine recht schillernde Figur, die mit Børglum Kloster in Verbindung gebracht wird, war Bischof Stygge Krumpen. Der Bischof tat sich aber nicht als gottesfürchtiger Kirchenmann hervor, sondern vielmehr als korrupter und intriganter Betrüger, der sich an den Kirchengütern schamlos bereicherte, wo es nur ging. Er entging den aufgebrachten Bauern nur knapp, in dem er sich in letzter Minute im Backofen von Schloß Voergård vor seinen Verfolgern versteckte. Nach der Reformation, als Børglum Kloster wieder an die Krone gegangen war, verlor auch Bischof Stygge seine fette Pfründe. König Christian III. ließ ihn in

Børglum Kloster
Mai - Sept. 10 - 18 Uhr. Eintritt.

kilometerlang sind die Strände bei Hirtshals

den Kerker werfen. Später wurde das Anwesen Privatbesitz. Zu besichtigen sind Innenhof, Kirche, Kellerei und Park.

die „verlorene" Kirche von Mårup

Weiter nördlich von Løkken liegt bei Lønstrup an der Küste die **Kirche von Mårup,** die man auch als die „verlorene Kirche" bezeichnen könnte. Als die Kirche im 13. Jh. erbaut wurde, stand sie gut 2 km weiter landeinwärts. Heute ist sie nur noch knapp 30 m vom Steilufer entfernt. Fatalerweise brechen vom Ufer immer wieder Landstücke ab. Messungen haben ergeben, daß die Küste auf diese Weise jedes Jahr rund 3 m näher rückt. Es ist also nur noch eine Frage der Zeit, bis für die Kirche von Mårup das endgültige Ende kommt und sie in den Fluten der Nordsee versinken wird. Die Kirche ist im Sommer täglich geöffnet.

Lønstrup wartet mit einer alten romanischen **Kirche** auf, vor der ein riesiger Anker an das britische Kriegsschiff „Crescent" erinnert, das 1908 hier vor der Küste versank.

In **Hjørring**, einer der ältesten Handelsstädte in der nordjütischen Region Vendsyssel, die schon 1234 von Erik Plovpenning Stadtrechte verliehen bekam, sei die alte **Katharinen Kirche** mit ihrem beachtenswerten Barockaltar erwähnt.

Einen guten Einblick in die ereignisreiche Vergangenheit der Region Vendsyssel, der Landschaft zwischen Aalborg und Skagen, gewährt das **Vendsyssel Historiske Museum** in der Museumsgade 3 in Hjørring. Das Museum verteilt sich auf mehrere hübsche alte Häuser mit Läden, Wohnungen u.ä., in denen man dem Land- und Stadtleben früherer Tage nachspüren kann.

Regionalmuseum 1. 4. - 31. 10. tgl. 10 - 16 Uhr, Juli + Aug. bis 17 Uhr. Eintritt.

in den Dünen bei Hirtshals

Auf dem Weg von Hjørring nach Hirtshals lohnt es sich, nördlich von **Tornby** die Hauptstraße zu verlassen und ostwärts zum 85 m hohen Aussichtsberg „**Tornby Bjerg**" zu fahren. Schöne Rundsicht. Eine Sage erzählt davon, daß im Tornby Bjerg der Goldschatz des Königs Hjarne verborgen sein soll.

Aussicht vom Tornby Bjerg

→ **Route:** Man fährt dann über **Horne** mit seiner alten romanischen Kirche (steinzeitlicher Dolmen auf dem Friedhof) und der Hjørup Windmühle südlich des Ortes weiter bis **Hirtshals.** ●

So bescheiden die Kunstgenüsse in dieser Region auch sein mögen, so überragend sind die Möglichkeiten, an der Jammerbucht Badeferien zu verbringen. Die gesamte Küste zwischen Slettestrand und Hirtshals ist über 60 km lang und ein einziger, breiter **Sandstrand** mit dahinter aufragendem, mehr oder weniger hohem und breitem Dünengürtel, und teils mit bis zu 100 m hohen Steilufern, z.B. bei **Rubjerg Knude**. Hinter den turmhohen Dünen von Rubjerg Knude findet man den berühmt gewordenen Leuchtturm, dem die Wanderdünen schon gefährlich nahe gekommen sind. Der Flugsand hat das Aus für das Leuchtfeuer gebracht. Längst sind die Sandberg höher als der Leuchtturm. Und Teile der Gebäude sind bereits vom Sand umzingelt oder bereits darunter begraben.

breite Strände und Dünen so weit das Auge reicht ***

Über weite Strecken ist der Strand hier so fest, daß er mit dem Auto befahren werden darf. Beschilderung beachten. Eigentlich eine eigenartige Vorstellung, am Strand zu liegen und von Autos umkurvt zu werden.

Ferienzentren mit Hotels, Ferienhäusern und Campingplätzen sind **Slettestrand, Rødhus, Blokhus, Løkken** und **Lønstrup.**

Camping zwischen Slettestrand und Hirtshals

▲ – Tranum
– **Tranum Klit Camping** ***, Tel. 98 23 52 82; 15. Apr. – 15. Sept.; Wald- und Heidegelände; ca. 8 ha – 200 Stpl. + Dau.; Standardausstattung; zum Meer ca. 1,5 km.

Rødhus
– **Rødhus Klit Camping** ***, Tel. 98 24 83 40; Mitte Apr. – Mitte Sept.; ebenes Gelände hinter Dünen im Forst Tranum Klit Plantage, abseits und ruhig; ca. 7 ha – 200 Stpl. + Dau.; Standardausstattung; zum Meer ca. 800 m.
– **Rimmensgårds Camping** ***, Tel. 98 24 91 57; 1. Apr. – 30. Sept.; in Hune südwärts; Wiesen bei einem Gehöft, nach Westen durch Bäume windgeschützt; ca. 6 ha – 280 Stpl. + Dau.; Standardausstattung; zum Meer ca. 3 km.

Blokhus
– **Blokhus Camping** ***, Tel. 98 24 90 96; Ende März – Mitte Sept.; in aufgeforstetem Dünengebiet; ca. 6,5 ha – 250 Stpl. + Dau.; Standardausstattung; zum Meer ca. 1 km.

Saltum
– **Jambo Vesterhav Camping** ***, Tel. 98 88 16 66; 1. Mai – 31. Aug.; ca. 3 km westl. Saltum; eben, im Waldgebiet, ruhig; ca. 12 ha – 450 Stpl. + Dau.; gehobene Komfortausstattung; Schwimmbad, Tennis; Fahrradverleih; 20 Miethütten; zum Meer ca. 2 km.
– **Saltum Strand Camping** ***, Tel. 98 88 11 59; Ende März – 14. Sept.; ca. 4 km westl. Saltum; 33 Miethütten; zum Meer ca. 1,5 km.
– **Guldager Camping** ***, Tel. 98 88 15 12; Ende Apr. – Mitte Sept.; ca. 4 km westl. Saltum; Komfortausstattung; zum Meer ca. 1,5 km.

Løkken
In dem im Sommer überlaufenen Ferienort befinden sich nicht weniger als 10 Campingplätze, von denen keiner direkt am Meer liegt und auch keiner durch eine herausragende Ausstattung auffällt.

Lønstrup
– **Egelunds Camping** ***, Tel. 98 96 01 35; 15. Mai – 15. Sept.; ca. 13 km westl. Hjørring, am Südrand von Lønstrup; kleiner Platz auf ebenen Wiesen bei einem Motel mit Schwimmbad; ca. 1,5 ha – 50 Stpl. + Dau.; gute Standardausstattung; 18 Miethütten; zum Meer ca. 800 m.
– **Møllebakkens Camping** ***, Tel. 98 96 014 5; Ende März – Mitte Okt.; nördl. Lønstrup; kleiner, ebener, etwas erhöht gelegener Platz; ca. 1 ha – 55 Stpl. + Dau.; Standardausstattung; Laden, Restaurant; 7 Miethütten; zum Meer ca. 400 m.

Hirtshals ist wichtiger Fischerei- und Fährhafen. Es verkehren regelmäßig Autofähren nach Kristiansand, Larvik, Moss und Oslo in Norwegen.

Am südlichen Stadtrand von Hirtshals liegt das neue Nordseezentrum. Das Fischerei- und Meerforschungszentrum wurde 1984 eingeweiht und bietet Besuchern eines der größten **Seewasseraquarien** Europas und ein Freiluftbecken mit Robben und Tümmlern.

Hirtshals Museum
1. 6. - 31. 8. tgl. 10 - 16 Uhr. Übrige Zeit nur Mo. - Fr.

Das **Hirtshals Museum** liegt in der Sophus Thomsensgade 6. Es ist einem alten, typischen, 1880 aus Feldsteinen errichteten Fischerhaus untergebracht. Das Museum befaßt sich in erster Linie mit der Arbeits- und Lebensweise früherer Fischergenerationen.

Unweit des Campingplatzes am Westrand des Städtchens sieht man den markanten, 35 m hohen Leuchtturm aufragen. Von den Dünen dort hat man einen wunderbaren Blick auf den endlos langen, breiten Strand und aufs Meer.

Hier wie an vielen Stellen der jütländischen Küste stehen noch etliche Bunker und ehemalige Geschützstellungen aus dem 2. Weltkrieg in den Dünen. Eine davon, die sog. **10. Batterie**, liegt zwischen dem Leuchtturm und dem Apartementhotels Fyrklit. Man kann durch die Gräben spazieren, die die einzelnen Bunker verbinden.

Praktische Hinweise

☎ **Hirtshals Turistbureau**, Nørregade 40, 9850 Hirtshals, Tel. 98 94 22 20, Fax 98 94 58 20.

Hirtshals
Hotels

◁ Hotels: **Hotel Hirtshals**, 46 Zi., Havnegade 2, Tel. 98 94 20 77, Restaurant.
Skaga Hotel, 107 Zi., Willemoesvej 1, Tel. 98 94 55 00, Fax 98 94 55 55, Restaurant, Sauna, Schwimmbad. – Und andere Hotels.

Jugendherberge

Jugendherberge: **Hirtshals Vandrerhjem**, Kystvejen 53, Tel. 98 94 12 48; 72 Betten, 16 Familienzimmer; geöffnet vom 1. Feb. bis 30. Nov.

Camping bei
Hirtshals

▲ – **Tornby Strand Camping** ***, Tel. 98 97 78 77; 1. Jan. – 31. Dez.; ca. 3 km südl. Hirtshals; ausgedehntes Wiesenareal mit Hecken als Windschutz; ca. 8 ha –300 Stpl. + Dau.; gute Standardausstattung; Laden, Imbiß; 17 Miethütten; zum Meer ca. 800 m.
– **Hirtshals Camping** ***, Tel. 98 94 25 35; Anf. Mai – Mitte Sept.; am westl. Ortsrand unterhalb des markanten Leuchtturms; teils eben, teils auf Terrassen; ca. 3 ha – 150 Stpl.; Komfortausstattung; Laden; Fahrradverleih; zum Meer mit Steilufer und Dünen ca. 200 m.
– **Kjul Camping** ***, Tel. 98 94 91 03; Ende Mai – Anf. Sept.; ca. 5 km östl. Hirtshals, abseits der Straße 597 nach Aalbæk; zum Meer hin geneigte Wiesen, durch Baumreihen windgeschützt; ca. 9 ha – 350 Stpl.; Komfortausstattung; zum Meer und Sandstrand ca. 500 m. – Und andere Campingplätze.

Auch östlich von Hirtshals erstreckt sich etwa 35 km weit ein unabsehbarer Sand- und Dünengürtel entlang der Tannis Bucht bis Gammel-Skagen. **Tannesby** und **Tversted** sind an dieser Küste beliebte Ferienorte.
Östlich von Tannesby dehnt sich ein weites Waldgebiet mit mehreren kleinen Seen, Aussichtstürmen und markierten Spazierwegen. Eine kleine Flußwanderung kann man auf dem Uggerby Å unternehmen, der nach einem windungsreichen Lauf durch die sanfte Wiesenlandschaft westlich von Tversted ins Meer mündet. Kanus werden in Bindslev und in Uggerby vermietet.

Camping nahe
der Tannis Bucht

▲ – **Aabo Camping** ***, Tel. 98 93 12 34; Ende März – Anf. Sept.; in **Tversted** Richtung Meer; ausgedehntes, vielfach durch Bepflanzung unterteiltes Wiesengelände an naturgeschütztem Wald grenzend; ca. 10 ha – 400 Stpl. + Dau.; gehobene Komfortausstattung; Laden, Imbiß, Restaurant; Schwimmbad; zum Meer ca. 1,5 km.
– **Tannesby Camping** ***, Tel 98 93 12 50; Ende März – 14. Sept.; im Ort; ebene Wiese; ca. 3 ha – 160 Stpl. + Dau.; gehobene Komfortausstattung; Laden, Imbiß, Restaurant; 8 Miethütten; zum Meer ca. 800 m.
– **Skiveren Camping** ****, Tel. 98 93 22 00; Ende März – Mitte Okt., von der Straße 597 ca. 9 km westl. Aalbæk bei Tuen nordwärts zum Meer; weitläufig, eben, teils sandig; von Wald begrenzt, ruhig, ca. 15 ha – 550 Stpl. + Dau.; gehobene Komfortausstattung; Laden, Imbiß, Restaurant; Tennis, Fahrradverleih; 10 Miethütten; zum Meer ca. 400 m.

„Dünenwüste"
Råbjerg Mile *

Südlich von Kandestederne liegt **Råbjerg Mile,** ein riesiges Dünengebiet, das schon fast an die Landschaft einer Sandwüste erinnert. Råbjerg Mile ist eine Wanderdüne, die jährlich rund 10 m weiter wandert und sich ganz langsam, aber unaufhaltsam auf die Ostküste an der Aalbæk Bucht zubewegt. Der höchste Punkt ist momentan 41 m hoch. Diese Wanderdünen waren verschiedentlich Schauplatz von Filmaufnahmen, wobei die Sandberge als Ersatz für wirkliche Sandwüsten herhalten mußten.

Ca. 2 km südlich liegt **Råbjerg Kirke,** eine Kirche aus dem 14. Jh. mit eigenartigem, freien Glockenturm und einem recht niederem Kirchenraum mit Barockfiguren.

➔ **Route:** Weiter östlich treffen wir auf die Straße 40 und sind nach ca. 11 km in **Skagen.** ●

SKAGEN, nördlichste Stadt Dänemarks und bedeutendster Ferienort im Norden Jütlands, war im Mittelalter eine einflußreiche, durch Privilegien Erik's von Pommern hervorgehobene Handelsstadt und seinerzeit sogar größer als das damalige Aalborg.

Von der alten Ortschaft ist allerdings bis auf den Turm der versandeten Kirche nichts übriggeblieben. Der Flugsand hat alles begraben. Drei Ortschaften, Østerby, Vesterby und Kappelsborg, die um jene Kirche herum lagen, wurden ein Raub der Dünen. Eigentlich besteht die heutige Gemeinde Skagen ja aus zwei Stadtteilen, **Gammel Skagen** an der Westseite am Skagerrak und **Skagen** an der Ostseite am Kattegatt. Von Gammel Skagen wird behauptet, es sei eine alte Kolonie holländischer Seefahrer.

Skagen selbst ist heute vor allem eine Fischereistadt. Seit alters her war der Fischfang in der Ostsee ein wichtiger Erwerbszweig. Im 19. Jh. dann wurde Skagen mit seinen geduckten, farbigen Häusern im alten Zentrum **Gammle By** aus Gründen, die heute nicht mehr zu erkennen sind, eine beliebte Künstlerkolonie und später Ferienort. Heute drängen sich hier im Juli die Urlauber wie in einem Flaschenhals. Schließlich will jeder mal zum „dänischen Nordkap".

Aus der Zeit der „Künstlerkolonie" – viele der Maler schätzten das klare, die Farben betonende Licht hier – sind die Häuser der Maler *Kroyer* und *Anna und Michael Anchers,* sowie des Dichters *Holger Drachmann* in Museen umgewandelt worden. Dort zeigt man Werke der Künstler, aber auch den Lebensstil der damaligen Zeit anhand von Einrichtungsgegenständen.

Besichtigen kann man das **Michael & Anna Anchers Hus,** das ehemalige Anwesen des namhaften Skagener Künstlerpaars, am Markvej 2.

Holger Drachmanns Hus, das der Dichter 1902 erworben hatte, und das er später „Villa Pax" nannte, liegt im Hans Baghsvej 21. 1911 wurde das Haus zum Gedenken an den Dichter für das Publikum geöffnet. Es ist im Sommer täglich zugänglich.

Eine umfassende Gemäldesammlung Skagener Künstler wird im **Skagen Museum**, im Brøndumsvej 4 gezeigt. Der Besucher kann anhand von etwa 1.500 Gemälden, Zeichnungen, Skulpturen und

Objekten des Kunsthandwerks die Arbeiten von Skagener Künstler aus der Zeit von 1830 bis 1930 verfolgen.

Einblick in die Lebensweise armer wie reicher Schichten der vielen Fischergenerationen von Skagen erhält man im **Museum „Skagen Fortidsminder"** (Skagener Vergangenheit) im P. K. Nielsensvej, im Sommer täglich von 10 bis 17 Uhr geöffnet.

Skagen Kunstmuseum *
1. 5. - 30. 9. tgl. 10 - 17 Uhr, Juni bis Aug. bis 18 Uhr. Übrige Zeit kürzer.

Die **Kirche** von Skagen stammt aus den Jahren 1839 bis 1841 und entstand nach Plänen des Architekten C. F. Hansen. Später wurde sie mehrfach umgebaut. Seit 1985 ertönt vom Kirchturm ein Glokkenspiel mit kirchlichen Weisen, aber auch mit dänischen Volksmelodien. Die liturgischen Geräte wie Altarleuchter, Taufschale, Hostienteller, Kelch u. ä. stammen aus der Sct. Laurentii Kirche, der „versandeten Kirche".

Ein großer Anziehungspunkt für jeden Besucher liegt 5 km nördlich Skagen. Es ist **Grenen**, das Ende der Landzunge, die an dem Punkt, wo die Wasser der Ost- und der Nordsee, wo Skagerrak und Kattegatt aufeinander treffen, weit ins Meer ragt. Die Form der Landzunge ändert sich je nach Strömung der Gewässer.

die Landzunge „Grenen"

In Grenen gibt es außer langen, breiten Sandstränden ein Museum für moderne Kunst und die Grabstätte des Poeten Drachmann.

Seit jeher ist diese für die Schiffahrt nicht ungefährliche Landzunge durch Leuchtfeuer gesichert. Das älteste, aus einem Holzgerüst errichtete, ist „Vippefyr" am Nordrand der Stadt. Ursprünglich stammt es aus dem Jahre 1627. Heute steht eine Rekonstruktion dort. 1747 baute man den ersten steinernen Leuchtturm, dann 1858 den „grauen" Leuchtturm, 1892 Højen Fyr und 1956 das vollautomatisch betriebene Leuchtfeuer „Skagen Vest Fyr".

Skagens versandete Kirche

Skagens versandete Kirche *

Knapp 4 km südwestlich der Stadt Skagen liegt in den Dünen am Kattegatt die Sct. Laurentii Kirche, die alte Skagener Pfarrkirche, besser bekannt als **Den Tilsandede Kirke**, die versandete Kirche. Mit dem Bau der Kirche soll im 14. Jh. begonnen worden sein. Damals war sie die größte Kirche in ganz Vendsyssel, der nördlichsten Landschaftsregion in Jütland. Aus dem 16. Jh. stammen die ersten Berichte über große Sandverwehungen an der Kirche. Dennoch war sie bis 1795 in Gebrauch, obwohl schon vollkommen vom Sand umzingelt. Sonntag für Sonntag mußte sich die Kirchengemeinde den Zugang zum Portal freischaufeln. Nach einem Sturm wurde die Kirche dann auf ein königliches Dekret hin endgültig aufgegeben, das Kirchenschiff abgerissen. Heute mahnt nur noch der halb zugewehte Turm an die unbezähmbaren Urgewalten der Natur.

Skagen Hotels

Jugendherberge

Praktische Hinweise

☎ **Skagen Turistbureau**, Sct. Laurentiivej 22, 9990 Skagen, Tel. 98 44 13 77, Fax 98 45 02 94.

⌂ Hotels: **Brøndums**, 47 Zi., Anchersvej 3, Tel. 98 44 15 55, Fax 98 45 15 20, Restaurant.
Clausens, 40 Zi., Sct. Laurentii Vej 35, Tel. 98 45 01 66, Fax 98 44 46 33, Restaurant.
Skagen Best Western, 81 Zi., Gl. Landevej 39, Tel. 98 44 22 33, Fax 98 44 21 34, Restaurant, Sauna, Schwimmbad.
Skagen Motel, 50 Zi., Frederikshavnsvej 8 - 10, Tel. 98 44 45 35, Fax 98 45 06 20, Restaurant. – Und andere Hotels.

Jugendherberge: **Danhostel Skagen Ny Vandrerhjem**, Rolighedsvej 2, Tel. 98 44 22 00, 112 Betten, 20 Familienzimmer; geöffnet von 15. Feb. bis 30 Nov.

in Skagen

▲ – In der Hauptferienzeit können die Campingplätze bei Skagen durchaus wegen Überfüllung zeitweise geschlossen sein. Eine überlegenswerte Ausweichmöglichkeit ist dann u. a. der gut ausgestattete Platz in Frederikshavn, 40 km südlich, siehe dort.

Camping bei Skagen

– **Poul Eeg Camping *****, Tel. 98 44 14 70; 15. Mai – 1. Sept.; nördl. Skagen; Wiese mit Hecken; ca. 9 ha – 300 Stpl. + zahlr. Dau.; Standardausstattung; Laden, Imbiß; Fahrradverleih; 17 Miethütten; zum Meer ca. 1 km.

– **Grenen Camping *****, Tel. 98 44 25 46; Anf. Mai – Anf. Sept.; an der Straße nach Grenen; Platz am Kattegatt; ca. 5 ha – 250 Stpl.; gute Standardausstattung; Laden, Fahrradverleih; 9 Miethütten; zum Meer ca. 100 m.

– **Østerklit Camping *****, Tel. 98 44 31 23; Ende März – Mitte Sept.; südl. Skagen nahe der versandeten Kirche; ca. 5 ha – 250 Stpl. + Dau.; Standardausstattung; zum Meer ca. 1,2 km.

– **Bunken Camping *****, Tel. 98 48 82 80; Anf. Mai – Anf. Sept.; ca. 6 km nördl. Aalbæk; ein kleines „Campingdorf", riesiges Gelände hinter Dünen, teils von Wald umgeben, ansonsten von hohen Hecken in langgestreckte Stellplatzfelder unterteilt; ca. 20 ha – 700 Stpl. + Dau.; Standardausstattung; Laden, Imbiß; 9 Miethütten; zum Meer ca. 100 m.

– **Råbjerg Mile Camping *****, Tel. 98 48 75 00; Ende März – 15. Sept.; südlich von Skagen, bei Hulsig, Zufahrt von der Straße 40 beschildert; weitläufiges, fast ebenes, naturbelassenes Gelände, durch Hecken und Zäune unterteilt; ca. 19 ha – 350 Stpl. + Dau.; Standardausstattung; Laden, Imbiß; Schwimmbad, Tennis, Fahrradverleih; 20 Miethütten; zum Meer gut 1 km.

6. SKAGEN – RANDERS

⊙ **Entfernung:** Rund 155 km, ohne Abstecher.

→ **Strecke:** Über die Straße 40 bis **Frederikshavn** – E45 und Landstraßen bis **Aalborg** – Straße 180 bis **Hobro** – Straße 555 bis **Mariager** – Landstraße oder E45 bis **Randers**.

🕓 **Reisedauer:** Mindestens ein Tag.

⌘ **Höhepunkte:** Das **Bangsbo Museum** in Frederikshavn – ein sommerlicher Schiffsausflug zur **Insel Læsø** – Stadtrundgang durch **Aalborg** – das **Schloß Voergård** * (falls zugänglich) – das **Salzmuseum** in Mariager – der „**Regenwald**" in Randers.

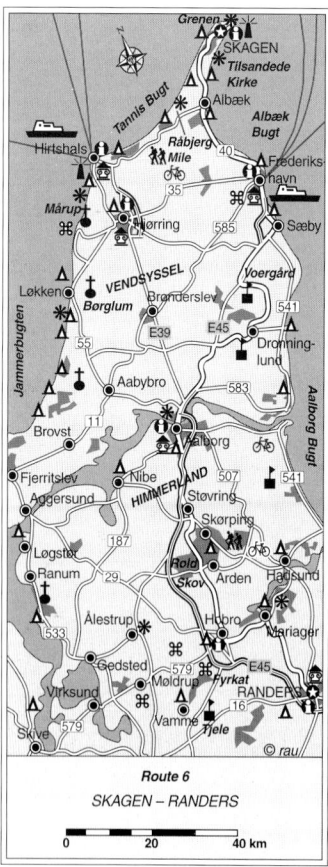

Route 6

SKAGEN – RANDERS

0   20   40 km

Diese Etappe ist zwar relativ kurz an Kilometern, aber reich an interessanten Städten. Frederikshavn und Aalbæk liegen auf dem Weg, schließlich Aalborg und Randers, das Etappenziel. Je nach Neigung wird man mehr oder weniger Zeit für die Besichtigungen benötigen und evtl. unterwegs die Reise unterbrechen. An Hotels und Campingplätzen entlang der Strecke ist kein Mangel.

Aalbæk erhielt erst 1931 seinen Hafen, eine heute immer noch relativ kleine Anlage, dafür aber mit einer einladenden Atmosphäre und bei Sportseglern sehr beliebt. Das Problem des Hafens von Aalbæk ist, daß er stark der Versandung ausgesetzt ist und jedes Jahr aufs Neue ausgebaggert werden muß, um ihn für die Schiffahrt brauchbar zu halten.

Für Liebhaber hübscher Antiquitäten kann ein Besuch im Aalbæk Antik am Industrivej lohnen.

☎ **Aalbæk Turistbureau**, Centralvej 2, 9982 Aalbæk, Tel. 98 48 86 55, Fax 98 48 85 92.

**Aalbæk
Information**

▲ – **Aalbæk**
– **FDM-Campig Aalbæk Strand *****; Tel. 98 48 82 61; Mitte Apr. – Mitte Sept.; südl. Aalbæk bei km 19 der Straße 40; Heidegelände hinter Dünen zwischen Straße und Meer; ca. 10 ha – 500 Stpl.; gute Standardausstattung. Laden, Imbiß, Fahrradverleih; 13 Miethütten.

Camping

FREDERIKSHAVN

Frederikshavn hieß bis ins vorige Jahrhundert gar nicht Frederikshavn, sondern *Fladestrand*. Erst 1818 erhielt es zu Ehren König Frederiks IV. seinen heutigen Namen. Die Namensänderung hatte wohl auch handfeste wirtschaftliche Hintergründe. Denn mit der Namensänderung wurden Frederikshavn Stadt- und Handelsrechte verliehen. Seitdem entwickelte sich der Ort – sicher mit wohlwollender Unterstützung der Krone – zu einem der wichtigsten dänischen Handels- und Fischereihäfen. Zudem wurde Frederikshavn eine Drehscheibe im Fährverkehr mit den skandinavischen Nachbarn.

Regelmäßige **Autofähren** verbinden Frederikshavn mit Larvik, Moss und Oslo in Norwegen und mit Göteborg in Schweden. Außerdem bestehen Verbindungen zur Insel Læsø.

*der weiße
Pulverturm
„Krudttårnet" in
Frederikshavn*

Der älteste Teil der Stadt liegt nur wenig nördlich des Fischereihafens. In dem alten Viertel, das die Frederikshavner *„Fiskerklyngen"* nennen, findet man noch niedere, getünchte Fachwerkhäuser mit roten Ziegeldächern an kopfsteingepflasterten Straßen und manchen romantischen Winkel. Die meisten Gebäude stammen aus der Zeit um 1800. Am Meer sind Reste der alten Schanzanlagen **Nordre Skanse** zu sehen, die im frühen 17. Jh. angelegt worden sind. Frederikshavn war ja lange eine befestigte Stadt, die den Schiffsverkehr im Kattegatt überwachte. Unweit des Klyngen-Viertels liegt in der Kirkegårdallé 22 eine der ältesten Kirchen der Stadt, die **Fladestrand Kirche** aus dem Jahre 1690. Ein Teil des Friedhofs ist Kriegsgräberfriedhof mit englischen, russischen und deutschen Soldatengräbern aus dem 2. Weltkrieg.

Frederikshavn Museum im Pulverturm
1. 5. - 30. 9. tgl. 10.30 -16.30 Uhr.

Ein anderes Relikt aus der Zeit der frühen Festungsanlage ist der mächtige, runde, weiße Pulverturm **Krudttårnet** am Platz vor dem Fährhafen. Man kann es sich kaum vorstellen, aber der ganze 4.500 Tonnen schwere Turm wurde vor Jahren mit Hydraulik-Hebern und Gleitschienen an seinen jetzigen Platz versetzt, als sein alter Standort für Hafenerweiterungen benötigt wurde. Heute ist im Pulverturm ein **Museum** eingerichtet, das alte Waffen und Kriegsgerät ausstellt.

Gegenüber, zur Stadtseite hin, ragt die 1892 erbaute **Stadtkirche** auf. Das Altarbild wurde von Michael Anker gemalt, der sich den Dichter Holger Drachmann als Modell für einen dargestellten Jünger nahm. Aus nicht mehr bekannten Gründen wurden aber vom Kirchenrat kritische Stimmen gegen das Modell laut und der Maler Anker sah sich gezwungen, die Gesichtszüge der Apostelfigur zu ändern. Anker änderte aber angeblich nicht den Schatten des Kopfes, so daß die Züge Drachmanns dennoch erkennbar blieben.

Kunstmuseum
Di. - Sa. 10 - 16 Uhr.

Unweit westlich der Kirche findet man im Kulturzentrum (u.a. städtische Bibliothek, Schwimmbad, Cafés) am Parallelvej 14, unweit südlich der Hauptstraße Rådhusallé das **Kunstmuseum**. Spezialität: Kleingrafik. Wechselnde Ausstellungen, z.B. moderne Maler.

Bunkermuseum
1. 5. - 30. 9. tgl. 10.30 - 16.30 Uhr.

Schließlich kann man das etwas nördlich der Stadt nähe Nordre Strandvej gelegene **Bunkermuseet** besichtigen. Das Bunkermuseum gibt Einblick in die „Verteidigungstechnik des Zweiten Weltkriegs", wie es heißt.

Weitere Sehenswürdigkeiten liegen südlich, etwas außerhalb der Stadt:

Pikkerbakken, 71 m hoher Aussichtspunkt mit Blick auf die Stadt.

Bangsbo Museum ★★
tgl. 10.30 - 17 Uhr. im Winter Mo. geschlossen.

Bangsbo Hovegård Museum, Dr. Margrethesvej 1, Frederikshavns wichtigstes Museum, untergebracht in einem idyllisch in einem Park gelegenen alten Gutshof, dessen Anfänge bis ins 14. Jh. zurückreichen. Die heutigen Gebäude stammen aus dem frühen 18. Jh. In alten Tagen gehörte das Anwesen zum Kloster Børglum, später war es im Besitz von Ingeborg Skeel (siehe auch unter Schloß Voergård). Steinzeitliche Sammlung, umfangreiche Schiffahrtsabteilung mit großer Gallionsfigurensammlung, mittelalterliches Schiff nach Wikingerbauart, Exponate aus dem landwirtschaftlichen Milieu, eine Wagensammlung mit Fahrzeugen aus der Mitte des 17. Jh. bis in unsere Zeit, sowie Freiheits- und Widerstandsausstellung aus der Zeit des 2. Weltkrieges.

Der **Tierpark** grenzt an das Gelände von Bangsbo Museum.

Etwas westlich der Stadt liegt am Brønderslevvej der sog. „**Eisenzeitkeller"**, Reste eines keltischen Bauwerks, und noch etwas weiter der **Cloostårn**, ein über 60 m hoher Aussichtsturm.

Frederikshavns älteste Kirche

Die **Flade Kirke**, Flade Kirkevej, schließlich stammt aus dem 13. Jh. Chor und Schiff stammen aus jener Zeit. Obwohl später mehrfach umgebaut, die Kapelle z.B. wurde erst 1675 angefügt, ist die

Flade Kirke Frederikshavns ältestes Gotteshaus. Die erhöhte Lage der Kirche, die nur von außen zu besichtigen ist, machte sie in früheren Tagen zu einem wichtigen Seezeichen für die Schiffahrt. Der Glockenturm übrigens steht auf dem Hügel eines frühgeschichtlichen Hünengrabes.

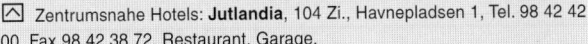

Praktische Hinweise

☎ **Frederikshavn Turistbureau**, Brotorvet 1, 9900 Frederikshavn, Tel. 98 42 32 66. Fax 98 42 12 99. Geöffnet: 1. 6. - 16. 8. Mo. - Sa. 8.30 - 20.30, So. 11 - 20.30 Uhr. Übrige Zeit Mo. - Fr. 9 - 16, Sa. 11 - 14 Uhr.

Frederikshavn

⌂ Zentrumsnahe Hotels: **Jutlandia**, 104 Zi., Havnepladsen 1, Tel. 98 42 42 00, Fax 98 42 38 72, Restaurant, Garage.
Mariehønen, 32 Zi., Skolegade 2, Tel. 98 42 01 22, Fax 98 43 40 99, Restaurant.
Park, 31 Zi., Jernbanegade 7, Tel. 98 42 22 55, Fax 98 42 20 36, Restaurant.
Stena Line Hotel Frederikshavn, 215 Zi., Tordenskjoldsgade 14, Tel. 98 43 32 33, Fax 98 43 33 11, Restaurant, Sauna, Schwimmbad, Garage. – Und andere Hotels.

Hotels

Jugendherberge: **Frederikshavn Vandrerhjem „Flatstrand" ***, Buhlsvej 5, Tel. 98 42 14 75; Feb. – 15. Dez.; 146 Betten.

Jugendherbergen

▲ – **Nordstrand Camping ****,** Tel. 98 42 93 50; 1. Apr. – 15. Sept.; im nördl. Stadtbereich, beschildert; ausgedehnte, gepflegte Anlage, eben, durch Hekken unterteilt; ca. 11 ha – 400 Stpl. + Dau.; Komfortausstattung; Laden, Imbiß, Tennis, Fahrradverleih. 23 Miethütten; Strand und Sporthafen ca. 200 m.

Camping

AUSFLÜGE ZU VORGELAGERTEN INSELN

Bei ausreichend zur Verfügung stehender Zeit und schönem Wetter lohnen sich **Bootsausflüge zu den Inseln Hirsholmene** und **Læsø**.

Insel Hirsholmene, winziges Eiland mit gerade 10 Einwohnern. Kleine Kirche. Ein Kutter fährt montags, mittwochs und freitags um 13.30 Uhr ab Frederikshavn und um 16.30 Uhr wieder zurück. Fahrtdauer 45 Minuten. Aktuelle Abfahrtszeiten im Touristenbüro erfragen.

Insel Læsø, über 100 qkm große Insel im Kattegatt. Im Norden hohe Dünen. Hauptort ist **Byrum.**
Es verkehren ganzjährig regelmäßig, von Ende Juni bis 31. August 5 mal täglich, **Autofähren** ab Frederikshavn nach **Vesterø Havn/Læsø**, Fahrzeit ca. 1 1/2 Stunden. Reservierung fürs Auto ratsam. Inklusiv-Pakete für Überfahrt und Inselaufenthalt werden angeboten. Infos unter Tel. 98 49 90 22 oder im Touristen Informationsbüro.

Von den früheren Bewohnern der Insel Læsø wird erzählt, sie hätten ihren Lebensunterhalt mehr oder minder unverhohlen durch Strandraub bestritten. Die Fahrrinne zwischen Festland und Insel durch die „Læsø Rende" war um 1700 angeblich kaum 20 m breit und bei schlechtem Wetter für die Schiffahrt eine Gefahrenquelle erster Güte. Hunderte von Seglern sollen hier auf Grund gelaufen sein. Und bei einem Bergungslohn von einem Drittel des Schiffswertes kann man vermuten, daß die Leute auf Læsø nicht schlecht vom Meer lebten. Eines stürmischen Tages im 15. Jh. soll Königin Margrethe mit ihrem Schiff hier gestrandet sein. Zum Dank für die Rettungsarbeiten schenkte sie den Frauen von Læsø ihre kostbare Garderobe. Das schönste der königlichen Gewänder soll den Læsøer Frauen als Vorbild für ihre Landestracht gedient haben.

Læsø Museum
Sommer tgl. 10 - 17 Uhr, sonst 12 - 16 Uhr.

Sehenswert in **Byrum** ist das **Læsø Museum** am Museumsvej 3, ein **Heimatmuseum** in einem für Læsø typischen, mit Seetang gedeckten Vierkanthof, dessen Fachwerk aus Treibholz gezimmert wurde. Ausgestellt sind schöne Trachten und silberner Trachtenschmuck.

Außerdem ist im Kokvadgårsvej die **Læsø Lerhytte** zu besichtigen, eine aus Lehmziegeln errichtete Werkstatt zur Herstellung von Lehmziegeln, wie sie früher für Schornsteine oder Backöfen Verwendung fanden.

Die Prozedur der Salzgewinnung, so wie sie auf Læsø über 500 Jahre lang üblich war, läßt sich in der historischen **Salzsiedehütte** im Hornfiskrørnvej verfolgen.

Schließlich kann man dem **Søfarts- og Fiskerimuseet** in der Vesterø Havnegade 5 in Vesterø Haven einen Besuch abstatten. Das Museum ist in einem Haus aus dem Jahre 1872, dem ältesten Haus des Ortes, untergebracht. Besonders stolz ist man im Museum auf den sog. „Bogøgård-Schatz". Er stammt aus dem Jahre 1670. Man nimmt an, daß er einstmals mit der Küstenschiffahrt verdient wurde und während Kriegswirren mit Schweden versteckt worden ist. Ansonsten zeigt das Museum mit seinen Ausstellungen vor allem die Abhängigkeit der Inselbewohner von der Seefahrt und der Fischerei.

Unterkünfte auf Læsø

🏠 Hotels: **Carlsens Hotel**, 11 Zi., Havnebakken 8, Tel. 98 49 90 13, Restaurant.
Hotel Nygaard, 11 Zi., Østerbyvej 4, Tel. 98 49 16 66, Restaurant. Sowie Gasthäuser und Pensionen.
Jugendherberge: **Læsø Vandrerhjem** ***, Lærkevej 6, Vesterø Havn, Tel. 98 49 91 95, 15. April - 1. Oktober, 80 Betten.

Camping

▲ – **Læsø Camping** ***, Tel. 98 49 94 95; 1. Mai - 1. Okt.; ca. 1,5 km von der Fährstation Vesterø Havn; ebene Wiese mit Hecken und Bäumen; ca. 3 ha – 100 Stpl.; gute Standardausstattung. Laden. 21 Miethütten.
– **Østerby Camping** ***, Tel. 98 49 80 74; 1. Mai– 30. Okt.; relativ kleiner, einfacher Platz am Ostende der Insel; ca. 2 – 70 Stpl.; einfache Standardausstattung, Laden, Imbiß, 10 Miethütten.

➡ **Route:** Frederikshavn verlassen wir über die Straße 585 in westlicher Richtung, passieren den **Aussichtsturm Cloostårnet**, lassen den 122 m hohen Aussichtspunkt „Kig-ud" rechts liegen und kommen nach **Gærum**. ●

annähernd 5.000 Jahre altes Ganggrab

Kaum 2 km südwestlich **Gærum** liegt nahe der Hauptstraße nach Øster Vrå eines der größten Hünengräber der jüngeren Steinzeit, bekannt unter dem Namen **Blakshøj**. Diese prähistorischen Ganggräber sind eindrucksvollen Zeugen dafür, daß die Region Vendsyssel im Norden Jütlands schon seit dem Ende der Eiszeit besiedelt gewesen sein muß. Wahrscheinlich mit bloßen Händen müssen die Steinzeitmenschen diese beeindruckenden Hünengräber für ihre Häuptlinge und Fürsten errichtet haben.

➔ **Route:** Wir zweigen südwärts ab und fahren über **Understed** nach **Sæby**. ●

Rund 2 km vor **Sæby** liegt **Sæbygård**, ein herrschaftliches Gut aus dem 16. Jh. Der äußerlich eher schlichte Herrensitz, dennoch ein bemerkenswertes Beispiel für dänische Renaissancearchitektur, war bis zur Reformation Sommersitz der Bischöfe von Børglum. Später residierten hier verschiedene Admiräle des Königreiches. Einer von ihnen war Niels Juel. Berüchtigt wurde Sæbygård aber durch *Pernille Oxe*, die Frau von Niels Juel. Sie galt als eine recht resolute, aber auch gütige und hilfsbereite Schloßherrin. Dennoch kommt, der Legend zufolge, Pernille Oxe auch nach ihrem Tode nicht zur Ruhe. Immer wieder steigt sie aus ihrem Grab, kommt nach Sæbygård und geistert nächtens durch die Räume und Gänge des Herrensitzes, begleitet vom silbernen Klang kleiner Glöckchen. Zum Schluß, heißt es, erscheint die ruhelose Pernille immer, angekündigt durch einen eisigen Lufthauch, im Rittersaal. Das Schloß kann nur von außen besichtigt werden.

Frau Oxe geistert immer noch durch Sæbygård

Wer sich für die überaus interessante und teilweise auch durchaus amüsante Kalkmalerei in den hiesigen Kirchen interessiert, sollte keinesfalls darauf verzichten, einen Blick in die **Marienkirche von Sæby** in der Strandgade zu werfen. Die Künstler der damaligen Zeit, dem späten Mittelalter, als die Kirche von Sæby ausgemalt wurde, hatten nicht nur die Aufgabe, die Gotteshäuser zu dekorieren und zu verschönen, sondern sie sollten mit ihren Motiven dem einfachen Kirchenvolk auch die Biblische Geschichte näherbringen. Gleichzeitig sollten die Wandmalereien als begleitendes Anschauungsmaterial zu den Themen der Predigten dienen, wenn die Blicke der Gläubigen während der Messe über die Deckengewölbe schweiften. Offenbar waren die Pfarrer sehr darum bemüht, ihre Schäfchen den rechten Weg zu weisen und ihnen zu predigen, den irdischen Verlockungen zu widerstehen. Denn viele der Motive stellen in recht drastischer Art und Weise Teufelswerk und ewige Verdammnis dar. Natürlich sind auch Szenen aus den Werken der Apostel, aus dem Leben Jesu oder aus Heiligenlegenden zu sehen. In Sæby z.B. befaßt sich eine Bildsequenz mit der Legende um die Eltern der Jungfrau Maria, um Anna und Joachim. Sie waren kinderlos geblieben und von den Hohepriestern verstoßen worden. In ihrer Verzweiflung hatten die Eheleute eine Vision, daß Anna eine Tochter gebären würde, Maria also, „die von Gott gesegnet sei".

sehenswerte Kalkmalereien in der Kirche von Sæby **

Die Marienkirche von Sæby stammt aus dem frühen 14. Jh. und ist der Rest eines ehemals einflußreichen Karmeliterklosters mit Namen *Mariested*. In jener Zeit hieß auch der Ort Sæby noch Mariested. Der Krameliterorden, traditionsgemäß sehr der Marienverehrung verbunden, veranlaßte denn auch, daß sich die Motive der Malereien in der Klosterkirche mit der Marienlegende zu befaßen hatten. Sehenswerter Marienaltar. Die Kirche ist gewöhnlich (außer sonntags) zwischen 10 und 16 Uhr zugänglich.

Sæbys Heimatmuseum
Mo. - Fr. 13 - 17 Uhr.

Zudem kann man in Sæby das **Museum** im **Konsul Ørums Gård** in der Algade 1 – 3 besichtigen. Dieses Nostalgiemuseum erinnert an die „gute alte Zeit". Man sieht ein Museumskino, einen alten Kaufmannsladen, eine Spielzeugsammlung, ein Schulzimmer aus Opas Zeiten u.ä.

Ein recht fotogene Sehenswürdigkeit ist die Wassermühle **Sæby Vandmølle** am Sæby Å. Der recht idyllisch an einem Stauwehr gelegene Fachwerkbau stammt aus dem frühen 18. Jh. Nur von außen zu besichtigen.

Sæby

Praktische Hinweise

☎ **Sæby Turistbureau**, Krystaltorvet 3, 9300 Sæby, Tel. 98 46 12 44, Fax 98 46 18 81.

Hotels

⌂ Hotels: **Hotelpension Aahøj,** 12 Zi., Hans Abels Vej 1, Tel. 98 46 11 27, Restaurant.
Hotel Viking, 42 Zi., Europavej E45, Tel. 98 46 17 00, Restaurant, Sauna. – Und andere Hotels.

Camping

▲ – **Hedebo Strandcamping *****, Tel. 98 46 14 49; Ende März – 1. Sept.; nördlich Sæby, Zufahrt von der Straße 180; fast ebenes Wiesengelände, fast bis an den Strand reichend; ca. 11 ha – 300 Stpl. + zahlr. Dau., gute Standardausstattung; Laden, Imbiß; Schwimmbad, Tennis, Fahrradverleih; Sandstrand. 12 Miethütten.
– **Sæby Strand Camping *****, Tel. 98 46 20 90; Ende März – Mitte Sept.; gut 3 km nördl. von Sæby; ebene Wiesen in Küstennähe; ca. 6 ha – 250 Stpl. + Dau.; Standardausstattung.
– **Svalereden Camping *****, Tel. 98 46 19 37; Ende März – Mitte Sept.; ca. 3 km nördl. Sæby; ebenes Wiesengelände, von Waldstücken umgeben und in Felder unterteilt, in Küstennähe; ca. 4,5 ha – 150 Stpl. + Dau; Standardausstattung; Laden, zum Meer ca. 400 m.

➜ **Route:** In Sæby stoßen wir auf die E45, der wir zunächst 15 km in Richtung Aalborg folgen, zweigen dann aber ostwärts in Richtung **Præstbro** ab. Nach zwei weiteren Kilometern gelangen wir am **Schloß Voergård** an. ●

prächtiges Renaissance-schloß
nur an einzelnen Tagen der Öffentlichkeit zugänglich!

Voergård wird zu den prächtigsten Renaissanceschlössern Jütlands gezählt. Erbaut wurde der herrschaftliche Sitz um 1510 vom Bischof von Børglund. Später – ein aufgebrachter Schiffseigner hatte Feuer gelegt – brannte das Schloß nieder und wurde 1590 von der berüchtigten Ingeborg Skeel wieder aufgebaut. Zumindest der Ostflügel soll unter ihrer Regie wieder erstanden sein. Allerdings führte die böse Ingeborg nichts Gutes im Schilde. Wie es heißt, stieß sie den Baumeister in den Schloßgraben – natürlich erst nach Beendigung der Bauarbeiten – um sich so der Begleichung der beachtlichen Rechnungen zu entledigen. 1604 starb Ingeborg Skeel und

Schloß Voergård

wurde auf dem Friedhof von Voer begraben. Aber die ruchlose Tat läßt ihre Seele nicht zur Ruhe kommen. Selbst die Beschwörung eines Pastors, den Geist der Frau in einen Sumpf zu verbannen, blieben wirkungslos. Seitdem erscheint Ingeborg Skeel in jeder Neujahrsnacht und jedesmal ein Stück näher bei Schloß Voergård. Und es heißt, wenn sie eines Tages durch die Schloßfenster schauen kann, wird Voergård im Burggraben versinken.

Zur wertvollen Inneneinrichtung von Schloß Voergård gehört Inventar im Stile der Zeit Ludwigs XV. und Ludwigs XVI., dann ein Tafelservice Napoleons I., schließlich Teile des Services, das von Ludwig XVI. und Marie Antoinette vor deren Hinrichtung benutzt worden sein soll. Wertvolle Gemälde u.a. von Goya, el Greco, Rubens. Da das Schloß recht unregelmäßig und nur an einzelnen Tagen der Öffentlichkeit zugänglich ist, empfiehlt es sich, sich vorher nach den aktuellen Zeiten zu erkundigen.

Dronninglund liegt kaum 13 km weiter südlich. Am westlichen Stadtrand findet man **Schloß Dronninglund**, ein ehemaliges Nonnenkloster, seit 1581 in adligem Besitz. Die Schloßkirche ist Besuchern zugänglich. Interessante Fresken, Gestühl und Empore ca. 16. Jh.

➔ **Route:** Man kann von Voergård den Weg über **Dronninglund** nehmen, oder zur E45 zurückkehren und so rasch das 31 km entfernte **Aalborg** erreichen. Dort verlassen wir die Stadtumgehungsautobahn nach dem Limfjordstunnel und fahren ins Stadtzentrum. Zentrumsnahe Parkplätze gibt es u.a. an der Nyhavnsgade zwischen Hafen und Altstadt. ●

AALBORG

Aalborg, 157.000 Einwohner, ist eine über 1000 Jahre alte Stadt und von jeher wichtiger Handels- und Wirtschaftsplatz. Die günstige Lage am Limfjord förderte die Entwicklung des Hafens, der Wohlstand in die Stadt brachte. Aber nicht nur wirtschaftlich, auch kulturell ist Aalborg noch heute das Zentrum Nordjütlands schlechthin. Im Zentrum der Stadt sind viele alte Gebäude aus der Zeit der Großkaufleute des 16. und 17. Jh. erhalten. Ein Rundgang durch die Innenstadt mit ihren Fußgängerzonen lohnt.

STADTSPAZIERGANG

Jens Bang's Stenhus, sehenswertes Renaissancepalais ** (2)

Wir beginnen am **Touristeninformationsbüro (1)** an dem kleinen Platz an der Østerågade.

Schräg gegenüber erhebt sich unverkennbar das mächtige, fünfstöckige, mit reichem Giebelschmuck versehene Haus des Großkaufmanns Jens Bang. Der als **Jens Bang's Stenhus (2)** bekannte Bau stammt aus dem Jahre 1624 und gilt als eines der größten und schönsten Bürgerhäuser im Renaissancestil Nordeuropas.

Daß Jens Bang ein erfolgreicher Kaufherr und reichster Mann weit und breit war, glaubt man angesichts des Prachtbaus ohne weiteres.

Detail an Jens Bang's Stenhus

Sieht man sich aber die Köpfe, Masken und Fratzen an den Giebeln etwas genauer an, glaubt man auch, daß Jens Bang keineswegs ein allseits geliebter Bürger war. Seine Feinde und Gegner ließ er darum in wenig schmeichlerischer Weise in Stein porträtieren. Obwohl reich, wurde der einflußreiche Kaufmann doch nie in den Rat der Stadt berufen. Wie Jens Bang darüber dachte, geht wohl aus der Maske am Giebel zum Rathaus hin eindeutig hervor – er streckt den Ratsherren die Zunge heraus.

In dem Prachtbau ist seit 300 Jahren „Svane Apothek" eingerichtet, die älteste Apotheke in Aalborg. Außerdem findet man dort den „Duus vinkjelder", einen alten Weinkeller mit historischem Inventar.

Geradezu bescheiden sieht daneben das **Alte Rathaus (3)** aus. Allerdings ist dieses Rathaus nicht dasselbe wie das zu Zeiten von Jens Bang. Der schöne Spätbarockbau den wir heute sehen, entstand erst 1762. An der Hauptfassade zum Platz Gammel Torv hin sieht man das schöne, von den letzten Gaslaternen Aalborgs flankierte Portal, darüber das Reichswappen und das Bildnis König Frederiks V. mit dem königlichen Wahlspruch: „Solo Deo Gloria" (Gott allein die Ehre). Über dem Eingang noch eine Devise: „Prudentia et Constantia" (Klugheit und Festigkeit).

Gammel Torv (4), der Platz vor dem Rathaus, ist der alte Markt-platz der Stadt. Gammel bedeutet im Dänischen ja soviel wie alt. Früher war hier die Thing- und Richtstätte und bis auf den heutigen Tag werden von hier aus die Straßenkilometer ab Aalborg gemessen. Ein Stein auf dem Platz markiert den Nullpunkt.

Aalborg
Stadtspaziergang

Die Südseite des Platzes wird begrenzt durch die **Budolfi Domkir-che (5)**. Wir gehen um die Ostseite der Kirche herum, um zum Ein-gang in der Algade zu kommen. Die ältesten Mauerreste sind fast 1000 Jahre alt. Der größte Teil der Kirche, die kurioser-weise dem englischen Heiligen der Seeleute „Butolph" geweiht ist, ent-stand im 13. und 14. Jh. und erfuhr mehrmalige Um- und Anbauten. Die schöne barocke Turmspit-ze kam erst 1779 dazu. Im Inneren des Kirchen-schiffs wertvolle Fresken, z.B. die vier Evangelisten in der Vierung, sowie Mo-tive aus dem Alten und Neuen Testament. Be-merkenswert auch der Altar, die geschnitzte Kanzel, der barocke Marmortaufstein und die Empore mit Stilelementen der Renaissance und Motiven der Zehn Gebo-te.

*Jens Bang's
Stenhus*

Etwas westlich vom Domturm liegt das Postamt (6), untergebracht in einem Gebäude, das einem alten Herrensitz nachempfunden ist. Daneben findet man in der Algade Nr. 48 das **Historische Museum (7)**. Exponate aus der Steinzeit, Funde von Lindholm Høje aus der Wikingerzeit, Ausstellungen zur Stadtgeschichte, schöne Gläser- und Silbersammlung. Hervorzuheben ist das getäfelte Aalborg-Zim-mer von 1602 mit prächtigem Renaissanceinterieur.

Historisches
Museum (7)
tgl. a. Mo. 10 - 17
Uhr. Eintritt.

Jetzt gehen wir nördlich der Domkirche die Adelsgade entlang, bis gleich darauf linkerhand der **C. W. Obels Plads** auftaucht, benannt nach dem gleichnamigen Tabakfabrikanten, dessen Fabrik bis 1896 hier stand. Heute wird hier im Sommer Samstag vormittags ein Trö-delmarkt abgehalten.

Zur Rechten sieht man ein rotes Fachwerkhaus, das aus dem Jahre 1580 erhalten blieb.

an Aalborgs altem Marktplatz

Aalborg Stadtspaziergang

Linkerhand das **Heiliggeist-Kloster (8)** mit schönen Stufengiebeln. Das Haus ist eine Stiftung des „ehrbaren Weibes Maren Hemmings" aus dem Jahre 1431. Das Kloster widmet sich traditionell der Pflege Alter und Kranker. Im Hof schöner Springbrunnen mit gewundenen Drachenleibern. Führungen nur in der Ferienzeit Mo. – Fr. 14 Uhr, Mo., Mi. u. Fr. auch in deutscher Sprache. Eintritt.

Zurück in die Adelsgade und an der Klostermauer entlang durch das schmale, romantische Treppengäßchen Latinergyden in die Gravensgade. Hier verlief früher der Graben der Stadtbefestigung. Heute ist die Straße Fußgängerzone, Aalborgs erste übrigens.
Nun links bis zur Algade und rechts bis zur Hauptstraße Vesterbro. Auf der anderen Straßenseite das Hotel Phönix (9), untergebracht in einem Adelspalais, das sich 1783 der durch obskure Indienfahrten reich gewordene William Halling errichten ließ.
Schaut man links die Hauptstraße Vesterbro hinab, erkennt man die „Gänsemagd" (10), eine von der Tabakfabrik Obel gestiftete und 1937 von Gerhard Henning geschaffene Plastik.
Soviel Spenderlaune steckte offenbar an. Denn auf unserem Weg die Vesterbro rechts hinauf, kommen wir zum „Kimbrer-Stier" (11), einer von A. J. Bundgaard geschaffenen und von der Dänischen Spirituosenfabrik gestifteten Plastik.

Aalborgs „Schlemmer- meile"

Beim Kimbrer-Stier nun rechts ab in die Bispensgade bis zur Jomfru Ane Gade, die links abzweigt. Die Fußgängerzone **Jomfru Ane Gade** ist Aalborgs bekannte Schlemmermeile. Viele sagen auch, es sei „die längste Theke des Landes". Jedenfalls findet man hier über 20 Kneipen, beliebte Speiserestaurants, aber auch Discos und Musikunterhaltung. Auf halber Höhe rechts der Sildepaladset (Herings-

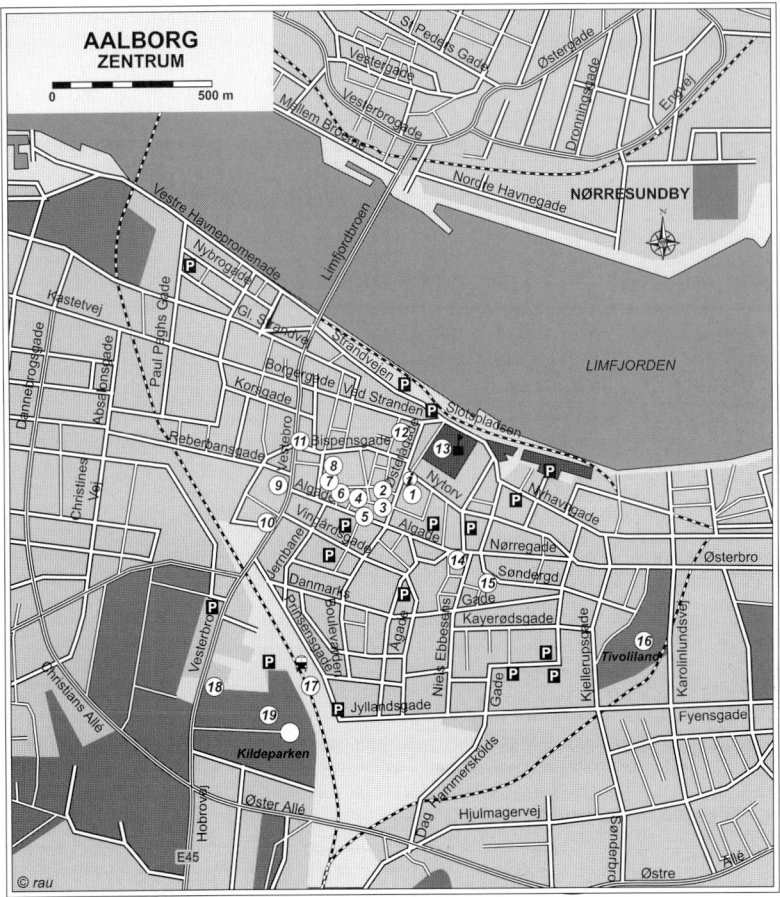

AALBORG
ZENTRUM

AALBORG	6 Hauptpost	11 Kimbrerstier	17 Bahnhof
	7 Historisches	12 Jørgen Olufsens	18 Kongress- und
1 Touristeninformation	Museum	Gaard	Kullturzentrum
2 Jens Bang's Haus	8 Heiliggeist-	13 Schloß Aalborghus	19 Kildeparken
3 Altes Rathaus	Kloster	14 Liebfrauenkirche	
4 Gammel Torv	9 Hotel Phönix	15 Kunstmuseum	
5 Budolfi Kirche	10 Gänsemagd	16 Tivoliland	

palast) von 1813, die ehemalige Domschule mit markanter Giebelfassade

Wir gehen die Jomfru Ane Gade weiter am Parkhaus vorbei bis zur Straße Ved Stranden. Hier wenden wir uns rechts und gehen vorbei am Haus Nr. 7. Das Gebäude war ehemals das Anwesen eines Weinhändlers, erkenntlich an dem Weinrebenfries und einer Bacchus-Darstellung. Wenig später biegen wir in die Maren Turisgade ein.

Aalborg Stadtspaziergang

Durch Haus Nr. 6 gelangen wir in den **Jørgen Olufsens Gård (12)**, einen alten, gut erhaltenen Kaufmannshof mit hohen Speichern und Luken zu den Kellern. Am Tor zur Østeragade sieht man noch den Eisenhaken, an dem früher die große Waage hing. Die Fassade in der Østeragade hat einen schönen Giebel und ein Sandsteinportal. Jørgen Olufsen, der Erbauer des Anwesens, war weitläufig verwandt mit Jens Bang. Als dieser Olufsens Haus sah, soll er geäußert haben, er werde ihm nun einmal zeigen, was ein standesgemäßes Kaufherrenpalais sei und begann mit seinem schon erwähnten Prachtbau.

Nun überqueren wir die Østeragade – früher war dies übrigens ein Flußlauf und die Frachtkähne konnten direkt bis zu den Handelshäusern hier fahren – und gehen bis zum **Schloß Aalborghus (13)**, erkenntlich an seinem Stufengiebel. Vom Slotspladsen am Hafen kann man durch einen Torweg in den Innenhof gelangen.

Aalborgs Schloß (13)
Wallanlage ganzjährig 8 - 21 Uhr. Verlies 1. 5. - 31. 10. tgl. 8 - 15 Uhr.

Mitte des 16. Jh. legte König Christian III. das Schloß an, um es zu einem Verteidigungsposten bei evtl. Aufständen auszubauen. Vielleicht wollte man auch nur den zu selbstgefällig werdenden Kaufherren Macht demonstrieren. Jedenfalls wurde der Plan zum Ausbau des Schlosses fallen gelassen. Aalborghus wurde statt dessen Sitz des Königlichen Lehensmannes und ist heute Amtssitz des Landrats. Zu sehen sind ein Verlies und unterirdische Gänge und Fluchtwege, sowie Kasematten.

Wir gehen ein Stück zurück, um die Westseite des Schlosses herum und links durch die Lille Kongensgade zum Nytorv, einem ehemaligen Platz zur Musterung von Pferden (1604) die König Christian IV. erwerben ließ.

Vår Frue Kirke (14)
Mo. - Fr. 9 - 14, Sa. 9 - 12 Uhr.

Weiter bis zur Slotsgade und über sie rechts (Fußgängerzone) bis zur Bredegade und zur **Vår Frue Kirke** (- 14 - Liebfrauenkirche). In diesem Viertel findet man viele alte, gut erhaltene Häuserensembles, z.B. Ecke Fjordgade/Nørregade, dann südlich der Kirche in der Klokkestøbergade, von der man über die Sct. Peders Straede in die Peter Barkes Gade mit einer Reihe kleiner, einstöckiger Häuschen kommt.

Westlich der Kirche gehen wir durch die abgewinkelte Hjelmerstald, deren altes Straßenbild erhalten wird, zur Møllegade und über Algade und Østergade zurück zum Ausgangspunkt am Informationsbüro. Je nach persönlicher Neigung können auch folgende Sehenswürdigkeiten besuchenswert sein:

Kunstmuseum (15)
tgl. a. Mo. 10 - 17 Uhr. Juli + Aug. auch Mo. Eintritt.

Nordjütlands Kunstmuseum (15), Kong Christians Allee 50, untergebracht in einem modernen Bau der Architekten Aalto (Finnland) und Baruel (Dänemark). Dänische und internationale Kunst des 19. und 20. Jh. Einen Schwerpunkt bilden Werke von Künstlern der COBRA-Gruppe.

Vergnügungspark (16)

Tivoliland (16), Vergnügungspark mit 80 Attraktionen, 15 Gaststätten, Blumenpark und Musikveranstaltungen (geöffnet April – September 13 – 23 Uhr, Eintritt).

Lindholm Høje, Gräberfeld aus der Wikingerzeit

Zoologischer Garten, Mølleparkvej. Angrenzend Park mit Campingplatz.

Aalborg Turm, Aussichtsturm auf dem 105 m hohen Skovebakken oberhalb des Kunstmuseums. Schönster Blick auf Stadt und Limfjord. Restaurant.

Aussichtsturm Sommer tgl. 10 - 19 Uhr. Sonst kürzer. Eintritt.

Lindholm Høje gegenüber von Aalborg auf der nördlichen Fjordseite, nordwestlich der Vorstadt Nørresundby. Größter Begräbnisplatz in Jütland aus der Eisen- und Wikingerzeit. Ca. 700 Gräber, davon 150 sog. Schiffssetzungen. Dazu wurden große Gesteinsquader in der ovalen Form eines Schiffes aufgestellt, wohl in der Hoffnung, daß der Verstorbene magische Kraft genug haben würde, mit diesem symbolischen Schiff ins Reich der Toten segeln zu können. Mächtigen Wikingern wurden dagegen echte Holzschiffe als Grabbeigabe mitgegeben.

Begräbnisplatz aus der Wikingerzeit * tgl. a. Mo. 10 - 17 Uhr. Eintritt.

Praktische Hinweise

☎ **Aalborg Turistbureau**, Østerågade 8, 9100 Aalborg, Tel. 98 12 60 22, Fax 98 16 69 22.

⌂ Zentrumsnahe Hotels: **Chagall**, 72 Zi., Vesterbro 36 – 38, Tel. 98 12 69 33, Fax 98 13 13 44, Restaurant, Sauna.
Hvide Hus, 200 Zi., Vesterbro 2, Tel. 98 13 84 00, Fax 98 13 51 22, Restaurant, Sauna, Schwimmbad, Garage.
Limfjordshotellet, 180 Zi., Ved Stranden 14 – 16, Tel. 98 16 43 33, Fax 98 16 17 47, Restaurant, Sauna, Garage.
Park, 81 Zi., Boulevarden 41, Tel. 98 12 31 33, Fax 98 13 31 66, Restaurant, Garage.

Aalborg Hotels

Aalborg Hotels

Phønix, 220 Zi., Vesterbro 77, Tel. 98 12 00 11, Fax 98 16 31 66, Restaurant, Sauna.
Prinsens, 40 Zi., Prinsensgade 14 – 16, Tel. 98 13 37 33, Fax 98 16 52 82, Restaurant, Sauna.
Slotshotellet, 144 Zi., Rendsburggade 5, Tel. 98 10 14 00, Fax 98 11 65 70, Restaurant, Sauna. – Und andere Hotels.

Jugendherberge

Jugendherberge: **Danhostel Aalborg Vandrerhjem „Fjordparken"** ****, Skydebanevej 50, Tel. 98 11 60 44, 144 Betten, 35 Familienzimmer. Recht moderne Anlage beim Jachthafen am Limfjord, nordwestlich des Stadtzentrums. Campingplatz 500 m entfernt.

Camping

▲ – **Aalborg Camping „Fjordparken"** ***, Tel. 98 11 60 44; 15. Mai – 31. Okt.; am nordwestl. Stadtrand nahe Trabrennbahn und Limfjord; weitläufige, ebenes Wiesengelände, nahe Strandparken Camping; ca. 7 ha – 270 Stpl.; gute Standardausstattung; Laden, Imbiß; 30 Miethütten; Jugendherberge nebenan.
– **Strandparken Camping** ***, Tel. 98 12 76 29; Apr. – 1. Sept.; am nordwestl. Stadtrand nahe Freibad und Limfjord; kleineres, parkähnliches Gelände mit hohem Baumbestand, nahe „Fjordparken" Camping; ca. 2,5 ha – 150 Stpl.; einfache Standardausstattung, 15 Miethütten.
– **Lindholm Camping** *, Tel. 98 17 26 83, 15. Mai – 31. Aug.; nordwestl. der Stadt beim Flughafen; kleiner Wiesenplatz mit ca. 60 Stpl.; einfache Standardausstattung .

➔ **Route:** Aalborg verlassen wir in südlicher Richtung und folgen der Straße 180 über **Støvring** durch die Landschaft „Himmerland" bis **Hobro.** ●

Auf dem Weg nach Süden passieren wir zwischen Gravlev und Rold das größte Waldgebiet Dänemarks. **Rold Skov,** so der dänische Name, begrenzt den **Nationalpark Rebild,** ein hügeliges Heidegelände mit einer dänisch-amerikanischen Gedenkstätte, der „Lincoln Log Cabin". Das Museum, ein Blockhaus, ist ein originalgetreuer Nachbau des Geburtshauses Abraham Lincolns. Jährlich findet in den Hügeln von Rebild anläßlich des amerikanischen Unabhängigkeitstages am 4. Juli ein großes dänisch-amerikanisches Freundschaftsfest statt.
Bei **Oplev** liegen die **Kalkgruben Thingbæk,** die heute ein Bildhauermuseum beherbergen.
Am Südrand des quellen- und seenreichen Waldgebietes Rold Skov liegt der tiefblaue Quelltopf **„Stor Blåkilde"** des Villestrup-Baches, mit einer täglichen Schüttung von ca. 35.000 Kubikmeter Wasser.

Skørping
Information

Praktische Hinweise

☎ **Skørping Turistbureau,** Jyllandsgade 1, 9520 Skørping, Tel. 98 39 22 22.

Hotels

⌂ Hotels: **Rebild Bakker Hotel,** 151 Zi., Rebildvej 36, in **Rebild,** Tel. 98 39 12 22, Fax 98 39 24 55, komfortables Konferenzhotel, Restaurant, Sauna, Schwimmbad.
Rebild Park, 47 Zi., Jyllandsgade 4, in **Skørping,** Tel. 98 39 14 00, Fax 98 39 14 64, Restaurant, Sauna, Schwimmbad. – Und andere Hotels.

Jugendherberge

Jugendherberge: **Rebild Vandrerhjem** ****, Cimbergården, Rebildvej 23, in Rebild, Tel. 98 39 13 40, März – Oktober, 60 Betten.

Fyrkat, rekonstruiertes Wikingerhaus
Foto m. frdl. Gen.: John Sommer, Dänisches Fremdenverkehrsamt

▲ – **Safari-Camping** ***, Tel. 98 39 11 10; 1. Jan. – 31. Dez.; ca. 3 km westl. Skørping; ebenes Wiesengelände; ca. 4 ha – 130 Stpl. + Dau.; Standardausstattung. 4 Miethütten.

Hobro, das 10.000-Seelen-Städtchen am Ende des Mariager Fjords, hat eine seltene Sehenswürdigkeit zu bieten. Ca. 3 km südwestlich liegt **Fyrkat**, Reste einer rund 1.000 Jahre alten Wikingerburg in Form eines Ringforts. Ein rund 10 m breiter Ringwall umgibt ein Areal von annähernd 140 m im Durchmesser. Jeweils nach einem Kreisviertel findet man Einschnitte im Wall, die Zugänge in das geschützte Innere. Die Zugänge teilen das kreisrunde Gelände in vier gleich große Sektoren. In jedem befanden sich einstmals vier Langhäuser, jedes fast genau 30 m lang. In ihnen wohnten die Soldaten mit ihren Familien, waren Werkstätten, Lager und Waffenarsenale untergebracht. Eines jener Langhäuser wurde bislang am Rande der Anlage von Archäologen rekonstruiert. Die Kopie eines großen Bauernhofes aus der Wikingerzeit wird bald fertiggestellt sein. Wie die Forschungen und Ausgrabungen ergeben haben, sollen die Gemeinwesen gegen Ende der Wikingerzeit bereits Klassengesellschaften mit Großgrundbesitzern, Bauern, Knechten und Sklaven gewesen sein. Die in Fyyrkat gemachten Grabungsfunde sind im **Museum in Hobro** zu sehen.

1000 Jahre altes Wikingerfort tgl. a. Mo. 9 - 18 Uhr.

9 km westlich von Hobro, bei **Snæbum**, ist ein anderes Zeugnis aus der frühen Geschichte Dänemarks zu sehen, ein **Ganggrab** aus der jüngeren Steinzeit. Es zählt zu den eindrucksvollsten und besterhaltenen des Landes. Taschenlampe nicht vergessen!

→ **Route:** Von Hobro geht unsere Reise auf der Straße 555 12 km nach Osten bis **Mariager.** ●

Mariager – der Ortsname bedeutet übrigens „Marias Acker" – eine fast am Ende des weit ins Land reichenden Mariager Fjord gelegene, ansprechende Kleinstadt, wird von Liebhabern gelegentlich auch „Stadt der Rosen" genannt. Im alten Ortskern sind noch einige hübsche alte Fachwerkhäuser erhalten, die an den gepflasterten Gassen eine recht einladenden Kulisse bilden. Beachtung verdient das 1430 gegründete Kloster mit seiner freskengeschmückten **Kirche**, die einst der Mittelpunkt eines Hauses des Birgittenordens war.

Sehenswertes in Mariager

Das **Museum** der Stadt ist in einem ehemaligen Kaufmannshof untergebracht, der aus dem 18. Jh. stammt.

Zu den neuen Attraktionen Mariagers zählt das **Dänische Salz-Center** am Hafen. Dieses Salzmuseum ist als sog. Erlebniscenter konzipiert, in dem sich alles um das „weiße Gold", den Rohstoff Salz dreht. U.a. sieht man einen Stollen eines Salzbergwerks, eine Salzsiedehütte, diverse Salzkristalle, ein Salzwasserschwimmbecken mit Wasserverhältnissen wie im Toten Meer, u.ä. In der Gegend um Mariager wird schon seit dem Mittelalter Salz gewonnen. Bei Assens, unweit östlich von Mariager, produziert heute die Dansk Salt A/S, die einzige Saline Skandinaviens, jährlich 600.000 Tonnen Salz.

An Wochenenden wird auf der Bahnstrecke Mariager – Handest mit einer **Veteranenbahn** mit alten Dampfloks und historischen Waggons Reisenostalgie wachgerufen. Und auf dem Mariager Fjord verkehrt im Sommer der **Raddampfer „Svanen".**

Praktische Hinweise

Mariager Hotels

☎ **Mariager Turistbureau**, im alten Rathaus, Torvet 1 B, 9500 Mariager, Tel. 98 54 13 77, Fax 98 54 16 14.

⌂ Hotels: **Hotel Postgården**, 14 Zi., Torvet 6, Tel. 98 54 10 12, Fax 98 54 24 64, in einem hübschen alten, niederen Fachwerkhaus eingerichtet, Restaurant. – Und andere Hotels.

Camping

▲ – **Mariager Camping *****, Tel. 98 54 13 42; Ende März – Mitte Okt.; beim Oldtimer Bahnhof; Wiesen am Mariager Fjord, parzelliert, schöne Lage am Mariagerfjord; ca. 3 ha – 100 Stpl. + Dau.; gute Standardausstattung. Laden; Fahrradverleih; Badegelegenheit; 12 Miethütten. – Und andere Campingplätze.

→ **Route:** **Randers** liegt 23 km südlich von Mariager, bzw. 27 km südöstlich von Hobro. ●

RANDERS

Randers, mit annähernd 60.000 Einwohnern Dänemarks sechstgrößte Stadt, liegt an einer Stelle an der Mündung des Gudenå-Flusses in den Randers Fjord, die schon in früher Zeit an einer seichten Furt die bequeme Querung des Wasserlaufs erlaubte und somit

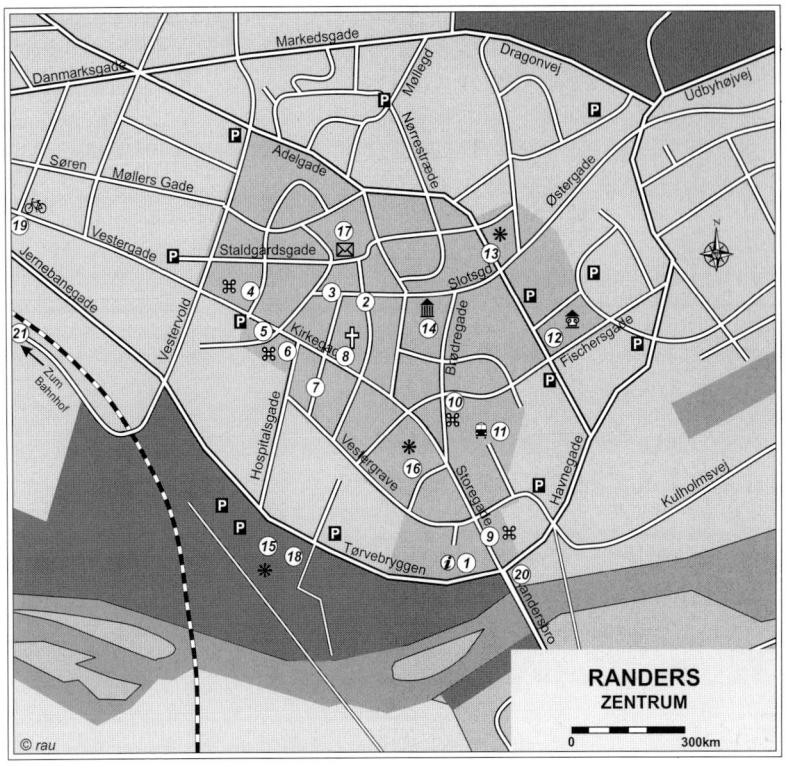

RANDERS
Altstadt

1 Touristen-
information
2 Erik-Menveds-
Platz
3 Houmeden

4 von Hatten-Haus
5 Vestergade Nr. 1
6 hist. Randers
Hospital
7 Store Kirke-
straede
8 St. Mortenskirche
9 Storegade 13

10 Brødregade 25
11 Busbahnhof
12 Kulturhaus
13 Der „Jütische
Hengst"
14 Rathaus
15 Randers' Regenwald
16 Grand Theatre

17 Postamt
18 Veteranenbahn
Randers/Mariager
19 Fahrradverleih
20 Kanuverleih
21 zum Bahnhof

den Warenstrom ungehindert in Nord-Süd-Richtung fließen ließ.
Natürlich entwickelte sich hier rasch eine Siedlung, eine Waren-
niederlassung, eine Stadt des Handels. Erstmals wird Randers auf
Münzen aus dem Jahre 1086 erwähnt, der Zeit König Erik Ejegods.
Auch in Randers sind es alte Fachwerkhäuser und Handelshöfe,
die in einigen Straßenzügen noch etwas vom Flair der alten Tage
verbreiten und zu einem Stadtbummel einladen.

Ausgangspunkt unseres Stadtrundgangs ist das **Helligandshuset**   Stadtspaziergang
am **Erik-Menveds-Platz (2)**, hinter der St. Morten Kirche. Dieser   durch Randers
alte Steinbau mit Stufengiebel und Storchennestern auf dem Dach,

wurde gegen 1500 von Mönchen des Heiliggeistordens gebaut. Der Orden hatte 1484 in Randers ein Kloster gegründet. Das Heiliggeisthaus diente bis zur Reformation als Alten- und Siechenheim. Im 18. und 19. Jh. war es Lateinschule. Heute wird es von der Stadtverwaltung genutzt. Der Erik-Menved-Platz ist nach dem König benannt, der 1302 als erster der Stadt Handelsrechte verlieh.

Durch die **Houmeden (3)**, eine der ersten Fußgängerzonen des Landes mit einem interessanten alten Fachwerkbau (1560) mit vorspringenden Etagen, gehen wir links (westwärts) bis zur Store Voldgade (Große Wallstraße), dann rechts die Borgergade hinauf. Am Ende der Straße an der Kreuzung gegenüber, die Vognmandsgade, die Fuhrmannstraße. Sie lag früher schon außerhalb der Stadt. Damals mußten sich hier alle Fuhrleute und Schmiede niederlassen. Aus Furcht von Bränden durften sie nicht in der Stadt wohnen.

Nils Ebbesen Denkmal auf dem Rathausplatz

Stadtspaziergang durch Randers

Wir machen eine scharfe Linkskehre in die Von Hatten Straede. In der gepflasterten Straße ist das **Von Hatten-Haus (4)** aus dem Jahre 1779 beachtenswert. Nun kommen wir in die Vestergade. Haus Vestergade Nr. 1 (5) wird auch **Voldbrohus**, also Wallbrückenhaus genannt. Es erinnert daran, daß hier früher der Wallgraben begann. Ganz in der Nähe stand das westliche Stadttor. Schräg gegenüber **Randers Hospital (6)** oder Randers Kloster. Der älteste Gebäudeteil liegt in der Hospitalsgade. Es ist ein sehr schöner Fachwerkbau mit geschnitzten Holzbalken aus dem Jahre 1620.

Die Kirkegade hinunter. Die nächste Querstraße rechts ist die Store Kirkestraede (7), eine Fußgängerzone mit Fachwerkhaus. Auf der anderen Seite der Kirkegade ragt die **St. Mortenskirche (8)** auf. Gegen 1500 erbaut, sollte sie den Heiliggeistmönchen als Klosterkirche dienen. Geschnitzte Portale und Kanzel.

Wir gehen die Kirkegade weiter Richtung Gudenå-Fluß. Später heißt die Straße Middelgade, dann Storegade. **Haus Storegade 13 (9)** ist ein dreigeschossiger Fachwerkbau aus dem Jahre 1643, der zu den schönsten seiner Art aus der Renaissance gezählt wird. Geschnitztes Fachwerk, Innenhof mit Laubengang. Eine Geschichte wird erzählt, die besagt, daß im Haus der ruhelose Geist des Grafen Gert des Kahlen umgeht, den einstmals Niels Ebbesen meuchelte. Und

damit der Geist des Kahlen Grafen auch immer freien Zu- und Ausgang habe, müsse eine der Luken
unter dem Dach immer geöffnet
sein. Andernfalls würde das Haus
ein Raub des „roten Hahns" werden.

Den gleichen Weg zurück bis zur
Brødregade, die rechts stadteinwärts führt. Am Eck Brødregade
25, ein ehemaliger **Kaufmannshof
(10)**, von dem nur noch die Fassade und das Eingangstor aus dem
Jahre 1663 erhalten ist. Solche
Kaufmannshöfe hatten früher Stallungen für 100 Pferde.

Nach ein paar Gehminuten kann
man rechts in die Geschäftsstra-
ße Dytmaersken neben dem Busbahnhof (11) einbiegen und weiter bis zur Östervold gehen. Auf
der anderen Seite, in der
Fischersgade, liegt das **Kulturhaus (12)**. Im Erdgeschoß Bibliothek, im 1. Stock das *Kulturhistorische Museum* und im 2. Stock
das *Kunstmuseum* mit Werken dänischer Maler von 1780 bis in unsere Zeit.

*der „Jütische
Hengst" in
Randers*

Auf der Brødregade gehen wir weiter. Beachtenswert ist das schöne Fachwerkhaus der Familie Brack aus dem späten 16. Jh.,
Brødregade 24-26. Brødregade oder Brüderstraße heißt diese deshalb, weil hier früher zur Slotsgade hin ein Mönchskloster (Brüder-
kloster) des Franziskanerordens stand.

**Stadtspaziergang
durch Randers**

Am Ende der Brødregade biegen wir rechts in die Slotsgade ein
und gehen wenig später die Østervold (Ostwall) links hinauf. Wir
passieren die Statue eines schweren, muskulösen Hengstes. Der
„Jütische Hengst" (13), geschaffen von Helen Schou, erinnert an
die lange Tradition des Pferdehandels in Randers. Noch heute ist
jedes Jahr im Mai Pferdemarkt.

Die nächste Querstraße links ist die Provstegade. Ihr folgen wir bis
zur Nygade (Neue Straße). Haus Nr. 4 dort ist das älteste Fachwerkhaus von Randers. Sein Ursprung geht in die erste Hälfte des
15. Jh. zurück. Die Nygade links bis zur Rosengade und rechts durch
das ehemalige Judenviertel zum Radhus-Torv, dem Rathausplatz,
dem alten Zentrum der Stadt.

An der Ostseite des Rathaus- und Marktplatzes steht das alte **Rathaus (14)** von 1778. Der ganze wohlproportionierte Bau mit seinem
Uhrtürmchen wurde 1930 auf Schienen 3 Meter nach Norden versetzt, um Platz für den Verkehr zu schaffen. Das Denkmal vor dem

alten Rathaus stellt den sagenumwobenen Heißsporn Niels Ebbe-sen dar. 1340 erschlug er den holsteinischen Grafen Gert und er-warb sich den Ruf, der erste Freiheitskämpfer Dänemarks zu sein.

Randers'
Regenwald * (15)
1. 5. - 31. 8. tgl. 10
- 18 Uhr,
Winterhalbjahr bis
16 Uhr. Eintritt.

Seit einigen Jahren verfügt Randers über eine besondere Attrakti-on, den **Randers Regnskov (15)**, den Regenwald von Randers Unter zwei riesigen, recht futuristisch wirkenden Glaskuppeln nahe der Durchgangsstraße am Südrand der Innenstadt, findet man einen üppigen tropischen Garten, mit exotischen Pflanzen und Tieren, Felsgruppen und Wasserfällen. Es wird permanent ein tropisches Klima erzeugt, mit 99% relativer Luftfeuchtigkeit und einer Tempe-ratur von 25 Grad.

Randers
Hotels

Jugendherberge

Camping

Praktische Hinweise

☎ **Randers Turistbureau,** Erhvervenes Hus, Tørvebryggen 12, 8900 Randers, Tel. 86 42 44 77, Fax 86 40 60 04.

⌂ Hotels: **Gudenå,** 16 Zi., Østervold 42, Tel. 86 40 69 22, Fax 86 40 62 75, östlich der Innenstadt.
Kronjylland, 33 Zi., Vestergade 51-53, Tel. 86 41 43 33, Fax 86 41 43 95, verkehrsgünstig am westlichen Stadtrand in Bahnhofsnähe, Restaurant.
Randers, 79 Zi., Torvegade 11, Tel. 86 42 34 22, Fax 86 40 15 86, sehr zentral, Restaurant, Garage.
Scandic Kongens Ege, ca. 120 Zi., Tel. 86 43 03 00, zeitgemäßes Haus der oberen Preisklasse mit internationalem Standard, Restaurant, Sauna, Gara-ge. – Und andere Hotels.

Jugendherberge: **Randers Vandrerhjem ***,** Gethersvej 1, Tel. 86 42 50 44, Mitte Feb. – Ende Nov.

▲ – **Fladbro Camping ***,** Tel. 86 42 93 61; Apr. – Ende Okt.; ca. 5 km südwestl. Randers, zunächst Straße 16 bis Hornbæk, dann Straße 525 ca. 3 km Rich-tung Langå; weitläufiges, ruhig gelegenes Gelände, in waldreichem Gebiet; ca. 8 ha – 200 Stpl. + Dau; Standardausstattung; 21 Miethütten.

ländliche Idylle
bei Knebel,
Halbinsel Mols

7. RANDERS – ÅRHUS

☉ **Entfernung:** Rund 135 km, ohne Umweg über Grenå.

➜ **Strecke:** Über Landstraßen und über **Clausholm** bis **Auning/Djursland** – Landstraßen und Straße 21 bis **Ebeltoft** – Straßen 21/15 über **Hornslet** bis **Århus.**

🕐 **Reisedauer:** Mindestens ein Tag.

⌘ **Höhepunkte:** Das **Schloß Clausholm** – das **Schloß Gl. Estrup** und seine Museen – das **Kattegattcenter in Grenå** – **Schloß Rosenholm** * bei Hornslet – das Freilichtmuseum „**Den Gamle By**" *** in **Århus.**

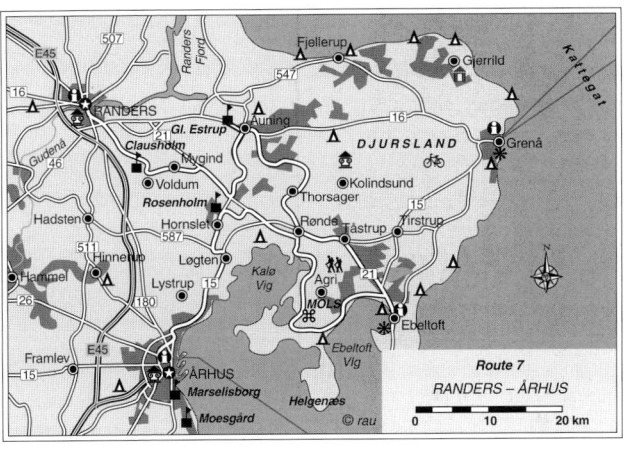

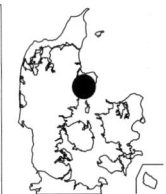

Route 7
RANDERS – ÅRHUS
© rau   0   10   20 km

LOHNENDER UMWEG ÜBER DJURSLAND

Östlich von Randers erstreckt sich zwischen Aalborg Bucht und Århus Bucht eine breite Landzunge in die Ostsee. **Djursland** nennen die Dänen diese Region mit abwechslungsreicher Landschaft und einer ganzen Reihe sehenswerter Kirchen und Schlösser. Sogar ein Schloßhotel ist darunter. Es liegt im Nordosten bei **Gjerrild** und ist eingerichtet im ehemaligen **Schloß Sostrup**. Die Geschichte des dreiflügeligen roten Backsteinkomplexes geht zurück bis ins 14. Jh. 1960 wurde das Hotel eingerichtet, das von Ordensschwestern geleitet wird.

Grenå und **Ebeltoft** sind wichtige Fährhäfen mit Verbindungen nach Anholt, Seeland und nach Schweden.

Schöne **Strände** findet man vor allem in Norddjurs zwischen Lystrup Strand und Fjellerup Strand und an der Ebeltoft Bucht.
Unsere Route führt uns zu den bedeutendsten Sehenswürdigkeiten in Djursland.

schöne Strände in Norddjurs

→ **Route:** Zunächst verlassen wir Randers auf der Straße 16/21 in östlicher Richtung und zweigen an der ersten Möglichkeit südostwärts nach **Voldum** ab. Bald darauf passiert man **Schloß Clausholm.** •

Schloß Clausholm
Ende Juni - 30. Sept. tgl. 11 - 16 Uhr. Sonst nur Park zugänglich. Eintritt.

Schloß Clausholm, so wie es sich heute präsentiert, entstand um die Wende vom 17. zum 18. Jh. Es wartet mit interessanten Ausstattungsdetails auf. Darunter sind unverändert erhaltene Stuckdecken im Salon, Rokokomöbel und die älteste Orgel Dänemarks in der Kapelle. Im Park Wasserspiele. Zur Schloßgeschichte gehört auch die „Affäre" der *Anna Sophie Reventlow*, der Tochter des königlichen Kanzlers, später zweite Frau König Frederik IV. und Königin. König Frederik entführte 1712 die Kanzlerstochter, heiratete sie ungehörig kurze Zeit nach dem Tode seiner ersten Frau, um Anna Sophie schließlich selbst zur Königin zu krönen. Als Witwe lebte Anna Sophie später – vom Hofe verbannt – bis zu ihrem Tode 1743 wieder auf Schloß Clausholm.

Seit der Zeit Anna Sophies unverändert geblieben ist die Schloßkapelle mit ihrer alten Orgel. Auch die Inneneinrichtung und die Anlage des wunderschönen Barockgarten wurde seit dem 18. Jh. kaum verändert.

→ **Route:** Unser Weg geht nun ostwärts über **Mygind** und **Ring** nach **Auning.** •

Schloß Gammel Estrup
tgl. 10 - 17 Uhr. Eintritt.

Westlich von Auning liegt an der Straße 16 **Gammel Estrup.** Dieses Renaissanceschloß wurde um 1500 angelegt, um 1600 aber erheblich erweitert. Heute beherbergt es **Jütlands Herrensitz-Museum,** das Einblick in die große Zeit des Adels in Djursland von 1300 bis 1926 gibt, und das **Dänische Landwirtschafts-Museum.** Auf dem Besichtigungsrundgang sieht man neben den Sammlungen des Landwirtschaftsmuseum im Wirtschaftshof Wachstuben, die Kapelle, den Renaissance- und Rittersaal und eine sog. Alchimistenküche.

Camping

▲ – **Auning**
– **Auning Camping** **, Tel. 86 48 31 97; Ende März. – Ende Sept.; nordöstl. Auning; Wiesen am Wald; ca. 3,5 ha – 100 Stpl.; Standardausstattung. – Zahlreiche **weitere Plätze** nördlich bei **Fjellerup.**

Weiter östlich liegt auf dem Wege nach Grenå der **Freizeitpark Djurs Sommerland** mit allerlei Aktivitäten für Groß und Klein.

modernes Meereszentrum in Grenå

Eine interessante Sehenswürdigkeit ist das **Kattegattcenter** in **Grenå** (u. a. *Camping Polderrev*, ganzjährig geöffnet, Komfortausstattung). Dieses moderne Meereszentrum im Færgevej 4, mit Aquarien, Oceanarium, eigener Lagune und vielen anderen Attraktionen, gibt Einblick in die Unterwasserwelt vor der hiesigen Küste.

→ **Route:** Über **Pindstrup, Thorsager** und **Tastrup** fahren wir quer durch Djursland nach **Ebeltoft.** •

Unterwegs lohnt ein kurzer Stop in **Thorsager**. Die dortige Kirche ist nämlich die einzige **Rundkirche** Jütlands. Turmbesteigung möglich.

Ebeltoft ist ein kleines Städtchen an der gleichnamigen Bucht und überrascht den Besucher mit einigen Fachwerkhäusern im Zentrum. Im Hafen, Strandvejen 4, liegt die alte „Jylland", eine wieder aufgetakelte und wunderschön restaurierte Dreimast-Fregatte, deren Rumpf noch gut erhalten ist und besichtigt werden kann. Die „Jylland" lief 1860 von Stapel und gilt als das längste Holzschiff der Welt. Auf der mit 44 Kanonen bestückten „Jylland" taten einst 430 Seeleute Dienst. Zu ihrer großen Zeit wurde die Fregatte auch bei königlichen Seereisen genutzt. Besucher können den Königssalon ebenso besichtigen wie die Mannschaftsquartiere.
In der Nähe wurde ein Hafen für Holzschiffe eingerichtet, den man ebenfalls besuchen kann.

die Rundkirche in Thorsager, die einzige ihrer Art in Jütland

Praktische Hinweise

Ebeltoft Information

☎ **Ebeltoft/Mols Turistbureau**, Strandvejen 2, 8400 Ebeltoft, Tel. 86 34 14 00, Fax 86 34 05 28.
Internet: http://www.destinationdjursland.dk

Hotels

🛏 Hotels: **Ebeltoft Parkhotel**, 74 Zi., Vibæk Strandvej 4, Tel. 86 34 32 22, Fax 86 34 49 41, Restaurant, Sauna, Schwimmbad.
Ebeltoft Strand, 72 Zi., Ndr. Strandvej 3, Tel. 86 34 33 00, Fax 86 34 46 36, Restaurant, Sauna, Schwimmbad.
Hvide Hus, 98 Zi., Strandgårdshøj 1, Tel. 86 34 14 66, Fax 86 34 49 69, Restaurant, Sauna, Schwimmbad. – Und andere Hotels.
Jugendherberge: **Danhostel Ebeltoft Vandrerhjem**, Søndergade 43; Tel. 8634 20 53, geöffnet März bis November; 74 Betten.

Jugendherberge

▲ – **DCU-Camping Mols *****, Tel. 86 34 16 25; 1. Jan. – 31. Dez.; nördl. Ebeltoft; von der Straße 21 beschilderte Zufahrt; ansteigende Wiesen, teils in Terrassen, durch Hecken unterteilt, in ansprechender, relativ ruhiger Lage; ca. 9 ha – 400 Stpl. + Dau.; Standardausstattung; Laden, Imbiß, Schwimmbad.
– **Dråby Strand Camping *****, Tel. 86 34 16 19; Ende März – 15. Sept.; von Ebeltoft ostwärts Richtung Dråby Strand; bis zum Strand reichendes, fast ebenes Gelände ohne viel Bewuchs; ca. 4 ha – 120 Stpl. + Dau.; gute Standardausstattung; Laden, 6 Miethütten.
– **Vibæk Camping *****, Tel. 86 34 12 14; Anf. Jan. – Ende Dez.; nördlich der Stadt, Zufahrt von der Straße 21; Wiesengelände zwischen Straße und Strand; zur Straße hin ein Waldstreifen; ca. 9 ha – 300 Stpl. + zahlr. Dau.; Standardausstattung; Laden, 7 Miethütten.
Elsegårde
– **Blushøj Camping *****, Tel. 86 34 12 38; Ende März – 14. Sept.; östlich von Ebeltoft bei Elsegårde; größtenteils naturbelassenes, teils sandiges, unebenes Gelände, durch kleine Waldstücke in mehrere Platzteile gegliedert, an der sandigen Steilküste, relativ ruhig gelegen; ca. 7 ha – 250 Stpl.; gute Standardausstattung; Laden, Schwimmbad, 4 Miethütten. – Weitere Plätze bei Holme, Rugård und Fuglsø.

Camping

Schloß
Rosenholm

Schloß Rosen-
holm *
Mitte Juni – Anf.
Aug. 10 – 17 Uhr.
Führungen. Eintritt.

→ **Route:** Der weitere Weg unserer Route führt im Norden um die Ebeltoft Bucht und über **Lyngsbæk Strand** Richtung **Borup**. Noch vor **Fuglsø** auf der Halbinsel Mols zweigen wir westwärts ab und kommen so durch die **Mols Bjerge**. ●

Die **Mols Bjerge** sind eine anziehende, einladende hügelige Heidelandschaft um **Agri**. Die höchsten Erhebungen um Agri, die 137 m hohe Agri Bavnehøj und der 134 m hohe Stabelhøje, sind für jütländische Verhältnisse ja schon richtige Aussichtsberge.

Macht man den kleinen, aber lohnenden Umweg über **Knebel**, kommt man am Rundsteingrab „**Poskær Stenhus**" vorbei, das auf einem kleinen Hügel mitten in einer recht idyllischen Agrarlandschaft liegt.

→ **Route:** Weiterfahrt über **Egens** bis **Rønde** und auf der Straße 21 bis etwa 2 km hinter **Mørke**. Dort zweigen wir südwärts ab auf die Straße 563, der wir über **Hornslet** bis **Løgten** folgen. Ab Løgten über die Straße 15 nach **Århus**. ●

In **Hornslet** lohnt **Schloß Rosenholm** eine Besichtigung, das unweit nördlich der Stadt liegt. Das von breiten Wassergräben umgebene Anwesen ist seit mehr als vierhundert Jahren Stammsitz des Rosenkrantz-Adelsgeschlechts. Es gilt als älteste Familienresidenz in Dänemark.
Schloß Rosenholm ist eine überaus eindrucksvolle, in rotem Backstein aufgeführte, vierflügelige Renaissanceanlage, die mitten in einem schönen Barockpark liegt. In den zu besichtigenden Räumlichkeiten sind kostbares Mobiliar, sowie Gemälde- und Gobelinsammlung zu sehen.

ÅRHUS

Århus, eine Wikingergründung, Bischofssitz seit 928 und Stadt mit Handelsrechten seit 1441, entwickelte sich mit heute rund annähernd 270.000 Einwohnern zu Dänemarks zweitgrößter Stadt und zur wichtigen Hafenstadt. Der Stadtname Århus leitet sich übrigens ab von „ar-os", was soviel wie „Mündung der Au" bedeuten soll. Entwickelt hat sich die Stadt aus einer günstigen Landungsstelle, einer Art natürlichem Hafen mit Namen „Mindet" unweit der Mündung der Au ins Meer. Schon im 11. Jh. erwähnt ein Adam von Bremen die Stelle an der Århus Bucht. Nach der Reformation stagnierte die Stadtentwicklung, die erst zu Beginn des 18. Jh. wieder einsetzte. Heute ist Århus eine der wichtigsten Kultur-, Industrie- und Universitätsstädte Dänemarks.

Die Sehenswürdigkeiten der Stadt liegen etwas zu weit auseinander, als daß man sie alle auf einem Rundgang besichtigen könnte. Man wird also sein Auto oder öffentliche Verkehrsmittel dazu benützen.

STADTSPAZIERGANG

Das **Touristeninformationsbüro (1)** ist im Rathaus auf der Turmseite eingerichtet. Das Rathaus ist ein nüchternes, modernes Gebäude mit einer Fassade aus grönländischem Marmor. Der Turm kann im Sommer gegen Eintritt bestiegen werden.

Århus, im Freilichtmuseum „Gamle By"

Wikingermuseum (2), Søndergade/Clemenstorv. Reste einer Wehranlage und Hausfragmente aus der Wikingerzeit wurden hier unter dem Gebäude der Handelsbank ausgegraben.

Etwas weiter sieht man den Turm mit der spitzen Haube des **St. Clemens Doms (3)** am Bispetorvet aufragen. Der ursprünglich romanische Bau aus dem 13. Jh. erfuhr durch Umbauten soviel Veränderungen, daß der Besucher heute eigentlich einen Dom im spätgotischen Stil vorfindet.

Dom * (3)
werktags 9.30 - 16 Uhr

Im Inneren des im 93 m überaus langen Kirchenschiffs (angeblich das längste in Dänemark) viele Fresken, eine bemerkenswerte Kanzel (16. Jh.), ein altes Taufbecken (15. Jh.) und eine große Orgel aus dem 18. Jh. Beachtung verdient vor allem der dreiflügelige Altaraufsatz, geschaffen von einem Lübecker Künstler im 15. Jh. und das alte Chorgestühl.

Westlich des Doms in der Vestergade liegt die **Vår Frue Kirke (4)**. Die Kirche Unserer Lieben Frau ist die alte Stadtkirche von Århus und wurde im 11. oder frühen 12. Jh. über einem noch älteren, dreischiffigen Kirchengewölbe angelegt. Reste der ersten Kirche wurden 1956 gefunden. Im 13. Jh. entstand daneben ein Dominikanerkloster.

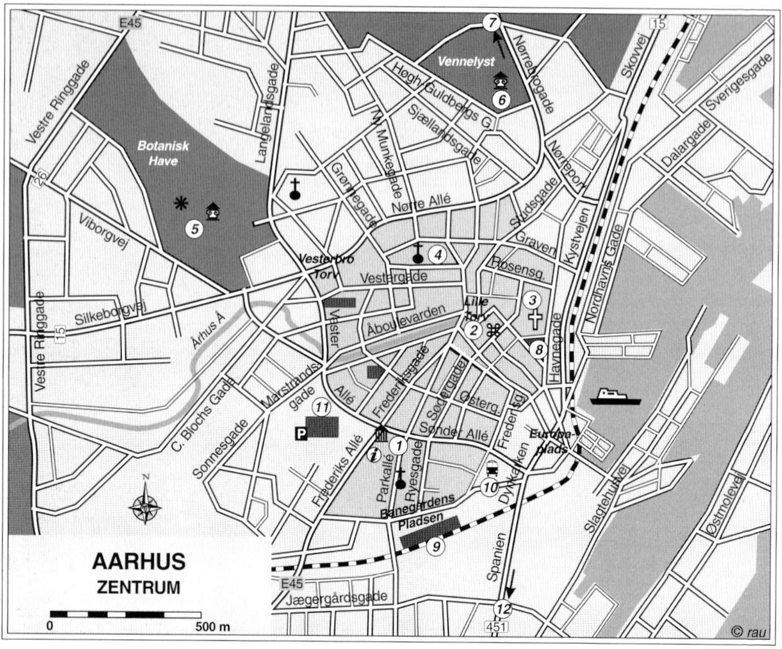

AARHUS ZENTRUM

0   500 m

© rau

ÅRHUS

1 Touristen-
   information
   und Rathaus
2 Wikingermus.

3 St. Clemens
   Dom
4 Vår Frue Kirche
5 Freilichtmuseum
   „Den Gamle By"
6 Kunstmuseum

7 zum Naturgeschicht-
   lichen Museum
8 Theater
9 Bahnhof
10 Busbahnhof
11 Konzerthaus

12 zu Schloß Mar-
   selisborg, Mindepar-
   ken, Tivoli Friheden

**sehenswertes
Freilichtmuseum
„Den Gamle By"**
***

Jun. - Aug. tgl. 9 -
18, Mai + Sept. bis
17 Uhr. Übrige Zeit
kürzer. Eintritt.

Mit zu den größten Sehenswürdigkeiten der Stadt zählt zweifellos
das Freilichtmuseum **„Den Gamle By"**, die „Alte Stadt", an der Straße 26 im Westen von Århus.
1914 begann man im westlich vom Stadtzentrum gelegenen Botanischen Garten damit, alte historische Häuser aus allen Teilen Dänemarks hier naturgetreu wieder aufzubauen. So entstand in wenigen Jahren eine der interessantesten Sammlungen erhaltenswerter
Baudenkmäler vom frühen 17. Jh. bis ins späte 19. Jh. Darunter
sind Werkstätten, Bürgerhäuser, Höfe, ja sogar Apotheken und Theater. Ein Bummel durch die alten kopfsteingepflasterten, engen Gassen, vorbei an den hübschen Fachwerkfassaden mit nostalgischen
Handwerksschildern und romantischen Fensternischen und ein Blick
in Läden, Werkstätten und Stuben aus Urgroßmutters Tagen, ist ein
Spaziergang durch eine andere Zeit. Ein Besuch, für den man viel
Zeit (und viele Filme, falls Sie fotografieren) mitbringen sollte, lohnt
sehr.

Im nördlichen Stadtteil in der Nähe der Ausfallstraße nach Randers liegt im Vennelystparken das **Kunstmuseum** (Di. – So. 10 – 17 Uhr), mit Werken dänischer Künstler vom 18. Jh. bis heute. Großen Raum nehmen Gemäldesammlungen aus dem sog. „Goldenen Zeitalter" ein, einer glanzvollen Periode dänischer Malerei in der ersten Hälfte des 19. Jh. Die dänischen Künstler jener Zeit setzten Maßstäbe im europäischen Neoklassizismus und in der Romantik. Zudem zählt das Museum zu seinen Exponaten Werke dänischer Pioniere des Modernismus wie Giersing, Weie oder Lundstrøm. Eine weitere Ausstellung befaßt sich mit Arbeiten von Per Kirkeby, einem der namhaftesten Vertreter der sog. „jungen Wilden" der 80er Jahre.

Relativ neu ist das erst 1993 in der Kunsthalle von Århus eröffnete **Plakatmuseum**. Zu sehen sind rund 90.000 Plakate, die der Kunstmaler Peder Stougaard in 25

Freilichtmuseum „Gamle By"

Jahren zusammengetragen hat. Das älteste Plakat stammt aus den 80er Jahren des vergangenen Jahrhunderts.

Ein paar Straßenzüge weiter nördlich ist im Park der Universität das **Naturgeschichtliche Museum (7)** zu finden. Ausstellungsgegenstände zu Themen der Geologie und Zoologie.

naturhistorisches Steno Museum * im Sommer tgl. geöffnet

Ebenfalls im Universitätspark liegt das **Steno Museum**. Dieses erst 1994 eingerichtete Museum befaßt sich übrigens nicht etwa mit der Geschichte der Stenographie, sondern widmet sich dem Lebenswerk des Naturwissenschaftlers und Arztes *Niels Stensen*. Entsprechend sind Ausstellungen von der Astronomie bis zur Zahnmedizin zu sehen. Außerdem gibt das Museum Einblick in die Entwicklung der Landvermessung, der Optik, Rechentechnik sowie der Kernphysik. In der medizinisch-historischen Abteilung sieht man eine komplette alte Apotheke mit Labor, einen historischen Operationssaal und die Dorfpraxis eines Zahnarztes, der in seiner Wohnstube behandelte. Zum Museum gehört auch ein Kräutergarten.

Im Süden der Stadt liegt die königliche Sommerresidenz **Marselisborg**. Der Park dieses strahlend weißen Anwesens ist der Öffentlichkeit allerdings nur zugänglich, wenn das Schloß gerade unbewohnt ist. Wenn die Königin anwesend ist, findet täglich pünktlich um 12 Uhr vor dem Schloß eine Wachablösung der Königlichen Garde statt.

Dafür ist der in der Nähe liegende Vergnügungspark **Tivoli-Friheden** von Mai bis August täglich zwischen 14 und 23 Uhr geöffnet. Eintritt.

Noch weiter südlich ist in einem Waldgebiet der ehemalige Gutshof Moesgård gelegen. In ihm ist das vorgeschichtliche Museum

Museum der Frühgeschichte *
10 - 17 Uhr.
Eintritt.

Forhistorisk Museum Moesgård untergebracht. Zu den Exponaten zählen Runensteine, Gegenstände aus der Eisenzeit, Sammlungen zur Eskimokultur und der annähernd 2.000 Jahre alte „Grauballemann", eine mumifizierte Moorleiche. Freilandabteilung mit prähistorischen Hünengräbern und Dolmen. Eine Wikingersiedlung mit originalgetreu nachempfundenen Wohnhäusern, Werkstätten u. ä. ist im Entstehen. Richtig lebendig wird es in und um Moesgård jedes Jahr am letzten Wochenende im Juli. Dann treffen sich hier hunderte von Wikingerfans und Anhänger der Kultur der alten Nordmänner. Dann gibt es Reiterspiele, martialisch in Eisenhelm und Kettenhemd gekleidete „Krieger" fechten klirrend Schwertwettkämpfe aus, vor der Küste kreuzen „echte" Wikingerschiffe und am Strand entwickelt sich ein richtiges Wikingerlager.

Århus

Hotels

Praktische Hinweise

🏛 **Århus Turistbureau,** Rådhuset, Park Allé, 8000 Århus C, Tel. 86 12 11 77, Fax 86 12 95 90.
Internet: http://www.aarhus-touristik.dk

🏠 Hotels: **Atlantic**, 102 Zi., Europaplads 12 - 14, Tel. 86 13 11 11, Fax 86 13 23 43, Restaurant, Garage.
Marselis, 101 Zi., Strandvejen 25, Tel. 86 14 44 11, Fax 86 11 70 46, Restaurant, Sauna, Schwimmbad, Garage.
Plaza, 168 Zi., Banegårdsplads 14, Tel. 86 12 41 22, Fax 86 20 29 04, Restaurant, Garage.
Radisson SAS Scandinavia Hotel, 233 Zi.; Margrethepladsen 1, Tel. 86 12 86 65, Fax 86 12 86 75, Restaurant, Garage.
Ritz, 70 Zi., Banegårdsplads 12, Tel. 86 13 44 44, Fax 86 13 45 87, Restaurant, Garage.
Royal, 106 Zi., Store Torv 4, Tel. 86 12 00 11, Fax 86 76 04 04, Restaurant, Sauna.
Scandic, 150 Zi., Rytoften 3, Tel. 86 15 68 44, Fax 86 15 68 77, Restaurant, Sauna.
Windsor, 36 Zi., Skolebakken 17, Tel. 86 12 23 00, Restaurant. – Und andere Hotels.

Jugendherberge

Jugendherberge: **Århus Vandrerhjem ***,** Marienlundsvej 10, in Ålborg-Risskov, Tel. 86 16 72 98; Mitte Jan. – Mitte Dez.; 126 Betten.
City Sleep In, Havnegade 20, Tel. 86 19 20 55. 43 Zimmer.

Camping

▲ – **Århus Nord Camping** ***, Tel. 86 23 11 33; 1. Jan. – 31. Dez.; ca. 8 km nördl. der Stadt an der Straße 180 in **Lisbjerg**; ausgedehntes, unebenes, fast hügelige Wiesen, mit teils dichtem, hohem Baumbestand; ca. 7 ha – 160 Stpl.; + Dau.; Standardausstattung; Laden, Imbiß, Schwimmbad; 26 Miethütten.
– **Blommehaven** ***, Tel. 86 27 02 07; Apr. – Mitte Sept.; städtische Anlage rund 4 km südl. der Stadt an der Århus Bucht; von der Bucht leicht ansteigendes Wiesengelände, teils am Wald; ca. 8 ha – 400 Stpl.; gute Standardausstattung; Laden, Imbiß; zum Meer ca. 100 m.

8. ÅRHUS – HORSENS

⊙ **Entfernung:** Rund 110 km, ohne Abstecher.

➔ **Strecke:** Über die Straße 170 bis **Skanderborg** – Straße 445 über **Ry** bis **Silkeborg** – Straßen 52 und 445 bis **Gl. Rye** – Straßen 461 und 52 über **Brædstrup** bis **Horsens**.

🕐 **Reisedauer:** Mindestens ein Tag. Mit Ausflügen um Silkeborg besser zwei Tage.

⌘ **Höhepunkte:** Die **Museen in Silkeborg** * – **Radwandern** im Seengebiet – **Kanuwandern** auf der Gudenå * – Ausflug zum **Himmelbjerget** *

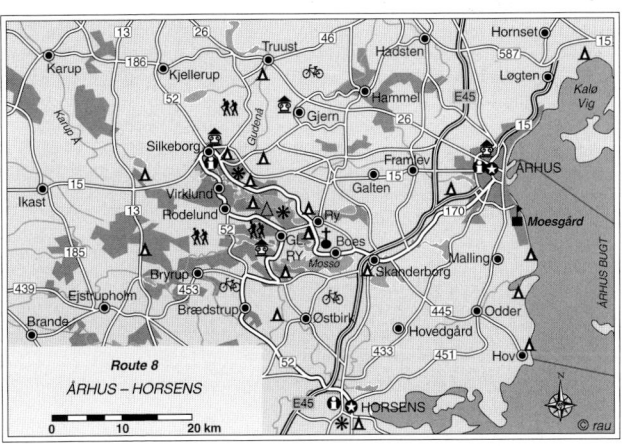

Route 8
ÅRHUS – HORSENS

0   10   20 km

© rau

Der weitere Verlauf unseres Reiseweges durch Dänemark führt von Århus nach Westen, hinein in ein herrliches, seendurchsetztes Gebiet, das mit Fug und Recht zu den schönsten Landschaften Dänemarks gezählt wird.

Die ganze **Region zwischen Skanderborg und Silkeborg** ist ein wahres Eldorado zum Kanuwandern. Aber ebensogut kann man per Fahrrad oder zu Fuß ausgedehnte Touren unternehmen. Wer sich entschließt einige Tage in der Gegend zu bleiben, findet zahlreiche Hotels, Gasthöfe und Campingplätze. Einige davon sind entlang der beschriebenen Strecke hier aufgeführt.

*Dänemarks herrlicher Seendistrikt ***

➔ **Route:** Zunächst verlassen wir Århus auf der Straße 170 in südwestlicher Richtung und erreichen schon nach ca. 23 km **Skanderborg.** ●

SKANDERBORG liegt landschaftlich sehr reizvoll zwischen Wäldern und den Gewässern des Sees von Skanderborg. Viel ist von der ehemaligen Königsresidenz nicht geblieben. Nur die **Schloß-**

109

kirche mit ihrem festungsartigen Turm erinnert noch daran, daß Skanderborg bis ins 18. Jh. hinein wichtige Residenzstadt war. Die Kirche entstand auf den Mauerresten des von König Waldemar I. im 12. Jh. erbauten Schlosses.

Skanderborgs Heimatmuseum tgl. a. Mo. 14 - 16 Uhr.

Das **Skanderborg Museum** in der Adelgade 5 ist in einem ehemaligen Richterhof untergebracht. Neben heimatkundlichen Gegenständen werden auch Ausstellungsstücke zur Stadt- und Schloßgeschichte gezeigt.

Praktische Hinweise

☎ **Skanderborg Turistbureau**, Adelgade 105, 8660 Skanderborg, Tel. 86 52 21 36, Fax 86 52 13 53. Internet: http://www.skanderborg-touristik.dk

Skanderborg Hotels

⌂ Hotels: **Skanderborghus**, 46 Zi., Dyrehaven 3, Tel. 86 52 09 55, Fax 86 52 18 01; Restaurant, Sauna, Garage.
Slotskroen, 19 Zi., Adelgade 23, Tel. 86 52 00 12, Fax 86 52 27 58; Restaurant. – Und andere Hotels.

Jugendherberge

Jugendherberge: **Skanderborg Vandrerhjem** ***, Dyrehaven 9, Tel. 86 52 06 73; 15, April – 30. Sept.; 120 Betten.

Camping

▲ – **Skanderborg Sø Camping** ***, Tel. 86 51 13 11; Ende März – Mitte Okt.; südöstl. der Stadt zwischen Straße 170, Bahnlinie und See; ausgedehntes Wiesengelände mit Baumbestand, an ein Wäldchen grenzend; ca. 6 ha – 150 Stpl. + Dau.; Standardausstattung; 9 Miethütten; zum See ca. 200 m.

AUSFLUG AB SKANDERBORG

Ausflug zu Dänemarks höchstem Berg

Ausflug zur 10 km südwestlich von Skanderborg gelegenen **Ejer Bavnehøj**, mit 171 m die höchste Erhebung Dänemarks. Bis 1849 war man der Meinung, der Himmelbjerget am Julsø sei der höchste Berg Dänemarks. Auf der Höhe Bavnehøj – von der man bis zum Samsø sieht und bei klarem Wetter die beiden Brücken über den Kleinen Belt bei Kolding erkennt – wurde 1920 ein 13 m hoher, triumphbogenartiger Turm errichtet. Der Turm wurde zum Gedenken an Christian X. und die Wiedervereinigung mit Südjütland erbaut.

➜ **Route:** Der weitere Verlauf unserer Route führt ab Skanderborg westwärts, am Nordufer des **Mossø** entlang, und über **Alken, Boes** und **Emborg** nach **Ry**. ●

Boes ist ein hübsches Dorf mit strohgedeckten Häusern am Nordufer des Mossø. Und in **Emborg** gibt es die historischen Ruinen des **Øm Zisterzienserklosters** aus dem 13. Jh., mit Arzneikräutergarten und Mönchsgräbern zu besichtigen (tgl. a. Mo. 9 – 18 Uhr).
Ry schließlich liegt am Ostausläufer des Julsø, der hier vom Flüßchen Gudenå gespeist wird.
Hier bietet es sich an, eine **Schiffspartie** über die Gudenå und die von bewaldeten Hügeln eingerahmten Seen zum Aussichtsturm auf dem **Himmelbjerget** zu unternehmen. Im Sommer gibt es zwischen 10 und 14 Uhr drei bis vier Abfahrten. Fahrtdauer ca. 40 Minuten.

Eine schöne Wandertour führt um den Knudsø herum, oder zum Himmelbjerget.
In Ry gibt es Fahrrad- und Kanuverleihs.

Praktische Hinweise

☎ **Ry Turistbureau**, Klostervej 3, 8680 Ry, Tel. 86 89 34 22, Fax 86 89 35 52.

Ry
Hotels

⌂ Hotels: **Gammel Rye Kro**, 33 Zi., Ryesgade 8, Tel. 86 89 80 42, Fax 86 89 85 46, Restaurant, Schwimmbad.
Himmelbjerget, 19 Zi., Himmelbjergvej 20, Tel. 86 89 80 45, Fax 86 89 87 93, Restaurant.
Ry Park, 78 Zi., Kyhnsvej 2, Tel. 86 89 19 11, Fax 86 89 12 57, Restaurant, Sauna, Schwimmbad. – Und andere Hotels.

Jugendherberge: **Ry Vandrerhjem** *** „Knudhulen", Randersvej 88 - 90, Tel. 86 89 14 07; 102 Betten.

Jugendherberge

▲ – **Holmens Camping** ***, Tel. 86 89 17 62; Ende März. – Ende Sept.; südl. Ry Richtung Øm Kloster; Wiese am Gudensø; ca. 6 ha – 270 Stpl. + Dau.; gute Standardausstattung; Laden, 13 Miethütten.
– **Sønder Ege Camping** ***, Tel. 86 89 13 75; Apr. – Sept.; am Nordrand von Ry; Wiesen am Knudsø; ca. 3 ha – 150 Stpl. + Dau.; Standardausstattung.
– **Birkhede Camping** ***, Tel. 86 89 13 55; Mai – Mitte Sept.; zwischen der Straße nach Silkeborg und dem Westufer des Knudsø; bewaldeter Hang am See; ca. 10 ha – 200 Stpl. + Dau.; gehobene Komfortausstattung; Laden, Imbiß; Schwimmbad, 7 Miethütten.
Weitere Plätze bei **Laven**; besonders schöne Lage von *Terrassen Camping* ***, 1. Mai. – 1. Sept.

Camping

SILKEBORG am Silkeborg Langsø, eine relativ junge Stadt, entwickelte sich Mitte des letzten Jahrhunderts um eine Papierfabrik. Heute ist die Stadt mitten in den Himmelbergseen zwar ein Ort mit Industrie, dennoch auch ein Kurbad, auf alle Fälle aber ein günstiger Ausgangspunkt für Touren in die reizvolle Hügel- und Seenlandschaft.

Silkeborgs große Attraktion findet man im **Kulturhistorischen Museum**, das im Hovegarden, dem ältesten Haus der Stadt, untergebracht ist. Es ist dies der sog. „**Tollundmann**," eine durch das Moor mumifizierte, etwa 2.200 Jahre alte Leiche. Der Tollundmann, der bis zur Entdeckung von „Ötzi" weltweit als der besterhaltene Urmensch galt, wurde 1950 im Tollund-Moor ausgegraben. Kaum 100 m daneben entdeckte man damals die Moorleiche des *„Elling-Mädchens"*, ebenfalls im Museum zu sehen. Außerdem zeigt das Museum eine schöne Glassammlung und Exponate zur Stadtgeschichte.

Moorleiche im Museum *
10 - 12, 13 - 17 Uhr. Eintritt.

Das **Kunstmuseum**, Gudenåvej 7 – 9, stellt Grafiken und Gemälde moderner Künstler aus, besonders auch von Asger Jorn. Das Großgemälde „Stalingrad" bildet das zentrale Werk im Museum und im Werk Jorns. Asger Jorn gilt als einer der engagiertesten Künstler in der 1949 gegründeten niederländisch-skandinavischen Arbeitsgemeinschaft „COBRA" (Abk. für Copenhagen, Brüssel, Amsterdam),

Silkeborgs Kunstmuseum **
1. 4. - 31. 10. Di. - So. 10 - 17 Uhr, Winterhalbjahr bis 16 Uhr.

von der wichtige Impulse für den abstrakten Expressionismus in Dänemark ausgingen. Das Museum zeigt auch Werke anderer Künstler der COBRA Gruppe wie Appel oder Alechinsky.

Süßwasseraquarium
Juni - Aug. tgl. 10 - 18 Uhr, sonst bis 16 Uhr. Eintritt.

Darüber hinaus gehören zu den Attraktionen der Stadt **AQUA,** das angeblich das größte Süßwasseraquarium in Nordeuropa, dann das Glockenspiel in der 1876 im romanischen Stil erbauten Kirche – es erklingt täglich um 8, 12 und 18 Uhr – und die große Fontäne im Silkeborg Langsø, die abends beleuchtet ist.

Silkeborg

Praktische Hinweise

☎ Turistbureau, Åhavevej 2 A, 8600 Silkeborg, Tel. 86 82 19 11, Fax 86 81 09 83. Internet: http://www.silkeborg.dk

Hotels

⌂ Hotels: **Diana**, 47 Zi., Torvet 5 – 7, Tel. 86 82 01 11, Fax 86 80 20 04; zentral, Restaurant, Garage.
Impala, 60 Zi., Vestre Ringvej 53, Tel. 86 82 03 00, Fax 86 81 40; Restaurant, Sauna, Schwimmbad.
Louisiana, 27 Zi., Christian VIII's Vej 7, Tel. 86 82 18 99, Fax 86 80 32 69; Restaurant, Sauna.
Scandic, 117 Zi., Udgårdsvej 2, Tel. 06 80 35 33, Fax 86 80 35 06; Restaurant, Sauna, Schwimmbad. – Und andere Hotels.

Jugendherberge

Jugendherberge: **Silkeborg Vandrerhjem *** „Åbo“**, Åhavevej 55, Tel. 86 82 36 42, März bis Nov.; 90 Betten.

Camping

▲ – **Silkeborg Sø Camping ***,** Tel. 86 82 28 24; Ende März – Mitte Sept.; am östl. Stadtrand am Langsø; Wiesen am Wald, städtischer Platz; 3 ha – 150 Stpl. + Dau.; Standardausstattung; Laden, Imbiß, 12 Miethütten.
– **Indelukkets Camping ***,** Tel. 86 82 22 01; Ende März – Mitte Okt.; nahe der Straße nach Virklund; Platz im Waldgebiet am Fluß Gudenå; ca. 3 ha – 150 Stpl.; Standardausstattung, 12 Miethütten.
– **FDM-Camping Jyllands-Ring ***,** Tel. 86 85 31 76; April – Mitte Okt.; bei **Resenbro**, nordöstl. Silkeborg; Wiesengelände in schöner Lage, nahe dem Rennkurs; ca. 10 ha – 400 Stpl. + Dau.; Standardausstattung; Laden, Imbiß, Schwimmbad.

AUSFLÜGE AB SILKEBORG

Bootsausflug (bis zu 8 Abfahrten täglich) mit dem über 120 Jahre alten Raddampfer „Hjejlen“ (und mit neuzeitlichen Schiffen) zum **Aussichtsberg Himmelbjerget**. Die 147 m hohe Erhebung am Südostufer des Julsees wurde lange Zeit als die höchste Erhebung Dänemarks angesehen, bis mit moderneren Meßmethoden festgestellt wurde, daß die Ejer Bavnehøj, südlich von Skanderborg, 24 m höher ist.
Nach 75-minütiger Bootsfahrt legt man am Fuße des Berges an und spaziert über den sog. „Schlangenweg“ hinauf zum Gipfel. Die Höhe wird von einem 25 m hohen Aussichtsturm gekrönt. Er wurde 1875 zum Gedenken an Frederik VII. errichtet. Vom Turm genießt man eine herrliche Aussicht über die Seen und bewaldeten Hänge.

Ausflug nach Gjern, ca. 20 km nordöstlich von Silkeborg. Wer sich in ruhiger, ländlicher Umgebung wohlfühlt, gerne durch herrliche Natur streift, wird sich auf diesem Ausflug wohl fühlen.

Zwischen Gjern und Svostrup liegen die unter Naturschutz stehenden **Hügel Gjern Bakker** (104 m). Von der Troldhøj aus bieten sich schöne Ausblicke auf das Gudenåtal.

Wer auch im Sommer auf eine zünftige Skiabfahrt nicht verzichten kann, ist in Søhøjlandets Ferien- und Aktivitätscenter und dem dortigen **alpinen Skicenter** genau richtig. Auf einer 7.500 qm großen Piste aus einer Vielzahl von PVC-Borsten, die mit Hilfe eines ausgeklügelten Bewässerungssystems feucht und rutschig gehalten werden und ein reelles Schneegefühl vermitteln sollen, können Sie Ihren Slalomträumen nachhängen. Ausrüstung kann geliehen werden.

Sehenswert ist nicht nur für Technikfreunde das Oldtimermuseum „**Veteranbilmuseet**" in **Gjern**. Es ist das größte Automobilmuseum in ganz Jütland und stellt über 130 Fahrzeuge aus, deren Baujahre zwischen 1900 und 1942 liegen. Motorradfans werden sich über die 14 glänzend instandgehaltenen Motorräder freuen, darunter u.a. Harley Davidson, Indian und eine französische Motobecane aus dem Jahre 1922 mit Riemenantrieb und viele andere.

Schnauferl-museum
Sommer 10 - 18 Uhr. Eintritt.

▲ – Truust
– **Trust Camping** ***, Tel. 86 87 11 41; Apr. – Mitte Okt.; ebene Wiesen, von Gehölz durchsetzt, nahe dem Gudenå-Fluß; ca. 5 ha – 200 Stpl. + Dau.; Miethütten; gehobene Komfortausstattung; Schwimmbad.

➜ **Route:** Der weitere Weg unserer Dänemarkrundreise führt von Silkeborg auf der Straße 52 südwärts über **Virklund** bis **Rodelund** und dort über die Straße 445 nach Südosten und vorbei am Aussichtsberg Himmelbjerget nach **Gamle Rye** ●

▲ – Virklund
– **Skyttehuset Camping** ***, Tel. 86 84 51 11; Mitte April – 15. Sept.; östl. Virklund am Südufer des Julsø (Gudenå); klein, romantisch im Wald gelegen abseits und ruhig; Kanusport; Personenfähre nach Svejbæk; ca. 3 ha – 90 Stpl.; Standardausstattung; Laden, Imbiß; 6 Miethütten.

In der **St. Sørens Kirche** in **Gamle Rye** wählten Adel und Klerus 1543 Christian III. zum König. In der Nähe findet man die schon seit dem Mittelalter bekannte St. Sørens-Quelle.

Einige Kilometer südlich liegt das **Gudenå-Museum** an der Brücke über das Flüßchen Salten. Sammlungen zur Gudenåkultur.

Brædstrup liegt an der Straße 52, ca. 16 km südlich von Gamle Rye. Der Ort ist bekannt bei Anglern, da er umgeben ist von vielen fischreichen Seen und Wasserläufen. Nordwestlich davon verkehrt am Wochenende zwischen Bryrup und Vrads eine dampfbetriebene **Veteranenbahn**.

▲ – Bryrup
– **Bryrup Camping** ***, Tel. 75 75 67 80; Mitte Apr. – 1. Sept.; ca. 10 km nordwestl. Brædstrup; in seen- und waldreicher Landschaft; ca. 5 ha – 200 Stpl. + Dau.; Standardausstattung; 6 Miethütten.

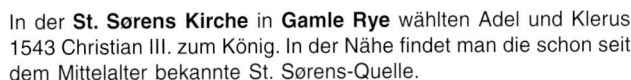

RADELN, WANDERN UND PADDELN IM SEENHOCHLAND

Das abwechslungsreiche, landschaftlich überaus reizvolle **Søhøjland**, das mitteljütländische Seenhochland mit den Zentren Skanderborg, Ry und Silkeborg, ist geradezu ein Eldorado für Wanderer, Radler und vor allem für Wassersportler. Entlang der Gudenå, mit 160 km das längste Flüßchen in Dänemark,

erstreckt sich eine Land- schaft, die den Reiz einer Ka- nuwan- derung noch er- höht. Zwischen Torring im Sü- den und Randers zieht sich der Fluß durch Heidelandschaft und Wälder, bildet Seen und durchfließt Städte und Gemeinden, die touristische Einrichtungen, Einkaufsmöglichkeiten und Übernachtungsplätze bieten.

Man muß nicht unbedingt das eigene Kanu mitbringen, um an den Wasserfreuden teilhaben zu können. Vielerorts werden Boote vermietet, so z.B. in Torring, Skanderborg, Ry und Silkeborg, ob nur für ein paar Stunden zum zum Ausprobieren oder für Tage oder gar Wochen. Sogar „package trips" werden angeboten, sorgfältig vorausarrangierte Touren inklusive Routenplan, Ausrüstung und Übernachtungen. Überall entlang der Wasserwanderwege gibt es Campingplätze. Wer auf eigene Faust lospaddelt, findet also ohne weiteres auch einen Lagerplatz.

Für eine Kanutour von Silkeborg nach Randers muß man mit 6 Tagen rechnen. 7 Tage muß man paddeln (täglich im Durchschnitt nur drei bis vier Stunden), um von Torring nach Silkeborg zu kommen. Genaue Karten, Details, Preise und Adressen gibt's bei den Touristenbüros.

Wer das mitteljütländische Seenhochland auf Schusters Rappen durchstreifen will, dem stehen **kilometerlange Wanderwege** durch Wälder und entlang idyllischer See- und Flußufer oder zu höher gelegenen Aussichtspunkten zur Verfügung.

Der alte **Prampfad** ist einer dieser Wanderwege. Noch bevor die Stadt Silkeborg entstanden war, wurde Holz aus den Wäldern der Umgebung auf Leichtern die Gudenå hinunter transportiert. Pferde und Knechte zogen die Kähne und so entstand zwischen Silkeborg und Kongsbro der Treidelpfad „Pramdragerstien", der sich heute als ausgezeichneter Wanderweg anbietet. Die Strecke ist 23 km lang und an einem Tag zu bewältigen. In Kongsbro bei Truust (Camping) sorgt ein Gasthof für Unterkunft und Speis und Trank, so daß man am nächsten Tag ausgeruht und gestärkt den Rückweg antreten kann.

60 km lang ist ein Naturpfad durch den südlichen Teil der Region. Über Virklund, Them und Vrads erreicht man Bryrup (Hotels, Camping) und wandert am

nächsten Tag an Vinding, Sønder-Vissing und Tønning vorbei nach Yding oder gar weiter bis Horsens.

Fast ideale Bedingungen finden Radler vor. Auf den geteerten und wenig befahrenen Nebenstraßen ohne nennenswerte Steigungen läßt es sich ganz ausgezeichnet **Radwandern**.

Auch wer kein eigenes Rad dabei hat, kann in jedem größeren Ort, auf jeden Fall in Skanderborg, Ry und Silkeborg, Räder ausleihen.

Das Dänische Fremdenverkehrsamt in Hamburg und die Fremdenverkehrsämter der Orte im Seengebiet haben einen Prospekt herausgebracht, der viele schöne Radwanderwege beschreibt. Es werden auch fertig geplante Pauschal-arrangements angeboten, inklusive Fahrrad, Packtaschen, detaillierter Routenbeschreibung, Kartenmaterial und Übernachtungen in Hotels oder Jugendherbergen.

☑ **Mein Tip! Vorschlag** zu einer 3- bzw. 6-Tage dauernden **Radtour** ab und bis Silkeborg:

1. Tag: – Silkeborg – Kongensbro – Rødkærsbro, 38 km. An der Gudenå entlang auf dem Pramsti bis zum Gasthaus Kongensbro Kro, hier Mittagspause. Übernachtung im Rødkærsbro Kro.

2. Tag: – Rødkærsbro – Bjerringsbro – Ulstrup – Laurbjerg – Hammel – Fårvang, 57 km. Übernachtung im Fårvang Kro oder Truust Camping.

3. Tag: – Fårvang – Gjern (Automuseum, Gjern-Hügel) – Sminge – Resenbro (Mittagspause u. evtl. zurück nach Silkeborg) – Sejs – Svejbäk – Laven, 43 km. Übernachtung in Gl. Rye Kro oder Camping.

4. Tag: – Ry – Emborg (Øm Kloster) – Boes – Alken – Skanderborg (Mittagspause) – am Mossø entlang – Voervadsbro, 42 km. Übernachtung im Voervadsbro Kro oder Camping in Hem.

5. Tag: – Voervadsbro – Østbirk – Brædstrup (Mittagspause) –Davding – Løve – Vrads, 41 km. Übernachtung im Motel Lystruphave oder Camping in Bryrup.

6. Tag: – Vrads – Tømmerby – Salten – Gamle Rye (Mittagspause) – Himmelbjerget – Virklund – Silkeborg, 42 km.

Foto „Kanufahrer" m. frdl. Gen.: John Sommer, Dänisches Fremdenverkehrsamt

Camping

Vestbirk
– **Vestbirk Camping *****, Tel. 75 78 12 92; Ende März – 30. Sept.; ca. 3 km östl. Brædstrup; relativ ruhig nahe einem See und der Gudenå gelegen; ca. 4 ha – 150 Stpl. + Dau.; Standardausstattung; Laden, Imbiß; Schwimmbad; Fahrradverleih; 5 Miethütten; Kanustation.
Nim
– **Gudenå Camping Brædstrup *****, Tel. 75 76 30 70; 1. Jan. – 31. Dez.; ca. 5 km südlich Brædstrup an der Straße 52 nach Horsens; kleiner Platz direkt an der Gudenå; ca. 1,4 ha – 70 Stpl.; Standardausstattung; 6 Miethüten; Kanustation.

➔ **Route:** Von Brædstrup geht es auf der Straße 52 über **Nim** südostwärts. Nach 20 km erreichen wir **Horsens**. •

HORSENS, Hafen-, Handels- und Industriestadt an der Bucht Horsens Fjord. Im Zentrum der Stadt sind noch einige schöne Häuser aus dem 18. Jh. erhalten, aus der Zeit also, als Horsens eine prosperierende Kaufmannsstadt war.
Ein namhafter Sohn der Stadt ist *Vitus Bering*. Er erkundete 1728 die nach ihm benannte in den Pazifik führende Beringstraße. Vitus Bering wurde 1680 in Horsens geboren. Eine Gedenktafel im Bering Park erinnert an den Entdecker. Die beiden Kanonenrohre, die die Tafel flankieren, stammen vom Schiff „St. Peter", mit dem Bering auf seiner letzten Expedition 1741 Alaska und die Aleuten erforschte.

Vom Vitus Bering Park, der ganz in der Nähe des Bahnhofs und des Touristeninformationsbüros liegt, kann man die Hauptstraßen Jenssensgade und Søndergade weiter stadteinwärts gehen.
Bemerkenswerte alte Gebäude sind **Helms Apotheke**, gebaut 1736 aus den Steinen eines alten Herrensitzes und das gegenüber in der Søndergade 17 gelegene „**Lichtenberg Palais**", heute Jørgensens Hotel. Dieses 1744 vollendete Domizil eines reichen Kaufmanns imponiert durch die reich gegliederte Fassade. Auch das Nebenhaus Nr. 15 ist ein schöner Bau aus dem 18. Jh.

Weiter stadteinwärts liegt das **Renaissance-Rathaus** von 1854. Und in der Søndergade Nr. 32 schließlich findet man den **Monbergsgård** mit einem geschnitzten Portal.

Am Stadtplatz Torvet fällt die **Vor Frelsers Kirke** auf. Sie entstand um 1200 zur Zeit Waldemars II. und weist ein prächtiges Portal auf. Über die Fußgängerzone Fugholm kann man zum Aboulevarden gehen und gelangt rechts zur **Klosterkirche**. Die Kirche ist der verbliebene Rest eines ehemaligen Franziskanerklosters. Im Inneren schöne Schnitzereien.

Weiter über die Stjernholmsgade zum **Industriemuseum**. Es ist untergebracht im Bau des alten Kraftwerks von 1906. Zu sehen sind hier Maschinen und technische Ausstellungen aus der Zeit des technischen Durchbruchs in Dänemark. Kulturhistorische Abteilung.
Hinter dem Museum trifft man um die Ny Havnegade auf eine der ersten Arbeitersiedlungen in Dänemark, die um das Jahre 1890 nach englischem Vorbild entstand.

Horsens' Kunstmuseum liegt im Carolinelundsvej 2. Es präsentiert Dänemarks bedeutendste Sammlung von Werken der Maler Mogens Ziegler und Michael Kvium.

Horsens
Kunstmuseum
Di. - Fr. 11 - 16, Sa.
+ So. bis 17 Uhr.

Gleich gegenüber findet man das **Horsens Museum**, ein kulturhistorisches Museum, mit Sammlungen aus der Region, Kunstgewerbe u. ä.

Im Sundvej Nr. 9 sieht man ein schönes **Fachwerkhaus** aus dem Jahre 1718. Erbaut wurde es einstmals von Claus Cordsens in der Søndergade. 1912 wurde das Haus hierher verlegt.

Vom Sundvej kann man nun über die Amaliegade und die Straße Kattesund zur Norregade weitergehen. Die Norregade war ehemals eine der „besseren" Straßen in Horsens. Bemerkenswert sind die Häuser Nr. 2 – 6 aus dem 17. und 18. Jh.

Smedegade und **Smedetorvet** lagen früher am nördlichen Stadttor. Hier wurde der wöchentliche Pferdemarkt abgehalten. Zahlreiche alte Häuser sind hier noch erhalten. Hervorzuheben sind die Gebäude Nr. 34 mit schönem schmiedeeisernem Geländer, Nr. 71, das größte und besterhaltene und Nr. 91, der **Generalsgården** aus dem Jahre 1816. Letzterer war das erste Fabrikgebäude (Tabakfabrik) der Stadt und erhielt seinen Namen nach dem holsteinischen Kyrassier-General Kommandeur Flindt, der hier einige Jahre lebte.

Praktische Hinweise

☎ **Horsens Turistbureau**, Søndergade 26, 8700 Horsens, Tel. 70 10 41 20, Fax 75 60 21 90.

Horsens
Hotels

⌂ Hotels: **Dagmar**, 28 Zi., Smedegade 68, Tel. 75 62 57 55, Fax 75 62 57 20, Restaurant.
Jørgensens, 42 Zi., Søndergade 17 - 19, Tel. 75 62 16 00, Fax 75 62 85 85, zentral gelegenes, traditionsreiches Haus in einem historischen Gebäude aus dem 18. Jh., Restaurant.
Scandic Bygholm Park, 142 Zi., Schüttesvej 6, Tel. 75 62 23 33, Fax 75 61 31 05, Restaurant, Sauna, Schwimmbad, Konferenzeinrichtungen. – Und andere Hotels.

Jugendherberge: **Danhostel Horsens Vandrerhjem** ****, Flintebakken 150, Tel. 75 61 67 77; geöffnet 15. Jan. bis 15. Dez.; u. a. 27 Familienzimmer.

Jugendherberge

▲ – **Husodde Camping** ***, Tel. 75 65 70 60; Ende März – Mitte Sept.; am Ostrand der Stadt, Zufahrt über die Straße 451; ebene Wiesen am Fjord, recht ansprechend und relativ ruhig gelegen; ca. 10 ha – 150 Stpl. + Dau.; Standardausstattung; Laden, Imbiß; Badegelegenheit im Horsens Fjord. – Und andere Campingplätze.

Camping

AUSFLUG

Glud Dorfmuseum, ca. 13 km östlich von Horsens. Freilichtmuseum, mit alten Bauernhäusern, Schmieden, altes landwirtschaftliches Gerät u.ä.

FÜNEN

9. HORSENS / JÜTLAND – SVENDBORG / FÜNEN

⊙ **Entfernung:** Rund 230 km.

→ **Strecke:** Über die Straße 170 bis **Vejle** – Straße 442 bis **Jelling** und zurück bis **Vejle** – Straße E45/E20 bis **Middelfart** – Landstraßen bis **Aarup** – Straße 307 bis **Assens** – Straße 168 bis **Gummerup** – Straße 329 nach **Faaborg** – Straße 44 bis **Svendborg**.

🕐 **Reisedauer:** Mindestens ein Tag.

⌘ **Höhepunkte:** Die **Runensteine **** von Jelling – die Landschaft von „**Fünens Alpen**" – mit dem **Fahrrad durch Fünen *** – das **Faaborg-Kunstmuseum ****.

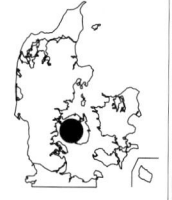

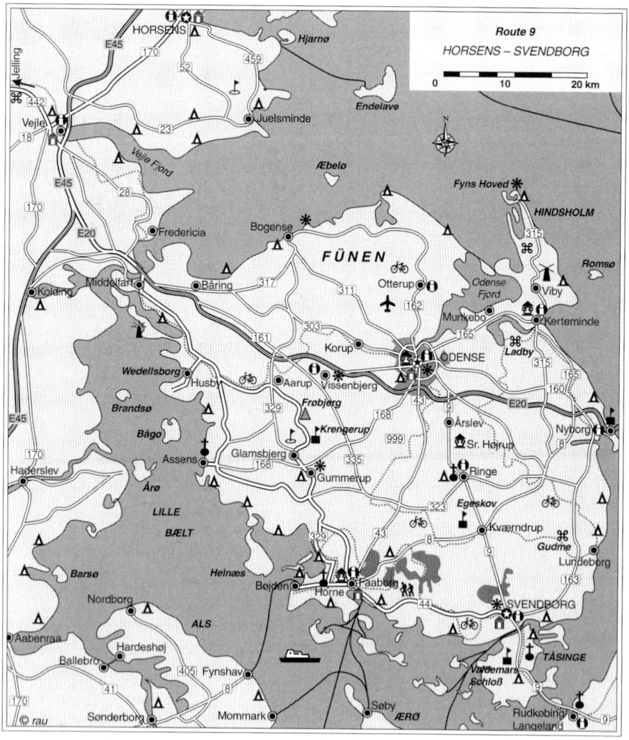

→ **Route:** Ab Horsens auf der Straße 170 rund 26 km südwärts bis **Vejle** (Camping an der Küste in Overby, Juelsminde, Hyrup,

Stouby und bei Daugård) und weiter über die Straße 442 nordwestwärts bis **Jelling** (11 km). ●

Jelling besitzt kostbare Denkmäler aus der Wikingerzeit. Die beiden **Runensteine** vor der **Jellinger Kirche** mit ihren Inschriften und Ornamenten sind ein unvergleichliches Zeugnis der Vorgänge vor gut 1.000 Jahren. Diese Zeit war eine wichtige Epoche in Dänemarks Geschichte, als sich langsam der Übergang vom Heidentum zum Christentum vollzog.

Runensteine, steinerne Geschichtsbücher **

Der kleinere, ältere Stein ist „**Gorms Runenstein**". Gorm der Alte war im 10. Jh. König der Wikinger. Er wollte mit dem Stein seiner Gattin Thyre, sie starb 935, ein unvergängliches Denkmal setzen. Die Runeninschrift besagt: „Gorm König / tat Denkmäler diese / nach Thyre Frau / seine – Dänemarks Flickung". Hier wird zum allerersten mal das Wort : ↑↓↑Ϙ↑ℝↃ↑⅄ : „tanmarkar" also Dänemark, erwähnt.

die Runensteine in Jelling

Der größere, dreieckige Stein ist „**Harald Blauzahns Runenstein**". Harald war der Sohn von Gorm und Thyre. Harald Blauzahns Stein ist nicht nur mit Schriftzeichen, sondern mit schönen, verschlungenen Tierornamenten und – bemerkenswert – mit der ersten Darstellung eines Christussymbols, das im Norden bekannt ist, versehen. Die Inschrift lautet: „Harald König gebot machen / Denkmäler diese nach Gorm Vater sein / und nach Thyre Mutter sein, der / Harald, der gewann sich Dänemark / all und Norwegen / und Dänen machte Christen" (Etwa: „Für Gorm seinen Vater und Thyre seine Mutter, derjenige Harald, der ganz Dänemark und Norwegen gewann und die Dänen zu Christen machte").

Im Chor der **Jellinger Kirche** kamen bei Umbauarbeiten im Jahre

1874 Freskenmalereien zu Tage, die wohl die ältesten des Landes sind. Man schätzt, daß sie zwischen 1100 und 1125 entstanden. Leider verstand man im 19. Jh. unter Gemälderestaurierung noch Übermalung der Bildnisse. Abbildungen der Originalfunde befinden sich im Nationalmuseum in Kopenhagen.

rätselhafte Grabhügel bei Jelling

Die Kirche von Jelling wird von zwei Hügeln flankiert, die angeblichen **Grabhügel** von König Gorm und Königin Thyre, „Dänemarks Schmuck". Lange Zeit glaubte man, sie würden die letzte Ruhestätte des Wikingerkönigs beherbergen. Als dann 1820 im Nordhügel, der als Königin Thyres Grabhügel angesehen wird, durch Zufall eine 2,6 m breite, 6,75 m lange und 1,4 m hohe Holzkammer und einige Gegenstände, darunter ein kleiner Silberbecher mit Ornamentschmuck, Metallbeschläge und ein Kreuz gefunden wurden, glaubte man schon, das Grab der Königin entdeckt zu haben. Der letzte Beweis aber fehlte, nämlich menschliche Skeletteile.

Im Sommer 1861 begann man auf Geheiß von König Frederik VII. mit Grabungen in Gorms Hügel, dem südlichen Hügel. Erfolg hatte man nicht. Wo also waren die Gräber des Königspaares?

Schließlich kam man in den 50er Jahren auf den Gedanken, daß Harald Blauzahn seine Eltern in die von ihm gegründete Kirche und späteren Dom von Roskilde überführt haben könnte.

Erst 1977 machte der Archäologe Knut Krogh bei umfassenden Restaurierungsarbeiten an der Jellinger Kirche, die auch Arbeiten am Fundament einschlossen, eine sensationelle Entdeckung. Er stieß unter dem Kirchenschiff auf die Spuren eines Kammergrabes. Bei den Ausgrabungsarbeiten kamen Skeletteile, Schmuckstücke, Golddrähte etc. zum Vorschein. Aber erst wenn das ganze Grab ausgegraben ist und festgestellt wird, daß die Skeletteile von einem Mann und einer Frau stammen, kann Knut Krogh davon ausgehen, Gorms und Thyres Grab entdeckt zu haben.

1994 wurden die ehrwürdigen Denkmäler, die beiden Runensteine, die Grabhügel und die Kirche, in die UNESCO-Liste schützenswerter Kulturgüter der Welt aufgenommen.

Jelling

Praktische Hinweise

☎ **Jelling** Turistbureau, Gormsgade 4, 7300 Jelling, Tel. 75 87 13 01. Geöffnet Mitte Mai bis 31. Aug. 10 - 16 Uhr, Juli bis 18 Uhr.

Hotels

⌂ Hotels: **Jelling Kro,** 6 Zi., Gormsgade 16, Tel. 75 87 10 06, Fax 75 87 11 76, Restaurant.
Skovdal Kro, 10 Zi., Fårupvej 23, Tel. 75 87 17 81, Fax 75 87 21 94, hübsch am Faarup See gelegen; Restaurant.
– Und andere Hotels.

Camping bei Jelling

▲ – **Friluftsbadets Camping ***,** Tel. 75 87 16 53; Ende März – 14. Sept.; am westl. Ortsrand an der Bahnlinie beim Freibad; ebene Wiesen von hohen Hekken eingerahmt und unterteilt; ca. 7 ha – 250 Stpl. + Dau.; Standardausstattung; Laden, Imbiß; Schwimmbad, Fahrradverleih; 20 Miethütten.
– **Faarup Sø Camping **,** Tel. 75 87 13 44; Mitte Apr. – Mitte Sept.; ca. 2 km südl. Jelling; relativ kleiner, einfacher Platz am Faarup See; 7 Miethütten.

in Møgeltønder

das historische Restaurant „Weis' Stue" in Ribe

Freilichtmuseum „Den Gamle By", Århus

in Karrebæksminde, Seeland

Schloß Frederiksborg

Poskær Stenhus. Dolmen bei Knebel. Halbinsel Mols/Djursland

Nostalgie und Idylle in Bornholm

im Hafen von Gilleleje, Seeland

Gudhjem, Bornholm

am Strand von Dueodde, Bornholm

Østerlars Rundkirche, Bornholm

Møns Klint

Billund
– DCU Camping Billund ***, Tel. 75 33 15 21; 1. Jan. – 31. Dez.; östl. von Billund, in der Nähe des Flughafens und nahe Legoland; in einem weiten Halbkreis angelegter Wiesenplatz, mit kleinen Waldstücken, durch Hecken unterteilt, im Eingangsbereich das Platzzentrum mit Versorgungsgebäuden; ca. 14 ha – 650 Stpl. und erfreulich wenig Dauercamper; Komfortausstattung; Laden, Imbiß, Restaurant.

AUSFLÜGE

Ausflüge ab Jelling

Ein **historischer Eisenbahnzug** mit Dampflokomotive verkehrt von Anfang Juli bis Mitte August jeden Sonntag mehrmals zwischen Jelling über Grejsdal nach Vejle.
Unweit südlich von Jelling erstreckt sich der kleine **Faarup See** (Camping, Skovdal Kro). An der Nordseite des See findet man Parkplätze, von denen beschilderte Spazierwege ausgehen.

Einige Kilometer nordwestlich von Jelling kann man in **Givskud** den **Löwenpark** besuchen, ein Wildreservat mit Löwen, Kamelen, Lamas, Elefanten, Nashörnern, Zebras, einem Kinderbauernhof mit Streichelzoo. Ende April bis Ende Oktober tgl. 10 bis 18, Sommer bis 20 Uhr. Eintritt.

Oder man kann einen Abstecher auf der Straße 28 nach Westen nach **Billund** (Camping s. o.) ins **Legoland**, einem der größten und bekanntesten Freizeitpark in Dänemark unternehmen. U.a. sieht man das berühmte Miniaturland, eine Westernstadt, eine Puppensammlung, kann mit der Monorail fahren und vieles mehr. Ende März bis Ende Oktober tgl. 10–21 Uhr. Eintritt.

→ **Route:** Von Jelling führt der weitere Verlauf unserer Route über die Straße 442 zurück nach **Vejle** (Touristeninformation, Hotels, Camping, Jugendherberge), durchquert die Stadt in südöstlicher Richtung und folgt schließlich der E45/E20 nach **Middelfart** auf der Insel Fünen. ●

Zwei moderne Brücken über den Kleinen Belt verbinden seit mehr als 50 Jahren Jütland mit der **Insel Fünen**, dänisch Fyn. Fünen ist nach Seeland mit 2.980 qkm Dänemarks zweitgrößte Insel
Fünen, der „Garten Dänemarks", wie die Dänen die Insel selbst gerne nennen, bietet dem Besucher vielfach noch eine Landschaft, die so romantisch ist und soviel Ruhe und Beschaulichkeit ausstrahlt, daß man geneigt ist zu glauben, so manches Motiv eines „naiven" Malers wäre hier lebendig geworden. Fachwerkhäuser und Bauernhöfe ducken sich hinter Bäumen, eingebettet in weite, gelbe Rapsfelder. Herrensitze, Windmühlen, Dorfkirchen, Wälder und anheimelnde Dorfstraßen begegnen dem Besucher auf dem Weg durch Fünen immer wieder.

Die Küste Fünens ist sage und schreibe 1.130 km lang und bietet viele **Strände und Bademöglichkeiten**, besonders im Norden und Osten der Insel

FÜNEN PER FAHRRAD

Mein Tip! Fünen eignet sich ideal für Fahrradtouren. Vor allem auf den wenig von Autos befahrenen Nebenstraßen macht es Spaß, Fünen per Fahrrad zu entdecken. Die ganze Insel ist durch markierte und numerierte Radrouten erschlossen. Alle regionalen Touristenbüros geben Informationen heraus, die nicht nur die Routen präzise beschreiben, sondern auch Regionalkarten einschließen und Fahrradverleihs und Unterkünfte wie Hotels, Jugendherbergen oder Campingplätze erwähnen. Wer's ganz bequem will, kann sich eine ganze Radtour durch Fünen ausarbeiten lassen und dabei wählen, ob er in Hotels, in Gasthöfen, in Jugendherbergen oder auf Campingplätzen übernachten will.

Foto m. frdl. Gen.: Van Roeden, Dänisches Fremdenverkehrsamt

Die Beschilderung der Fahrradrouten kann als vorbildlich bezeichnet werden. Neben Wegweisern mit Routennummern, Ortsangaben und Entfernungen findet man unterwegs immer wieder Schilder mit dem Logo „Grønt cykelparadis" (Grünes Radlerparadies). Wer dieses Schild an seinem Laden, Gasthof o. ä. anbringt, bietet Radwanderern spezielle Einrichtungen.

Wer sich lieber auf seine eigene Planung verläßt, kann sich den Fahrradführer Fünen für etwa DM 20,- besorgen, der die 1.175 km gekennzeichneter Radrouten beschreibt und Übernachtungsmöglichkeiten angibt. Informationen darüber gibt es bei: *FYN-TOUR, Fahrradnetzwerk Fünen, Svendborgvej 83 - 85, Postbox 499, DK - 5260 Odense S, Tel. +45 66 13 13 37, Fax +45 66 13 13 38. Internet: http://www.FYNTOUR.DK. E-mail: BikeFunen@FYNTOUR.DK.*

MIDDELFART liegt am Nordwestzipfel von Fünen. Das über 500 Jahre alte Städtchen – 1996 feierte man 500jähriges Stadtjubiläum – wirkt wie ein etwas aus den Nähten geplatztes Fischerstädtchen. Schließlich waren ja lange die Fischerei und die Jagd auf Tümmler die wichtigsten Wirtschaftszweige. Bis weit in die dreißiger Jahre hatte Middelfart auch Bedeutung als wichtiger Fährhafen, die es nach dem Bau der ersten Brücke (1.178 m lang und 33 m hoch) aber einbüßte.

Middelfart Museum
1.6. - 31.8. tgl. 11 - 17 Uhr. Eintritt.

Im **Middelfart Museum** in der Brogade Nr. 8, das im Henner Frisers Hus, einem spitzgieblingen Fachwerkbau aus dem Jahre 1570, eingerichtet ist, werden vor allem Exponate zur Lokalgeschichte und aus dem Bereich des Fischfangs und der langen Tradition der Fähr-

Hindsgavl Slot, Middelfart, Fünen
Foto m. frdl. Gen.: Peter Søllner, Dänisches Fremdenverkehrsamt

schiffe gezeigt. Endlich bietet ein Museum auch den Damen etwas Schönes. Sie werden sich von der Sammlung alter Hüte kaum losreißen können. Eine besondere Abteilung des Museums bildet die **Broudstillingen**, Algade 8, die sich ausführlich mit der Geschichte des Brückenbaus über den Kleinen Belt befaßt.

Bei einem Bummel durch das Städtchen sollte man die Straßenzüge Algade und Brogade mit ihren hübschen alten Häusern mit einbeziehen.

Vom 3 km westlich am Kolding Fjord gelegenen **Schloß Hindsgavl** kann von der Allgemeinheit nur der Park betreten und das im klassizistischen Stil 1785 errichtete Hauptgebäude somit nur von außen besichtigt werden. Heute sind im Schloß ein Kurszentrum und eine Hotelpension mit Restaurant eingerichtet.

Praktische Hinweise

☎ **Middelfart Turistbureau**, Havnegade 10, 5500 Middelfart, Tel . 64 41 17 88, Fax 64 41 34 85. Ganzjährig tägl. außer sonntags geöffnet.

Middelfart

◁ Hotels: **Hindsgavl Slot**, 73 Zi.; Hindsgavl Allé 7, Tel. 64 41 18 18, Fax 64 41 88 11, eingerichtet in einem Herrensitz aus dem 18. Jh. der in einem Park am Kleinen Belt liegt, Restaurant.
Kongebrogården, 48 Zi., Kongebrovej 63, Tel. 64 41 11 22, Fax 64 41 11 80, Restaurant, Sauna, Schwimmbad.
Parkhotel, 102 Zi., 42 Appartements, Karensmindevej 3, Tel. 64 41 64 74, Fax 64 41 29 16, Restaurant, Schwimmbad. – Und andere Hotels.

Hotels

▲ – **Gals Klingt Camping** **, Tel. 64 41 20 59; Ende März – Ende Sept.; westl. Middelfart; schöne Lage in waldreicher Umgebung am Kleinen Belt; ca. 3 ha – 120 Stpl. + Dau; Standardausstattung. – Und andere Campingplätze.

Camping

➜ **Route:** Der Verlauf unserer Route führt ab Middelfart auf küstennahen Landstraßen und über **Gamborg** bis **Husby**. •

Ca. 3 km westlich von **Husby** liegt das **Gut Wedellsborg**, Fünens größter Gutsbesitz. Das Anwesen ist in Privathand. Nur der Park ist zugänglich.

➜ **Route:** Die Route führt nun weiter ins Inselinnere über **Kerte** bis **Aarup** (Jugendherberge, Skolegade 3, 47 Betten 8 Familienzimmer). •

Fyns Sommerland, ein Freizeitpark mit Karussells, Paddelsee, mit Schwimmbädern und riesiger Wasserrutschbahn liegt an der Straße 161 etwas nördlich von Aarup.

Nicht weit davon entfernt findet man den **Besøgsbondegården** „**Billeshøj**", einen Bauernhof, auf dem man Kälber oder Schweine streicheln oder beim Kühemelken zusehen darf, ein Erlebnis also für Kinder.

Ein Stück weiter östlich von Aarup liegt **Vissenbjerg** (Højfyns Turistbureau im Sommer). Das **Fyns Akvarium** (Dänemarks größtes Kaltsalzwasseraquarium mit Haien, Drachenfischen, Piranhas, Zitteraalen und anderen freundlichen Meeresbewohnern) und das **Terrariet Vissenbjerg** (Terrarium mit Lurchen, Schlangen, Leguanen, Waranen, Kröten, Iltissen, Nasenbären, Seidenäffchen u.a.) zählen dort zu den Touristenattraktionen.

➜ **Route:** Weiterreise von Aarup auf der Straße 329 südwärts bis **Glamsbjerg**. Nimmt man die Landstraßen östlich der Hauptstraße 329 über **Frøbjerg,** fährt man mitten durch das Hügelland Mittelfünens. •

Spaziergang auf Fünens höchsten Berg

Wer gerne mal ein Stück wandert, für den lohnt der Abstecher in **Frøbjerg**, zum 131 m hohen Aussichtsberg **Frøbjerg Bavnehøj**, der in einer schönen Hügellandschaft liegt und zu dem man hinaufspazieren kann. Nach getaner Arbeit können Sie sich rühmen, Fünens höchsten „Berg" erklommen zu haben.

Rund 5 km weiter südlich liegt **Schloß Krengerup**. Von der Straße 329 kann man in **Vedtofte** ostwärts abzweigen und kommt dann nach ca. 4 km zum nördlich von Glamsbjerg gelegenen **Schloß Krengerup**. Das Anwesen gehörte im 18. Jh. dem Grafen Rantzau, Vizekönig in Norwegen, später seinem Sohn, der das Schloß in seiner heutigen Form erbauen ließ. Auf einem öffentlichen Weg kann man es zum Vorhof des Schlosses gelangen, das nur von außen betrachtet werden kann.

das Flachswebereimuseum beim Schloß Krengerup
1. 5. - 31. 8. tgl. a. Mo. 13 - 17 Uhr. Mai + Sept. nur Sa. + So. Übrige Zeit geschl. Eintritt.

In der Nähe des Schlosses liegt das **Hørvævsmuseet**, das Flachswebereimuseum, das die Entwicklung dieses Gewerbes von den ersten primitiven Maschinen bis zu den großen Webmaschinen dokumentiert. Auf den Führungen wird die Arbeitsweise verschiedener Maschinen demonstriert.

In **Gummerup**, unweit südlich von Glamsbjerg, kann man den **Vestfyns Hjemstavnsgård**, ein in einem schönen alten Vierkanthof mit Fachwerkgebäuden eingerichtetes Bauernhofmuseum besichtigen.

Bauernhofmuseum
1. 4. - 20.10. tgl. 10 - 17 Uhr. Eintritt.

Ganz in der Nähe des Museums liegt der kleine, einfache Campingplatz „Hjemstavnsgårdens Camping", geöffnet 1. Mai bis 15. Sept.

Camping

➔ **Route:** Von Glamsbjerg auf der Straße 168 rund 15 km nach Westen bis **Assens**. ●

ASSENS ist eine Industrie- und Hafenstadt mit Fährverbindungen zur Insel Bågø im Kleinen Belt. Die Stadt hat eine sehr moderne Marina und eine hübsche Hauptstraße, die 1995 vom Straßenbauamt sogar mit dem Prädikat „Schönste Straße Dänemarks" ausgezeichnet wurde.

Zu besichtigen gibt es das **Plums Hus** und den **Willemoes Hof** (kulturhistorische Sammlung), beide aus dem 18. Jh., dann das alte Postamt und schließlich **„Vor Frue Kirke"**, die Liebfrauenkirche. Sie gilt mit ihren spätgotischen Stilelementen und einem großen Mittelschiff, als zweitgrößte Kirche ihrer Art auf Fünen, die seit 1488 fast unverändert geblieben ist.

Im oben erwähnten Willemoes Hof war 1783 *Peter Willemoes* geboren worden. Er hatte sich in der Schlacht um Kopenhagen am 2. April 1801 so große Verdienste erworben, daß er seitdem nur noch mit dem Attribut „Seeheld" in den Stadtbeschreibungen auftaucht. Ein Denkmal für Peter Willemoes steht auf der alten Hafenmole ganz in der Nähe des alten Siedhauses von 1824.

Die **Ernst's Sammling,** Østergade 57, die zu den größten privaten Kunstsammlungen in Dänemark gezählt wird, zeigt eine bemerkenswerte Sammlung von Gemälden, Silber, Porzellan u.ä. Insgesamt soll die Sammlung mehr als 4.000 Objekte umfassen. Geöffnet vom Mitte Juni bis Mitte August.

Eine weitere Adresse für Kunstliebhaber ist die **Mands Samling,** ein kulturhistorisches Museum mit sehenswertem Interieur, alten Möbeln, Glas u.a.

Der Ideengarten **„De 7 Haver"**, ein sehenswerter botanischer Garten, ist etwas für Garten- Blumenliebhaber. Er liegt etwas südöstlich von Assens bei **Ebberup** am Aa Strandvej 60 - 62. Man sieht sieben Gärten mit Teichen, Mäuerchen und Treppen, die nach typischen Merkmalen angelegt sind, wie sie in sieben europäischen Ländern spezifisch sind – von Finnland bis Italien.

botanischer Garten
15.4. - 1.11. tgl. 10 - 17 Uhr. Eintritt.

Praktische Hinweise

☎ **Assens Turistbureau,** Ladegårdsgade 1, 5610 Assens, Tel. 64 71 20 31, Fax 64 71 49 39. Ganzjährig tägl. außer sonntags geöffnet.

🏠 Hotels: **Marcussens Hotel,** 35 Zi., Strandgade 22, Tel. 64 71 10 89, Fax 64 71 41 75, in maritimer Umgebung, von einigen Zimmern Blick zum Hafen. Restaurant. – Und andere Hotels.

Assens Hotels

Assens
Jugendherberge

Jugendherberge: **Danhostel Assens Vandrerhjem** ***, Adelgade 26, 5610 Assens, Tel. 64 71 13 57, Fax 64 71 56 57; geöffnet vom 1. März bis 31. Oktober; 54 Betten, 12 Familienzimmer; Kücheneinrichtung; Frühstück..

Camping

▲ – **Willemoes Camping** ***, Tel. 64 71 15 43; Mitte Apr. – Mitte Sept.; westl. Assens neben dem Jachthafen, am Kleinen Belt; ebenes Wiesengelände, zur Straße hin, die den Platz zweiteilt hohe Baumreihen; ca. 5 ha – 200 Stpl. + Dau.; gute Standardausstattung; Laden; Fahrradverleih; 9 Miethütten.
Ebberup
– **Aa Strand Camping** ***, Tel. 64 74 10 03; Ende März – 15. Sept.; ca. 2 km südl. Ebberup; Wiesen mit Wald und durch hohe Baumgruppen mehrfach unterteilt, unweit des Kleinen Belts; ca. 4 ha –150 Stpl. + Dau.; gute Standardausstattung; Laden, Fahrradverleih; 10 Miethütten.
– **Strandbakkens Camping** **, Tel. 64 77 13 39; Ende März – 1. Okt.; auf der **Insel Helnæs**, in ruhiger Lage nahe am Meer; ca. 4 ha – 140 Stpl. + Dau.; gute Standardausstattung; Laden, Imbiß, Fahrradverleih.
Hårby
– **Løgismosestrand Camping** ***, Tel. 64 77 12 50; Ende März – 14. Sept.; ca. 6 km südl. Hårby; Wiesen am Kleinen Belt; ca. 5 ha – 150 Stpl. + Dau.; Standardausstattung; Laden, Imbiß; Fahrradverleih; 2 Miethütten. – Und andere Campingplätze.

Fährt man von Glamsbjerg nicht über Assens, sondern direkt nach Faaborg, sollte man den Weg über **Håstrup** nehmen. Man kommt dann durch die schöne abwechslungsreiche Landschaft der **Fynske Alper** mit Höhen über 120 m.
Ein Landschaftsmuseum ist bei **Svanninge,** 3 km nördl. von Faaborg, auf dem 126 m hohen Aussichtsberg **Svanninge Bakker** eingerichtet. Natur- und kulturhistorische Sammlungen.

Fünens einzige
Rundkirche

In **Horne**, ca. 4 km westlich von Faaborg, steht die einzige **Rundkirche** auf Fünen. Ab **Bøjden** verkehren Autofähren nach Fynshav auf Als.

FAABORG, am Fuße der Hügel Svanninge Bakker gelegen, ist ein hübsches, kleines Städtchen,– eines der wenigen übrigens auf Fünen, das noch ein Stadttor bewahrt hat – das vor allem in den Straßen Vestergade und Østergade durch alte Häuser ein altes Stadtbild präsentiert. Wie sehr die Stadt bemüht ist, ein gutes Bild abzugeben zeigt vielleicht der bemerkenswerte Ratsbeschluß, daß die Stadt Hausbesitzern Zuschüsse dafür gewährt, daß sie ihre Häuser ganz in rot decken, um ja ein freundliches Stadtbild zu schaffen. Und wenn Sie an einem Sommerabend nichts besseres zu tun haben, schließen Sie sich einfach dem Nachtwächter auf seiner Runde durch die alten Gassen an. Auch wenn Sie wahrscheinlich nicht alles verstehen, was der Herr mit seinem Morgenstern und der Laterne da so alles singt und erzählt, ein lustiges Erlebnis ist es allemal.
Fährverbindungen bestehen ab Faaborg zu den Inseln Bjørnø, Lyø, Avernakø, Ærø und Gelting/Schleswig-Holstein.

Faaborg Museum *
Sommer tgl. 10 - 17 Uhr. Winter 11 - 15 Uhr. Eintritt.

Das **Faaborg-Museum**, Grønnegade 75, hat durch seine große Sammlung von Werken fünischer Maler um 1900, die unter dem

Namen „Fynboerne" (die „Fünischen Maler"), wie Peter Hansen, Kai Nielsen oder Fritz Syberg, überregionale Bedeutung.

Im Museum **Den Gamle Gård**, Holkegade 1, ist die Geschichte des fünischen Bürgertums dokumentiert. Das kulturhistorische Museum ist in einem schönen Kaufmannshof aus dem 18. Jh. eingerichtet. Neben kostbarem Mobiliar, sieht man z. B. Portraitgemälde, Gold- und Silberschmiedearbeiten, feines Porzellan und Glas u.a. Seefahrtabteilung.

Den Gamle Gård Museum 15.5. - 15. 9. 10.30 - 16.30 Uhr. Eintritt.

Ein Tip für einen nicht ganz so sonnigen Tag ist vielleicht das **Modellschiffmuseum** in der Holkegade 2. Es ist eingerichtet in einer ehemaligen, alten Schmiede. Hier ist eine der größten Sammlung von neuen und alten Schiffsmodellen weit und breit zu bestaunen.

Modellschiffmuseum Ende Juni - Ende Aug. tgl. 11 - 16 Uhr. Eintritt.

Schließlich zählt noch die fast 400 Jahre alte **Kaleko – Mühle**, ca. 2 km östlich der Stadt, zu den Sehenswürdigkeiten von Faaborg. In der restaurierten Wassermühle ist ein Museum eingerichtet, das sich mit Aspekten des Alltags der ländlichen Bevölkerung befaßt. Im Sommer verkehrt eine **Oldtimer-Dampfbahn** zwischen Faaborg, Korinth und Ringe.

Bei **Korinth,** ca. 11 km nordöstlich von Faaborg, liegen zwei bemerkenswerte Herrensitze:

Schloß Arreskov, ein vierflügliges Renaissanceschloß aus dem 16. Jh. Der Privatbesitz liegt schön am Arreskov Sø, dem größten Binnengewässer auf Fünen. Kein Zutritt zum Schloß, aber guter Blick vom öffentlichen Weg aus.

Brahetrolleborg, ursprünglich Zisterzienserkloster (12. Jh.). Nach der Reformation Krongut. Danach Baronie der Trolles und später im 18. Jh. ein Geschenk König Frederik IV. an seinen Schwager Christian Ditlev Reventlow. Seitdem im Besitz dieser Familie. Zutritt nur zum Park täglich zwischen 9 und 17 Uhr.

Praktische Hinweise

☎ **Faaborg Turistbureau,** Banegårdspladsen 2 A, 5600 Faaborg, Tel. 62 61 07 07, Fax 62 61 33 37. Ganzjährig tägl. außer sonntags geöffnet.

🏠 Hotels: **Færgegården,** 15 Zi., Christian IX's vej 31, Tel. 64 61 11 15, Fax 62 61 11 95; traditionsreiche, 137 Jahre alte „Schankstube", Restaurant.
Faaborg, 17 Zi., Torvet 15, Tel. 62 61 02 45, Fax 62 61 08 45, Restaurant, Garage.
Faaborg Fjord, 131 Zi., Svendborgvej 175, Tel. 62 61 10 10, Fax 62 61 10 17; Nichtraucherzimmer; direkt am neu gestalteten Markt gelegen; Restaurant, Schwimmbad;
Mosegård, Nabygaden 31, Tel. 62 61 06 91, Fax 62 61 56 96, Restaurant.
– Und andere Hotels.

Faaborg Hotels

Jugendherberge: **Danhostel Faaborg Vandrerhjem ***,** Grønnegade 71 - 73, 5600 Faaborg, Tel. 62 61 12 03, Fax 62 61 35 08; geöffnet 1. April bis 1. Oktober; 68 Betten, 18 Familienzimmer; Kücheneinrichtung; Frühstück; Parkplatz.

Jugendherberge

Camping

▲ – **Diernæs Camping **,** Tel. 62 61 13 76; 1. Mai – 1. Sept.; ca. 2 km nordöstl. Faaborg; schöne, ruhige Lage am Südrand der „Fünischen Alpen"; ca. 1,5 ha – 60 Stpl. + Dau.; Standardausstattung; Laden, Imbiß; Schwimmbad.

Faaborg Camping

– **Bøjden Strandcamping *****, Tel. 62 60 12 84; Ende März – 15. Sept.; ca. 9 km westl. Faaborg, am Kleinen Belt, nahe der Fährstation nach Fynshav; etwas erhöht, mit Aussicht; ca. 5 ha – 190 Stpl. + Dau.; gute Standardausstattung; Laden; Fahrradverleih; 12 Miethütten.
– **Sinebjerg Camping ****, Tel. 62 60 14 40; 1. Mai – 31. Aug.; ca. 5 km südwestl. Faaborg; ebene Wiesen, von Feldern umgeben, nach Westen hin ein Wäldchen vorgelagert, an der Küste gegenüber der Insel Lyø, ca. 4 ha – 120 Stpl. + zahlr. Dau.; gute Standardausstattung; Laden, Badegelegenheit, Fahrradverleih.
– **NAB Camping ****, Tel. 62 61 67 79;1 5.V–VIII; südöstl. Faaborg, recht ruhig und abgeschieden gelegener Wiesenplatz, an einer Bucht des Faaborg Fjords mit abfallendem Ufer; ca. 2 ha –100 Stpl. + Dau.; gute Standardausstattung; Laden, Imbiß. – Und andere Campingplätze.

➜ **Route:** Die Fahrt durch die mit Seen durchsetzte Landschaft Fünens ist nicht ohne Reiz. Nicht umsonst nennen die Leute auf Fünen ihre Insel stolz den „Garten Dänemarks". Nach 26 km auf der Straße 44 erreichen wir **Svendborg.** ●

SVENDBORG liegt am gleichnamigen Sund, der Fünen von der im Süden vorgelagerten Insel Tåsinge trennt. Mitten in Fünens Inselmeer gelegen kam der Stadt lange Zeit ein ganz bedeutende Rolle als zentrale Hafenstadt im Ostseeraum zu. Handel und vor allem die Seefahrt prägten die Stadt über Jahrhunderte. Noch zu Beginn unseres Jahrhunderts war Svendborg Heimathafen einer stattlichen Flotte von Handels- und Kauffahrtseglern. Auch in Svendborg sind in der Stadtmitte noch einige schöne Fachwerkhäuser aus der „guten alten Zeit" erhalten.

Die romanische **Nikolai Kirche** mit ihrem wuchtigen Turm wurde im 13. Jh. erbaut und im letzten Jahrhundert umfassend restauriert.

Das **Svendborg Museum** ist das Heimat- und Regionalmuseum des Landkreises Svendborg. Es ist eingerichtet im historischen Viebæltegård im Grubbemøllevej 13, der einstmals als Armenhaus der Stadt diente. Neben Ausstellungsstücken von der Vorgeschichte bis ins Mittelalter sieht man auch eine Wohnung aus den 50er Jahren.

Zu besichtigen ist außerdem der **Anne Hvides Gård**, ein Fachwerkhof aus dem 16. Jh. in der Fruestræde 3.

Und wer sich dafür interessiert, wie früher Öfen gegossen wurden, erfährt im **Lange & Co's Ovnmuseum** vieles über dieses alte Handwerk (Sommer tgl. 10 - 17 Uhr).

Spielzeug-museum
1. 6. - 31. 8. tgl. 10 - 17 Uhr. Übrige Zeit nur Mi. - Sa. Eintritt.

Das **Legetøjsmuseet Svendborg** in der Sankt Nicolaigade 1 B, ist ein Spielzeugmuseum, das wahrscheinlich von der ganzen Familie gerne besucht wird, zumal an weniger schönen Tagen.

Im **Viebæltgård**, dem früheren Armenhaus der Stadt im Grubbemøllevej 13, ist eine Altertumssammlung ausgestellt.

Das **Zoologische Museum** in der Dronningemaen 30 schließlich, zeigt eine komplette Sammlung der in Dänemark beheimateten Vögel, Säugetiere u.a.

Ab Svendborg verkehren **Fähren** ins südfünische Inselmeer zu den Inseln Skarø, Drejø und Ærø.

Neben einem Abstecher auf die Insel Langeland (siehe nächste Etappe, Route 10, Svendborg – Nyborg) kann an einem schönen Sommertag ein **Schiffsausflug** mit dem wunderschön restaurierten Oldtimerdampfer „Helge" ein erholsames Erlebnis sein.

Praktische Hinweise

Svendborg

☎ **Sydfyns Turistbureau**, Centrumspladsen, 5700 Svendborg, Tel. 62 21 09 80, Fax 62 22 05 53. Ganzjährig tägl. außer sonntags geöffnet.

❖ Feste, Märkte: Markttage in Svendborg sind der Mittwoch und der Samstag.

Feste, Märkte

⌂ Hotels: **Christiansminde**, 98 Zi., 66 Appartements, Christiansmindevej 16, Tel. 62 21 90 00, Fax 62 21 60 82, Restaurant, Schwimmbad.
Svendborg, 87 Zi., Centrumspladsen 1, Tel. 62 21 17 00, Fax 62 21 90 12, zentral gelegenes Stadthotel, Nichtraucherzimmer, Restaurant
Tre Roser, 70 Zi., 58 Appartements, Fåborgvej 90, Tel. 62 21 64 26, Fax 62 21 15 26, Restaurant, Sauna, Schwimmbad, Gartenterrasse.
Troense, 30 Zi., Strandgade 5 - 7, in Troense/Insel Tåsinge, Tel. 62 22 54 12, Fax 62 22 78 12, Restaurant.
– Und andere Hotels.

Hotels

Jugendherberge: **Danhostel Svendborg Vandrerhjem** *****, Vestergade 45, 5700 Svendborg, Tel. 62 21 66 99; geöffnet 5. Jan. – Mitte Dez.; recht komfortable Einrichtung; 268 Betten in 68 Zimmern und 16 Familienzimmer. Abendessen, Frühstück; Kücheneinrichtung; Fahrradverleih.

Jugendherberge

▲ – **Carlsberg Camping** ***, Tel. 62 22 53 84; Ende März – Ende Sept.; auf der **Insel Tåsinge**, ca. 1,5 km südl. der Brücke und östl. der Straße 9; ebene Wiesen, teils von Feldern, teils von Wald umgeben, erhöht gelegen mit Ausblicken; ca. 6 ha – 250 Stpl. + Dau.; gute Standardausstattung; Laden, Imbiß; Schwimmbad, Fahrradverleih.
– **Vindebyøre Camping** ***, Tel. 62 22 54 25; Ende März – 15. Sept.; auf der **Insel Tåsinge**, östl. von **Vindeby**. Parkähnliches Gelände am Svendborgsund, mit Waldstücken. Die Anlage ist Teil eines öffentlichen Strandparks mit entsprechenden Auswirkungen an schönen Sommerwochenenden; ca. 5 ha – 150 Stpl.; Standardausstattung; Laden; 13 Miethütten.
– **Grasten Camping** ***, Tel. 62 20 54 31; Ende März – Ende Sept.; bei **Thurø**, östlich von Svendborg; ebene Wiesen, durch Hecken in Stellplatzreihen unterteilt; ansprechend und relativ ruhig am Sund gelegen; ca. 3 ha – 120 Stpl. + Dau.; Standardausstattung; Laden, schmaler Strand. 5 Miethütten. – Und andere Campingplätze.

Camping bei
Svendborg

10. SVENDBORG /FÜNEN – NYBORG / FÜNEN

⊙ **Entfernung:** Rund 180 km, ohne Abstecher.

→ **Strecke:** Über die Straße 9 bis **Rudkøbing/Langeland** und zurück über **Svendborg, Kværndrup** und **Ringe** bis **Odense** – Straße 165 bis **Kerteminde** – Straße 315 bis **Fyns Hoved** und zurück bis Kerteminde – Straße 165 bis **Nyborg.**

🕐 **Reisedauer:** Mindestens ein Tag.

⌘ **Höhepunkte:** Das **Valdemars Schloß **** bei Troense – der neu entdeckte **Königshof von Gudme** – **Schloß Egeskov **** und Park – die Museen und das **Eisenbahnmuseum **** in Odense – das Freilichtmuseum „**Das Fünische Dorf**" ** bei Odense – das **Wikinger-Schiffs-Grab *** bei Ladby – das **Schloß Nyborg.**

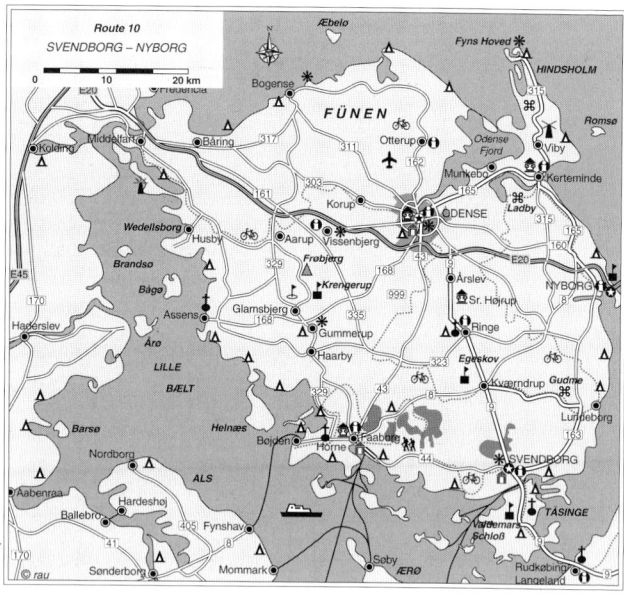

→ **Route:** Von Svendborg südwärts und über die Sundbrücke (Straße 9) auf die **Insel Tåsinge** und weiter nach **Rudkøbing** auf Langeland. ●

Schon nach wenigen Kilometern sind wir in **Bregninge/Insel Tåsinge** mit seiner schön erhöht gelegenen Kirche. Wenn möglich, sollte man den Kirchturm besteigen. Der Blick auf die Inselwelt zwischen Langeland und Ærø lohnt die kleine Mühe.

*am Svendborg-
sund, Fünen* *)

In Bregninge zweigen wir ostwärts ab nach **Troense**, einem alten
Seefahrerstädtchen. Die lange Seefahrttradition des Ortes wird in
der **Seefahrtssammlung** in der Strandgade 1 dokumentiert, u.a.
300 Schiffsmodelle. Noch mehr über die Seefahrt, aber auch über
die kulturellen Besonderheiten der Umgebung, erfährt man im
Tåsinge Skipperhjem og Folkemindesamling, dem Schifferhaus
mit volkskundlicher Sammlung.

Seefahrtmuseum
1.5. - 30.9. tgl. 10 -
17 Uhr. Übrige Zeit
So. geschlossen.
Eintritt.

Besondere Erwähnung verdient **Valdemars Schloß,** das etwa 1 km
südlich von Troense liegt. Die Ursprünge der Schloßanlage gehen
zurück bis ins 17. Jh., als König Christian IV. für seinen Sohn
Valdemar eine Residenz errichten ließ. 1678 kam der noble,
dreiflüglige Bau in den Besitz des Seehelden Niels Juel. Niels Juel
war der Enkel des in der Seeschlacht bei Køge siegreichen Admi-
rals Juel. Später im 18. Jh. erhielt Valdemars Schloß im Wesentlichen sein heutiges Aussehen, mit Schloßsee, Torhäusern, Stallungen und Remisen. Valdemars Schloß spiegelt in seinen Gebäuden
und teils prachtvoll ausgestatteten Salons und Gemächern über 300
Jahre wechselvolle Geschichte eines dänischen Herrenhofes wieder. Neben 15 Schloßräumen kann der Besucher das Schloß vom
Keller bis zum Dach erkunden. Zudem sieht man die Küchen, repräsentative Säle und die Schloßkirche. Cafeteria, Schloßhotel (7
Zimmer) und Restaurant „Den grå Dame" (Die graue Dame).

Valdemars Schloß
**
1.5. - 30.9. tgl. 10 -
17 Uhr. Eintritt.

ABSTECHER AUF DIE INSEL LANGELAND

Es bietet sich an, von Tåsinge den kurzen Sprung nach **Langeland**
zu machen. Die 285 qkm große Insel ist nur 5 km entfernt. Man
erreicht sie über einen Damm und die Langelandsbrücke, die in
Rudkøbing die Insel erreicht.

*) Foto m. frdl.
Gen.: Williams,
Dänisches Frem-
denverkehrsamt

Rudkøbing ist Langelands größte Stadt, die in ihrem Zentrum durch einige alte Häuser noch ein wenig vom Flair der gutbürgerlichen Kaufmannszeit verbreitet. Die **Alte Apotheke** (im Sommer Mo. – Fr. 11 – 16 Uhr) in der Brogade Nr. 15 mit ihrem schönen Fachwerk zum Beispiel gehört zu diesen Häusern. Aber auch am Gänsemarkt, in der Smedegade oder auf dem Kirchplatz findet man noch schöne alte Gebäude.

Autofähren verkehren von Rudkøbing zu den Inseln Strynø und Ærø. Siehe auch unter „Reisen im Lande – Mit dem Schiff".

Langelands Museum
1.6. - 31.8. tgl. 10 - 16 Uhr, übrige Zeit Sa. geschl., Eintritt.

Langelands Museum liegt im Jens Winthersvej 12. Das kulturhistorische Museum zeigt eine archäologische Sammlung und gibt Einblick in die Lebensgewohnheiten des Bürgertums der vergangenen Jahrhunderte.

Aquarium
tgl. 10 - 18 Uhr. Eintritt.

Östlich von Rudkøbing trifft man an der Straße nach Spodsbjerg auf das **Aquarium Langeland**. In zahlreichen Bassins sind über 250 Fischarten aus Süß- und Salzwasser zu sehen.

Rudkøbing Hotels

Jugendherberge

Camping auf Langeland

Praktische Hinweise

☎ **Langelands Turistbureau**, Torvet 5, 5900 Rudkøbing, Tel. 62 51 35 05, Fax 62 51 43 35. Ganzjährig täglich außer sonntags geöffnet.

⌂ Hotels: **Rudkøbing Skudehavn**, 120 Zi., 60 Appartements, Havnegade 21, Tel. 62 51 46 00, Fax 62 51 49 40; mitten im Hafenmilieu, teils mit Meerblick, Stadtzentrum in Gehnähe; Restaurant, Sauna, Schwimmbad. **Spodsbjerg Badehotel**, 14 Zi., Spodsbjergvej 317, Tel. 62 50 10 64, Fax 62 50 10 64; Restaurant, Garage; an der Ostküste von Langeland. – Und andere Hotels.

Jugendherberge: **Danhostel Rudkøbing Vandrerhjem *****, Engdraget 1, 5900 Rudkøbing, Tel. 62 51 18 30; geöffnet von 15. März bis 31. Oktober; Zimmer mit Bad, Nichtraucherzimmer; Kücheneinrichtung; Frühstück; Parkplatz.

▲ – **Spodsbjerg**
– **Billevænge Camping *****, Tel. 62 50 10 06; Ende März – 30. Sept.; an der Ostküste südlich von Spodsbjerg; von kleinen Waldstücken und dichten Baumgruppen unterteiltes Wiesengelände in Meeresnähe; ca. 3 ha – 140 Stpl. + Dau.; Standardausstattung; Laden; Meer in Gehnähe.
– **Færgegårdens Camping ****, Tel. 62 50 11 36; Ende März – Ende Okt.; an der Ostküste von Langeland, nördlich von Spodsbjerg; Wiesengelände, durch hohe Baumreihen vielfach unterteilt, am Fähr- und Freizeithafen; ca. 3 ha – 130 Stpl. + Dau.; Standardausstattung; 5 Miethütten.
Tranekær
– **Emmerbølle Strand Camping ******, Tel. 62 59 12 26; Ende März – Mitte Sept.; an der Westküste Langelands; komfortabler, ruhig gelegener Ferienplatz am Meer, Wiesengelände, durch hohe, dichte Hecken in mehrere Sektionen unterteilt und windgeschützt; ca. 6 ha – 200 Stpl. + Dau.; Komfortausstattung; Laden; 12 Miethütten; schmaler, langer Strand.
Lohals
– **Lohals Camping *****, Tel. 62 55 14 60; Mitte Apr. – Ende Sept.; im Norden der Insel Langeland; ebene Wiesen, durch Wohnhäuser vom Bootshafen getrennt; ca. 2,5 ha – 140 Stpl. + Dau.; Standardausstattung; 7 Miethütten.

– Hov Nordstrand Camping ***, Tel. 62 55 18 80; 15. März – 30. Okt.; an der Nordspitze von Langeland; ebene Wiesen, durch hohe Hecken und Bäume unweit und etwas windgeschützt, unweit vom Meer; ca. 4,5 ha – 150 Stpl. + Dau.; Standardausstattung; Laden, Fahrradverleih; zum Strand ca. 200 m.

Ristinge
– Skolds Camping ***, Tel. 62 57 13 29; 1. Mai – 1. September; im Südteil an der Westküste der Insel; etwas erhöht gelegenes Wiesengelände mit teils dichten Buschgruppen; ca. 5 ha – 200 Stpl. + Dau.; Komfortausstattung; Laden, Imbiß, Restaurant; Tennis, Fahrradverleih; 6 Miethütten. Ca. 200 m zum Strand mit Dünen.

Bagenkop
– Strandgårdens Camping **, Tel. 62 56 12 95; Ende März – 14. Sept.; im Südteil an der Westküste von Langeland und nördlich vom Fährhafen Bagenkop; ebene Wiesen, teils baumlos, teils durch hohe Hecken in rechteckige Felder unterteilt; ca. 7 ha – 200 Stpl. + Dau.; Standardausstattung; Laden, Imbiß; Schwimmbad, Fahrradverleih; 16 Miethütten; zum Meer ca. 200 m. – Und andere Campingplätze.

Camping auf Langeland

AUSFLÜGE AB RUDKØBING

Zum **Safarimuseum** bei **Lohals** im Norden der Insel (Autofähren nach Korsør/Seeland) und zum **Kong Humbles's Grab** bei **Humble**, einem länglichen Dolmen mit Ganggrab, im Süden Langelands. Auf dem Weg nach Norden passiert man **Tranekær.** Der Ort liegt nordöstlich von Rudkøbing, etwa auf halbem Wege nach Lohals. Man kann das **Mühlen- und Schloßmuseum** (samstags geschlossen) besichtigen oder einen Spaziergang durch den **Schloßpark** mit seinen herrlichen alten Bäumen und dem neuartigen Zentrum für Kunst und Natur machen. Das Schloß selbst ist nicht zugänglich.

Ausflüge auf Langeland

Schöne **Badestrände** findet man im Norden bei Hov, an der Ostküste südlich der Fährstation Spodsbjerg (Autofähren nach Tårs/Lolland) sowie bei Ristinge und bei Bagenkop im Süden (Autofähren nach Kiel).

Strände auf Langeland

➔ **Route:** Wir kehren von Langland zurück nach Fünen und fahren ab **Svendborg** auf der Straße 9 über **Kværndrup** und **Ringe** nach **Odense**. Wer sich allerdings für dänische Frühgeschichte interessiert, sollte unbedingt einen **Umweg** über die Straße 163 und über **Gudme** nach Kværndrup an der Straße 9 machen.●

Umweg über Dänemarks größten vorgeschichtlichen Begräbnisplatz

Daß diese Region Südfünens schon sehr früh besiedelt war, wurde erst jüngst durch neue Ausgrabungen und Funde nordöstlich von Svendborg bei Gudme und Lundeborg (Camping) bewiesen. Bei **Gudme,** das seitdem von einigen Tourismusmanagern auch als „Die Wiege Dänemarks" bezeichnet wird, wurden Spuren eines über 2.000 Jahre alten Handelsplatzes und des **„Gudme Kongsgård",** eines Königshofes, entdeckt. Diese „Halle des Gudme-Königs" und das, was die Wissenschaftler geborgen haben, war in Fachkreise eine mittlere Sensation und läßt, wie man liest, darauf schließen, daß hier der größte vorgeschichtliche Begräbnisplatz Dänemarks liegt. Angeblich residierte hier zwischen 200 und 500 n. Chr. bereits ein König über eine der ältesten bis heute bekannten Gesellschaften in Dänemark. Die Umrisse des Fundaments der Königshalle sind durch Eichenpfähle, die in die ausgegrabenen originalen Pfostenlöcher gesenkt wurden, markiert. Für Besucher wurde eigens ein Aussichtsturm mit Informationen über die archäologische Stätte errichtet.

Park und Schloß Egeskov **
1.5. - 30.9. 10 - 17 Uhr, Juni - Aug. 9 - 18 Uhr. Übrige Zeit Mo. geschlossen. Eintritt.

Ab **Kværndrup** lohnt ein Abstecher auf der Straße 8 nach Westen zum **Schloß Egeskov**. Egeskov gilt als das besterhaltene Wasserschloß in Europa. Der recht elegante und romantisch gelegene, im Renaissancestil errichtete Backsteinbau entstand im 16. Jh. und ruht angeblich auf zwölftausend Eichenpfählen. Eindrucksvoll auch die Fassade mit ihren gestuften Giebeln, Fenstern und Türmchen. Zum Schloß gehört ein 14 Hektar großer Park, mit Kräutergarten, Blumengarten, Heckenlabyrinth. Angeschlossen sind ein **Oldtimer Museum** mit Autos, Flugzeugen, Kutschen und Fahrzeugmodellen, ein Motorradmuseum, ein Kuriositätenmuseum, eine alte Schmiede, Cafeteria und Kinderpark. Separater Eintritt für Schloß, Park und Museen.

Wer sich für Kirchenbaukunst in Dänemark interessiert, sollte sich in **Ringe** die **Kirche** (leider nicht immer geöffnet) ansehen. Der Bau wurde ursprünglich im romanischen Stil errichtet, wurde aber später im Renaissancestil verändert. Bemerkenswert die Kapelle an der Südseite. Sie beherbergt das Grab von General Eickstedt, der 1801 starb und der für seine konspirativen Machenschaften bekannt war, zu denen auch der Verrat Struensees gehört haben soll.
Im nur im Sommer geöffneten **Ringe Museum** werden die Heimatgeschichte und das ländliche Leben früherer Tage in Midtfyn illustriert.

Praktische Hinweise

☎ **Midtfyns Turistbureau**, Algade 42, 5750 Ringe, Tel. 62 62 52 23, Fax 62 62 36 23.

Ringe Hotels

🏠 Hotels: **Hotel Ringe**, 21 Zi., Algade 13, Tel. 62 62 12 00, Fax 62 62 55 55, Restaurant.

Jugendherberge: **Danhostel Ringe Vandrerhjem**, Søvej 30 – 34, 5750 Ringe, Tel. 62 62 21 51, Fax 62 62 21 54; geöffnet Anf. Jan. bis Mitte Dez.; 46 Betten, 11 Familienzimmer; Kücheneinrichtung; Abendessen, Frühstück.

Camping

▲ – **Midtfyns Camping ****, Tel. 62 62 21 51; 1. Mai – 30. Sept.; Zufahrt von der Straße 9 beschildert; ebene Weisen am Ortsrand bei den städtischen Sportstätten mit Hallenbad; ca. 1,5 ha – 60 Stpl.; Standardausstattung.

Kunstliebhaber sollten auf der Weiterfahrt nach Norden in **Sdr. Højrup,** unweit östlich der Straße 9, Station machen. Dort findet man im Lensvej 20 - 22 die **Lindeskov Hansens Kunstsamlinger**, eine private Sammlung von Gemälden, Skulpturen und Kunsthandwerk. Allerdings ist die Ausstellung gewöhnlich nur an Wochenenden, im Sommer auch donnerstags und freitags geöffnet.

Schloß Egeskov

Foto m. frdl. Gen.:
Egeskov, Dänisches Fremdenverkehrsamt

In **Nr. Lyndelse,** an der Straße 43 westlich von Årslev, liegt das **Carl Nielsens Barndomshjem**. In diesem Haus am Odensevej 2 A, dem sog. Kindheitshaus, lebte der fünische Komponist Carl Nielsen bis zu seiner Konfirmation im Jahre 1879. Das Haus kann im Sommer täglich zwischen 11 und 15 Uhr besichtigt werden.

ODENSE

Odense, das kulturelle und wirtschaftliche Zentrum Fünens, zählt zu den ältesten Städten Dänemarks. Zur Wikingerzeit lautete der Stadtname *Odinstad.* Erstmals erwähnt wird Odense 988 auf einem Schutzbrief Kaiser Ottos. Die Kurie erhob Odense 1020 zum Bischofsitz und legte damit den Grundstein zum kirchlichen Zentrum, das Odense bis in unser Jahrhundert geblieben ist.

Der Mord an König Knud in der St. Albani Kirche im Jahre 1086 und die spätere Heiligsprechung von Kund löste im 12. Jh. einen wahren Pilgerstrom nach Odense aus. Zahlreiche Kirchen und Klöster entstanden.

Die zentrale Lage der Stadt, nicht nur auf Fünen, sondern im dänischen Königreich, führte dazu, daß sich Odense zu einer wichtigen Handelsstadt entwickelte, was bemerkenswert ist, denn Odense liegt ja nicht direkt am Meer. Das 21 km entfernte Kerteminde war bis zu Beginn des 19. Jh. der Hafen von Odense. Erst 1796 entschloß man sich, einen Kanal vom Odense Fjord bis in die Stadt zu graben.

Heute ist Odense mit seinen fast 200.000 Einwohnern die drittgrößte Stadt Dänemarks und zählt nicht nur zu den wichtigsten Häfen des Landes, sondern ist auch ein anerkanntes Bildungszentrum mit eigener Universität.

Viele bedeutende Künstler kamen aus Fünen, Maler und Komponisten wie Carl Nielsen zum Beispiel, und Dichter, wie Hans Christian Andersen. Der als Märchendichter bekannt gewordene H. C. Andersen ist bis heute wohl der populärste Sohn der Stadt.

Bei längerem Aufenthalt mit der ganzen Familie kann sich der Erwerb des **Odense Märchenpasses** lohnen. Dieser Städtepaß gewährt freien Zutritt zu vielen Museen und zu den Hallenbädern und gestattet unbegrenzte Freifahrten mit den städtischen Verkehrsmitteln. Für viele andere Angebote werden Ermäßigungen gewährt. Genauere Infos darüber und die neuesten Preise erfährt man im Touristenbüro.

STADTSPAZIERGANG

Einige Sehenswürdigkeiten im Stadtzentrum kann man auf einem Rundgang erreichen. Um zu den anderen zu gelangen, wird man die Stadtbusse oder das Auto benützen müssen.

Sehenswertes in Odense

Wir starten am **Rathaus (1).** Dort ist auch das **Touristeninformationsbüro** untergebracht. Westlich vom Rathaus findet man Parkplätze. Der recht neuzeitlich wirkende Bau des Rathauses ist an der Innenseite der Westwand der Rathaushalle mit der Skulptur „Fünischer Frühling" geschmückt.

Auf der Südseite des Rathauses erhebt sich die **Sct. Knuds Kirche (2),** der Dom von Odense. Der wuchtig wirkende Bau mit einem viereckigen Turm wurde Mitte des 13. Jh. errichtet und gilt, durch seinen schlichten gotischen Stil, als einer der beachtenswertesten Kirchenbauten Dänemarks. In der Krypta sind die Könige Knud der Heilige, Hans und Christian II. beigesetzt. Besondere Aufmerksamkeit verdient der prächtig geschnitzte Flügelaltar, ein Werk des Lübeckers Claus Berg aus dem 16. Jh.

Südwestlich der Kirche finden wir in der Munkemøllerstræde 3 – 5 das **H. C. Andersens Barndomshjem (3),** Hans Christian Andersens Kindheitsheim. In dem kleinen, bescheidenen Haus lebte H. C. Andersen zwischen 1807 und 1819, von seinem 2. bis zu seinem 14. Lebensjahr, zusammen mit seinen Eltern. Viele Motive seiner Märchen entnahm der Dichter dieser Umgebung und viel Eindrücke, die er später verwendete, gewann er hier in seinem Elternhaus. Bescheidene Ausstellung über die Kindheitsjahre des Dichters.

Wir gehen zurück bis zur Sct. Knuds Kirche am Sct. Knuds Plads, queren den Albani Platz, lassen die **Sct. Albani Kirche (4),** in der Knud der Heilige vor 900 Jahren ermordet wurde, rechts liegen,

Odense Stadtmuseum *
1. 7. - 31. 8. tgl. 10
- 16 Uhr. Sonst
Mo. geschl. Eintritt.

wenden uns rechts in die Overgade und folgen ihr, bis linkerhand der **Møntegården (5),** der alte Münzhof, auftaucht. Der Münzhof, ein schöner, stattlicher Fachwerk-Ziegelbau stammt, aus dem Jahre 1646 und beherbergt heute das kulturhistorische Stadtmuseum, mit einem Ensemble von mehreren Gebäude, darunter sog. Kleinstadthöfen oder besser gesagt Stadthäusern. U.a. sieht man

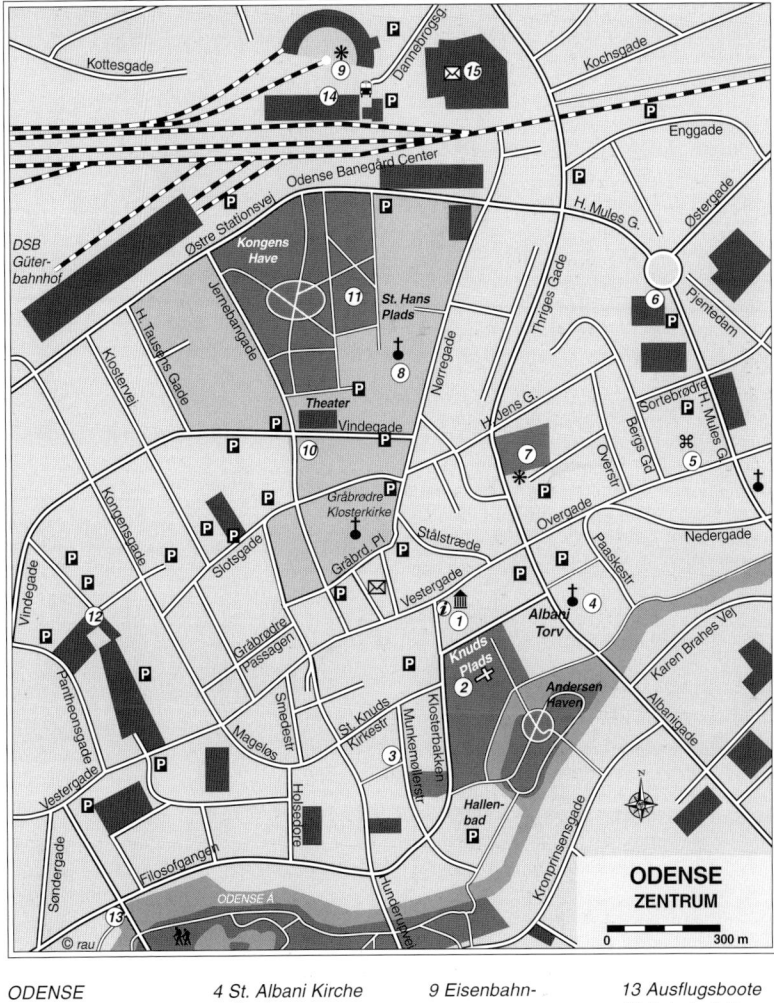

ODENSE

1 Rathaus,Touristeninf.
2 St. Knuds Kirche
3 H. C. Andersens
   Kindheitsheim

4 St. Albani Kirche
5 Stadtmuseum,
   Münzhof
6 Carl Nielsen Mus.
7 H. C. Andersen Haus
8 St. Hans Kirche

9 Eisenbahn-
   museum
10 Kunstmuseum
11 Schloß
12 Brandts Klæde-
   fabrik, Museen

13 Ausflugsboote
14 Bahnhof, Bus-
   bahnhof
15 Hauptpostamt

Sammlungen aus der Wikingerzeit, aus dem Mittelalter, Inventar
aus verschiedenen Jahrhunderten, vor allem aus dem 17. und 18.
Jh., Foto- und Filmdokumente, sowie Trachten- und Silber-
sammlungen.

ARMENSCHULE, HOFTHEATER, MÄRCHENDICHTER
Stationen eines Poeten

Hans Christian Andersen, Poet und Märchendichter, wurde am 2. April 1805 in Odense/Insel Fünen geboren. Der Junge wächst in bescheidenen bürgerlichen Verhältnissen auf, besucht die sog. „Armenschule" und fängt schon in jungen Jahren an, in seinem selbst gefertigten Puppentheater Stücke aufzuführen. Er arbeitet als Laufbursche und bemüht sich, am Theater in Odense angestellt zu werden. Aber über kleine Pagenrollen kommt Andersen nicht hinaus. Mit vierzehn Jahren endlich gelingt es ihm nach Kopenhagen zu reisen und sich dort am Königlichen Hoftheater zu bewerben, allerdings ohne Erfolg. Mit siebzehn besucht Andersen die Lateinschule in Slagelse/Seeland und schreibt in dieser Zeit sein „Poesiebuch". Er liest Goethe, Schiller, E.T.A. Hoffmann, Voltaire, Jean Paul, Rousseau und Sir Walter Scott, den er sehr bewundert.

Endlich findet sich ein großzügiger Drucker bereit, Andersens erstes Buch „Jugendversuche von William Christian Walter", das Pseudonym Andersens, zu veröffentlichen. Es folgen Erzählungen und Gedichte. Im Sommer 1831 reist Andersen nach Lübeck, Hamburg, Dresden und Berlin, wo er Adalbert von Chamisso trifft, mit dem er sich gut versteht. Literarische Erfolge aber stellen sich nicht ein. 1833 reist der arme Poet mit Mitteln aus der königlichen Schatulle nach Paris und begegnet u.a. Victor Hugo und Heinrich Heine. Später reist Andersen weiter in die Schweiz. Dort schreibt er sein Märchen „Eisjungfrau". Im Oktober 1833 kommt Andersen in Rom an und besucht dort den namhaften dänischen Bildhauer Bertel Thorvaldsen.

Mit dem Stück „Improvisator" stellt sich endlich Erfolg ein. Im Frühjahr 1835 erscheint seine „Märchensammlung". Sie macht ihn über das Land hinaus bekannt. Später lebt Andersen in München. In Starnberg kann er König Max II. sein Märchen vom „Häßlichen Entlein" vortragen. Bekannt werden vor allem seine Märchen „Des Kaisers neue Kleider" oder „Die Prinzessin auf der Erbse". So beliebt Andersen mit seinen Märchen auch wird, seine Romane und Bühnenstücke schaffen nie einen Durchbruch. Im Alter von 70 Jahren stirbt Hans Christian Andersen anerkannt und gewürdigt am 4. August 1875. Er ist auf dem alten Kopenhagener Friedhof „Assistens Kirkegård" begraben.

in Odense beim H.C.-Andersen-Haus

Einen Straßenzug weiter nördlich liegt in der Sortebrødre Stræde das Kongresszentrum mit dem H. C. Andersen Hotel.

Und noch ein Stückchen weiter nördlich kommt man zum **Carl Nielsen Museum (6)** in der Claus Bergs Gade 11. Das Museum gibt Einblick in Leben und Werk des fünischen Komponisten und dessen Frau Marie Carl-Nielsen, die sich als Bildhauerin einen Namen machte. Der Besucher wird auf seinem Museumsrundgang von Kompositionen Nielsens akustisch begleitet.

Carl Nielsen Museum (6)
1. 7. - 31. 8. tgl. 10 - 16 Uhr. Übrige Zeit Mo. geschl., Eintritt.

Über die zum Teil in eine Fußgängerzone verwandelte Seitenstraßen gehen wir zurück und über den Sortebrødre Torv die wenigen hundert Meter bis zum **Hans-Christian-Andersen-Haus (7)**, dem Geburtshaus H. C. Andersens in der Hans Jensens Stræde 37 – 45. So ganz sicher scheint es aber nicht zu sein, daß Andersen am 2. April 1805 tatsächlich genau in diesem Haus das Licht der Welt erblickte. Aber, um Zweiflern gleich den Wind aus den Segeln zu nehmen, heißt es, der prominente Märchendichter selbst soll das Haus als sein Geburtshaus bezeichnet haben.

H.C. Andersens Geburtshaus (7)
1. 6. - 31. 8. 9 - 18 Uhr. 1. 9 - 31. 5. tgl. 10 - 16 Uhr. Eintritt.

Im neuen angrenzenden Museumsgebäude werden Leben und Werk H. C. Andersens durch Dokumente, Briefe, Bilder, persönliche Gegenstände, eine sehenswerte Sammlung von Illustrationen zu seinen Märchen und Erzählungen und Ausgaben seiner Werke gewürdigt und dokumentiert.

Dem Museum ist das **Kinderkulturhaus** angeschlossen. Dort können große und kleine Kinder Märchen hören, Aufführungen oder Laienspielen zusehen u.ä.

Foto S. 138 mit frdl. Gen.: Thora Hallager (1869) / Lennard, Dänisches Fremdenverkehrsamt

Nun gehen wir durch die Nørregade und die Parkanlage Kongens Have zum **Bahnhof (14)**. Unterwegs sehen wir in der Nørregade die **Sct. Hans Kirche (8)**. Sie entstand im 13. Jh. und war damals die Kirche eines Johanniterklosters. Kurioserweise hat die Kirche eine nach außen gerichtete Kanzel, die aber vom Kircheninneren zugänglich war.

In der Umgebung des Bahnhofs findet man das Postamt (15) und den Busbahnhof.

Eisenbahn-
museum * (9)
tgl. 10 - 16 Uhr.
Eintritt.

Hinter dem Bahnhof (14) liegt in der Dannebrogsgade 24 das sehenswerte **Eisenbahnmuseum (9)**. Schöne Sammlung von alten Lokomotiven, Wagen und anderem „rollenden Material" aus der Zeit von 1850 bis heute. Zu den Prachtstücken des Museums zählt z.b. der wunderschön restaurierte Salonwagen König Christians X. und der prächtige Reisewaggon König Frederiks VII. Der Wagen war zeitweise als Gartenhäuschen zweckentfremdet worden. Natürlich gibt es auch Modelleisenbahnen zu bewundern und für Kinder eine Fahrt mit einem Minizug. Eine eigene Abteilung befaßt sich mit der Geschichte der von den Dänischen Staatsbahnen (DSB) betriebenen Fähren (30 große Modellschiffe). Zudem wechselnde Ausstellungen. Einladender Café-Balkon mit Blick auf die Ausstellungsstücke.

Fünens Kunst-
museum (10)
1. 7 - 31. 8. tgl. 10
- 16 Uhr. Sonst tgl.
a. Montag. Eintritt.

Zurück zum Bahnhof und den Østre Stationsvej ein kurzes Stück nach Westen bis zur Jernebanegade, die links stadteinwärts abzweigt. In der Straße stehen noch einige alte Stadthäuser. Ein gutes Stück stadteinwärts, in der Jernebanegade 13, ist **Fünens Kunstmuseum (10)** untergebracht. Fünische Maler und Sammlungen moderner Kunst.

Brandts Klædefabrik (12) in der Brandts Passage 37, ist eine große, ausgediente Textilfabrik. Dort, wo in den großen Produktionssälen früher Spinn- und Webmaschinen ratterten, kann man heute in aller Ruhe und in Muse Kunst genießen. Brandts Klædefabrik ist heute Odenses Kunsthalle und Forum für diverse Veranstaltungen. Im Sommer finden z.B. Jazz- oder Blueskonzerte, Theater, Puppentheater u. ä. statt.

Im Gebäude befinden sich drei Museen, darunter das **Museum für Fotokunst**, das einzige seiner Art in Dänemark. Im zweiten Stock ist die **Tidens Sammlung** eingerichtet. Diese bemerkenswerte Sammlung zeigt Objekte aus unserem Jahrhundert bis in die Zeit der 70er Jahre. Man kann verfolgen wie sich die Zeit z.B. im Bereich des Wohnens oder in der Mode gewandelt hat.

Dänemarks
Grafisches
Museum *
tgl. Di. - So. 10 - 17
Uhr. Im Juli + Aug.
auch montags.
Eintritt.

Im dritten Stock ist das **Danmarks Grafiske Museum** untergebracht. Die Entwicklung der Druckkunst im graphischen Gewerbe (Druckmuseum), im Pressewesen (Zeitungsmuseum), in der Papierherstellung, der Buchbinderei, des Buchdrucks u. a. sind die Themen dieses interessanten Museums. Andere Bereiche sind den Tätigkeiten des Journalisten oder des Redakteurs gewidmet. Aber auch die Interessen der Journalen der Leserschaft schließen die Ausstellungen nicht aus. Außerdem wird die Arbeitsweise alter Druckmaschinen demonstriert.

Ein lohnender Ausflug bei schönem Wetter ist eine **Bootsfahrt (13)** auf dem Odense Å, dem Odense-Fluß, zum Vergnügungspark **Fyns Tivoli**, zum benachbarten **Odense Zoo** oder zum Park **Fruens Bøge**. Die Boote verkehren ab **Munke Mose (13)**, Filosofgangen zwischen 1.5. und 15.8. täglich um 13, 15 und 17 Uhr. Sonntags auch 11 Uhr. Übrige Zeit nur auf Bestellung. Vom Park Fruens Boge führt ein 15minütiger Fußweg zum **Freilichtmuseum „Den Fynske Landsby"**.

MUSEEN AUSSERHALB DES STADTZENTRUMS

☑ *Mein Tip!* Besonders sehenswert ist das **Freilichtmuseum „Den Fynske Landsby"**. Das Museum am Sejerskovvej 20, ein gutes Stück südlich der Innenstadt und in der Nähe des Campingplatzes gelegen, ist auch mit den Bussen der Linien 21 und 22 zu erreichen.

im Freilichtmuseum Odense

„Das Fünische Dorf", so die Übersetzung des Museumsnamens, ist eines der größten Freilichtmuseen des Landes. Es besteht aus einem guten Dutzend alter Bauernhöfe und Häuser von Fünen. Die meisten der Gehöfte und Gebäude stammen aus dem 18. und 19. Jh. Darunter sind Wind- und Wassermühlen, ein Pfarrhof, eine Ziegelei, eine Schule, eine Schmiede und andere Werkstätten. Von Mitte Juli bis Anfang August finden auf der Freilichtbühne im „Fünischen Dorf" die **Hans-Christian-Andersen-Spiele** statt. Die aufgeführten Märchen sind natürlich ein Erlebnis für Kinder und für jung Gebliebene.

sehenswertes, romantisches Freilichtmuseum ***

15.6. - 31. 8. tgl. 10 - 19 Uhr. Frühjahr und Herbst tgl. 10 - 16 Uhr. Sonst So. 11 - 15 Uhr. Eintritt. Busse 21 und 22.

Das Verkehrsmuseum **Odense Bytrafiks Museum**, Billedskærervej 13, liegt südöstlich der Innenstadt. Während der Öffnungszeit verkehrt ein Oldtimer-Bus ab Bahnhof Odense Banegård Center (OBC) über das Rathaus zum Museum. Ungewöhnliche Öffnungszeiten. Bei Interesse neuesten Stand im Touristenbüro erfragen.

Fünens archäol. Museum
1. 7. - 31. 8. tgl. 10 - 16 Uhr. Übrige Zeit Di. - So. 10 - 16 Uhr. Eintritt. Busse 91 und 92.

Im Südosten der Stadt findet man in der Straße Hestehaven 201 den **Hollufgård,** zu erreichen auch mit Bussen der Linien 91 und 92. In diesem stattlichen Gutshof, der in einem schönen Waldpark am Stadtrand liegt, ist das Archäologische Museum Fünens untergebracht, das die wichtigsten Funde aus der fünischen Vor- und Frühgeschichte, sowie die wahrscheinlich umfangreichste Münz- und Medaillensammlung des Landes präsentiert. Zudem wechselnde Ausstellungen.

Automobilmuseum *
Ende März - Ende Sept. So. 10 - 17 Uhr. 1. Juli - Ende Aug. tgl. 10 - 17 Uhr. Eintritt.

Europæisk Automobilmuseum, Fraugde Kærbyvej 203, an der Straße 160 rund 7 km östlich von Odense Zentrum. Dieses sehenswerte Automobilmuseum zeigt etwa 100 Fahrzeuge vornehmlich aus den 50er Jahren. Zudem gibt es Ausstellungen mit alten Werkzeugen, Autoprospekten und Dokumentationen über die Entwicklung des Automobils.

Jernalderlandsbyen, Store Klaus 40, nördlich der Innenstadt gelegen. Das „Eisenzeit-Dorf" ist auch mit Bussen der Linie 91 zu erreichen. Es ist montags bis freitags 9 bis 15.30 Uhr geöffnet.

Odense

Praktische Hinweise

📞 **Odense Turistbureau,** Rådhuset, 5000 Odense C, Tel. 64 82 32 00, Fax 64 82 45 19. Geöffnet: Ganzjährig Mo. - Fr. 9 - 16 Uhr. 15.6. - 31. 8. Mo. - Fr. 9 - 18 Uhr. Sa. 9 - 12, Sommer bis 14 Uhr.

Feste, Folklore, Märkte

❖ Feste, Folklore, Märkte: Im Sommer von Ende Juni bis Ende August macht der **Nachwächter** um 21 Uhr seine Runde durch die Altstadt wie zu H. C. Andersens Tagen.
Von 22. Juni bis 2. August zieht jeden Tag um 11, 13 und 15 Uhr die **H.C.-Andersen-Parade** in „Lotzes Garten" im Zentrum auf.
Sankt-Knuds-Tage, farbenprächtiges Folklorefestival, mit Ritterwettkämpfen, Glockenspiel, Konzerten, jedes Jahr Mitte Juli.
„**Amfiscene**", Rock- Jazz- und Blueskonzerte, Mitternachtsfilme, Theater, Puppentheater, während des Sommers, in der Kunsthalle Brandts Klædefabrik.

Hotels

🛏 Hotels: **Ansgar,** 44 Zi., Slotsgården, Østre Stationsvej 32, Tel. 66 11 96 93, Fax 66 11 96 75, Restaurant
City Hotel Odense, 45 Zi., Hans Mules Gade 5, Tel. 66 12 12 58, Fax 66 12 93 64, angenehmes, zentrumsnahes Stadthotel, Restaurant, Garage.
Domir, 38 Zi., Hans Tausensgade 19, Tel. 66 12 14 27, Fax 66 12 17 82, Restaurant.
Grand Hotel, 137 Zi., Jernbanegade 18, Tel. 66 11 71 71, Fax 66 14 11 71; traditionsreiches Haus seit 100 Jahren, eine der führenden Hoteladressen in Odense; Restaurant, Sauna, Garage.
Odense Plaza Hotel, 68 Zi., Østre Stationsvej 24, Tel. 66 11 77 45, Fax 66 14 41 45, Nichtraucherzimmer, Restaurant, Sauna, Garage.
Radisson SAS Hotel H. C. Andersen, 145 Zi., Claus Bergs Gade 7, Tel. 66 14 78 00, Fax 66 14 78 90, zentral gelegenes Firstclass Hotel, günstige „Sommerpreise", Nichtraucherzimmer, Hotelbar, Restaurant, Sauna, Fitnesseinrichtungen, Parkmöglichkeit.
Windsor, 62 Zi., Vindegade 45, Tel. 66 12 06 52, Fax 65 91 00 23, Restaurant, Parkmöglichkeit.
Ydes, 28 Zi., Hans Tausensgade 11, Tel. 66 12 11 31, Fax 66 12 17 82, Restaurant. – Und andere Hotels.

Jugendherberge: **Odense Danhostel Vandrerhjem ****, Kragsbjergvej 121, 5230 Odense M, Tel. 66 13 04 25, Fax 65 91 28 63; geöffnet 15. Februar bis 30. November; 168 Betten, 32 Familienzimmer, Nichtraucherzimmer; Küchenein-richtung; Frühstück; Parkplatz. Busse Nr. 61 und 61.

Odense
Jugendherberge

▲ – **DCU-Camping Odense ****, Tel. 66 11 47 02; Ende März – Mitte Okt.; im Süden der Stadt, ca. 3 km vom Zentrum, nahe der Straße 9, Ausfahrt Nr. 50 von der E20; Wiese von hohen Bäumen umgeben und durch Baumgruppen vielfach unterteilt; ca. 4 ha – 230 Stpl.; Standardausstattung; Laden, Imbiß; Fahrradverleih, Schwimmbad. 14 Miethütten. Busse Nr. 41 u. 81.
– **Blommenslyst ****, Tel. 65 96 76 41; 1. Apr. – 30. Sept.; kleiner, einfacher Übernachtungsplatz an einem Teich, ca. 9 km westl. Odense an der Straße 161; 2 ha – 60 Stpl.; Standardausstattung. 9 Miethütten.

Camping

➔ **Route:** Der weitere Verlauf unseres Reiseweges führt von Odense auf der Straße 165 nordostwärts über **Munkebro** auf die **Halbinsel Hindsholm** (Straße 315) und bis zum Nordende der Halbinsel am **Fyns Hoved**. ●

In der Nordosthälfte der **Halbinsel Hindsholm** liegt nordöstlich von **Martofte** mitten in den Feldern die **Mårhøj Jættestue**, das größte prähistorische Einkammerkuppelgrab Dänemarks. Taschenlampe nicht vergessen!

prähistorisches
Grab *

Schöne Strände gibt es an der Nordostküste. Interessant durch seine eigenartige Formung mit Landzunge, Steilküsten und Buchten ist auch die Landschaft am Nordende der Halbinsel mit dem 25 m hohen Aussichtspunkt **Fyns Hoved.**

▲ – **Fyns Hoved Camping *****, Tel. 65 34 10 14; 1. Jan. – 31. Dez.; an der Nordspitze der Halbinsel; ausgedehntes, so gut wie ebenes Wiesengelände, ohne wesentlichen Baumbestand, aber von Wald umgeben und durch einen Waldgürtel geteilt, in ruhiger Lage, ein Platzteil reicht fast bis ans Meer, nicht allzu hohes Steilufer; ca. 9 ha – 150 Stpl. + zahlr. Dau.; Standardausstattung; Laden, Imbiß; 6 Miethütten.
– **Bøgebjerg Strand Camping *****, Tel. 65 34 10 52; Ende März – Mitte Okt.; von der Straße 315 über Viby ostwärts zur Küste, nördlich von Måle; komforta-bel ausgestatteter Platz in schöner, ruhiger Lage am Großen Belt, in Sichtwei-te die Insel Romsø, ausgedehntes Wiesengelände, durch Hecken unterteilt, bis an den Strand reichend; ca. 8 ha – 330 Stpl. + zahlr. Dau.; Komfortausstat-tung; Laden, Restaurant; Fahrradverleih; 8 Miethütten; langer Sand- und Kies-strand.

Camping auf der
Halbinsel
Hindsholm

➔ **Route:** Auf dem Rückweg von Fyns Hoved sollte man über **Viby** und **Måle** nach **Kerteminde** fahren. ●

Viby ist ein hübsches kleines, unter Denkmalschutz stehendes Dorf mit strohgedeckten Bauernhöfen, einer Windmühle und einer Kir-che mit Fachwerkturm, inmitten einer ländlich friedlichen Idylle.
Bei **Måle** findet man an der Ostküste ausgedehnte **Strände**.

KERTEMINDE, Fischereistadt und früherer Hafen von Odense, ist der Geburtsort des Malers *Johannes Larsen*. Ihm ist ein eigenes **Museum** gewidmet, das im ehemaligen Haus des Künstlers, das

Kerteminde Johannes-Larsen-Museum
Sommer tgl. 10 - 17 Uhr. Sonst Mo. geschlossen. Eintritt.

hübsch auf dem Møllebakken liegt, eingerichtet ist. Hier lassen sich sehr schön Eindrücke aus Kunst und Architektur miteinander verknüpfen. Johannes Larsen hat sein Heimatstädtchen offenbar sehr gemocht. Warum sonst hätte er geschrieben: „Kerteminde war in den 70er Jahren des 19. Jh. sicher das schönste Städtchen der Welt, wie es sich tief in der Bucht an die Fjordmündung schmiegt." Zum Anwesen gehören ein ansprechender Park und ein Ausstellungsgelände.

Hat man ein bißchen Zeit übrig, lohnt ein Bummel durch das hübsche Zentrum von Kerteminde mit seinen alten Häusern allemal. Interessant sind z.B. die **Laurentius-Kirche** aus dem Jahre 1476 mit Barockinterieur, der Museumsladen **Høkeren** in der Trollegade, die Windmühle **Svanemøllen** aus dem Jahre 1853 (Privatbesitz,

Kerteminde Stadtmuseum
1. 3. - 31. 10. tgl. 10 - 16 Uhr. Eintritt.

aber zu besichtigen) auf dem Møllebakken, oder das **Stadtmuseum** in der Langegade 8. Das Museum ist im Farvergården, dem ehemaligen Haus des Ratsherrn Karsten Iversen aus dem 17. Jh., eingerichtet. Themen des Museums sind die Kulturgeschichte der Stadt und ihre Umgebung, die Fischerei, Handwerk, u.ä.

Fjordzentrum
1. 6. - 31. 8. tgl. 10 - 18 Uhr. Juli 9 - 19 Uhr.

Zu den neueren Sehenswürdigkeiten zählt das **Fjord- & Bæltcentret** am Margrethes Plads. Dort können sie, während Sie durch einen rund 50 m langen Tunnel, der ins Meer hinaus gebaut ist, auf dem „Meeresboden" spazieren, durch Panoramafenstern die Meeresfauna und -flora bestaunen. Zum Zentrum gehören ein Walhaus und ein Aussichtscafé. Moderner Jachthafen. Langer Sandstrand.
Im Sommer bieten sich ab dem Hafen von **Munkebo,** unweit westlich von Kerteminde, Ausflüge mit dem Fjordboot „Svanen" an, das Fahrten zur Landspitze Enebær Odde, zur Lotsenstation und bis nach Odense unternimmt.

Kerteminde Hotels

Jugendherberge

Camping

Praktische Hinweise

☎ **Kerteminde Turistbureau**, Strandgade 1 B, 5300 Kerteminde, Tel. 65 32 11 21, Fax 65 32 18 17.

⌂ Hotels: **Hotel Pax**, 8 Zi., Klintevej 45, Tel. 65 32 30 26, Fax 65 32 40 26, Nichtraucherzimmer, Restaurant.
Tornøes Hotel, 27 Zi., Strandgade 2, Tel. 65 32 16 05, Fax 65 32 48 40; Restaurant. – Und andere Hotels.

Jugendherberge: **Danhostel Kerteminde Vandrerhjem *****,** Skovvej 46, 5300 Kerteminde, Tel. 65 32 39 29, Fax 65 32 39 24; geöffnet von Anfang Januar bis Mitte Dezember; recht komfortable Einrichtung; 120 Bette, 30 Familienzimmer; Zimmer mit Bad; Frühstück, Parkplatz.

▲ – **Kerteminde Camping ***,** Tel. 65 32 19 71; Mitte Apr. – 15. Sept.; Platz der Gemeinde am Nordrand der Stadt, ebenes Gelände, durch Hecken unterteilt, an einer Seite von einem Wäldchen begrenzt, über die Straße zum Strand; ca. 3 ha – 180 Stpl. + Dau.; einfache Standardausstattung; 7 Miethütten.

Abstecher nach Ladby zum „Ladbyschiff"

Nicht versäumen sollte man einen Abstecher nach **Ladby**. Der Ort liegt ca. 4 km südwestlich von Kerteminde. Dort findet man nördlich von Ladby im Inneren eines naturgetreu nachgebauten **Hügelgrabes**

Nyborg Schloß, Fünen
Foto m. frdl. Gen.: Van Roeden, Dänisches Fremdenverkehrsamt

aus der Wikingerzeit die Reste eines hier ausgegrabenen Wikingerschiffes. Das in Fachkreisen berühmte „**Ladbyschiff**" war mit vielen Grabbeigaben, zu denen 11 Pferde, Hunde und kostbare Bronzegegenstände gehörten, ausgestattet.

➜ **Route:** Weiterfahrt auf der Straße 165 südwärts und über **Bovense** bis **Nyborg**. ●

In **NYBORG**, einer ca. 15.000 Einwohner zählenden Stadt am Großen Belt, macht seit jeher der Hafen die Bedeutung der Gemeinde aus.

Die zentrale Lage im Königreich – und noch dazu bequem mit dem Schiff und seit 1998 auch per Straße über den Großen Belt zu erreichen – ließ Nyborg schon im Mittelalter zu einem gern genutzten Versammlungsort des Adels und des Klerus werden. 1282 unterschrieb König Erik Glipping auf Schloß Nyborg die erste Verfassung seines Reiches. Die exponierte Lage machte Nyborg aber auch zum Ziel vieler bewaffneter Angriffe. Nicht verwunderlich, daß aus Nyborg im Laufe der Jahrhunderte eine wichtige Garnisons- und starke Festungsstadt wurde. Noch heute prägen Wälle und Bastionen die Innenstadt.

Gerne pflegt man in Nyborg noch eine alte soldatische Tradition. Jeden Dienstag um 21 Uhr zieht im Juli und August der „Zapfenstreich" mit Pfeife und Trommel durch die alten Festungsstraßen, um wie in alten Zeiten die Soldaten an ihre Sperrstunde zu erinnern. Manche Kneipen machen das Spiel mit und schlagen zum Zapfenstreich nach alter Väter Sitte den Spundzapfen ins Bierfaß. Wirklich beendet ist der Ausschank dann aber nur für evtl. anwesende Soldaten.

Die bedeutendste Sehenswürdigkeit ist **Schloß Nyborg**, der legendäre „Danehof". Das Schloß entstand im 12. Jh. und war das „Tagungszentrum" im Dänemark des Mittelalters. Hier wurde 1282 unter König Glipping auch über die oben schon erwähnte erste Verfassung abgestimmt, die Historiker auch als „Dänemarks erster Grundgesetz" zu bezeichnen pflegen. Schloß Nyborg war aber nicht nur Festung, sondern auch königliche Residenz. Hinter den dicken roten Backsteinmauern wohnten die königlichen Familien von 1200 bis weit in die Mitte des 16. Jh. Und in der Zeit von 1282 bis 1413 war Schloß Nyborg auch Sitz des traditionsreichen „Danehof", eine Art Vorläufer des dänischen Parlaments, in dem König und Adel die Gesetze des Landes beschlossen. Nach Angriffen und Zerstörungen durch schwedische Truppen im 17. Jh. wurden von der einst ausgedehnten Schloßanlage große Teile abgetragen. Vom ursprünglichen Schloß ist nur der Westflügel so gut wie unverändert erhalten geblieben. Der Schloßrundgang schließt die Besichtigung zweier Rittersäle und den **Reichsratssaal** mit seiner verblüffenden Würfeldekoration ein.

Zu den schönsten alten Stadthäusern, die trotz des großen Feuers von 1797 erhalten geblieben sind, zählt der **Mads Lerckes Gård** in der Slotsgade 11. Der eindrucksvolle Fachwerkbau (heute Regionalmuseum) stammt aus den ersten Jahren des 17. Jh. Ganz in der Nähe findet man den **Dronningegården** aus der Mitte des 18. Jh.

die Storebælt-brücke *, 1998 eröffnet**

Seit Juni 1998 steht dem Auto- und Zugverkehr zwischen Knudshoved (Fünen) und Halskov (Seeland) die neue **Storebæltbrücke**, eine imposante Brücken-Tunnel-Verbindung über den Großen Belt, zur Verfügung. Die Fahrzeit zwischen Fünen und Seeland wird dadurch erheblich verkürzt. Der Fährverkehr zwischen Nyborg/Knudshoved und Korsør/Halsskov wird auf Grund der neuen Straßenverbindung eingestellt.

Wer sich über die lange Tradition der Fährschiffahrt über den Großen Belt informieren will, kann die **Museumsfähre MF „Kong Frederik IX"** besichtigen. Einzelheiten über die Storebæltbrücke stehen am Beginn der nächsten Etappe.

**Nyborg
Feste, Folklore**

Hotels

Praktische Hinweise

☎ **Nyborg Turistbureau**, Torvet 9, 5800 Nyborg, Tel. 65 31 02 80, Fax 65 31 03 80. Ganzjährig geöffnet.

❖ Feste, Folklore: **„Zapfenstreich"**, nach alter Tradition zieht im Juli und August jeden Dienstag um 21 Uhr der „Zapfenstreich" mit Pfeife und Trommel durch die alten Festungsstraßen.

🛏 Hotels: **Hesselet**, 46 Zi., Christianslundsvej 119, Tel. 65 31 30 29, Fax 65 31 29 58; gutes Mittelklassehotel mit historischem Ambiente; Nichtraucherzimmer, Restaurant, Sauna, Schwimmbad.
Villa Gulle Missionshotellet, 26 Zi., Østervoldgade 44, Tel. 65 30 11 88, Fax 65 30 11 33, zentrale Lage, Nichtraucherzimmer, Restaurant, Parkmöglichkeit.
Nyborg Strand, 247 Zi., Østerøvej 2, Tel. 65 31 31 31, Fax 65 31 37 01; etwas nüchtern wirkendes Haus an der Küste, Meerblick von vielen Zimmern; Nichtraucherzimmer; Freizeiteinrichtungen; Restaurant, Sauna, Schwimmbad.

▲ – **Nyborg Camping** ***, Tel. 65 31 02 56; Ende März – Anf. Sept.; an der Straße zum Fährhafen und zur Sundbrücke; Wiesen mit teils dichtem Baumbestand am Nyborg Strand; ca. 4 ha – 180 Stpl. + Dau; Standardausstattung; Laden. 7 Miethütten.
– **Grønnehave Strand Camping** ***, Tel. 65 36 15 50; Mitte Apr. – Ende Sept.; E20 Ausfahrt 46, beschildert, im Norden der Stadt in unmittelbarer Küstennähe; nicht überall ebene Wiesen in ländlicher Umgebung; ca. 7 ha – 120 Stpl. + Dau.; gute Standardausstattung; Laden, Imbiß; Fahrradverleih; 7 Miethütten.

Nyborg Camping

SEELAND

11. NYBORG / FÜNEN – GILLELEJE / SEELAND

⊙ **Entfernung:** Rund 190 km, plus 1 Fähre.

→ **Strecke:** Über die Storebæltbrücke nach **Halsskov-Korsør/ Seeland** – E20 über **Slagelse** bis **Sorø** – Straße 219 und Landstraße bis **Schloß Lerchenborg** – Straße 20 bis **Kalundborg** – Straße 23, Landstraßen und Straße 225 bis **Rørvig** – Autofähre nach **Hundested** – Straße 16 bis **Frederiksværk** – Straßen 205 und 237 bis **Gilleleje.**

🕐 **Reisedauer:** Mindestens ein Tag.

⌘ **Höhepunkte:** Die **Storebæltbrücke** *** – die **Wikingerfestung Trelleborg** – die **Frauenkirche** * in Kalundborg – die **Strände** ** am Kattegat.

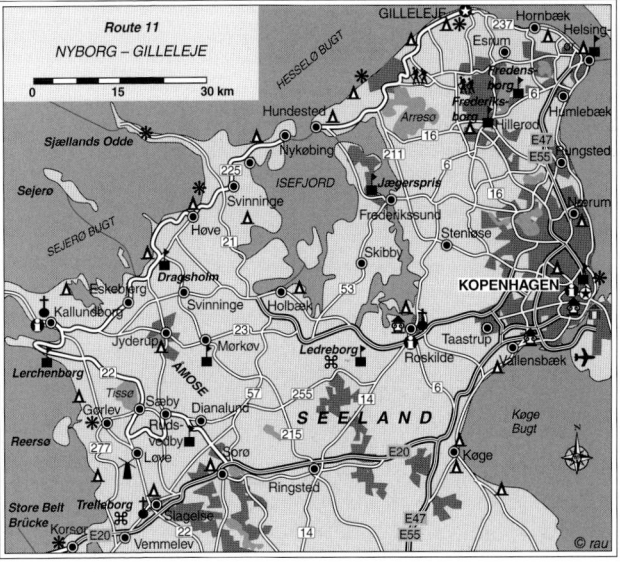

147

DIE STOREBÆLTBRÜCKE
Neue Straßenverbindung über den Großen Belt

Seit Juni 1998 steht dem Auto- und Zugverkehr zwischen Knudshoved (Fünen) und Halsskov (Seeland) die neue **Storebæltbrücke**, eine imposante Brücken-Tunnel-Verbindung (zwei Brücken und ein Tunnel für den Bahnverkehr) über den Großen Belt zur Verfügung. Die Fahrzeit zwischen Fünen und Seeland wird dadurch erheblich verkürzt, von ehemals rund 75 Minuten mit der Fähre auf jetzt rund 10 Minuten mit dem Auto. Das in fast zehnjähriger Bauzeit entstandene, insgesamt 18 km lange Straßenprojekt – das größte Bauprojekt in der Geschichte Dänemarks bislang – kann mit eindrucksvollen Daten aufwarten. Die Westbrücke ist 6,6 km lang, die längste kombinierte Straßen- und Eisenbahnbrücke Europas. Die beiden Pylone der 6,8 km langen Ostbrücke z.B. ragen über 254 m über den Wasserspiegel auf und sind somit 26 m höher als die Golden-Gate-Brücke in San Francisco. Bei klarem Wetter soll man die Pylone 70 km weit sehen können. Die freie Spannweite beläuft sich auf stattliche 1.624 Meter! Die Fahrbahn der Hängebrücke wird von zwei drei Kilometer langen Drahtseilen getragen. Die Drahtseile haben einen Durchmesser von 85 cm und bestehen jeweils aus 18.684 Einzeldrähten. Und der 8 km lange Osttunnel für den Bahnverkehr, der an seiner tiefsten Stelle 75 m unter dem Meeresspiegel verläuft, ist nach dem Eurotunnel zwischen Großbritannien und Frankreich der zweit längste Unterseetunnel in Europa. Billig ist der Spaß der Benutzung der Storebæltbrücke allerdings nicht. Ein Caravangespann z.B. wird mit umgerechnet fast DM 90 zur Kasse gebeten, einfache Fahrt wohlgemerkt!
Der Fährverkehr zwischen Nyborg/Knudshoved und Korsør/Halsskov wird auf Grund der neuen Straßenverbindung eingestellt werden.

➜ **Route:** Zunächst über die neue Storebæltbrücke von Nysted/Knudshoved nach **Halsskov/Korsør** auf Seeland. ●

In **Halsskov** liegt unmittelbar am Beginn der E20 das **Ausstellungszentrum Großer Belt.** Hier kann man alles über die Konstruktion und den Bauverlauf der Sundbrücke, die zwischenzeitlich schon mit den Beinamen „Brücke der Rekorde" belegt wird, und des Eisenbahntunnels erfahren. Z. B. sieht man Bauteile der Brücke, das Modell einer 200 m langen Bohrmaschinen, Tunnelsegmente, Brückenmodelle u.ä.

Brückenmuseum
Mai - Sept. tgl. 10 - 20 Uhr. Sonst tgl. a. Mo. 10 - 17 Uhr.

KORSØR, heute eine Hafenstadt mit annähernd 20.000 Einwohnern, erhielt im August 1797 durch eine königliche Resolution seinen offiziellen Status als Handels- und Verkehrshafen, was der Entwicklung der Stadt enormen Auftrieb gab.
Erstmals erwähnt wird Korsør in den dänischen Geschichtsbüchern im Jahre 1241. Schon damals wollten die dänischen Könige die wichtige Überfahrtsstelle nach Nyborg, einer bedeutenden mittelalterlichen Königsresidenz, sichern. Im Laufe des 13. Jh. entstand die **Festungsanlage** mit dem markanten, 23 m hohen Turm, mit Magazinen und Kommandantenwohnung auf einer Halbinsel neben dem

Fischereihafen unweit nördlich des Stadtzentrums. Hier findet man auch das **Korsør Stadt- und Überfahrtsmuseum.**

Bis heute ist der Hafen von Korsør für ganz Seeland von Bedeutung. Ob er nun nach Fertigstellung der großen Sundbrücke seine Stellung behaupten kann, wird die Zukunft zeigen.

Korsørs Stadtmuseum und andere Sehenswürdigkeiten

Die bescheidenen Sehenswürdigkeiten in Korsør beschränken sich auf einige Bauten an der **Algade,** die zusammen mit der Nygade das Geschäftszentrum der Stadt bildet. Bemerkenswert z.B. ist der **Kongegården,** Algade 25, der in alten Stadtbeschreibungen als „Store Værtshusgård" (Großer Gasthof) auftaucht. Der Kongegården ist 1761 errichtet worden und galt damals als das vornehmste Bürgerhaus in der Stadt. Korsør hatte zu jener Zeit gerade mal 150 Einwohner. Die vier Sandsteinfiguren am Eingang symbolisieren die vier Jahreszeiten. Heute dient das Haus als Konzert- und Ausstellungsgebäude. Außerdem beherbergt der Kongegården seit 1987 die „Isenstein-Sammlung", eine Kunstsammlung von Zeichnungen, Skulpturen, Büsten, Reliefs u. ä., die allerdings nur an zwei Monaten im Jahre der Allgemeinheit zugänglich ist.

Übrigens: Haus Nr. 13 werden Sie in der Algade vergeblich suchen. Die Hausnummer wurde aus Aberglauben ausgelassen. Das letzte erhaltene Fachwerkhaus von Korsør, den **„Stabels Gård",** finden Sie in der Algade 31. Er stammt aus dem Jahre 1667.

Am Westende der Algade liegt der Marktplatz (im Sommer Markt an jedem Samstag Vormittag) und die **St. Povls Kirche** aus dem Jahre 1871.

Wer nicht auf die Uhr schauen muß, kann noch durch die Brogade und durch die **Slottensgade** spazieren, die bei vom Kirchplatz abgehen, und sieht dort noch einige interessante Häuser, wie z.B. den alten Gasthof „Zum Weißen Schwanen", Slottensgade 5. Das Schloß, nach dem die Straße ihren Namen trägt, ist längst abgerissen. Mit den Steinen wurden im 18. Jh. verschieden der Häuser in der Straße errichtet. Allzu königstreu können die Bürger von Korsør damals wohl nicht gewesen sein.

Und auch die berühmten Söhne der Stadt wurden zu ihren Lebzeiten in Korsør offenbar nicht über die Maßen hofiert. Die Statue von Jens Baggesen jedenfalls, Korsørs Dichter, der mit einem Denkmal am Hafenplatz geehrt wird, hält in der Hand ein Stiefmütterchen, angeblich als Symbol für seine „stiefmütterliche" Behandlung in seiner Heimatstadt.

Praktische Hinweise

☎ **Korsør Turistbureau,** Nygade 7, 4220 Korsør, Tel. 53 57 08 03, Fax 53 57 00 21.

Korsør Hotels

▢ Hotels: **Hotel Jens Baggesen,** 40 Zi., Batterievej 3 - 5, Tel. 58 35 10 00, Fax 58 35 10 01; in einem schön restaurierten, ehemaligen Speicherhaus eingerichtetes Stadthotel, Restaurant.

Tårnborg Parkhotel, 108 Zi., Ørnumvej 6, Tel. 58 35 01 10, Fax 58 35 01 20; gepflegtes Restaurant, Schwimmbad, Sauna, Freizeit- und Fitnesseinrichtungen. In der Nähe des Golfplatzes. – Und andere Hotels.

Korsør **Jugendherberge**	Jugendherberge: **Danhostel Korsør Vandrerhjem „Svanegården"**, Tovesvej 30 F, 4200 Korsør, Tel. 53 57 10 22, 80 Betten, ganzjährig geöffnet.
Camping 	▲ – **Halsskov Camping ****, Tel. 53 57 50 80; 1. Apr. – 1. Okt.; im nordwestl. Stadtbereich von Korsør; städtischer Platz ganz in der Nähe des Fährhafens von Halsskov; Wiesen zwischen Straße, Wohnhäusern und Strand; ca. 1,5 ha – 80 Stpl. + Dau.; Standardausstattung. 7 Miethütten. – **Lystskov Camping ****, Tel. 53 57 10 20, 1. Apr. – 15. Sept.; südöstlich von Korsør an der Straße 265 Richtung Skælskør; ebenes Wiesengelände zwi- schen Straße und einem Wald, durch Hecken begrenzt und unterteilt; ca. 3 ha – 80 Stpl. + Dau.; Standardausstattung; Laden, Imbiß; Schwimmbad; 7 Miethüten.

➔ **Route:** Schon 11 km nordöstlich von Halsskov verlassen wir bei **Vemmelev** die autobahnähnliche E20 und fahren westwärts bis **Trelleborg.** ●

Wehranlage aus **der Wikingerzeit** * 9 - 17 Uhr. Eintritt.	Die **Ringburg Trelleborg,** eine über 1.000 Jahre alte Wohn- und Wehranlage aus der Wikingerzeit, wurde von den Wissenschaftlern zwischen 1934 und 1942 ausgegraben. In der kreisrunden, durch Wälle geschützten Befestigung konnten über 1.000 Leute Platz fin- den. Der archäologischen Stätte ist ein **Museum** mit interessantem Anschauungsmaterial und Modellen der einstigen Anlage ange- schlossen. Filme, Multimediapräsentationen, Café.

➔ **Route:** Gut 6 km westlich von Vemmelev liegt **Slagelse.** ●

SLAGELSE war schon im Mittelalter durch seine Münzrechte für Westseeland von Bedeutung. Der Legende nach soll der heilige Andreas der Stadt riesige Ländereien verschafft haben. Nach ei- nem königlichen Dekret fiel angeblich alles Land der Stadt zu, das der Heilige auf einem jungen Fohlen während des Bades des Kö- nigs umrunden konnte. Heute zählt Slagelse mit seinen großen Ein- kaufszentren zu den betriebsamsten Handelsstädten in West- seeland.

In der **St. Pederskirche** aus dem 12. Jh. – der heilige Andreas am- tierte hier um 1150 als erster Priester – ist das originale Chorge- stühl aus der Antvorskov Klosterkirche zu sehen. Vom Kloster Antvorskov selbst, einer der ersten Johanniterabteien aus dem 12. Jh. in Dänemark, sind heute nur noch Ruinen übrig. Valdemar der Große hatte die Abtei 1165 gestiftet. Nach der Reformation wurde sie von Frederik II. als Krongut eingezogen.

Neben dem alten Kloster in der Bredegade erhebt sich die **Heilig- geistkirche**. Im Inneren sind Fresken von Niels Larsen mit Motiven aus der Biblischen Geschichte zu sehen.

Schließlich zählt noch das **Slagelse Museum** zu den bescheide- nen Sehenswürdigkeiten der Stadt. Das Museum befaßt sich mit Themen wie Handel, Handwerk und Industrie. Man sieht u.a. eine rekonstruierte Schmiede, einen Kaufladen, eine Buchbinderei und eine hübsche Sammlung von Puppenstuben.

Im Juli verkehrt jeden Donnerstag eine historische, dampfbetriebene

Veteranenbahn auf der Strecke Slagelse – Gørlev. Die genauen Zeiten erfährt man im Touristenbüro.

Praktische Hinweise

☎ **Slagelse Turistbureau**, Løvegade 7, 4200 Slagelse, Tel. 58 52 22 06, Fax 58 52 86 87.

Slagelse
Hotels

⌂ Hotels: **Frederik II. Best Western**, 74 Zi., Idagaardsvej 3, Tel. 58 53 03 22, Fax 58 53 46 22, in einem kleinen Park gelegen, Restaurant, Sauna. **Regina**, 11 Zi., Sct. Mikkelsgade 22, Tel. 53 52 41 29, Restaurant.

Jugendherberge: **Slagelse Vandrerhjem**, Bjergbygade 78, Tel. 58 52 25 28, ganzjährig; 120 Betten. Kleiner Campingplatz nebenan mit 6 Campinghütten.

Camping

▲ – **Slagelse Camping** *, 1. Apr. – 30. Sept.; im Stadtbereich an der Straße 150 Richtung Korsør; sehr kleine, sehr einfache Campingmöglichkeit bei der Jugendherberge; 0,4 ha – 20 Stpl., 6 Miethütten.

➜ **Route:** Nach 15 km Fahrt auf der E20 nach Osten sind wir in **Sorø**. ●

SORØ, eine knapp 9.000 Seelen zählende Stadt in einem waldreichen Seengebiet gelegen, entwickelte sich um das Zisterzienserkloster am Sorø See. Gegründet wurde das Kloster im 12. Jh. von Bischof Absalon, dem Gründer Kopenhagens und Pflegebruder und Vertrauten König Valdemars.
Nach der Reformation wurde das Kloster aufgegeben und König Frederik II. richtete in den Gebäuden ein königliches Internat ein. 1623 gründete König Christian IV. eine Akademie für adelige Jungen. Die schöne Parkanlage der Akademie reicht bis an den See. 1638 erhielt Sorø Stadtrechte.
Die Kirche des ehemaligen Zisterzienserklosters ist heute Gemeindekirche. Königsgräber und Gräber des königstreuen Hvidegeschlechts.

Praktische Hinweise

☎ **Soroegnens Turistkontor**, Storgade 15, 4180 Sorø, Tel 57 82 10 12, Fax 57 82 10 13.

Sorø
Hotels

⌂ Hotels: **Postgården**, 26 Zi., Storgade 27, Tel. 53 63 22 22, Fax 53 63 22 91, Restaurant.
Sorø Storkro, 94 Zi., Abildvej 100, Tel. 53 63 56 00, Fax 53 63 56 06; modernes Haus in traditionellem Architekturgewand, Restaurant, Café, Bar, modernes Schwimmbad, Fitnesseinrichtungen. – Und andere Hotels.

Camping

▲ – **Sorø Camping** ***, Tel. 53 63 02 02; 1. Jan. – 31. Dez.; am westl. Stadtrand; Wiese am Sorø See; ca. 3 ha –100 Stpl. + Dau.; Standardausstattung; 9 Miethütten.

➜ **Route:** Von Sorø über die Straße 219 nach Nordwesten. Über **Dianalund**, **Ruds-Vedby**, **Sæby** und am Ostufer des Sees **Tissø**

*der einladende
Kro in Reersø*

entlang, erreichen wir nach 36 km **Ugerlose** an der Straße 22. Hier
halten wir uns westwärts und kommen so über **Årby** und **Melby**
und vorbei an einem Kraftwerk und an Raffinerieanlagen zum
Schloß Lerchenborg, 5 km südlich von **Kalundborg**. ●

In den Wäldern von **Dianalund** findet man den alten Herrensitz
Vedbygård, dessen Park zugänglich ist. Weiter südlich liegt
Tersløsegård, der zeitweilige Wohnsitz von *Ludvig Holberg* (1648
– 1754), dem großen dänisch-norwegischen Dramatiker. Holberg,
der über 20 Komödien schrieb, gilt als der große Aufklärer in Dänemark und in Norwegen. Heute ist das Haus Gedenkstätte mit Portraits und Büchersammlung.
Die **Kirche von Sæby** ist wegen ihrer Fresken sehenswert, die aus
dem 12. Jh. stammen sollen und somit zu den ältesten ihrer Art in
ganz Dänemark zählen.
Östlich vom See Tissø, dem viert größten See Dänemarks, erstreckt
sich das über 20 km lange und bis zu 4 km breite **Åmose Moor-
gebiet**. Wer gerne in abgeschiedener Natur selten gewordene Vögel beobachtet, kann hier in den unter Naturschutz stehenden Auen
am Flüßchen Åmose Å auf seine Kosten kommen.

**Routenalternative
und Abstecher
auf die Halbinsel
Reersø**

Alternativ zur Route über Sorø und die Straße 219 kann man schon
östlich von Korsør den küstennahen Weg über die Straßen 277 und
22 nordwärts wählen. Nicht versäumen sollte man dann einen **Abstecher auf die Halbinsel Reersø** mit dem hübschen Fischerstädtchen **Reersø**. Einladender, strohgedeckter **Reersø Kro** (Fisch-
spezialitäten, 4 Gästezimmer), alte Fachwerkhäuser und Arbeiter-

Kalundborg Vor Frue Kirche

museum „**Fløjgården**". Und – Reersø ist bekannt für seine schwanzlos geborenen Katzen.

Und ein wahrer Leckerbissen für alle Comicfreaks findet sich in **Gørlev** (Straße 22). Im **Comic-Museum**, Kirkevangen 22, dem einzigen Comic-Museum in Dänemark, kann man sich über rund 30.000 Cartoons und Comics amüsieren.

wichtiger Stop für alle Comicfreaks 23. 6. - 2. 8. tgl. 11 - 16 Uhr. Frühjahr u. Herbst Sa. + So. 11 - 16 Uhr. Eintritt.

Schloß Lerchenborg auf der Halbinsel Asnæs ist ein dreiflüglige Barockbau aus dem 18. Jh., der in einem herrlichen, 11 ha großen Park liegt. Zuletzt war Lerchenborg nur im Juli und dann auch nur dienstags auf einer Führung um 14 Uhr für Besucher zugänglich. Eintrittskarten waren im voraus im Touristenbüro in Kalundborg zu kaufen. Neuesten Stand im Touristenbüro in Kalundborg erfragen. Falls zugänglich, werden auf Führungen gewöhnlich sechs Räume im Schloß gezeigt, darunter ein Rittersaal mit schönem Barockdekor und ein „H. C. Andersen Zimmer". Der Dichter hat Lerchenborg 1862 besucht.

In **KALUNDBORG** sind es die fünf trutzigen Türme der **Vor Frue Kirke** aus dem 12. Jh., die das Bild im Zentrum der **Oberstadt Højbyen** prägen.

Kalundborgs fünftürmige Frauenkirche **

Die Frauenkirche ist ein Werk Esbern Snares, dem Stadtgründer und Bruder Absaloms, dem legendären Bischof und Stadtgründer Kopenhagens. Snare wollte eine Wehrkirche errichten, was ihm sichtlich gelungen ist. Der Grundriß der Kirche soll einem griechischen Kreuz gleichen. Bis ins 17. Jh. war die Kirche Teil des im Jahre 1658 zerstörten Stadtschlosses von Kalundborg, in dem Christian II. die letzten Jahre seines Lebens in Gefangenschaft verbringen mußte. Im Kircheninneren schönes Altarbild.

In der Præstegade und der Adelgade um die Kirche sind einige bemerkenswerte alte Häuser erhalten geblieben. Neben der Kirche sind im historischen **Bispegården,** Adelgade 6, ein Kunstmuseum mit wechselnden Ausstellungen (tgl. 10 – 17 Uhr), sowie ein gemütliches Restaurant (hübscher Innenhof) und der Stadtratssaal eingerichtet. Früher war der über 600 Jahre alte Bischofshof die Residenz des Bischofs von Kalundborg und Rathaus.

Im Lindegården, einem ehemaligen Adelspalais (Adelgade 23), ist das **Stadtmuseum** untergebracht. Der sechsflüglige Fachwerkhof beherbergt frühgeschichtliche Funde, mittelalterliche Sammlungen, Rokokosaal, sowie eine weit über die Stadt hinaus bekannte Brauchtums- und Trachtensammlung.

Am angrenzenden alten Markt (Torvet) findet man einige repräsentative Stadthäuser, darunter das Empirehaus „Gyths Gård", das Elternhaus der norwegischen Dichterin und Nobelpreisträgerin Sigrid Undset (1882 – 1949).

Wer etwas Zeit mitbringt, gerade an einem Donnerstag in Kalundborg weilt und (fast) alles über die Stadt erfahren will, kann sich einem geführten **Rundgang** durch die historische Oberstadt mit Frauenkirche und Bischofspalais anschließen. Die Stadtrundgänge finden von Ende Juni bis Anfang August jeden Donnerstag um 14 Uhr statt. Startpunkt ist am Touristenbüro, Volden 12.

geführter Stadtrundgang ab Touristenbüro

Wer's bequemer liebt, kann sich im Sommer jeden Samstag zwischen 10 und 12 Uhr in einer eleganten Pferdekutsche durch Kalundborg fahren lassen.

Kalundborg
Hotels

Praktische Hinweise

☎ **Kalundborg-Egnens Turistbureau**, Volden 12, 4400 Kalundborg, Tel. 59 51 09 15, Fax 59 51 22 15.

⌂ Hotels: **Hotel Ole Lunds Gård**, 16 Zi., Kordilgade 1 – 3; Tel. 59 51 01 65, Fax 59 51 01 64; zentral gelegenes Stadthotel in einem 200 Jahre alten Fachwerkhaus. – Und andere Hotels.

Jugendherberge: **Danhostel Kalundborg Vandrerhjem**, Stadion Allé, Tel. 59 56 13 66; 28 Zimmer, Gemeinschaftsräume, Teeküche, Münzwaschautomat, Frühstücksbüffet.

Camping

▲ – **Ellinglund Camping ***, Tel. 53 51 20 39; 1. Apr. – 30. Sept.; im westl. Stadtbereich; einfacher Übernachtungsplatz, Wiesen in einem öffentlichen Waldpark; ca. 1 ha – 50 Stpl. + Dau.; einfache Standardausstattung.
– **Saltbæk Camping ***; Anf. Jan. – 31. Dez.; nördlich von Kalundborg.

Zu den neueren Attraktionen in der Umgebung von Kalundborg gehört der 1997 eröffnete **Museumshof Birkendegård**, Holbækvej 189, außerhalb von Kalundborg gelegen. Das auf private Initiative hin entstandene Projekt umfaßt zunächst zwei Gebäude auf dem

Gut Birkendegård, darunter die alte Molkerei. Die Sammlungen, die ständig wachsen, umfassen alte landwirtschaftliche Geräte und Maschinen und vieles mehr. Öffnungszeiten bitte im Touristenbüro erfragen.

Nördlich von Kalundborg dehnt sich die **Halbinsel Røsnæs** mit ihren langen Sandstränden und mit Seelands westlichsten Punkt am Røsnæs Fyr, einem über 25 m hohen Leuchtturm aus dem Jahre 1845. Das Leuchtfeuer des Turms ist bei klarem Wetter rund 40 km weit zu sehen. Das über 320 ha große, naturschöne Gras- und Weideland von Røsnæs, mit seinen einzeln stehenden, von den vielen Herbststürmen gebeugten Wacholderbüschen und einer interessanten Vogelwelt, steht seit 1945 unter Naturschutz. Im Sommer kann man samstags zwischen 10 und 12 Uhr die **Windmühle von Ulstrup**, eine holländische Galeriemühle, besichtigen, die bis in die 50er Jahre in Betrieb war.

→ **Route:** Auf der Weiterreise auf den küstennahen Straßen und über **Eskebjerg, Havnsø, Høve** und **Vig** nach Norden zum **Fährhafen Rørvig**, durchqueren wir die Landschaft **Odsherred**.

●

Unweit nördlich von **Havnsø** (Touristeninformation, Fähren zu den Inseln Nekselø und Sejerø) liegt **Schloß Dragsholm**. Der Bischof von Roskilde ließ es sich im 13. Jh. errichten. Bis zur Reformation diente das Anwesen als befestigte bischöfliche Residenz, später als Lehnsbaronie. Dann in den Schwedenkriegen Mitte des 17. Jh. wurde Dragsholm schwer in Mitleidenschaft gezogen, große Teile der Gebäude durch Beschuß beschädigt. Ab 1690 schließlich entstand der dreiflüglige Barockbau, der heute ein Hotel mit Restaurant beherbergt und den man auf Führungen besichtigen kann. Im Sommer werden von Ende Juni bis Anfang August täglich um 12, 14.30 und 16 Uhr Führungen in Dänisch und um 13.30 Uhr Führungen in Deutsch angeboten. In der übrigen Zeit nur samstags und sonntags um 14.30 Uhr.

historisches Schloßhotel Dragsholm

Die **Landschaftsregion Odsherred,** benannt nach der schmalen Halbinsel „Sjælands Odde", die nach Westen weit in den Kattegatt vorspringt, ist eine uralte Kulturlandschaft. Seit fast 10.000 Jahren leben hier Menschen. Etwa 300 Hügelgräber, wie z.B. die bei Stenstrup, beweisen dies.

alte Kulturlandschaft Odsherred

Im Moor von Trundholm, unweit westlich von Svinninge, wurde 1902 der „**Sonnenwagen**", ein Meisterwerk handwerklicher Kunst aus der Frühzeit, gefunden. Das Original ist im Nationalmuseum in Kopenhagen zu bewundern, eine Kopie ist im Museum von Høve zu sehen.

Fundort des bronzezeitlichen „Sonnenwagens"

Besondere Erwähnung verdient die **Dorfkirche von Højby**, wegen ihrer schönen Stufengiebel, wegen des mittelalterlichen Altaraufsatzes und vor allem wegen der Fresken aus dem 14. Jh.

Kilometerlange **Sandstrände** und haushohe Dünen findet man besonders schön im Norden zwischen Klint und Rørvig an der Nyrup Bucht.

Camping
zwischen
Kalundborg und
Rørvig

▲ – **Jyderup**
– **Jyderup Camping ****, Tel. 59 27 76 60; 1. Apr. – 14. Sept.; am südwestl. Stadtrand an der Straße 225 Richtung Slagelse; Wiesen nahe des Skarresø in waldreicher Umgebung; ca. 2,5 ha – 80 Stpl. + Dau.; Standardausstattung.
Follenslev/Havnsø
– **DCU-Camping Vesterlyng *****, Tel. 53 46 94 56; 1. Apr. – Ende Sept.; an der Sejerø Bucht; ebene Weisen, vielfach durch Hecken unterteilt, in ländlicher Umgebung ruhig gelegen; ca. 6 ha – 300 Stpl. + Dau.; Standardausstattung; laden, Imbiß.
– **Sejerø Camping ****, Tel. 53 49 01 38; 1. Apr. – 1. Okt.; Zufahrt über den Fährhafen Havnsø; einfacher, aber hübsch und ruhig gelegener Platz in ländlicher Umgebung; ca. 3 ha – 100 Stpl. + Dau.; einfache Standardausstattung; Laden, Imbiß, 18 Miethütten; über eine flache, bewachsenen Düne zum Strand, ca. 300 m.
– **Sanddobberne's Camping *****, Tel. 59 65 35 35; 1. Apr. – 14. Sept.; zwischen Straße 225 und Meer; Buschwald- und Dünengelände an verschilfter Nehrung; ca. 6 ha – 200 Stpl. + zahlr. Dau.; Standardausstattung; Laden; 7 Miethütten. Nähe Schloß Dragsholm.
Vig
– **Vig Camping *****, Tel. 53 41 62 27; 1. Jan. – 31. Dez.; am Westrand von Vig neben dem Hallenbad; Wiesen, durch Baumreihen in lange Stellplatzfelder unterteilt; ca. 4 ha – 100 Stpl. + zahlr. Dau.; Standardausstattung; 6 Miethütten. **Nykøbing S.**
– **FDM-Camping Nordstrand,** Tel. 53 41 16 42, 1. Apr. – Mitte Sept.; ca. 1,6 km nördl. Nykøbing S; Waldgebiet am Nordstrand; ca. 4 ha – 200 Stpl. + Dau.; Standardausstattung; Laden.
– **Skærby Camping *****, Tel. 53 41 08 50; 1. Apr. – Mitte Okt.; nördl. Nykøbing S. am Skærby Strand; langgestrecktes Wiesengelände, ganz von Wald umgeben und im aufgeforsteten Dünengebiet; ca. 6 ha – 300 Stpl. + Dau.; Standardausstattung; zum Strand ca. 400 m.

➔ **Route:** Ab **Rørvig** bringt uns die laufend verkehrende **Autofähre** in 25 Minuten über die Öffnung des Isefjords nach **Hundested**. ●

In **Hundested** zählt das **Knud Rasmussen Haus** zu den Sehenswürdigkeiten. Das Haus des großen dänischen Polarforschers im Knud Rasmussensvej 9 dient heute als Museum. Knud Rasmussen lebte von 1879 bis 1933. Von 1902 bis 1904 nahm er an der Mylius-Erichsen Grönlandexpedition teil und leitete zwischen 1912 und 1933 nicht weniger als sieben Polarexpeditionen. Geöffnet ist das Museum vom 16. April bis 18. Oktober täglich außer montags von 11 bis 16 Uhr.
Übrigens stammt der Ortsname Hundested von König Christian VII., der hier gerne Seehunde jagte.

kilometerlange
Sandstrände an
Nordseelands
Küste **

Die ganze Küste Nordseelands, von Hundested bis Helsingør, ist ein einziger **kilometerlanger Sandstrand** mit Dünen und teils mit ausgedehnten Strandwäldern, wie bei Tisvildeleje zum Beispiel.
Beliebte Badeorte mit Hotels, Campingplätzen und Ferienhaus-

*der Strand bei
Gilleleje*

siedlungen sind Liseleje, Tisvildeleje, Rågeleje, Gilleleje und Hornbæk.

Südlich von **Tisvilde** erstreckt sich der **Tisvilde Hegn**, ein ausgedehntes Forstgebiet, das einst zur Zähmung der Wanderdünen und des Flugsandes angelegt wurde. Heute ist es zudem ein schöner Naturpark mit markierten Wanderwegen. Ausgangspunkt für Wanderungen ist der Parkplatz bei der Asserbo Schloßruine, etwa auf halbem Wege zwischen Asserbo und Ramløse.

Bei **Vejby Strand** liegt die 49 m hohe **Salgård Høj** mit Blick auf die Küste.

Gilleleje ist wohl das größte Seebad an der Nordküste Seelands, aber dennoch auch ein lebhafter Fischerei- und Handelshafen. Im Sommer jeden Donnerstag und Samstag lebhafter Markt. Zu seinen Sehenswürdigkeiten zählen:

Gilleleje Museum, Vesterbrogade 56, mit Modellschiffen (Di. – So. 14 – 17 Uhr. Eintritt).
Det Gamle Fiskerhus, Hovedgarden 49.
Rudolph Tegners Museum og Statuepark im Museumsvej 9 in Villingerød bei Dronningmølle.
Gilbjerg Hoved, Aussichtspunkt mit Blick auf die Ostsee; westlich der Stadt gelegen und
Nakkehoved Østre Fyr, der 54 m hoch gelegene Leuchtturm, ca. 4 km östlich von Gilleleje, Blick über den Øresund bis Schweden. Einladendes Gasthaus „Fyrkro".

**Sehenswertes um
Gilleleje**

Gilleleje
Hotels

Camping
zwischen
Hundested und
Helsingør

Praktische Hinweise

☎ **Gilleleje Turistforening,** Gilleleje Hovedgade 6 F, 3250 Gilleleje, Tel. 48 30 01 74, Fax 48 30 34 74, (nur im Sommer).

⌂ Hotels: **Gilbjerghoved Hotel og Kursuscenter,** 48 Zi., Hulsøvej 15; Tel. 48 30 13 18, Fax 48 30 13 17; Restaurant.
Hotel Strand, 25 Zi., Vesterbrogade 4, Tel. 48 30 05 12, Fax 48 30 05 12, Restaurant. – Und andere Hotels.

▲ – **Hundested**
– **Rosenholm Camping ***,** Tel. 47 92 30 49; 1. Jan. – 31. Dez.; östl. Hundested; ca. 6 ha – 250 Stpl., davon etwa zwei Drittel von Dauercampern belegt; einfache Standardausstattung.
Frederiksværk
– **Frederiksværk Camping ***,** Tel. 47 77 07 25, 1. Feb. – 30. Nov.; am westl. Stadtrand, beschildert; Waldlichtungen; ca. 3,5 ha – 100 Stpl. + Dau.; Standardausstattung; Laden, Imbiß; Fahrradverleih; 5 Miethütten.
Melby
– **Bokildegaards Camping **,** Tel. 47 92 30 94; 1. Apr. – 1. Okt.; zwischen Ort und Meer; ebene Wiese von Hecken und Feldern umgeben; ca. 3 ha – 120 Stpl. + Dau.; Standardausstattung; zum Meer ca. 1 km.
Vejby
– **DCU-Camping Rågeleje „Heatherhill"***,** Tel. 48 71 56 40; 1. Apr. – Mitte Okt.; zwischen Wald, Strand und Dünen; ca. 5 ha – 200 Stpl. + zahlr. Dau.; Standardausstattung; Laden, Imbiß; zum Meer ca. 300 m.

im Fischereihafen von Gilleleje

– **Vejby Strand Camping ***,** Tel. 48 70 67 88; 1. Apr. – Anf. Okt.; ausgedehntes, ansteigendes Wiesengelände mit hohen Hecken; ca. 9 ha – 350 Stpl. + zahlr. Dau.; gehobene Komfortausstattung; Laden, Imbiß, Restaurant; Schwimmbad; Tennis, Fahrradverleih; 20 Miethütten; zum Meer ca. 2 km.
Dronningmølle
– **Dronningmølle Strandcamping ***,** Tel. 49 71 92 90; Anf. Apr. – Mitte Sept.; ausgedehntes Gelände zwischen Küstenstraße 237 und Meer, teils von Wald begrenzt, teils bis fast an den breiten Sandstrand reichend; ca. 6 ha - 200 Stpl. + Dau; Standardausstattung.
Hornbæk
– **DCU-Camping Hornbæk *,** Tel. 49 70 02 23; 1. Apr. – Ende Sept.; westl. der Stadt; im Hornbæker Wald; ca. 6 ha – 250 Stpl. + Dau.; einfache Standardausstattung; Laden; 5 Miethütten; zum Meer ca. 1 km.
Ålsgårde
–**Skibstrup Camping ***,** Tel. 49 70 99 71; 1. Jan. – 31. Dez.; zwischen Hornbæk und Helsingør; baumbestandenes Wiesengelände, fast ganz von Wald umgeben, ca. 7 ha – 180 Stpl. + zahl. Dau; Standardausstattung; Laden; 5 Miethütten. – Und andere Campingplätze, von denen aber viele überwiegend mit Dauercampern belegt sind.

12. GILLELEJE / SEELAND – ROSKILDE / SEELAND

⊙ **Entfernung:** Rund 130 km, ohne Abstecher.

➔ **Strecke:** Über die Küstenstraße 237 und über **Hornbæk** nach **Helsingør** – Straße 6 über **Hillerød** bis **Slangerup** – Straße 53 über **Frederikssund** südwärts und Straße 155 bis **Roskilde.**

🕐 **Reisedauer:** Mindestens ein Tag.

⌘ **Höhepunkte:** Das **Schloß Kronborg** ** in Helsingør – das **Schloß Fredensborg** * – das **Schloß Frederiksborg** *** – das Schloß **Jægerspris** * – der **Dom zu Roskilde** *** – die **Wikingerschiffshallen** * in Roskilde.

SCHLÖSSERTOUR DURCH SEELAND

Diese Etappe durch Nordseeland könnte man durchaus auch als „Schlössertour" bezeichnen. Nicht weniger als drei der bedeutendsten Königsschlösser Dänemarks liegen auf dem Wege.

HELSINGØR existiert seit 1281 und wurde schon in Dokumenten zur Zeit König Valdemars des Großen erwähnt. Seit alters her ist Helsingør wichtiger Fährpunkt an der schmalsten Stelle des Øresunds nach dem nur 4 km entfernten Schweden.

1426 erhielt der Hafen Stadtrechte und schon drei Jahre später fiel

Route 12
GILLELEJE – ROSKILDE

0   15   30 km

dem damals regierenden König Erik von Pommern ein probates Mittel ein, der Stadt und dem Staatssäckel eine feine Einnahmequelle zu sichern – er führte den Sundzoll ein. Erst 1857 schaffte man ihn wieder ab.

Autofähren verkehren über den Sund nach Helsingborg in Schweden heute laufend rund um die Uhr. Fahrzeit ca. 20 Minuten.

*SCHLOSS
KRONBORG*
1 Eingang
2 Königinturm
3 Fahnenbastion
4 Nordflügel
5 Ostflügel
6 Kakelburg
7 Kirchenflügel
8 Petersturm
9 Westflügel
10 Nordbastion
*11 Königin Louise
   Bastion*
*12 Prinz Ferdi-
   nand v. Württ.
   Schanze*
13 Kronværk Tor
*14 Prinz Christian
   Bastion*
15 Cafeteria
16 Fährhafen

**das „Hamlet-
Schloß"
Kronborg **
10 – 17 Uhr.
Eintritt.

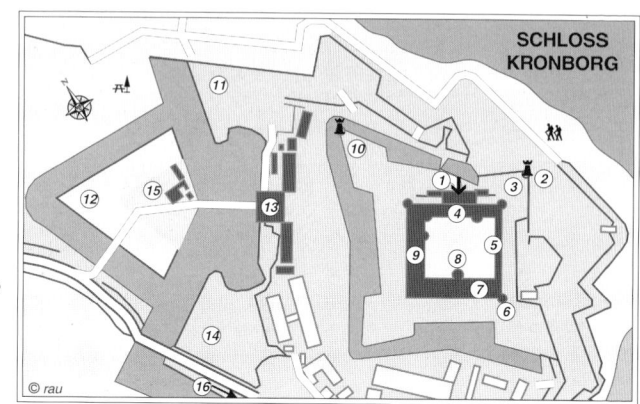

SCHLOSS
KRONBORG

Schloß Kronborg, das markante „Hamlet-Schloß" an der Hafen-
ausfahrt, wird zu den schönsten Renaissanceschlössern in Nordeuropa gezählt. In einem alten dänischen Seemannslied wird mit
den Zeilen „Mit Kronborg an Steuerbord ...." die Einfahrt in den
Øresund und das glückliche Ende einer oft monatelangen Seefahrt
besungen. Nach der Einführung des Sundzolls, der der Krone Un-
summen einbrachte, wurde die alte Hafenfestung „Krogen" aus dem
15. Jh. um 1575 unter Frederik II. zu einem Prunkschloß im Renaissancestil ausgebaut. Geld war durch die reichlich fließende See-
maut ja vorhanden. Schließlich mußte jedes Schiff, das das Nadel-
öhr des Øresunds passierte, bezahlen.
Selbst die Spuren der Brandkatastrophe von 1629, die große Teile
des Schlosses in Schutt und Asche legte, konnten dank des Wasser-
zolls während der Regentschaft des baufreudigen Dänenkönigs
Christian IV. rasch wieder beseitigt werden. Ab dem Ende des 18.
Jh. dann wurde die ehemals königliche Residenz Kronborg als Ka-
serne genutzt, was seine Spuren hinterließ. Nach umfassenden
Restaurierungsarbeiten schon zu Beginn unseres Jahrhunderts präsentiert sich der vierflügelige, von Schanzanlagen und Basteien
umgebene Komplex heute wieder komplett und unversehrt.
Die alljährliche Besucherschar aus aller Welt wäre bestimmt um ein
Wesentliches kleiner, wäre im 16. Jh. der große Dramatiker vom
Avon, William Shakespeare, nicht auf die Idee gekommen, die Hand-
lung seiner berühmten Tragödie **„Hamlet, Prinz von Dänemark"** in
Helsingør und auf Kronborg spielen zu lassen. Seitdem lebt Helsingør
mit dem Ruf – sicher recht gern – die Stadt des tragischen däni-
schen Sagenprinzen Hamlet zu sein, der im Bestreben, seinen ge-
meuchelten Vater zu rächen, selbst dramatisch zu Tode kam. Ob
Hamlet nun lebte oder nicht, er ist und bleibt der „berühmteste" Däne
in der Weltliteratur. In Shakespeares Tragödie ist Hamlet ein den
Realitäten des Alltags entrückter Feingeist, der mit dem wirklichen
Leben so seine Schwierigkeiten hat.
Noch ein anderer Geist einer dänischen Sagengestalt, **„Holger
Danske"**, Holger der Däne, soll in den riesigen Kasematten unter

dem Schloß umgehen. Von diesem grimmigen Haudegen erzählen sich die Dänen, daß ihnen Holger zu Hilfe käme, „wenn es wirklich ernst wird". Dann aber würde der sagenhafte Holger wüten wie ein Berserker, daß das Blut „kniehoch" steht. Und das Häuflein der Überlebenden wäre so klein, daß es sich bequem an einem einzigen Tisch niedersetzen könne.

Speisesaal der Königin, Schloß Kronborg

Während der **Besichtigungstour** durch Kronborg sieht man – neben zahlreichen Räumen des Schlosses, ausgestattet mit prächtig gearbeiteten Kaminen, mit kostbarem Mobiliar und mit schönen Gobelins wie in der **Kammer der Königin** – auch den riesigen, 62 m langen und stattliche 11 m breiten **Rittersaal**. Mit diesen Dimensionen gilt der Saal als größter historischer Raum Nordeuropas.

Ebenfalls zur Schloßbesichtigung gehört ein Rundgang durch das Labyrinth der düsteren **Kasematten** mit zum Teil bis zu 6 m dicken Mauern. Hier hatten sich in Kriegszeiten die Soldaten bei ziemlich düsteren und unwirtlichen Verhältnissen aufzuhalten.

Nicht versäumen sollte man einen Blick in die prächtige **Schloßkirche**, die aus dem 16. Jh. unverändert erhalten ist.

Ebenfalls im Schloß untergebracht ist das große und sehr sehenswerte **Seefahrts- und Handelsmuseum**. In zahlreichen Räumen auf mehreren Etagen wird die Entwicklung und die lange Geschichte des dänischen Handels und der Handelsseefahrt vom 14. Jh. bis heute gezeigt. Zu den Exponaten und Ausstellungsthemen zählen Indien-, China- und Afrikaabteilungen, Schiffsmodelle, Navigations- und Rettungseinrichtungen, maritime Gebrauchsgegenstände, Gemälde, Fotodokumente u.a. Andere Sammlungen des Museums informieren über die Geschichte des Sundzolls, über den Handel mit den alten dänischen Kolonien, über den Sklavenhandel und über die dänischen Plantagenbetriebe in Dänisch-Westindien bis 1916 und vieles mehr.

sehenswertes Seefahrtsmuseum
*
10 - 17 Uhr. Eintritt.

In der Stadt Helsingør selbst sind eine ganze Reihe alter Häuser restauriert und unter Denkmalschutz gestellt worden. Besonders die Gebäude in der Strandgade Nr. 93 – 95, zwei herrschaftliche Stadthäuser, verdienen in diesem Zusammenhang Erwähnung.
Eines der schönsten und besterhaltenen Klöster mit Kreuzgang im Norden Europas ist das **Karmeliterkloster** aus dem Jahre 1430 mit der gotischen **Marienkirche**. Um die Kirche rankt sich die romantisch-tragische Geschichte um Dyveke, die Geliebte König Christians II. Sie soll hier begraben worden sein, nachdem sie im Jahre 1517 mit vergifteten Kirschen ermordet wurde. Das oberste Stockwerk des Ostflügels des Karmeliterklosters ist mit Wandmalereien aus dem 16. Jh. geschmückt. Kloster und Kirche liegen in der Sct. Anne Gade 38 unweit des Fährhafens. Führungen nur um 11, 14 und 15 Uhr. Eintritt.
Schloß Marienlyst in der Marienlyst Allee in der Stadtmitte, wurde im 16. Jh. als königliche Sommerresidenz in einem Lustgarten erbaut. Heute ist es eine Dependence des Stadtmuseums. Gezeigt werden Gegenstände zu den Themen „Sundzoll" und „Hamlet", sowie Kunsthandwerk. Schönes Louis XVI.-Inventar. Im Park ein Granit-Sarkophag der als „Hamlets Ehrengrab" bekannt ist.
Sehenswert außerdem das **Stadtmuseum**, Sct. Anne Gade 36 (tgl. 12 – 16 Uhr) und **Dänemarks Technisches Museum**, Ndr. Strandvej 23 (tgl. 10 – 16 Uhr, Eintritt).

Praktische Hinweise

☎ **Helsingør Turistbureau**, Havnepladsen 3, 3000 Helsingør, Tel. 49 21 13 33, Fax 49 21 15 77.

Helsingør
Hotels

⌂ Hotels: **Hamlet**, 36 Zi., Bramstræde 5, Tel. 49 21 05 91, Fax 49 26 01 30, angenehmes Stadthotel, Fisch- und Steakhaus-Restaurant.
Marienlyst, 220 Zi., Nordre Strandvej 2, Tel. 49 21 40 20, Fax 49 21 49 00; traditionsreiches Haus der gehobenen Klasse, am Meer, Zimmer teils mit Blick zum Schloß Kronenborg, Restaurant, Sauna, Schwimmbad, Spielkasino.

Jugendherberge

Jugendherberge: **Danhostel Helsingør Vandrerhjem „Villa Moltke"**, Tel. 49 21 16 40; Ndr. Strandvej 24; gut ausgestattete Jugend- und Familienherberge in der früheren Villa des Grafen Moltke, Cafeteria, Feb. – Sept.; 200 Betten.

Camping

▲ – **Grønnehave Camping ****, Tel. 49 21 58 56; 1. Jan. – 31. Dez.; stark besuchter Durchgangsplatz im Norden der Stadt zwischen Bahn und Strand; ca. 2 ha – 100 Stpl.; Standardausstattung.

AUSFLÜGE AB HELSINGØR

Nach **Humlebæk**, zum **Museum für Moderne Kunst**
Nach **Rungsted**, einem fast mondänen Badeort südlich von Helsingør, zum **Karen-Blixen-Museum**. Karen Blixen (1885 – 1962), dänische Baronesse und Schriftstellerin, arbeitete auch unter den Pseudonymen Tiana Blixen oder Isak Dinesen. U. a. stammt von ihr die Erzählung „Die Träumer" oder auch „Afrika, dunkel lockende Welt". Wahrscheinlich kommt Ihnen der englische Titel des Romans „Out of Africa" wesentlich bekannter vor, der als Hollywoodproduktion in den Kinos der Welt vor einiger Zeit Furore machte.

Plant man einen **Abstecher auf die Insel Bornholm**, könnte man ggf. hier ab Helsingør starten. Man bedient sich dazu zunächst der Fähre hinüber ins schwedische **Helsingborg**, folgt von dort der Straße E66 nach Südosten bis **Ystad** (130 km) und nimmt dort die Fähre nach **Rønne** auf Bornholm. Eine Beschreibung der Insel Bornholm finden Sie unter Route 15 „Rund um Bornholm" in diesem Reiseführer.

Reiseweg zur Insel Bornholm

➜ **Route:** Von Helsingør rund 15 km südwestwärts nach **Fredensborg**, das man auf der Straße 6 schnell und bequem erreicht.

Landschaftlich reizvoller aber ist der Weg auf Nebenstraßen über **Schloß Gurre** (Schloßruine aus dem 12. Jh. westlich Helsingør), dann südwärts am Gurre See vorbei und schließlich über **Jonstrup** und **Endrup** am Esrum See nach **Fredensborg**. ●

An der Nordseite des Esrum Sees kann man das ehemalige **Zisterzienserkloster Esrum** besichtigen, das in den vergangenen Jahren aufwendig restauriert wurde. Bei den Restaurierungsarbeiten konnten uralte Fresken aus der Entstehungszeit des Klosters freigelegt werden.

Esrum Kloster
1. 5. - 31. 10. tgl. a. Mo. 10 - 16 Uhr.

Mönche des Kloster Clairvaux in Burgund, Frankreich, waren 1151 hierher gekommen, um die Abtei zu gründen. Das Ende kam auch für dieses Kloster mit der Reformation. Große Teile wurden abgerissen und die Ziegelsteine, die noch brauchbar waren, zum Bau von Schloß Kronborg und Schloß Frederiksborg verwendet. Aber was wäre ein mittelalterliches Kloster ohne deftige Geschichte über einen abtrünnigen Klosterbruder. Und der hieß in Esrum *Bruder Rus*. Bruder Rus war, so geht die Mär, vom Teufel dazu verführt worden, im Kloster die Moral der Bruderschar zu untergraben und die Mönche zu einem lasterhaften Leben zu verleiten. Bruder Rus arbeitete in der Klosterküche und als eines Tages der Koch das Zeitliche segnete, übernahm Bruder Rus seine Aufgaben. Nun wurde das Essen plötzlich immer üppiger und verführerischer, daß die Mönche bald nur noch Speis und Trank und nicht mehr das Gebot „Beten und Arbeiten" im Sinn hatten. Der Abt war schon ganz verzweifelt ob der verlotterten Sitten als er von einem Bauern erfuhr, er habe den Rus des nächtens im Wald im Gespräch mit den Teufel belauscht. Nun war für Bruder Rus das Spiel zu Ende. Er landete auf dem großen Ochsenrost in der Küche und wurde um der Klosterordnung Willen auf diese Weise in Jenseits befördert.

Schloß Fredensborg ist noch heute königliche Residenz. Der Öffentlichkeit sind das Schloß und die inneren Gärten allerdings nur im Juni auf halbstündlichen Führungen zwischen 13 und 17 Uhr zugänglich. Der Besucher ist beeindruckt von dem reichen Interieur und der kostbaren Möblierung. Der Schloßpark ist ganzjährig zugänglich.

Schloß Fredensborg
nur im Juni zu besichtigen, Eintritt. Schloßpark ganzjährig zugänglich.

Schloß Fredensborg entstand während der Regentschaft von König Frederik IV. (1699 – 1730), der hier in den königlichen Jagdre-

*SCHLOSS
FREDENSBORG*
1 Eisentor
2 Stallungen
*3 Wirtschafts-
  flügel*
4 Westoktogon
5 Ostoktogon
6 Hauptgebäude
*7 Damenresi-
  denz*
8 Kapelle
*9 Haus des
  Marschalls*
*10 Herrenresi-
  denz*
11 Schloßpark
12 Allee

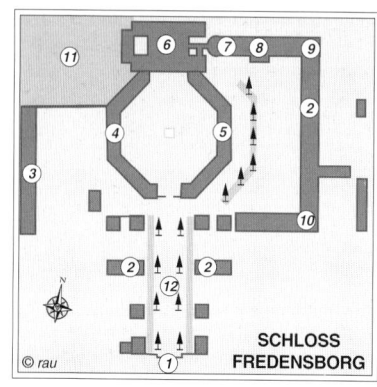

SCHLOSS
FREDENSBORG
© rau

vieren um den Esrum See ein Jagdschloß wünschte. Esrum Sø ist übrigens der zweitgrößte Süßwasser- see Dänemarks, nach dem Arresø, der wenige Kilometer westlich liegt. Der Schloßname *„Friedensburg"*, so die Übersetzung, erinnert an das Ende des Krieges gegen Schweden, den König Frederik IV. mit dem Friedensschluß von 1720 beenden konnte.

1719 war der Architekt Johan Cornelius Krieger mit dem Bau beauftragt worden. Zwar wur- den bei der prunkvollen Einweihung am 11. Oktober 1722 schon die ersten Gemächer bezogen, aber den letzten Schliff und das gegen- wärtige Aussehen erhielt Fredensborg erst 44 Jahre nach dem er- sten Spatenstich. Das Resultat ist eine überaus harmonische Schloß- anlage mit 28 Gebäuden, welcher der Festungscharakter von Kronborg oder Frederiksborg völlig fehlt.

Jedes Jahr im Frühling und im Herbst verlegen das Regentenpaar Königin Margrethe und Prinz Henrik und Königin Ingrid ihre Resi- denz für einige Monate nach Fredensborg. Aber auch das übrige Jahr über bildet Schloß Fredensborg den Rahmen für große Ereig- nisse des Königshauses. Es ist Schauplatz von Hochzeits- und Geburtstagsfeierlichkeiten der Königsfamilie. Regierende aus aller Welt geben sich bei Staatsbesuchen hier die Ehre und traditionell überreichen die neu bestallten Botschafter auf Fredensborg der Königin ihre Beglaubigungsschreiben.

Vom Eisentor geht man durch ein von Dienstgebäuden und Stallun- gen gesäumte Baumallee auf das Hauptgebäude zu, dem ein acht- eckiger, von Gebäudeflügeln begrenzter Platz vorgelagert ist. An der Ostseite schließen sich die Damengemächer und die Schloß- kapelle, eine lange Reihe von Stallungen und die Herrengemächer an.

Sehr schön ist ein Spaziergang durch den herrlichen, vom Garten- architekten J. C. Krieger nach Versailler Vorbild angelegten Park hinunter zum See. Einer der strahlenförmig verlaufenden Wege zum See wird von zwei schönen, lauschigen Pavillons abgeschlossen. Unter den vielen Skulpturen im Park fällt die etwas abseits gelege- ne Gruppe von 69 Sandsteinfiguren auf, die das „Norwegische Volk" darstellen soll.

Etwas nördlich von Fredensborg liegt ein **Falknerhof,** der an den Wochenende besucht werden kann. Dort wird die jahrhundertealte Falknertradition von Fredensborg weiter gepflegt.

Schloß Fredensborg

Praktische Hinweise

☎ **Fredensborg Turistbureau,** Jernebanevej 16, 3480 Fredensborg, Tel. 42 28 21 00.

⌂ Hotels: ☑ *Mein Tip!* **Hotel Store Kro,** 49 Zi., Slotsgade 6, Tel. 48 48 00 47, Fax 48 48 45 61. Gastliche Tradition seit 275 Jahren im ehemaligen Gästehaus des Schlosses, in Sichtweite von Schloß Fredensborg, gepflegtes Ambiente, vorzügliches Restaurant.
Pension Bondehuset, 15 Zi., Sørupvej 14, Sørup, Tel. 42 28 01 12., Fax 48 48 03 01, geöffnet 1.4. – 15.10., gemütliches, strohgedecktes Haus, der Hotelgarten reicht bis zum Esrum-See; Restaurant. – Und andere Hotels.

Jugendherberge: **Danhostel Fredensborg Vandrerhjem ***,** Østrupvej 3, 3480 Fredensborg, Tel. 48 48 03 15,

▲ – **Höjsager Camping **,** Tel. 42 19 44 48; 1. Apr. – 30. Sept.; ca. 2 km östl. Fredensborg; ca. 2 ha – 100 Stpl.; Standardausstattung; 3 Miethütten.

Fredensborg Hotels

Jugendherberge

Camping

➜ **Route:** Kaum 6 km weiter, südwestlich von Fredensborg, kommen wir auf der Straße 6 nach **Hillerød.** ●

Mitten in **Hillerød,** der Stadt am Westufer des Schloßsees, liegt **Schloß Frederiksborg,** wohl das imposanteste und prächtigste Renaissanceschloß in Dänemark.

Den Grundstein zu Schloß Frederiksborg in seiner heutigen Form legte der baufreudige König Christian IV. im Jahre 1602. Er ließ an der Stelle, an der schon früher ein Herrensitz lag, den der Vater von Christians IV., König Frederik II., 1560 vom dänischen Seehelden Herulf Trolle erwarb, das Schloß erbauen. Christian IV., der über 60

Schloß Frederiksborg ***
1.5. - 30.9. tgl. 10 - 17 Uhr. Übrige Zeit tgl. 10 - 16 Uhr. Eintritt.

SCHLOSS
FREDERIKSBORG
1 Stadttor
2 Stallgasse
3 Herulf Trolls
  Turm
4 Husarenstal-
  lungen
5 Königliche
  Stallungen
6 Christian VI.-Tor
7 Frederik II.-
  Türme
8 S-Brücke
9 Tor-/Kerkerturm
10 Neptunbrunnen
11 Westflügel
12 Kanzleige-
   bäude
13 Mittlerer Flügel
14 Kirchenflügel
15 Uhrturm
16 Ostflügel
17 Hauptportal
   und Arkaden
18 Brückenbau
19 Audienzsaal
20 Turnierplatz
21 Karusseltor
22 Magazine

**SCHLOSS
FREDERIKSBORG**

© rau

Jahre lang als uneingeschränkter Monarch die Geschicke nicht nur
Dänemarks sondern auch Norwegens in Händen hielt, hatte mit dem
Schloß Frederiksborg sein ehrgeizigstes Bauvorhaben begonnen.
Und ganz zweifellos spiegelt nicht nur die schiere Größe, sondern
auch die kostbare Ausstattung des Schlosses die Machtposition des
dänischen Königs im damaligen Europa wider. Hier ließ sich stan-
desgemäß Hof halten, sich aber immer mit einem vergleichenden
Blick nach Paris, London oder St. Petersburg orientierend.
Das ganze prächtige Anwesen besteht aus mehreren Gebäuden,
die alle in rotem Backstein errichtet sind, die sich auf drei Inseln
verteilen. Markant sind die waagrechten, weißen Steinschmuck-
bänder, die das Gesicht der etwas ernst und abweisend wirkenden
Fassaden ein Stück freundlicher machen. Die hohen Gebäudeflügel
des eigentlichen Schlosses, die sich um einen quadratischen Innenhof gruppieren, sind an den Ecken durch achteckige Türme abgeschlossen. Sie wiederum werden von fast zierlichen Turmspitzen
gekrönt. Neben diesen Türmen lockern auch die lukarnenähnlichen
kleinen Giebel in den Dachflächen das Gesamtbild des Schloßbaus
auf, der unmittelbar aus dem ihn umgebenden See ragt.
Wie man liest, ist der Architekt des Baus unbekannt, was etwas
ungewöhnlich klingt, schließlich handelt es sich hier ja nicht um
einen unscheinbaren Landsitz. Aber die Grundidee für das Aussehen des Bauwerks soll aus den Niederlanden stammen.
Der eigentliche Zugang zum Schloß führt über die südliche Brücke
und durch das „**Stadttor**" **(1)** von 1600 auf die erste der drei Inseln.
„Eigentlicher Zugang" deshalb, weil die Besucher heute meist durch
den Westflügel, das sog. **Haus des Schloßherrn (9)**, auf der mittleren Insel die Anlage betreten.

Nach dem „Stadttor" geht man durch die sog. **Stallgasse (2)** zum
Tor **Christians VI. (6)** von 1736. Die Stallgasse wird flankiert von

den ältesten noch vorhandenen Gebäuden – rechts der **Herulf Trolls Turm (3)** und anschließend der **Husarenstall (4)** von 1575 (Wohntrakt des Schloßgesindes) und auf der linken Seite der **Königsstall (5)** von 1575. An der Nordseite wird die erste Insel abgeschlossen von den beiden gedrungenen, runden **Türmen Frederiks II. (7)** von 1562. Sie tragen das Motto des Königs: „Meine Hoffnung an Gott allein".

Schloß Frederiksborg und der Neptunbrunnen

Über die **S-Brücke (8)** gelangt man durch den hohen Kerkerturm oder **Torturm (9)** von 1620 mit schöner Giebelhaube auf die mittlere Insel. Die Brücke in der Form eines „S" wurde deshalb nötig, weil Christian IV. die von Frederik II. begonnene bauliche Achse nicht beibehielt. So standen sich das Portal auf der Südinsel und der Torturm auf der Mittelinsel nicht genau gegenüber.

Der große freie Platz wird in der Mitte von dem herrlichen **Neptunbrunnen (10)** von 1622, rekonstruiert 1888, beherrscht. Obenauf der Gott des Meeres mit dem Dreizack, darunter 15 allegorische Figuren.

Der **Westflügel (11)** links wird als „Haus des Schloßherrn" (1614) bezeichnet. Er war einst Wohnsitz des Lehnsmanns. Rechts das „**Kanzleigebäude" (12)** von 1618.

Von dem großen, gepflasterten Platz auf der Mittelinsel aus sieht man den dreiflügeligen Komplex des eigentlichen Schlosses vor sich liegen. Zahlreiche Türme, Erker, geschwungene Giebel und unterbrochene Fassaden verleihen dem Ganzen ein lockeres Aussehen.

Der **Mittlere Flügel (13)** mit großen, figurengeschmückten Galerien, ist der Königsflügel mit den königlichen Gemächern im 1. Stock. Er entstand 1602 als erster Teil des neuen Schlosses unter Christian IV. Vier Jahre später wohl folgte der westliche **Kirchenflügel (14)**, unschwer am **Uhrturm (15)** zu erkennen. **Glockenspiel** zu jeder vollen Stunde.

Der **Ostflügel (16)** schließlich trägt am Giebel oben die Jahreszahl 1608. An der Südseite schließt die sog. Terrasse (– 17 – figurengeschmückte Arkaden), mit dem Hauptportal in der Mitte, den inneren Schloßhof ab. Das Hauptportal wird von den königlichen Wappen und der Jahreszahl 1609 geschmückt.

Im dritten Stock des Schlosses ist heute eine Sammlung moderner Kunst untergebracht. Es wird die Geschichte des 20. Jh. vornehmlich anhand von Portraits der Königsfamilie, von Politikern, Wirtschaftsführern, Wissenschaftlern, Sportlern und Künstlern dokumentiert.

Von der Westseite des Königsflügels führt ein zweistöckiger **Brückenbau (18)**, der sog. „geheime Gang" in den **Audienzsaal (19)** von 1680. An seiner Südseite das prächtig gestaltete, mit freistehenden Säulen versehene Münzportal.

der Festsaal im Schloß Frederiksborg

Foto m. frdl. Gen.: J. Sommer, Dänisches Fremdenverkehrsamt

Im Winter 1859 erlebte Schloß Frederiksborg, damals Residenz König Frederiks VII., eine furchtbare Brandkatastrophe. Das Feuer zerstörte in der Nacht zum 18. Dezember den größten Teil des Hauptflügels, den Seitenflügel und große Bestände der kostbaren Portraitgalerie. In der Kirche stürzten mehrere Gewölbe ein.

Unter dem Eindruck der als nationale Tragödie empfundenen Feuersbrunst wurde ein Komitee zur Restaurierung des Schlosses gegründet. Allen voran stiftete J. C. Jacobsen, der damalige Eigentümer der Carlsberg Brauerei, große Summen. Er war es auch, der anregte, das Schloß nach dem Wiederaufbau zum „**Nationalmuseum für die Geschichte Dänemarks**" zu ernennen. Dies geschah dann am 5. April 1878 und seit 1882 hat die Öffentlichkeit Zutritt zu Schloß Frederiksborg.

Der Besuch von Schloß Frederiksborg ist sehr lohnend. Und selbst wer nur wenig Zeit hat, sollte sich zumindest die prunkvoll ausgestattete **Kirche** mit der **Meisterorgel** von 1610 von Esaias Compenius und den nicht weniger prächtigen **Rittersaal** ansehen. Orgelspiel donnerstags 13.30 bis 14 Uhr. In eben dieser Kirche heiratete 1995 der dänische Kronprinz Joachim die neue dänische Prinzessin Alexandra.

In schönen alten Wirtschaftsgebäuden des Schlosses sind heute einladende **Restaurants** wie der „Slotsherrens Kro" eingerichtet. An einem schönen Sommertag kann man da auch im Freien sitzen.

Nördlich des Schlosses erstreckt sich – man gelangt durch ein großes Torgebäude seitlich des Schlosses dahin – ein herrlicher **Barockgarten**, mit Terrassen, Kaskaden, Brunnen und Zierteichen. Willkommen auf den langen Besichtigungsrundgängen durch Schloß und Gärten ist da das „Havehuset" im Barockgarten, in dem man sich im Sommer bei Kaffee und Kuchen auf neue Taten vorbereiten kann, z. B. auf einen Spaziergang durch den Waldpark unweit westlich

Skulpturenschmuck am Schloß Frederiksborg

des Barockgartens und dort zum **Schlößchen Badstue**, einem Lustschloß aus dem Jahre 1580, das sich Frederik II. im Renaissancestil erbauen ließ.

In **Hillerød** selbst lohnt ein Besuch des **Nordsjælandsk Folkemuseum**, des Heimatmuseums von Nordseeland im Park Jägerbakken, am Nordostufer des Schloßsees. Die Ausstellungen sind in einem alten, dreiflügeligen, strohgedeckten Bauernhaus untergebracht.

In der Slotsgade 38 kann man eine schöne **Münzsammlung** besichtigen und bei längerem Aufenthalt lohnt ein Besuch im **Klostermuseum Æbelholt,** das ein gutes Stück nordwestlich von Hillerød liegt. Das 1175 gegründete Augustinerkloster war vor allem im Mittelalter auch ein bedeutendes Hospiz. Um 1940 wurden Reste des Klosters ausgegraben. Die Grabungsfunde sind im Klostermuseum zu sehen. Mittelalterlicher Heilkräutergarten.

Schließlich kann man während der Sommermonate vom Marktplatz Torvet aus eine **Dampferfahrt** mit dem Ausflugsboot „MF Frederiksborg" auf dem Schloßsee unternehmen.

Schloß Jægerspris

Wenn Ihnen der Sinn weniger nach Museen steht, bummeln Sie einfach durch das preisgekrönte, überdachte **Einkaufszentrum** „Schloßarkaden".

Hillerød Hotels

Camping

Praktische Hinweise

☎ **Hillerød Turistbureau**, Slotsgade 52, 3400 Hillerød, Tel. 42 26 28 52, Fax 42 26 28 06.

◩ Hotels: **Hotel Hillerød**, 62 Zi., Milnersvej 41, Tel. 42 24 08 00, Fax 48 24 08 74; Restaurant, Cafeteria, Schwimmbad, Sauna.
Hotel Store Kro, Slotsgade 6, Tel. 48 48 00 47, Fax 48 48 45 61, zentral, in Schloßnähe, Restaurant. – Und andere Hotels.

▲ – **Hillerød Camping *****, Tel. 42 26 48 54; 1. Mai – Anf. Sept.; im südl. Stadtgebiet; 2 ha – 100 Stpl.; Standardausstattung; Laden; 7 Miethütten.

➜ **Route:** Auf der Weiterfahrt folgen wir der Straße 6 bis **Slangerup** und zweigen dort westwärts auf die Straße 53 nach **Frederikssund** ab, das wir über die 1935 eingeweihte Kronprins-Frederik-Brücke erreichen. ●

Frederikssund am Roskilde Fjord hat ein umfangreiches **Museum** mit Werken des dänischen Expressionisten J. F. Willumsen.

Schloß Jægerspris
1. 5. - 30.9. tgl. 10 – 12, 13 – 16 Uhr. Eintritt. Führungen obligatorisch, jeweils zur vollen Stunde.

An der Westseite des Roskilde Fjord liegt der Ort **Jægerspris** (Kro, Jugendherberge) mit dem gleichnamigen Schloß.

Das im Mittelalter entstandene **Schloß Jægerspris** wurde zuletzt von König Frederik VII. bewohnt. Er vermachte Jægerspris seiner Frau, Gräfin Danner. Die wiederum gründete auf Schloß Jægerspris

ein Pensionat für bedürftige Mädchen. Heute ist das Anwesen vor allem eine Erinnerungsstätte an Gräfin Danner, die ja als Bürgerliche geboren und erst später von ihrem königlichen Gemahl in den Adelsstand erhoben wurde. Gedenkräume für König Frederik VII. und Gräfin Danner. Kinderheim Museum. Wechselnde Sonderausstellungen.

Kirche von Tveje Merløse

→ **Route:** Im weiteren Verlauf unserer Route durchqueren wir auf der Straße 53 die landschaftlich sehr reizvolle **Halbinsel Hornsherred** zwischen Isefjord und Roskilde Fjord in südlicher Richtung und treffen nach 25 km bei **Ungelstrup** auf die Autobahn, die wir aber meiden und auf der Landstraße 155 Richtung Roskilde fahren. Schon nach 5 km zweigen wir bei **Kornerup** südwärts ab Richtung **Lejre**. Nach 3 km kann man einen Abstecher zum **Schloß Ledreborg** machen. ●

Wer sich für dänische Kirchenarchitektur interessiert, sollte vor der Weiterreise Richtung Roskilde einen kurzen Abstecher auf der Straße 155 nach Westen Richtung **Holbæk** (Information, Hotels, Jugendherberge, Camping) unternehmen. In **Tveje Merløse** kann man die für Dänemark recht eigenwillig wirkende **Kirche** besichtigen. Das Erscheinungsbild des Gotteshauses mit seinen beiden Türmen würde man eher in südlicheren Gefilden Europas vermuten. Die Kirche stammt aus der Zeit um 1100 und ist aus Feldstein und Travertin errichtet.

Abstecher zur Tveje Merløse Kirche

Schloß Ledreborg stammt im wesentlichen aus dem 18. Jh. und ist seit 1739 Familiensitz der Holstein Ledreborger. Vom Hauptflügel fällt ein schöner Terrassengarten zu einem kleinen See hin ab. Im

Lejre, eisenzeit-liches Versuchs-dorf

Inneren Kuppelsaal, Kapelle sowie Kunstgegenstände, bemerkenswerte Gemäldesammlung und schönes Mobiliar aus der Entstehungszeit der Schloßanlage.

Bei **Lejre** liegt in unmittelbarer Nähe von Schloß Ledreborg das **Historisch-Archäologische Versuchszentrum**. So akademisch der Name auch klingt, so unterhaltsam ist der Besuch dieses rekonstruierten Dorfes aus der Eisenzeit. Unter anderem gibt es ein Webhaus, ein Töpferhaus und eine Schmiede, wo noch nach alter Väter Sitte das jeweilige Handwerk betrieben wird. Ein rekonstruiertes Tanzlabyrinth zeigt, daß auch die Altvorderen sich zu unterhalten wußten.

rekonstruiertes Eisenzeitdorf **
Ende Juni - Mitte Aug. tgl. 10 - 17 Uhr. Frühjahr + Herbst Di. - So. 10 - 17 Uhr. Eintritt.

Etwas abseits gelegen, sind die Häuser und Katen einer Landarbeiterfamilie aus dem 18. Jh. wieder aufgebaut worden. Schließlich geben Filme und Diavorträge Einblick in die Eiszeit, die Entwicklung der Gletscher und eine Übersicht über die Arbeit des Versuchszentrums.

Den Weg nach Roskilde, das nur 9 km östlich entfernt ist, sollte man so wählen, daß man über **Øm** auf die nach Roskilde führende Straße 14 gelangt. Zwischen Lejre und Øm liegt nämlich eines der besterhaltenen **Ganggräber** in Dänemark. Das ca. 5.000 Jahre alte Grab „Jættestue" stammt aus der Jungsteinzeit. 15 Seitensteine und 4 mächtige Deckensteine formen eine 7 m lange und knapp 2 m breite Kammer. Für Besucher zugänglich. Taschenlampe nicht vergessen!

„Jættestue", 5000 Jahre altes Ganggrab **

ROSKILDE

Roskilde, die historische Domstadt, liegt am Südende des Roskilde Fjords.
Der Sage nach soll Roskilde um das Jahr 600 von einem Wikingerkönig namens *Roar* gegründet worden sein. Bewiesen wurde das bis heute allerdings nicht. Sicher hingegen ist, daß Harald Blauzahn als erster getaufter König Dänemarks an der Stelle des heutigen Doms im Jahre 960 eine Holzkirche errichten ließ. Die eigentliche Stadtgeschichte Roskildes beginnt um das Jahr 990.
Damals war Roskilde Königsresidenz und entwickelte sich dank

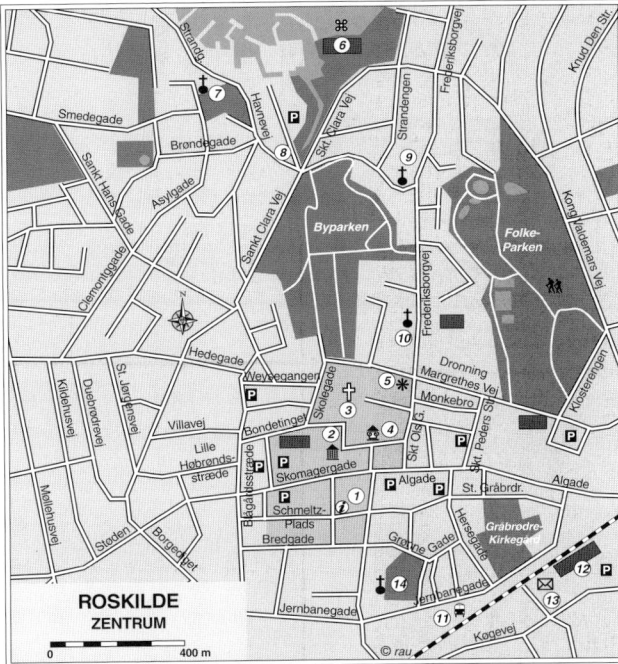

ROSKILDE
1 Touristen-
   information
2 Marktplatz,
   Rathaus
3 Dom
4 Palais, Palais-
   sammlung,
   Museum für
   Zeitgenössische
   Kunst
5 Roskilde
   Museum
6 Wikinger-
   schiffshalle
7 St. Jørgens
   Kirche
8 Glasgalleriet
9 St. Ibs Kirche
10 St. Laurentii
   Kirche
11 Busbahnhof
12 Bahnhof
13 Postamt
14 Vor Frue
   Kirche

seiner Lage am Schnittpunkt von Land- und Wasserwegen rasch zu
einem wichtigen Handelsplatz. 1020 wird Roskilde zum Bischofsitz
erhoben und baut damit seine Stellung als geistliches Zentrum in
Dänemark aus. In seiner klerikalen Blütezeit zählte die Stadt nicht
weniger als acht Klöster, zwölf Kirchen und zahlreiche Stifte.

Bischof Absalon, der Kopenhagen-Gründer, legte 1170 den Grundstein zum Dom von Roskilde, der seit dem Mittelalter die Grabkir-
che der dänischen Könige ist und heute die Sehenswürdigkeit der
Stadt schlechthin darstellt. Die Zeit nach der Reformation war für
Roskilde alles andere als eine Blütezeit. Es dauerte lange, bis die
Stadt wirtschaftlich wieder Fuß faßte. Aber spätestens mit dem Bau
der ersten Bahnlinie in Dänemark, von Kopenhagen nach Roskilde,
gewann die Stadt wieder an Bedeutung. Die Universitätsstadt ist
vor allem auf den Gebieten Landwirtschafts- und Energieforschung
sehr rührig. So sieht man z.B. im Norden der Stadt nahe der Straße
6 eine ganze Batterie von Windrädern stehen. Sie dienen zur Erforschung der rationellsten Nutzung der Windkraft. Tatsächlich hat sich
Dänemark auf diesem Gebiet, der Energiegewinnung aus Windkraft,
schon einen ganz hervorragenden Ruf erworben. 1998 feierte
Roskilde sein 1.000-jähriges Bestehen.

Die bedeutendsten Sehenswürdigkeiten:

Neben dem Rathaus liegt der **Stændertorvet**, Marktplatz (2) und

**Roskilde
Sehenswertes**

*DOM ZU
ROSKILDE*
1 Eingang
*2 südliche Turm-
kapelle (Bethle-
hemkapelle)*
3 Hauptportal
*4 nördl. Turmka-
pelle (St.-Sig-
rids-Kapelle)*
*5 Kapelle
Christians IX.*
6 St.-Birgitte-Kap.
*7 St.-Andreas-
Kapelle*
8 Königsempore
*9 Kapelle
Christians IV.*
10 Mittelschiff
11 Orgel, 16. Jh.
12 Kanzel, 17. Jh.
13 Chor
14 Hochaltar
*15 Oluf Morten-
sens Kapelle*
16 Hochchor
17 Chorumgang
18 Kapitelhaus
19 Kap. Frederik V.
20 Dreikönigskap.
21 Königssäule
22 Taufbecken

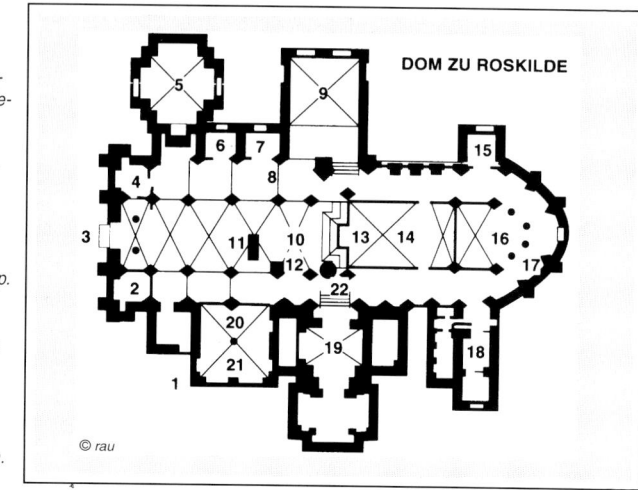

DOM ZU ROSKILDE

© rau

**der historische
Dom *** (2)**
Mo. - Fr. 9 - 17.45
Uhr. Sa. + So.
12.30 - 17.45 Uhr.
Eintritt.

**Palaissammlung
(4)**
15.5. - 15.9. tgl. 11
- 16 Uhr. Übrige
Zeit Sa. + So. 13 -
15 Uhr.

**Roskilde
Museum (5)**
tgl. 11 - 16 Uhr.
Eintritt.

Zentrum der Stadt. Nach Jahrhunderte alter Tradition wird hier jeden Mittwoch und Samstag vormittags Markt abgehalten.

Hinter dem Marktplatz erhebt sich der **Dom (2)** mit den beiden spitzen Turmhauben. Der rote Ziegelsteinbau ist eines der bedeutendsten Kirchenbauwerke des Landes.

In der Bauweise des über 800 Jahre alten Doms, dessen Fertigstellung 200 Jahre in Anspruch nahm, sind sowohl romanische als auch
gotische Stilelemente sichtbar. Obwohl das 84 m lange und etwa 24
m hohe Schiff um 1300 zwar fertiggestellt war, wurde in den späteren Jahren doch immer wieder um- und angebaut. So wurde im frühen 14. Jh. die erste königliche Grabkapelle für König Christian I.
hinzugefügt, der noch andere folgten. Insgesamt ruhen unter dem
Chor und in den prächtigen Sarkophagen aus Marmor und Alaba-
ster in den Seitenkapellen 38 Könige und Königinnen. Die beiden
Turmspitzen wurden übrigens erst 1635 hinzugefügt.

An der Ostseite des Doms, und durch den Absalon-Bogen aus dem
13. Jh. mit diesem verbunden, liegt am Marktplatz das sog. **Palais
(4).** Es entstand 1733 an der Stelle des alten Bischofspalais und
diente als Residenz für Personen von Hofe auf Reisen oder bei Bei-
setzungen. Heute enthält das Palais das **Museet for Samtidskunst**,
das Museum für Zeitgenössische Kunst, mit wechselnden Ausstellungen. Nebenan findet man das Museum **Palæsamlingerne** (Palais-
sammlungen). Dort sind kostbare alte Möbel, Kunsthandwerk sowie eine schöne Gemäldesammlung mit Werken aus dem 18. und
19. Jh. zu sehen.

Zwei Straßen weiter nördlich, in der St. Ols Gade 15, befindet sich
das **Roskilde Museum (5)**. Das kulturhistorische Museum zeigt u.a.
Altertumssammlungen, sowie Abteilungen über Brauchtum, Trach-

ten und Bau-
ernkultur. Neu
ist eine über-
aus anschau-
lich präsen-
tierte Dauer-
ausstellung,
welche die
Geschichte
der ersten dä-
nischen
Hauptstadt
Roskilde schil-
dert. Zudem
gibt es wech-
selnde Son-
derausstellun-
gen.

*Königl. Gräber,
Königskapelle,
Roskilde Dom
Foto m. frdl. Gen.:
Lennard, Däni-
sches Fremden-
verkehrsamt*

Etwa 1 km vom Marktplatz entfernt liegen in der Nähe des Hafens am Roskilde Fjord die **Wikingerschiffshallen (6)**. In diesem modernen Museum sind die Reste von 5 Wikingerschiffen zu sehen. Zwischen 1957 und 1959 wurden bei Unterwassergrabungsarbeiten im Roskildefjord ca. 20 km nördlich von Roskilde 5 Wikingerschiffe freigelegt. Die Holzboote wurden ums Jahr 1000 versenkt, wahrscheinlich um die Fahrtrinne zu blockieren und Roskilde vor Angriffen norwegischer Wikinger zu schützen.

Nach der Ausgrabung gestaltete sich die Konservierung des wasserdurchtränkten Holzes als sehr langwierig und schwierig. Wäre das Holz ausgetrocknet, wäre es für alle Zeit zerfallen. Aber mit Hilfe der in der Zwischenzeit im Zusammenhang mit Weinskandalen unrühmlich bekannt gewordenen Chemikalie Glykol konnten die Holzporen in einem jahrelangen Prozeß gefüllt und damit der Zerfall der Holzfragmente verhindert werden.

sehenswerte Wikingerschiffshallen * (6)
1.4. - 31.10. tgl. 9 - 17 Uhr. Sonst 10 - 16 Uhr. Eintritt.

1996 und 1997 wurde das Museumsgelände erweitert, die Museumsinsel vergrößert. Bei Grabungsarbeiten zur Entwässerung des Terrains stieß man völlig überraschend auf sage und schreibe 9 weitere, sehr alte Wikingerschiffe. Eines davon ist das größte bislang gefundene Wikingerschiff der Welt, wie es heißt. Das Schiff ist von den Wissenschaftlern nach ersten Analysen auf die Zeit um 1020 datiert worden. Es soll als Kriegsschiff gedient haben und von einer 100-köpfigen Besatzung, darunter mindestens 76 Ruderer, die auch Krieger waren, geführt worden sein. Alle neun Schiffe, oder besser das, was von ihnen erhalten ist, wurden zwischenzeitlich geborgen und werden nach der Konservierungsphase im Museum zu bestaunen sein.

Im Kino des Museums werden laufend Filme über Ausgrabung, Konservierung und Aufstellung der Roskilde-Schiffe gezeigt, auch in deutscher Sprache. Und im Sommer können Gäste auf einem origi-

im Wikingerschiff-Museum, Roskilde

nalgetreu nachgebauten Wikingerschiff eine kleine Kreuzfahrt auf dem Roskildefjord machen.

Geht man vom Museum durch die Parkanlage zum Hafen und von dort stadteinwärts, sieht man kaum 200 m entfernt etwas erhöht die **St. Jørgens Kirche (7)** am Rande eines kleinen Parks liegen. Der Weg dorthin lohnt, nicht nur der Kirche wegen, sondern auch wegen des Blicks auf Hafen und Fjord. Der Stadtteil St. Jørgensberg, in dem die Kirche liegt, war früher ein eigenständiges Fischerdorf. Noch heute trifft man hier auf alte, niedere Häuser und idyllische Winkel.

Von St. Jørgensberg Richtung Innenstadt kommt man an der **Glasgalleriet,** Skt. Ibsvej 12, vorbei. In dem Verkaufsatelier können Sie Glasbläsern bei ihrer Arbeit zusehen.

Handwerksmuseum
Mo. - Fr. 7 - 16.30,
Sa. 8 - 12.30 Uhr.

Etwas südlich des Stadtzentrums findet man an der Ringstedgade das **Håndværksmuseet**. Auf dem Gelände des Ledreborg Tømmerhandel" (Ledreborg Holzhandlung) findet man das kleine, private Handwerksmuseum, das sich vor allem mit der Zimmermannskunst, dem Schreiner- und Küferhandwerk, der Holzbearbeitung allgemein und den dazugehörigen Werkzeugen befaßt.

Praktische Hinweise

Roskilde

☎ **Roskilde-Egnens Turistbureau,** Gullandsstræde 15, 4000 Roskilde, Tel. 46 35 27 00, Fax 46 35 14 74. Geöffnet 1.4. - 30.6. Mo. - Fr. 9 - 17, Sa. 10 - 13 Uhr. 1.7. - 31.8. Mo. - Fr. 9 - 18, Sa. 9 - 15, So. 10 - 14 Uhr. Winterhalbjahr Mo. - Do. 9 - 17, Fr. 9 - 16, Sa. 10 - 13 Uhr.

Hotels

⌂ Hotels: **Prindsen,** 46 Zi., Algade 13, Tel. 46 35 80 10, Fax 46 35 81 10, sehr zentral gelegenes, traditionsreiches Haus, Restaurant, Parkplatz.
Scandic, 98 Zi., Søndre Ringvej 33, Tel. 46 32 46 32, Fax 46 32 02 32, südlich der Innenstadt, Restaurant, Sauna.
Svogerslev Kro, 18 Zi., Hovedgaden 45, Tel. 46 38 30 05, Fax 46 38 30 14, gemütlicher Gasthof in einem hübschen, strohgedeckten Fachwerkhaus, ca. 4 km westlich von Roskilde. – Und andere Hotels.

Jugendherberge

Jugendherberge: **Danhostel Roskilde Hørgården,** Hørhusene 61, ca. 3 km außerhalb, Bus 601 bis Låddenhøj und noch 800 m; Tel. 46 35 21 84; geöffnet 1. Mai bis 1. Oktober.

Camping

▲ – **Roskilde Camping ***,** Tel. 46 75 79 96; Anf. Apr. – Mitte Sept.; 4 km nördl. Roskilde abseits der Straße 6; recht weitläufiges Gelände, hügelige Wiesen mit Waldanteil am Roskilde Fjord, relativ ruhig und ansprechend gelegen, vom Strand Blick zur Stadt, nur wenig wirklich ebene, feste Stellplätze für Wohnmobile; ca. 25 ha – 300 Stpl. + 100 Dau.; einfache Standardausstattung; Laden, Imbiß; 10 Miethütten. Fahrradverleih.

13. KOPENHAGEN / SEELAND

🕐 **Reisedauer:** Mindestens zwei Tage.

⌘ **Höhepunkte:** Das **Nationalmuseum** *** und die **National-galerie** ** – das **Schloß Christiansborg** ** – das **Schloß Amalienborg** * – das **Schloß Rosenborg** ** – die **Ny Carlsberg Glyptotek** ** – **Meermaid** und **Tivoli.**

→ **Route: Kopenhagen** liegt auf unserer Route ca. 30 km östlich von Roskilde und ist auf der Autobahn 21 rasch zu erreichen. ●

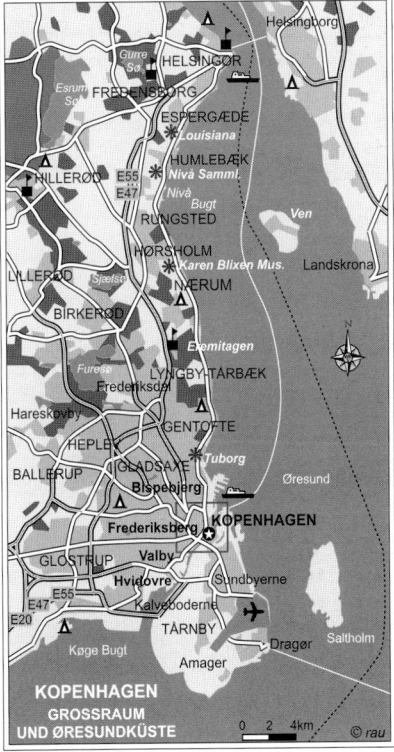

KOPENHAGEN
GROSSRAUM
UND ØRESUNDKÜSTE

0 2 4km

© rau

Kopenhagen, seit 1471 die Hauptstadt Dänemarks, wurde 1043 erstmals in einer Urkunde erwähnt. Damals war Kopenhagen wohl nicht mehr als eine Handvoll Fischerhütten am Øresund. Und Kopenhagen hieß es auch noch nicht.

Erst als 1167 der Bischof Absalon hier eine Schutzfestung errichtete – deren Grundmauern heute unter Schloß Christiansborg liegen – entwickelte sich rasch eine Stadt. Und Bischof Absalon ist für alle Zeiten als Gründer von Kopenhagen in die Annalen eingegangen.

Bald wurde die königliche Residenz nach Kopenhagen verlegt und Erik von Pommern erhob Kopenhagen zur Hauptstadt. 1479 gründete man die Universität – Dänemarks älteste.

Zwischen dem 16. und 17. Jh. setzte während der Regierungszeit König Christians IV. eine rege Bautätigkeit ein. Viele der repräsentativen Bauten der Stadt entstanden damals, darunter die Börse und das Schloß Rosenborg.

hist. Marktszene „Højbro Plads", 1844, Gemälde von Saly Henriques, Foto m. frdl. Gen.: Dänisches Fremdenverkehrsamt

Zwischenzeitlich wurde Kopenhagen auch seinem Namen – nämlich ein reger Kaufmannshafen (København) zu sein – gerecht. Längst wucherte die Stadt über die Grenzen der mittelalterlichen Befestigung hinaus. Wo sich heute der Vergnügungspark Tivoli erstreckt, begrenzten früher Wälle und Bastionen den Stadtbezirk. Heute ist Kopenhagen eine moderne Großstadt mit annähernd 1,7 Mio. Einwohnern (Großraum mit allen Vororten), Verkehrsknotenpunkt und Wirtschaftsmetropole in Nordeuropa, aber auch beliebtes und lebhaftes Touristenziel.

Tips zur Stadtbesichtigung

Die beiden folgenden Rundgänge sollen einen ersten Eindruck von der Kopenhagener City vermitteln. Zumindest den ersten Rundgang sollte man unternehmen und sich dafür einen ganzen Tag Zeit lassen. Bei eingehender Besichtigung aller beschriebenen Sehenswürdigkeiten auf dem ersten Weg wird man mindestens noch einen weiteren Tag einplanen müssen!

Wer Kopenhagen sehr intensiv besichtigen, viele Museen und Sehenswürdigkeiten besuchen will, sollte den Erwerb der **Copenhagen Card** in Erwägung ziehen. Ausgesprochen „billig" ist die Karte, die für eine Gültigkeit von 24, 48 oder 72 Stunden gekauft werden kann, nicht gerade. Aber immerhin können mit ihr mehr als 60 Museen und Sehenswürdigkeiten kostenlos besucht und alle Busse und Bahnen im Großraum Kopenhagen umsonst benutzt werden. Für die Fähren nach Schweden gibt es Ermäßigungen. Und ein Gratis-Handbuch gibt es auch dazu, das aufzeigt, was man mit der Copenhagen Card alles erleben kann.

☑ *Mein Tip!* Wie in vielen anderen Großstädten macht man auch in Kopenhagen eine Stadtbesichtigung tunlichst zu Fuß oder be-

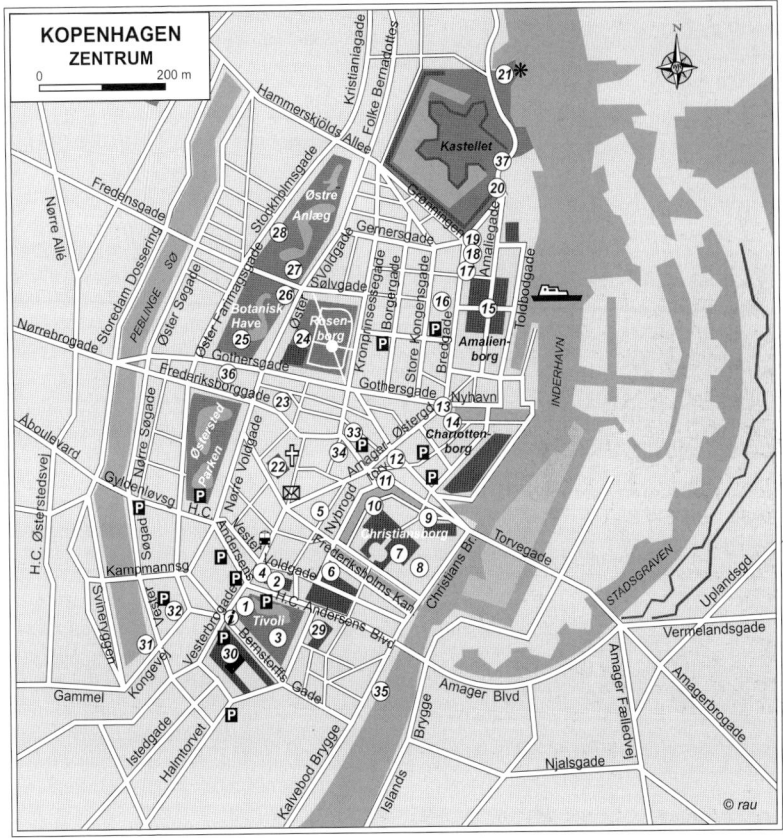

KOPENHAGEN ZENTRUM

0   200 m

dient sich öffentlicher Verkehrsmittel. Kopenhagen bietet eine freund-
liche Besonderheit, die sportlichen Besuchern ihren Weg durch die
dänische Metropole erleichtern. In der Innenstadt von Kopenhagen

Bischof Absalon Statue am Rathaus

Rathaus (2)
Mo. - Fr. 10 - 16 Uhr, Sa. 10 - 13 Uhr. Eintritt.

Vergnügungs-park Tivoli (3)
Apr. - Mitte Sept. tgl. 10 - 24 Uhr. Eintritt.

stehen in den Straßen und Gassen 1.700 ziemlich neue **Stadtfahrräder zum kostenlosen Gebrauch** für jedermann zur Verfügung. Und so geht's: Man steckt zum Aufschließen eine 20-Kronen-Münze als Kaution in den Automaten am Fahrradstand. Nach Gebrauch stellen Sie das Fahrrad an einem der dafür vorgesehenen Fahrradständer wieder ab und erhalten die Münze automatisch zurück. Im Prinzip funktioniert's ähnlich wie bei den Einkaufswagen im Supermarkt.

Übrigens: Wenn Sie nicht ganz sicher mit den Wetteraussichten sind, werfen Sie einen Blick auf einen Turm am Rathausplatz. Sind die Aussichten gut, erscheint dort ein vergoldetes Mädchen auf einem Fahrrad in der Turmöffnung. Sieht es eher nach Regen aus, trägt das Mädchen einen Schirm.

STADTBESICHTIGUNG

Wir beginnen mit unserem Stadtrundgang am **Wonderful Copenhagen Touristeninformationsbüro (1)** in der Bernstorffsgade 1, ganz in der Nähe des Hauptbahnhofs. Im Touristenbüro findet man auch die zentrale Zimmervermittlung der Stadt Kopenhagen. Vom Informationsbüro gehen wir über die breite Vesterbrogade zum Rathausplatz und zum **Rathaus (2)** am H. C. Andersens Boulevard. Das Rathaus ist durch seinen viereckigen, hohen Uhrturm nicht zu verkennen. Der etwas düster wirkende Backsteinkomplex stammt aus der Jahrhundertwende und wird hauptsächlich durch Elemente des italienischen Renaissancestils aufgelockert. Im Inneren ein wahres Meisterwerk des Uhrmacherhandwerks, die berühmte **astronomische Uhr** von Jens Olsen.

Gegenüber vom Rathaus ist in einem schönen Stadtpalais, dem sog. H.C. Andersen Schloß, an der Nordostseite des Tivoliparks, das „**Louis Tussaud Wachsfigurenkabinett**" untergebracht.

Der weltbekannte Vergnügungspark **Tivoli (3)** mit schönen Parkanlagen, Seen, altem Baumbestand und gepflegten Blumenbeeten ist 1843 eröffnet worden. Der Park mit Unterhaltung für Groß und Klein bietet neben 26 Vergnügungsattraktionen (Fahrgeschäfte, Geisterbahnen, Riesenrädern etc. etc.) auch 29 Restaurants. Auf den Show- und Freilichtbühnen treten Artisten, Stars und Künstler von internationalem Rang auf. Und jedes Jahr sollen hier annähernd 150 Konzerte stattfinden, darunter Promenadenkonzerte und Paraden der Tivoligarde.

Im **Tivoli Museum** wird auf drei Stockwerken anhand von Plakaten, Gegenständen, Bildern, Modellen, Filmen und Klangdokumenten die 150-jährige Geschichte des Vergnügungsparks lebendig.
An der Nordostseite des Rathausplatzes findet man das Kuriositäten-

museum **Ripley's Believe It Or Not!**
Wir überqueren den Rathausplatz. Rechts in der
Vester Voldgade, vor dem Hotel Palace, sieht
man die **Lurenbläser-Säule (4)**. Hier ist der
Startpunkt für Stadtrundfahrten.
Wir biegen aber in die **Frederiksberggade** ein.
Diese von Geschäften aller Art gesäumte Fuß-
gängerzone zieht sich fast 2,5 km – die Namen
wechselnd – und vorbei an der Helligåndskirken
(Amagertorv), am **Georg Jensen Museum**
(Amagertorv 6, Kunstgewerbe, Silberschmiede-
kunst) und am **Tobaksmuseet W. Ø. Larsen**
(Amagertorv 9, im Erdgeschoß eines über 130
Jahre alten Tabakgeschäfts, tabak-
geschichtliche Raritäten sowie Pfeifen aus aller Welt) bis zum Platz **Kongens Nytorv**.
Wir gehen aber nicht den ganzen Weg bis zum
Kongens Nytorv, sondern wenden uns schon
am Nytorv (nicht zu verwechseln mit erwähn-
tem Kongens Nytorv!) nach Süden in die rechts
abzweigende Rådhusstræde. Dort ist in Nr. 13 die **Jugend-
information „Use it!"** untergebracht.

Tivoli Eingang

Die Verlängerung der Rådhusstræde ist Frederiksholms Kanal.
Rechts, Ecke Ny Vestergade, stößt man auf das **Nationalmuseum
(6)**. Die verschiedenen Sammlungen sind ein Kulturspiegel Dänemarks von der Steinzeit bis in die Neuzeit. Bei begrenzter Zeit sollte
man die „Dänische Abteilung" den nachgenannten vorziehen. U.a.
sieht man dort den berühmten **Sonnenwagen** aus der Bronzezeit,

**Nationalmuseum
*** (6)**
tgl. a. Mo. 10 - 17
Uhr. Eintritt. Bus
Nr. 1, 2, 5, 6, 10.

dann eine der ältesten
Bronzeluren und natürlich
zahlreiche Zeugnisse aus der
Wikingerzeit.
Außerdem wird die **Königliche Münzen- und Medaillensammlung** gezeigt, ein Lek-
kerbissen für Numismatiker;
dann eine **Antikensamm-
lung** mit ägyptischen, west-
asiatischen, griechischen und
römischen Exponaten und
schließlich eine **Ethnogra-
phische Sammlung** (Zugang

über die Ny Vestergade 10) über außereuropäische Kulturen und
Völker. Einen Schwerpunkt bildet hier die Kultur der Eskimos. Außerdem gehören zum Museum ein **Spielzeug- und Kindermuseum**.
Zudem kann man das **Nationalmuseets Klunkehjem** besichtigen,
eine Stadtwohnung, die im opulenten „Plüschstil" des ausgehen-
den 19. Jh. eingerichtet ist und einen ausgezeichneten Einblick in
das Milieu jener Epoche gewährt.

*der „Sonnenwa-
gen"*
Foto m. frdl. Gen.:
Peter Søllner,
Dänisches Frem-
denverkehrsamt

Schloß Christiansborg ** (7)

Gegenüber dem Nationalmuseum, auf der Ostseite des Kanals, erhebt sich **Schloß Christiansborg (7)** auf der sog. Schloßinsel Slotsholmen. Man erreicht das Schloß über die schöne Marmorbrücke. Seit der ersten Burganlage des Bischofs Absalon von 1167 wurden hier nicht weniger als vier weitere Schloßanlagen errichtet. Absalons Burg wurde 1369 abgerissen. Erik von Pommern wollte eine schönere. Die immerhin stand bis 1732. Dann aber wünschte Christian IV., Dänemarks baufreudiger Monarch, keine Burg mehr, sondern ein prächtiges Renaissanceschloß. Ein Feuer 1794 vernichtete dieses aber wieder bis auf den Südflügel, die sog. Reitbahn.

Der Wiederaufbau, der einen neoklassizistischen Kuppelbau als Kirche mit einschloß, war 1838 beendet, blieb aber nur knapp 50 Jahre unbehelligt – bis zu einem neuerlichen Brand 1884.

Mit dem Bau des heutigen Schlosses begann man 1907 und hatte nach neunjähriger Bauzeit einen repräsentativen Komplex geschaffen, der heute das Folketing, Dänemarks Parlament, dann das Außenministerium, den Obersten Gerichtshof und die königlichen Empfangsräume beherbergt. Das Reiterstandbild im Schloßhof stellt Frederik VII. dar, den „Vater der dänischen Verfassung".

Auf Führungen können besichtigt werden:

Die **Ruinen der Burg Absalons** unter dem heutigen Schloß; 1. Juni – 31. Aug., tgl. 10 – 16 Uhr; sonst So. – Fr. 10 – 16 Uhr. Eintritt.

Die **Königlichen Repräsentationsräume** mit Thronsaal und Rittersaal; Führungen 1. Juni – 31. Aug. tgl. 11, 13, 15 Uhr. Übrige Zeit 11 u. 15 Uhr. Eintritt.

Die **Königlichen Stallungen** (Christiansborg Ridebane 12) mit Sammlungen von Kutschen und Prunkzaumzeug; 1. Mai – 30. Sept., Fr., Sa. + So. 14 – 16 Uhr. Eintritt.

Das **Theatermuseum** im ehemaligen königlichen Hoftheater von 1766, ist das Museum für dänische Theatergeschichte; 1. Juni – 30. Sep., Fr. + So. 12 – 16 Uhr, Mi. 14 – 16 Uhr. Eintritt. Bitte beachten: Alle angegebenen Öffnungszeiten können sich ändern!

Zeughaus-museum (8)
tgl. a. Mo. 12 - 16 Uhr. Eintritt.

Auf der Südseite von Schloß Christiansborg, in der Töjhusgade 3, befindet sich das **Töjhusmuseet (8),** das Zeughausmuseum, das in einem Gebäude aus dem späten 16. Jh. untergebracht ist. Gezeigt werden Waffen, Fahnen, Uniformen und Kriegsgerät.

der markante Turm der Börse (9)

Wir gehen um die Ostseite des Schlosses herum. Östlich des Schloßplatzes sieht man das niedere, aber langgestreckte Renaissancegebäude der **Börse (9)** von 1624. Den markant gewundenen Turm bilden vier Drachenleiber. Nicht zugänglich.

Gegenüber auf der anderen Kanalseite liegt die **Holmens Kirche** von 1619, die Kirche des Königshauses.

Thorvaldsen Museum (10)
tgl. a. Mo. 10 - 17 Uhr.

An der Nordwestseite des Schlosses findet man in der Porthusgade 2 das 1848 eröffnete **Thorvaldsen Museum (10),** das Skulpturen, Skizzen, Zeichnungen und Modelle von Bertel Thorvaldsen zeigt. Thorvaldsen lebte zwischen 1770 und 1844, zählt zu den bekanntesten Künstlern Dänemarks und gilt als einer der größten Bildhauer des Landes. Zu den Exponaten zählt auch eine Sammlung von griechischen, ägyptischen, etruskischen und römischen Gegenständen.

Gegenüber, unterhalb der Brücke über dem Kanal an der Uferstraße Gammel Strand, ist der Abfahrtspunkt der **Kanal- und Hafenrundfahrten (11).** Zwischen 1. Mai und 15. Sept. ab 10 Uhr halbstündliche Abfahrten. Boote zur „Meerjungfrau", Langelinie.

☑ *Mein Tip!* zur Zeiteinteilung auf diesem Rundgang: Wer sich die Wachablösung – tgl. um 12 Uhr – vor dem Schloß Amalienborg nicht entgehen lassen will, wird ab Christiansborg Slotsplads einen Bus der Linien 1 oder 6 bis in die Nähe von Amalienborg nehmen und die eingehende Besichtigung von Schloß Christiansborg auf später verlegen.

am Nyhavn

Setzt man den Rundgang zu Fuß fort, geht man über die erwähnte Brücke am Gammel Strand nordwärts bis zum **Højbro Plads** und rechts, entweder über die Lille Kongensgade und vorbei an der **Nikolaj Kirche** (– 12 –, Ausstellungen), oder über die Fußgängerzone Østergade zum Platz **Kongens Nytorv (13)**. Dort liegt das **Königliche Theater (14)** mit 2 Bühnen. Ballett, Oper und Schauspiel werden hier geboten. Das Motto des Hauses: „Ej blot til lyst – Nicht nur zum Vergnügen".
Zu besichtigen gibt es in der Østergade 16 westlich vom Platz das **Guinness World of Records Museum**, mit der Dokumentation der seltsamsten Rekorde aus dem bekannten Guinnessbuch der Rekorde.
An der Ostseite des Kongens Nytorv endet der Nyhavn-Kanal, **Anlegestelle (11)** der Kanal- und Hafenrundfahrtboote. Ab 10 Uhr halbstündlich Abfahrten.

Die Nordseite des Nyhavn ist das **alte Seemannsviertel** von Kopenhagen, mit schönen alten Häusern und einigen sog. „Seemannskneipen", in denen aber mehr Touristen als wirkliche Seeleute verkehren. Das älteste Haus ist Nr. 9. Es stammt aus dem Jahre 1681.
Am Nyhavn entlang (rechts, ostwärts) bis zur Tolbodgade und links bis zum **Schloß Amalienborg (15)**. Von den Kaianlagen östlich vom Schloß verkehren Schiffe nach Bornholm, Malmö und Oslo.
Schloß Amalienborg, bestehend aus vier Rokoko-Palais aus dem 18. Jh., die sich um einen runden Platz gruppieren, entstand nach

Schloß
Amalienborg *
1. 6. 31. Aug. tgl.
10 - 16 Uhr. Mai,
Sept. und bis 19.
Okt. tgl. 11 - 16
Uhr. Übrige Zeit
Mo. geschlossen.
Eintritt. Führungen.
Wachablösung
um 12 Uhr

Plänen des dänischen Hofarchitekten Nicolai Eigtved. Damals, Mitte des 18. Jh., war das Terrain noch im Besitz der Grafen Levetzau und Moltke, dem Baron Brockdorff und dem Geheimrat Løvenskold. Die Herren hatten das Grundstück vom König geschenkt bekommen. Nach dem Brand von 1794 im Schloß Christiansborg erwarb König Christian VI. Amalienborg und machte das Anwesen zur neuen Königsresidenz. Noch heute ist das Schloß die Winterresidenz der königlichen Familie. In der Mitte des achteckigen Platzes sieht man ein Reiterstandbild von König Frederik V. von 1770.

Besucher können diverse Gemächer, das Arbeitszimmer von König Christian IX., den Salon der Königin Louise, einen Raum mit Kostü-

men und den sog. „Guldburet", den „Goldenen Käfig" mit kostbaren Exponaten besichtigen. Kurzfristige Schließungen sind möglich.

Busladungen von Touristen rollen jedesmal an, wenn täglich **um 12 Uhr die Wachablö-**

Schloß
Amalienborg

sung zelebriert wird. Wenn „niemand zu Hause" ist, Königin Margrethe II. – die 1997 ihr 25-jähriges Jubiläum als regierende Monarchin feiern konnte – also nicht im Schloß weilt, geschieht das ohne großes Zeremoniell. Ist die Königinmutter, Königin Ingrid, anwesend, erfolgt die Wachablösung mit Musik. Und nur wenn sich Königin Margrethe II. in Kopenhagen aufhält, findet die Wachablösung mit ganzer Prachtentfaltung statt. Wenn dann die bärenfellbemützte Leibgarde der Königin aufzieht – normalerweise in blauen Jacken, bei Galaanlässen in roten Jacken – marschiert sie um 11.30 Uhr von Schloß Rosenborg ab und über Gothersgade, Nørrevoldgade, Frederiksborggade, Købmagergade, Østergade, Kongens Nytorv, Bredgade und Frederiksgade zum Schloß Amalienborg.

Über die Frederiksgade gehen wir nach Westen und treffen bald auf die Bredgade. Auf der gegenüberliegenden Straßenseite erhebt sich die barocke Marmorkirche oder **Frederikskirche (16)** von 1894 mit einer gewaltigen, 45 m hohen, runden Kuppel.

Museen
Di. - So. 13 - 16
Uhr. Eintritt.

Wir folgen der Bredgade rechts, nordostwärts, passieren das **Medizinhistorische Museum (17),** die katholische **St. Ansgar-**

kirche (18) daneben und schließlich das **Kunstindustriemuseet (19)**, Bredgade 68. Das Museum für Kunst und Gewerbe zeigt dänisches und ausländisches Kunstgewerbe und Design vom Mittelalter bis zur Gegenwart. Glas-, Silber- und Keramikobjekte. Möbel, Textilien u.ä.

Kunsthandwerk- und Industrie- museum tgl. 13 - 16 Uhr. Eintritt.

An der Esplanade gehen wir rechts, gleich darauf am **Freiheitsmuseum (20)** links, durch den Churchillpark, vorbei am **Gefion Brunnen** und über die Seepromenade Langelinie bis zur **Kleinen Meerjungfrau (21)**, „Den lille Havfrue", dem Wahrzeichen Kopenhagens. Die lebensgroße Frauengestalt mit Nixenleib aus Bronze wurde 1913 aufgestellt. Das gerade mal 135 cm hohe zierliche Persönchen war verschiedentlich Ziel rüder und mutwilliger Attakken. 1964 verschwand über Nacht ihr Kopf und 1984 trennten irgendwelche Wirrköpfe einen Arm ab. Natürlich ist

die Kleine Meerjungfrau, Kopenhagens Wahrzeichen

längst alles wieder spurlos rekonstruiert.

Der Gefion-Brunnen, den wir kurz vorher passierten, ist übrigens nach der Göttin aus der nordischen Sagenwelt benannt, der angeblich die Existenz der Insel Seeland zu verdanken ist. Der Sage nach soll der schwedische König der Göttin Gefion soviel Land versprochen haben, wie sie an einem Tag mit vier Ochsen umpflügen konnte. Kurzerhand verzauberte Gefion ihre vier Söhne in vier kräftige Zugochsen (Motiv der Monumentalskulptur auf dem Brunnen) und pflügte so ausgiebig und so tief, bis Seeland von Schweden abgetrennt und mit dem Ochsengespann „weggezogen" war.
Der gesamte Weg vom Rathaus bis zur „Meerjungfrau" ist etwa 4 km lang.

Den Rückweg vom Langeliniepavillon (Meerjungfrau) zum Rathausplatz legt man mit dem zwischen Anfang Juni und Ende August verkehrenden Direktbus Nr. 50 zurück. In der übrigen Zeit nimmt man am einfachsten die S-Bahn ab *Østerport Station*, westlich des Kastellet-Parks bis zur Vesterport Station nahe Rathausplatz, oder ab Østerport Station den Bus Nr. 29 bis Rathaus.

2. STADTRUNDGANG

Den **zweiten Rundgang** beginnen wir am **Rathaus (2)**, queren den Rathausplatz, gehen die Vester Voldgade links hinauf und wenden uns rechts in die Studie Stræde, die uns genau bis zum **Dom Vor Frue Kirke (22)** bringt. Der neoklassizistische Bau stammt aus dem frühen 19. Jh. Im Inneren Arbeiten von Thorvaldsen, u.a. die marmorne Christusfigur am Altar und die zwölf Apostel.

Stadtblick vom Rundturm * (23)
1.6. - 31.8. tgl. 10 - 20 Uhr. Übrige Zeit 10 - 17 Uhr. Eintritt.

Nun links am Dom vorbei und durch die Fußgängerzone Frue Plads und St. Kannikestræde zur Købmagergade. An der Nordseite der Købmagergade sieht man links den 36 m hohe **Rundturm (24)** von 1642. König Christian IV. ließ den Rundbau an die anschließende Dreifaltigkeitskirche anbauen. Im Inneren führt eine spiralenförmige Rampe hinauf zur Aussichtsplattform. Es heißt, daß Zar Peter der

Große während einer Staatsvisite die Rampe mit dem Pferd hochgaloppiert sein soll, im Gefolge seine Gemahlin in der Kutsche. Astronomische Ausstellung.

Würde man die Købmagergade ein Stück nach Osten gehen, käme man zu zwei weiteren Kopenhagener Museen, zum *Museum Erotica*, Købmagergade 24, und zum *Post- und Telegrafen Museum*, Købmagergade 37, siehe unten unter „Weitere Sehenswürdigkeiten in Kopenhagen".

Weiter durch die Landemærket und jenseits der Gothersgade durch den herrlichen Schloßpark Kongenshave oder auch **Rosenborg Have**. An seinem Westrand, an der Hauptstraße Øster Voldgade, liegt der Eingang zum **Schloß Rosenborg (25)**. Erbaut wurde Rosenborg – ein schöner Renaissancebau in roten

Schloß Rosenborg ** (25)
Juni - Aug. tgl. 10 - 16, übrige Zeit 11 - 15 Uhr. Eintritt.

Ziegeln aufgeführt – in den Jahren 1607 bis 1633 von König Christian IV. Neben einer Reihe prächtig möblierter Gemächer sind im Untergeschoß die **Kronjuwelen** und andere Schätze des dänischen Königshauses zu sehen. Getrennte Abteilung (Eingang Gothersgade) mit Waffen- und Uniformsammlung der Leibgarde.

Auf der Westseite der Øster Voldgade erstreckt sich der **Botanische Garten (26)** mit Palmenhaus. Eingang Gothersgade/Ecke Øster Voldgade oder Sølvgade.

Botanischer Garten (26)
Sommer tgl. 8.30 - 18 Uhr, Winter bis 16 Uhr.

Ecke Sølvgade und Øster Voldgade findet man das **Geologische Museum (27)** mit Mineralien, Versteinerungen, Meteoriten und geologischen Sammlungen aus Dänemark und Grönland.

Die Parkanlage dehnt sich nordöstlich des Botanischen Gartens aus und heißt nun **Østre Anlæg**. Dort gibt es noch zwei weitere Museen:

Geologisches Museum
tgl. a. Mo. 13 - 16 Uhr.

Das **Staatliche Kunstmuseum (28)**, Eingang Sølvgade, die Nationalgalerie Dänemarks mit der Königlichen Gemälde- und Skulpturensammlung, mit Ausstellungen dänischer Kunst vom 17. Jh. bis heute, Sammlungen europäischer Maler des 14. bis 18. Jahrhunderts und moderne französische Kunst.

Nationalgalerie (27) **
tgl. 10 - 16.30 Uhr.
Eintritt.

Die **Sammlung Hirschsprung (29)**, in der Stockholmsgade 20, an der Westseite des Parks, zeigt dänische Kunst des 19. Jh. Die Sammlung stammt aus dem Nachlaß des Tabakfabrikaten Heinrich Hirschsprung, einem leidenschaftlichen Liebhaber zeitgenössischer Kunst. Zurück zum Rathausplatz mit dem Bus 72 E ab Sølvgade.

Kunstsammlung Hirschsprung (29)
tgl. a. Di. 10 - 16 Uhr, Mi. bis 21 Uhr.
Eintritt.

WEITERE SEHENSWÜRDIGKEITEN IN KOPENHAGEN:

Arbejdermuseet (36), Rømersgade 22. Das Museum befaßt sich mit der Kulturgeschichte der Arbeiterklasse in Dänemark seit 1870. Szenarios und Themen werden am Beispiel einer Familie Sørensen im Zeitraum von zwei Generationen nachgestellt. Es werden u.a. die sozialen Probleme der Industrialisierung in den Städten oder die Zeit der Wirtschaftskrise in den 20er und 30er Jahren dokumentiert. In einer im Stil des 19. Jh. rekonstruierten historischen Schankhalle können Sie Essen und Trinken aus jener Zeit probieren.

Arbeitermuseum (36)
tgl. 10 - 16 Uhr. Winterhalbjahr Mo. geschlossen. Eintritt.

Arken, Strandparken, Skovvej, in Ishøj, rund 20 km südwestlich der Innenstadt von Kopenhagen. S-Bahn bis Ishøj und Bus bis 128. Museum für moderne Kunst in einem futuristisch anmutenden und an einen Schiffsbug erinnernden Gebäude aus Metall und weißem Beton. Ausgestellt sind Werke dänischer, nordischer und ausländischer Künstler, Skulpturensammlung. Konzertsaal, Filme, Konzerte, Café.

Museum für moderne Kunst *
tgl. a. Mo. 10 - 17 Uhr, Mi. bis 22 Uhr. Eintritt.

Arken Kunstmuseum, Foto m. frdl. Gen.: Ted Fahn, Dänisches Fremdenverkehrsamt

Brauereien: Carlsberg, Ny Carlsbergvej 140, Eingang am Elefanten-tor, Busse 6 und 18. Führungen Mo. – Fr. 11 und 14 Uhr. Siehe auch unter „*Carlsbergmuseet*".

Tuborg, Strandvejen 54, im nördlichen Stadtteil Hellerup, Busse 6 und 650 S. Führungen Mo. – Fr. 10, 12.30 und 14.30 Uhr. Siehe auch unter „*Experimentarium*".

Bredemuseet, I. C. Modewegs Vej, in Lyngby, ca. 15 km nördlich der Innenstadt. Das Museum zeigt in der Ausstellung „Körper und Verklei-dung" dänische Mode und Körpersprache von 1700 bis heute.

Carlsberg Museum und Brauerei
Mo. - Fr. 10 - 15 Uhr.

Carlsbergmuseet, Valby Langgade 1, in Valby, etwa 3 km südwest-lich der Innenstadt, Busse 6 und 18. Thema des Museums ist die Geschichte der Brauerei Carlsberg. Zum Museumsbesuch gehört auch eine Brauereibesichtigung.

Dänemarks Aquarium
Feb. - Okt. tgl. 10 - 18 Uhr. Sonst bis 16 Uhr. Eintritt.

Danmarks Akvarium, Jægersborg Allé 1, in Charlotenlund, ca. 5 km nördlich der Innenstadt, S-Bahn oder Bus 6. 90 große Aquarien mit ca. 3.000 Fischen. Meerestiere aus allen Ozeanen. Café mit schöner Aussicht. 17 Min. per S-Bahn ab Hauptbahnhof oder Busse 1 und 27.

Vergnügungs-park Dyrehavsbakken
Ende Apr. - Ende Aug. tgl.

Dyrehavsbakken, Vergnügungspark im Dyrehaven, einem Wald-gelände und Rotwildrevier im Norden von Kopenhagen, rund 6 km nördlich vom Rathausplatz. S-Bahn bis **Klampenborg.** Ältester Ver-gnügungspark, vor 400 Jahren gegründet. Im Gegensatz zum Tivoli vergnügen sich hier lieber die Dänen selbst. Über 100 Vergnügun-gen, nahezu 40 Restaurants, Musik- und Tanzlokale.
Man kann in dem weitläufigen Parkgelände einen längerer Spazier-gang oder eine Kutschfahrt zum königlichen **Jagdschloß Eremitage** unternehmen. Kein Zutritt, aber Aussicht auf den Øresund.

Experimentarium
Mo. - Fr. 9 - 17 Uhr, Di. bis 21 Uhr. Sa. + So. 11 - 17 Uhr. Eintritt.

Experimentarium, Tuborg Havnevej 7, in **Hellerup,** rund 7 km nörd-lich der Innenstadt. Zu erreichen mit der S-Bahn bis Hellerup und weiter mit Bussen der Linie 21, 23 oder 650S, oder mit Bussen Linien 6 und 650S ab Innenstadt. Besonders etwas für regnerische Tage mit Kindern. Das Experimentarium ist in der alten Abfüllhalle der Tuborg Brauerei nach des Tuborg Hafens eingerichtet. Schwer-punkte der Ausstellungen liegen sowohl auf Wissenschaft und Tech-nik, als auch auf Umwelt und Gesundheit. U.a. gibt es Abteilungen zu Themen wie „Der Körper in Aktion", „Ton und Hören" oder „Licht und Sehen". Hier können Sie auch selbst experimentieren oder mit Maschinen spielen um endlich zu erfahren, was Sie schon lange über Technik, Mensch und Natur wissen wollten.

Freilichtmuseum *
1. 4. - 30. 9. tgl. a. Mo. 10 - 17 Uhr. Eintritt.

Frilandsmuseet, Kongevejen 100, in **Lyngby-Sorgenfri,** rund 15 km nördlich der Innenstadt, S-Bahn bis Station Sorgenfri, oder Busse 184 und 194. Freilichtmuseum in einem schönen, großen Park mit wieder aufgebauten Bauernhöfen und Häusern aus verschiedenen Gegenden Dänemarks. Im Sommer Folkloreveranstaltungen.

HERR BRAHE, EIN FÜRSTLICHER ASTRONOM

Der aus Dänemark stammende Tycho Brahe wurde 1546 geboren, studierte u.a. in Deutschland und führte in der zweiten Hälfte des 16. Jh. seine aufsehenerregende Sternwarte „Stjerneborg" auf seinem Schloß Uranienborg auf der Insel Ven.

Brahe hatte die Insel Ven 1576 vom dänischen König Frederik II. zum Lehen erhalten und residierte auf der Insel fürstlich und recht selbstherrlich. 21 Jahre betrieb er dort seine astronomische Schule und machte mit den von ihm konstruierten Instrumenten und durch seine Beobachtungen mit bloßem Auge – das Fernrohr wurde erst später erfunden – spektakuläre Entdeckungen. Fürsten und Könige gingen bei Brahe ein und aus.Später verlor der Wissenschaftler die Gunst der dänischen Könige und begab sich an den Hof nach Prag, wo er Hofastronom Kaiser Rudolfs II. wurde. 1601 starb Brahe in Prag. Er ist in der dortigen Teyn-Kirche beigesetzt. Aus den Forschungsergebnissen Brahes erarbeitete Johannes Kepler (1571 – 1630) – der in Prag Gehilfe Brahes war – seine Erkenntnisse über die Bewegung der Planeten.

Museum Erotica, Købmagergade 24, ein recht seriöses Museum, das sich mit dem Thema Erotik im Wandel der Zeit von der Antike bis zur Gegenwart beschäftigt, wie es in den Kunstformen der Malerei, der Fotografie oder des Films verarbeitet wurde.

Erotikmuseum Sommer tgl. 12 - 22 Uhr. Winter bis 20 Uhr. Eintritt.

Københavns Bymuseum, Vesterbrogade 59, etwa 1 km westlich vom Rathaus. Modelle, Bilder, Gemälde, Tondokumenten und andere Exponate schildern die mehr als 800-jährige Geschichte und die Entwicklung der Stadt Kopenhagen. Ton-Bildschau über Kopenhagen von 1167 bis heute. Zum Museum gehört auch die Søren-Kirkegaard-Sammlung.

Stadtmuseum Mai - Sept. tgl. 10 - 16 Uhr. Winterhalbjahr Mo. geschl.

Ny Carlsberg Glyptotek (30), Dantes Plads, östlich des Tivoliparks. Kunst des Altertums von den Etruskern bis zu den Ägyptern, von den Griechen bis zu den Römern, sowie französische Impressionisten und dänische Maler. Gegründet vom Brauer Carl Jacobsen.

Carlsberg Glyptotek ** (30) tgl. a. Mo. 10 - 16 Uhr. Eintritt.

Tycho Brahe Planetarium (31), Gamle Kongevej 10, mit Ausstellungen zur Astronomie vom Mittelalter bis zur modernen Raumfahrt. Benannt ist das Planetarium nach dem großen Astronomen **Tycho Brahe,** der im 16. Jh. lange auf der Insel Ven vor Schweden im Øresund lebte und arbeitete. Im Anschluß an das Planetarium findet man ein **Omnimax-Theater,** in dem Weltraum- und Naturfilme präsentiert, sowie der Sternenhimmel auf einer 1.000 qm großen kuppelförmigen Leinwand gezeigt werden.

Zirkus Benneweis (32), Jernbanegade 8. Einziges und ältestes Zirkusgebäude in Nordeuropa.

Zoologischer Garten, Roskildevej 32, Busse 27, 28, rund 3 km westlich des Rathausplatzes. Einer der bedeutendsten Zoos in Europa. 2.000 Tiere der verschiedensten Arten aus allen Erdteilen. Aussichtsturm.

Und wer sich für die technischen Details der rasant dem Bauende zustrebenden neuen Verkehrsstrasse über den Øresund nach Schweden interessiert, sollte einen Besuch in der **Øresund Ausstellung** in Kastrup nicht versäumen.

Kopenhagen
Information

Praktische Hinweise

☎ **Wonderful Copenhagen Turist Information**, Zimmernachweis, Bernstorffsgade 1, am Haupteingang zum Tivoli, Nähe Hauptbahnhof, 1577 Kopenhagen K, Tel. 33 11 13 25, Fax 33 93 49 69. Hotelbuchungen: Tel. 33 12 28 80. Internet: http://www.woco.dk
Geöffnet: 1. Mai - 15. Sept. tgl. 9 - 21 Uhr. Übrige Zeit Mo. - Fr. 9 - 17 Uhr, Sa. 9 - 14 Uhr.
„**Use it**", Informationszentrum für Jugendliche, Rådhusstræde 13, 11466 Kopenhagen, Tel. 33 15 65 18. 15. Geöffnet: Juni – 14. Sept. tgl. 9 – 19, übrige Zeit Mo. – Fr. 10 – 16 Uhr. Eine Info-Stelle für jugendliche Traveller. Hier erfährt man, wo man billig übernachten und essen kann, wohin es Mitfahrgelegenheiten gibt, Kontakte werden vermittelt, Gepäck aufbewahrt, Veranstaltungstips gegeben etc.

Feste, Folklore,
Veranstaltungen

❖ Feste, Folklore, Veranstaltungen: **Flohmärkte,** im Sommer, jeden Samstag von 8 bis 14 Uhr, auf Gl. Strand, Israels Plads.
Copenhagen Marathon, im Mai.
Königin Margrethes Geburtstag, am 16. April, man gratuliert auf dem Schloßplatz vor Amalienborg.
Traditionelles **Copenhagen Jazz Festival**, jedes Jahr Anfang/Mitte Juli.
Copenhagen Filmfestival, im September.

Hotels

⌂ Hotels: In Kopenhagen ist immer Saison. Rechtzeitige Zimmerreservierungen sind daher nicht nur in der Urlaubszeit empfehlenswert!
Absalon, 253 Zi., Helgolandsgade 15, Tel. 31 24 22 11, Fax 31 24 34 11, zentral, Bahnhofsnähe.
Alexandra, 63 Zi., H.C. Andersens Boulevard 8, Tel. 33 14 22 00, Fax 33 14 02 84, zentral.
D'Angleterre, 130 Zi., Kongens Nytorv 34, Tel. 33 12 00 95, Fax 33 12 11 18, günstige Stadtlage, renommiertes, komfortables Firstclass Hotel, oberste Preisklasse, Restaurant, Garage.
Copenhagen Admiral, 365 Zi., Toldbodgade 24 – 28, Tel. 33 11 82 82, in einem restaurierten ehemaligen Speicherhaus eingerichtetes Hotel der gehobenen Mittelklasse, Nähe Schloß Amalienborg, Restaurant, Sauna.
Copenhagen Crown, 80 Zi., Vesterbrogade 41, Tel. 31 21 21 66, Fax 31 21 00 66, zentrales Stadthotel, mittlere Preislage.
Grand, 151 Zi., Vesterbrogade 9 A, Tel. 31 31 36 00, Fax 31 31 33 50, obere Preisklasse, zentral, am Bahnhof, Restaurant.
Kong Frederik, 110 Zi., Vester Voldgade 25, Tel. 33 12 59 02, Fax 33 93 59 01, zentral, teuer, Restaurant, Garage.
Palace, 159 Zi., Rådhuspladsen 57, Tel. 33 14 40 50, Fax 33 14 52 79, zentral, teuer, Restaurant, Garage.
Hotel 71 Nyhavn, 84 Zi., Nyhavn 71, Tel. 33 11 85 85, Fax 33 93 15 85, obere Preisklasse, eingerichtet in einem restaurierten Hafenspeicherhaus, Restaurant.
– Zahlreiche weitere Hotels und Pensionen aller Preisklassen.

Jugendherbergen

Jugendherbergen: **Copenhagen Danhostel Amager** ***, Vejlands Allé 200, 2300 København S, Tel. 32 52 29 08; 15. Jan. – 30. Nov.; Bus 46 ab Hauptbahnhof oder S-Bahn bis Sydhavn, dann Bus 46.
Copenhagen Danhostel Bellahøj ***, Herbergvejen 8, 2700 København-Brønshøj, Tel. 38 28 97 15; 1. März – 15. Jan.; Bus 2 ab Rathaus.

Camping bei
Kopenhagen

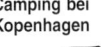

▲ – **Autocamperplads** - Für Wohnmobilfahrer stehen Stellplätze auf dem Parkplatz an der Kalvebod Brygge im südöstlichen Innenstadtbereich am Kanal Sydhavnen zur Verfügung.
DCU-Camping Absalon **, Tel. 31 41 06 00; 1. Jan. – 31. Dez.; im südwestl. Stadtbereich nahe der E47/E55, **Ausfahrt Rødovre**; ausgedehntes Wiesengelände am Roskildevej, durch Hecken und hohe Baumreihen mehrfach unterteilt; ca. 12 ha – 600 Stpl.; Standardausstattung; Laden, Imbiß, 33 Miethütten; nahes Freibad und Hallenbad.
– **Camping Bellahøj** *, Tel. 31 10 11 50; 1. Juni – 31. Aug.; relativ zentrumsnahe, geneigte freie Wiese nahe Freibad; ca. 10 ha – 500 Stpl.; sehr einfacher Übernachtungsplatz. 9 Miethütten. Nähe Buslinie 2 Richtung Rathausplatz.
– **FDM-Camping Tangloppen** ***, Tel. 43 54 07 67; Mitte Apr. – Mitte Sept.; südwestlich das Stadtzentrums im **Ishøj Havn**, einem Freizeit- und Sporthafen; Zufahrt über die Autobahn E20/47/55; auf einer länglichen, künstlich aufgeschütteten Insel, ebenes Gelände, am Rande mit Hecken; ca. 2,5 ha – 100 Stpl.; Standardausstattung; Laden, Imbiß, 10 Miethütten.

Nærum
– **DCU-Camping Nærum** ***, Tel. 42 80 19 57; Ende März – Ende Sept.; ca. 15 km nördl. Kopenhagen an der E44/E55 Richtung Helsingør; Wiese zwischen Bahn, Autobahn und Wald, ziemlich laut; ca. 5 ha – 300 Stpl. + Dau.; Standardausstattung. 15 Miethütten.

Tåstrup
– **DCU-Camping Metropolitan I** **, Tel. 43 99 98 25; Ende März – Ende Sept.; ca. 20 km westlich von Kopenhagen Zentrum, etwa auf halbem Wege zwischen Kopenhagen und Roskilde, an der Straße 156 Richtung Roskilde beschildert; einfacher Übernachtungsplatz, ebene Wiesen, durch Hecken mehrfach in rechteckige Felder unterteilt; ca. 5 ha – 250 Stpl. + Dau.; Standardausstattung.
– Und andere Campingplätze.

bei Haslev

14. KOPENHAGEN/SEELAND – RØDBYHAVN/ LOLLAND

⊙ **Entfernung:** Rund 250 km + 1 x Fähre.

➔ **Strecke:** Über die E47/E55 und über **Køge** bis **Vordingborg** – Straße 59 bis **Møns Klint** – Straße 287 bis **Stubbekøbing** – Straße 271 über **Nysted** bis **Rødbyhavn**.

🕐 **Reisedauer:** Mindestens ein Tag.

⌘ **Höhepunkte:** Das **Schloß Vallø** – die Kreidefelsen **Møns Klint **** – das **Aalholm Automuseum **** bei Nysted.

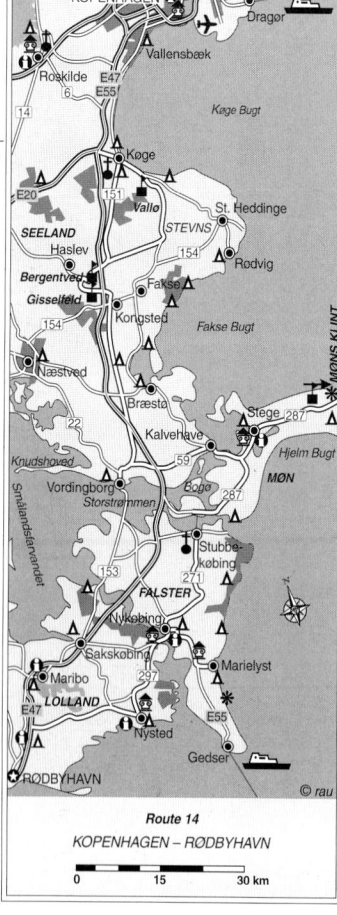

Route 14
KOPENHAGEN – RØDBYHAVN

0   15   30 km

Kirche von Køge
10 - 12, Sommer
auch 14 - 16 Uhr

➔ **Route:** Dänemarks Hauptstadt verlassen wir über die Autobahn E47/E55 in südlicher Richtung. Nach ca. 20 km nehmen wir die Ausfahrt Lellinge/Køge und fahren 3 km ostwärts bis **Køge**. ●

KØGE hat eine interessante gotische Kirche aus dem 13. Jh., die **Sct. Nicolai Kirche**. Sie ist dem Heiligen Nikolaus von Myra geweiht. Auffallend ist der mächtige Turm mit Treppengiebel, der früher auch als Wehr- und Leuchtturm diente. In Inneren Fresken aus dem 14. Jh., eine geschnitzte Kanzel im Stil der Spätrenaissance, spätgotisches und Renaissancegestühl, sowie ein Altaraufsatz von 1652 mit Schnitzwerk von Lorentz Jörgensen.

Für Interessierte lohnt sicher auch ein Besuch im **Kunstmuseum von Køge**, Nørregade 29. Es liegt gleich neben der Nicolai Kirche und präsentiert eine bemerkenswerte Skizzensammlung, anhand derer man die Entstehung eines

Kunstwerks von der Idee bis zur Verwirklichung nachvollziehen kann. Außerdem sieht man Skulpturen, Modelle u.ä.

Schöne **alte Fachwerkhäuser** findet man in der Vestergade, z.B. Haus Nr. 6 oder Haus Nr. 7. Haus Nr. 16 dort ist der **Richters Gaard**, ein prächtiger Fachwerkbau aus dem Jahre 1644, der heute ein gemütliches Restaurant im Stil eines urigen Landgasthauses beherbergt. Auch in der Langshusgade, der alten Zunfthausstraße, sind noch alte, sehenswerte Bauwerke erhalten. Und in der Kirkestræde Nr. 20 findet man eines der ältesten Fachwerkgebäude in Dänemark. Es stammt aus dem Jahre 1527.

Das **Stadtmuseum** von Køge ist in der Nørregade im alten „Spinn- "Silberschatz" im hof" untergebracht. Stolz ist man im Museum vor allem auf den Stadtmuseum „Silberschatz". Er ist 9 kg schwer und besteht aus 322 Münzen aus ganz Europa. Die älteste Münze ist ein „Pfälzer Taler", der 1548 geprägt wurde. Bei Bauarbeiten an einem Keller am Torvet wurde der „Schatz" entdeckt, den wohl jemand in den Wirren des Schwedenkrieges hier vergraben hatte. Im Hof des Museums wurde der alte „Schlachterhof" von ca. 1500 wieder aufgebaut. Er stand früher am Torvet 18.

Die Gewässer vor Køge waren im 17. Jh. Schauplatz großer und für den Erhalt der dänischen Autonomie bedeutsamer Seeschlachten. In der Ostsee wurden damals gewaltige Seeschlachten geführt. Meist trafen schwedische und dänische Flottenverbände aufeinander, die sich um die Kontrolle des Nadelöhrs und strategisch immens wichtigen Øresund, das „Tor zur Ostsee", schlugen. In diesen Gefechten erwarben die Seehelden Admiral Niels Juel, der mehrere schwedische Schlachtschiffe versenkte und der aus Norwegen stammende Ivar Huitfeldt legendären Ruhm. Huitfeldt führte in der Schlacht von 1710 das dänische Flaggschiff „Dannebrog", mit dem er das schwedische Kanonenfeuer auf sich zog und so den Rest des dänischen Verbandes rettete.

Praktische Hinweise

☎ **Køge Turistbureau,** Vestergade 1, 4600 Køge, Tel. 53 65 58 00, Fax 53 65 59 84.

Køge
Hotels

🏠 Hotels: **Centralhotellet,** 12 Zi., Vestergade 3, Tel. 53 65 06 96.
Hvide Hus, 126 Zi., Strandvejen 111, Tel. 53 65 36 90, Fax 53 66 33 14, Restaurant, Sauna, Garage.
Niels Juel, 51 Zi., Toldbodvej 20, Tel. 56 63 18 00, Fax 56 63 04 92, am alten Hafen von Køge, das Haus ist einem historischen Speicherhaus nachempfunden, Restaurant, Sauna. – Und andere Hotels.

Jugendherberge: **Danhostel Køge Vandrerhjem „Lille Køgegaard"** ***, Jugendherberge
Vamdrupvej 1; Tel. 56 65 14 74; 1. Apr. – 15. Dez.; 100 Betten.

▲ **– Køge Sydstrand Camping** **, Tel. 53 65 07 69; Mitte Apr. – Ende Sept.; Camping
am südl. Stadtrand in Strandnähe; unvorteilhafte Umgebung landseitig, Tankanlage in der Nachbarschaft; durch Hecken mehrfach unterteilte, ebene Wiesen; ca. 3,5 ha – 120 Stpl. + Dau.; Standardausstattung; Laden.
– **Vallø Stifts Camping** ***, Tel. 53 65 28 51; 1. März – 31. Okt.; südl. der Stadt an der Küstenstraße 261; ausgedehntes Waldgelände; ca. 10 ha – 300 Stpl. + 250 Dau.; Standardausstattung; Laden; Fahrradverleih; 25 Miethütten.

Ca. 10 km südlich Køge liegt **Schloß Vallø**. Es stammt aus dem 16. Jh., wurde 1737 von Königin Sophie Magdalena, der Gemahlin Christian VI., in ein „Königliches Stift für fürstliche und adelige Fräulein" (man könnte auch sagen, in ein Altersheim für „ausgediente" Hofdamen) verwandelt und nach einem Brand im Jahre 1893 etwas verändert in der heutigen Form wieder aufgebaut. Zutritt zum Park.

→ **Route:** Wir machen nun auf der Straße 151 einen Sprung von 53 km nach Süden bis **Vordingborg**. ●

Park von Schloß Gisselfeld *
1.6. - 15.8. 10 - 19 Uhr, sonst bis 16 Uhr. Eintritt.

Auf dem Weg liegt – 5 km südlich von Haslev und 2 km westlich von Ulse – das **Renaissanceschloß Gisselfeld** aus dem 16. Jh. Nur der Park ist zugänglich. Er ist 44 ha groß und einer der schönsten Schloßparks in ganz Dänemark, mit Seen, Brunnen, Grotten, Wasserfall, herrlichem altem Baumbestand und Gewächshaus.
Ebenfalls sehenswert ist das ganz in der Nähe von Haslev gelegene **Schloß Bregentved**.

Vordingborg, am Südende der Insel Seeland, hat in seinem Zentrum noch einige Reste (Fundamente, Wehrmauer und Turm) der alten Burg von Valdemar dem Großen aus dem 12. Jh. erhalten. Historischer Burggarten mit Arzneikräutern, Gewürz- und Zierpflanzen.

Vordingborg Hotels

Camping

Praktische Hinweise

☎ **Sydsjællands Turistcenter**, Algade 96, 4760 Vordingborg, Tel. 55 34 11 11, Fax 55 34 03 08.

⌂ Hotels: **Kong Valdemar**, 65 Zi., Algade 101, Slotstorvet, Tel. 53 77 00 95, Fax 53 77 07 95, Restaurant, Sauna.

▲ – **Øre Strand Camping ****, Tel. 53 77 06 03; 1. Jan. – 31. Dez.; Zufahrt von der Straße 22 beschildert, westl. der Stadt am Sund mit schmalem Strand; fast ebene Wiesen, durch Hecken in mehrere lange Felder unterteilt; ca. 3 ha – 150 Stpl. + Dau.; Standardausstattung, Laden, Imbiß, Restaurant (Saison); 12 Miethütten.

lohnender Umweg über die Insel Møn

→ **Route:** Der weitere Verlauf unserer Route folgt von Vordingborg der Straße 59 über **Langebæk** nach Osten. Bei **Kalvehave** gelangen wir über die Ulvsundbrücke auf die **Insel Møn**. Weiter über **Stege** und **Magleby** bis an die Ostküste zu den **Klippen Møns Klint**. ●

sehenswerte Kirchen in Keldby und Elmelunde

Unterwegs kann man in **Stege** das **Møns Museum** in der Storegade 75 besichtigen. Und in **Keldby** ist die **Kirche** sehenswert, ebenso der **Museums-Gutshof Keldbylille** (Skullebjergvej 15, Mai bis Okt. tgl. a. Mo. 10 – 16 Uhr), während in **Elmelunde** die markante mittelalterliche **Dorfkirche,** die älteste Kirche auf der Insel Møn übrigens, mit bemerkenswerten Fresken von Interesse ist.

die imposanten Kreidefelsen Møns Klint ***

Östlich von Magleby endet die Straße am großen, in einem ausgedehnten Waldgebiet gelegenen **Parkplatz „Store Klint"** mit Cafe-

![die Kreidefelsen Møns Klint]

*die Kreidefelsen
Møns Klint*

teria, Hotel, Toiletten und Informationstafeln. An der Cafeteria beginnen markierte Spazierwege zu den berühmten Klippen **Møns Klint**. Auf eine Länge von 8 km fällt hier das Steilufer aus Kreidefelsen ca. 130 m senkrecht ins Meer. Die weißen Kreideklippen von Møn zählen zu den großen Natursehenswürdigkeiten in Dänemark. Einer der nächstgelegenen Aussichtspunkte über dem Steilufer der Klippen ist der 128 m hohe **Dronningstolen**. Guter Ausblick beim Punkt „Forchhammers Pynt".

Nicht allzu weit nördlich der Klippen, über Magleby und Sømarke zu erreichen, findet man das **Schlößchen Liselund**. Es wurde 1795 als Lustschloß erbaut und liegt in einem romantischen Waldpark mit drei lauschigen Pavillons, dem Chinesischen Lusthaus, der Schweizer Hütte und dem Norwegerhaus.

**das Schlößchen
Liselund**
Mai - Okt. Di. - Sa.
Führungen 10.30,
11, 13.30, 14 Uhr.
So. auch 16 +
16.30 Uhr. Eintritt.

Praktische Hinweise

☎ **Møns Turistbureau**, Storegade 2, 4780 Stege, Tel. 55 81 44 11, Fax 55 81 48 46.

**Insel Møn
Hotels**

⌂ Hotels: **Præstekilde Kro & Hotel**, 46 Zi., Klintevej 116, Keldby, Tel. 55 81 34 43, Fax 55 81 36 34, Restaurant, Sauna, Schwimmbad.
Hotel Stege Bugt, 27 Zi., Langelinie 48, Tel. 55 81 54 54, Fax 55 81 58 90, Restaurant. – Und andere Hotels und Pensionen.

Jugendherberge: **Danhostel Møns Klint Vandrerhjem Hunosøgård ***, Langebjergvej 1, 4791 Borre, Tel. 55 81 20 30; u.a. 29 Familienzimmer. Geöffnet 1. Mai – 1. Okt.

Jugendherberge

Camping auf Møn

▲ – Stege
– **Camping Mønbroen ****, Tel. 55 81 40 70; 1. Apr. – 15. Sept.; am Südende der Sundbrücke an der Stege Bucht; ca. 2 ha – 100 Stpl. + zahlr. Dau.; einfache Standardausstattung .
– **Ulvshale Camping ****, Tel. 55 81 53 25; 1. Apr. – 30. Sept.; nördl. Stege; Gemeindeplatz; 2,5 ha – 50 Stpl. + zahlr. Dau.; Standardausstattung.
– **Møns Familie Camping ****, Tel. 55 81 34 56; 1. Apr. – 15. Sept.; östl. Stege bei Keldby; von hohen Hecken eingefriedetes Wiesengelände; ca. 3 ha – 100 Stpl. + Dau.; Standardausstattung; Laden, Imbiß, Schwimmbad, Fahrradverleih; 10 Miethütten.
Borre
– **Møns Klint Camping ****, Tel. 55 81 20 25; 1. Apr. – 31. Okt.; an der Ostseite der Insel; naturbelassenes, hügeliges Gelände, teils Lichtungen im Wald, teils auch terrassierte Wiesen; ca. 12 ha – 400 Stpl. + Dau.; gute Standardausstattung; Laden, Tennis; Schwimmbad, Fahrradverleih.
Askeby
– **Vestmøn Camping ***, Tel. 55 81 75 95; Anf. Mai – Anf. Sept.; am Südende der Insel Møn, südwestl. Hårbølle am Grønsund; recht einfacher Platz, aber ruhig an einem schmalen Sandstrand gelegen; ca. 2 ha – 80 Stpl. + Dau.; einfache Standardausstattung; Laden (Saison).

➔ **Route:** Von den Møns Klint zurück bis **Stege** und auf der Straße 287 südwärts über **Askeby** und die Brücke nach **Nyby** auf der Insel **Bogø**. Dort ab Nyby mit der Fähre (12 Minuten) über den Grønsund nach **Stubbekøbing** auf der **Insel Falster**. ●

Man kann versuchen, den Turm der **Kirche von Stubbekøbing** zu besteigen, was aber nur in Anwesenheit des Kirchendieners möglich ist. Gelingt es, hat man einen herrlichen Blick auf die Inselwelt.

schöne Sandstrände an Falsters Südostküste

Schöne lange **Strände** findet man an der Südostküste von Falster.

das Mittelalter Zentrum von Nykøbing *
15. 5. - 30. 9. tgl.
10 - 16 Uhr.
Eintritt.

Nykøbing liegt am Guldborg Sund an der Westküste der Insel Falster. Besichtigen kann man das **Middelaldercentret**, Ved Hamborgskoven 2. In diesem Freilichtmuseum werden Lebensweise und Technik des Mittelalters anschaulich gezeigt und von mittelalterlich gewandeten Interpreten demonstriert. U. a. sieht man eine historische Schmiede, eine Schneiderwerkstatt, ein Lederer-Haus, Gärten, eine nachempfundene Schiffswerft, einen Turnierplatz, altes Kriegsgerät wie Bögen, Armbrüste oder Katapulte und vieles mehr.
Ein gutes Stück südöstlich von Nykøbing liegt bei **Væggerløse** auf dem Wege nach Marielyst das Museum **Marielyst Sportscars**, ein Automobilmuseum mit alten Sportwagen, ganzjährig geöffnet.

Praktische Hinweise

☎ Nykøbing/F Turistbureau, Østergågade 7, 4800 Nykøbing F, Tel. 54 85 13 03, Fax 54 85 10 05.

Nykøbing/Falster
Hotels

🏠 **Nykøbing/Falster**
Hotel Falster, 69 Zi., Skovelléen, Tel. 54 85 93 93, Fax 54 82 21 99, Restaurant, Sauna.
Motel Liselund, 25 Zi., Lundevej 22, Tel. 54 85 15 66, Fax 54 85 15 14, Restaurant. – Und andere Hotels.

Schlößchen Liselund

▲ – **Stubbekøbing**
– **Stubbekøbing Camping ****, Tel. 54 4 10 57; Mitte Apr. – 14. Sept.; kleiner netter Platz der Gemeinde am Strand westl. der Stadt, ansprechend und relativ ruhig gelegen; ca. 1,2 ha – 60 Stpl.; Standardausstattung; Laden; 4 Miethütten.

Nyköbing/Falster
– **Nyköbing Camping ****, Tel. 54 85 45 45; 1. Mai – 15. Sept.; Gemeindeplatz am südöstl. Stadtrand; ca. 4 ha – 100 Stpl. + zahlr. Dau; Standardausstattung; 9 Miethütten.

Jugendherberge sowie 6 weitere **Campingplätze** zwischen Marielyst und Gedser an der Ostküste.

Camping

→ **Route:** In Nyköbing/Falster queren wir auf der Frederik IX.-Brücke den Guldborg Sund, sind nun auf der **Insel Lolland** und nehmen außerhalb der Stadt die Straße 297 südwärts ins 17 km entfernte **Nysted.** ●

Nysted ist die südlichste Gemeinde mit Stadtrechten in Dänemark. Zu besichtigen gibt es das **Aalholm Automobil Museum**, ein wohl sortiertes Oldtimermuseum, mit gut 300 wunderschön restaurierten Straßenveteranen aus der Zeit vor dem 2. Weltkrieg. Zu den Schmuckstücken des besuchenswerten Museums zählen u.a. ein Daimler von 1889, Renaults von 1907 oder von 1925, ein Detroit Electric von 1920, ein Rolls Royce von 1911, ein Bugatti von 1931, aber auch ein Volkswagen Amfibie von 1939, ein Horch 8 305 Tourer von 1928 oder ein Maybach Zeppelin V12 8 Liter von 1939, um nur einige zu nennen. In der Nähe des Museums liegt **Schloß Ålholm.** Es dürfte einer der ältesten hochherrschaftlichen Sitze in Dänemark

sehenswertes Automobilmuseum in Nysted **
Juni, Juli + Aug. tgl. 10 - 16.30 Uhr. Übrige Zeit Do., Sa. + So. 11 - 16 Uhr. Eintritt.

sein und stammt wahrscheinlich aus dem 13. Jh. Schöner Park. Bei unserem letzten Besuch war zu erfahren, daß das Schloß im Privatbesitz und für die Öffentlichkeit nicht mehr zugänglich ist.

Der letzte Teil der hier beschriebenen Rundreise durch Dänemark führt von Nysted nach **Rødbyhavn**. Der Fährhafen ist nur noch 27 km entfernt. Fähren nach Puttgarden auf Fehmarn verkehren laufend.

Nysted
Information
Hotels
Camping

Rødbyhavn
Information

Hotels

Camping

*bei Karrebæks-
minde/Seeland*

Praktische Hinweise

☎ **Nysted Turistbureau,** Adelgade 65, 4880 Nysted, Tel. 53 87 19 85, Fax 53 87 19 60.

⌂ Hotels: **The Cottage**, 21 Zi., Skansevej 19, Tel. 53 87 16 00, Restaurant.

▲ – **Nysted Camping *****, Tel. 53 87 14 11; 1. Apr. – 14. Sept.; südl. der Stadt an der Bucht; Platz der Gemeinde mit Strand, durch Waldstücke windgeschützt; ca. 2 ha – 100 Stpl. + Dau.; Standardausstattung; Laden, Imbiß; 7 Miethütten.

☎ **Rødbyhavn Turistbureau**, Færgestationsvej 6, 4970 Rødbyhavn Tel. 54 60 45 46, Fax 54 60 45 47.

⌂ Hotels: **Danhotel,** 39 Zi., Havnegade 2, Tel. 54 60 53 66, Fax 54 60 43 26, Restaurant. – Weitere Hotels in Rødby.

▲ – **Rødby Lystkov Camping **,** Tel. 54 60 12 16; 1. Apr. – 1. Sept.; im nördl. Stadtbereich von **Rødby**, an der Straße 153 nach Maribo; einfacher Übernachtungsplatz; ca. 1,5 ha – 90 Stpl.; Standardausstattung; Laden; 4 Miethütten.

BORNHOLM

15. RUND UM BORNHOLM

☉ **Entfernung:** Rundfahrt mit Abstechern und Umwegen ca. 170 km.

→ **Strecke:** Von Rønne über die Straße 159 bis **Sandvig/ Allinge** – Straße 158 über **Gudhjem** und **Svaneke** bis **Nexø** – Küsten- und Landstraßen über **Dueodde** bis **Åkirkeby** – Landstraßen über **Almindingen** und **Vestermarie** bis **Nylars** – Straße 38 oder Küstenstraße bis **Rønne**.

🕐 **Reisedauer:** Mindestens zwei bis drei, besser mehr Tage.

⌘ **Höhepunkte:** Burgruine **Hammershus** ** – **Strand und Küsten** bei Sandvig – die **Rundkirche von Olsker** ** – die **Helligdomsklippen** *** und das **Kunstmuseum** dort – **Gudhjem** * und sein Hafen – die **Rundkirche von Østerlars** ** – der **Sandstrand bei Dueodde** *** – die **Landschaft Almindingen** – die **Kirche von Nylars** *.

Bornholm ist mit einer Fläche von knapp 590 qkm Dänemarks fünft- größte Insel. Sie liegt in der Ostsee, knapp 150 km östlich von Ko- penhagen und rund 37 km südlich der schwedischen Küste. Die Einwohnerzahl beläuft sich auf annähernd 45.000.

Die nachweislich erste schriftliche Erwähnung fand Bornholm um das Jahr 890, als ein angelsächsischer Seefahrer namens Wolfstan in seinen Aufzeichnungen von einer Insel namens *Burgundaland* berichtete, auf dem ein souveräner König regierte.

Bornholm war durch seine Lage mitten in der Ostsee über Jahrhun- derte hinweg immer wieder politischer Zankapfel, z.B. zwischen den dänischen und schwedischen Königen. Die Insel war Streitobjekt zwischen den pommerschen Hansestädten und der Kirche, die in Gestalt des schwedischen Bischofs von Lund lange ihren Nutzen aus Bornholm zog. Sie war aber auch Ziel von Seeräubern und Plün- derern. Erst nach dem Kriege von 1658 konnten sich die Bornholmer der schwedischen Vorherrschaft entledigen (siehe auch unter Hasle) und sich dem dänischen König anschließen, der dann auch artig versprach, Bornholm nie wieder an fremde Mächte abzutreten. Während des Zweiten Weltkriegs war Bornholm ab 1940 von Trup- pen der Wehrmacht besetzt. Bei den Bombenangriffen zur Befrei- ung der Insel durch sowjetische Truppen wurden Rønne und Nexø erheblich zerstört.

Vielleicht war es die wechselvolle und teilweise auch stürmische Geschichte der Ostseeinsel, die ihren Bewohnern den Ruf eines stolzen, gelegentlich auch etwas streitsüchtigen Völkchens einbrach- te, mit dem nicht immer gut Kirschen essen gewesen sei. Und unter

Rønne

den Segelschiffkapitänen früherer Tage war es guter Brauch, tunlichst nie mehr Bornholmer Seeleute auf einem Schiff anzuheuern, wie dieses Masten hatte, damit man bei Streitereien jeden Hitzkopf an einen Masten binden konnte. Aber so wie sich die Zeiten in der christlichen Seefahrt verändert haben, hat sich zwischenzeitlich sicher auch der Umgang unter den Bornholmern geändert und beruhigt.

Die bedeutendsten wirtschaftlichen Faktoren auf Bornholm sind heute neben dem Fremdenverkehr nach wie vor die Landwirtschaft und die Fischerei. Das produzierende Gewerbe ist nur von untergeordneter Bedeutung.

Das milde Klima bis weit in den Herbst, die hübschen Fischerdörfer, die beschauliche Ruhe der Binnenlandschaft, die **artenreiche Flora** mit in Nordeuropa ungewöhnlichen botanischen Überraschungen, wie Feigenbüschen, Maulbeersträuchern, seltenen Orchideenarten oder Wermutgewächsen und vor allem die abwechslungsreiche, fast 150 km lange **Küste** mit phantastischen **Sandstränden** im Südosten, mit windgeschützten Dünen und zerrissenen Felsklippen im Nordosten, ließen Bornholm zu einem gerne besuchten Sommerferienziel werden. Und wenn Sie im Frühling durch Bornholm fahren, können Sie hier sogar Dänemarks größte Wasserfälle erleben, wie den im Spaltental Døndalen im Nordosten der Insel.

Viele Kenner der Insel kommen aber lieber in den „stillen Monaten" des Herbstes nach Bornholm, wenn es ruhiger wird an den Stränden und im Hinterland. Viele Einrichtungen, Strandhotels, Restaurants oder Museen sind dann zwar geschlossen. Aber wer wirklich Ruhe und Abgeschiedenheit sucht, wird sich in einem hübschen Ferienhaus oder im gemütlichen Zimmer eines Gasthofs und auf

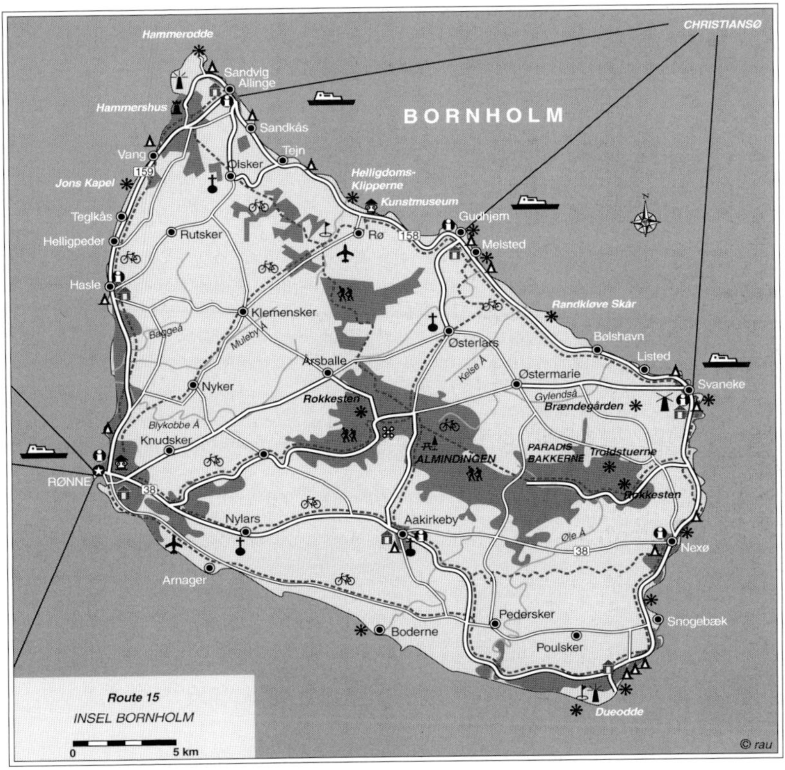

Route 15
INSEL BORNHOLM

0   5 km

Spaziergängen an fast menschenleeren Stränden im frischen Herbstwind sicher wohl fühlen.

Auf Bornholm finden Sie das drittgrößte zusammenhängende Waldgebiet Dänemarks, **Almindingen** im Zentrum der Insel, in dem ausgedehnte **Wanderungen** in herrlicher, abgeschiedener Landschaft möglich sind, auch in Zeiten, wenn sich die Besucher an den Stränden drängen.

Schließlich zählen die markanten **Rundkirchen,** die schon fast zum Wahrzeichen der Insel geworden sind, zu den großen Sehenswürdigkeiten auf Bornholm.

ANREISE

Rønne, den Hauptort der Insel, erreicht man auf dem Luftwege von Kopenhagen oder Hamburg aus. Auf dem Seewege bieten sich folgende Möglichkeiten an:

DEUTSCHLAND – BORNHOLM

Neu Mukran/Rügen – Rønne/Bornholm

Bornholmstrafikken – Bis zu 6 Abfahrten pro Woche. Fahrzeit ca. 3 Stunden 30 Minuten.

Fährverbindungen nach Bornholm

Saßnitz/Rügen – Rønne/Bornholm
DFO – Bis zu 9 Abfahrten pro Woche. Fahrtdauer ca. 3 Stunden 30 Minuten.

KOPENHAGEN – BORNHOLM
København – Rønne
Bornholmstrafikken – Bis zu zwei Abfahrten täglich. Fahrzeit ca. 7 Stunden. Ganzjährig besteht ab Kopenhagen die Nachtverbindung nach Rønne, ab Kopenhagen 23.30 Uhr, an Rønne um 6.30 Uhr am nächsten Morgen. Von Ende Juni bis Mitte August kommt täglich außer mittwochs eine Tagesverbindung hinzu, Fahrzeit sechs Stunden.

ÜBER SCHWEDEN NACH BORNHOLM
– Travemünde – Trelleborg (Schweden) mit der Fähre, Fahrzeit 7 Stunden, weiter mit dem **Auto nach Ystad** (45 km) und Fähre **Ystad – Rønne**, Fahrzeit 2,5 Stunden.
– Puttgarden – Rødby mit der Fähre, Fahrzeit 1 Stunde, weiter mit dem **Auto nach Kopenhagen** (160 km) und schließlich Fähre **Kopenhagen – Rønne**, Fahrzeit 7 Stunden. Eine Variante dieser Möglichkeit führt von Dragør bei Kopenhagen nach Limhamn bei Malmö in Schweden, dann Auto 65 km bis Ystad und Fähre nach Rønne, 2,5 Stunden.
– Puttgarden – Rødby mit der Fähre, Fahrzeit 1 Stunde, weiter mit dem **Auto nach Helsingør** (ca. 200 km), **Fähre nach Helsingborg** (Schweden), weiter per **Auto nach Ystad** (ca. 165 km) und schließlich Fähre **Ystad – Rønne**, 2,5 Stunden.

BORNHOLM PER FAHRRAD

Erstaunliche Anstrengungen wurden in den vergangenen Jahren unternommen, um Freunden ausgedehnter Fahrradtouren ein ausgedehntes, über 200 km langes Netz von guten, deutlich beschilderten Radwegen zu bieten. Eine willkommene Bereicherung des Wegenetzes waren dabei die Trassen der stillgelegten Inselbahn. Ansonsten werden vor allem verkehrsarme Nebenstraßen, Waldwege und die alten Rettungswege der Insel genutzt. Radwege führen rund um und kreuz und quer durch die Insel. Jede einigermaßen interessante Ecke der Insel ist auch per Fahrrad

gut ausgeschildert, Radwege auf Bornholm

zu erreichen. Wer es sportlich angehen will, kann bei entsprechender Kondition Bornholm durchaus an einem Tag umradeln. Zeit für Besichtigungen oder für einen Strandbummel wird dabei allerdings nicht bleiben. Ideal für eine Radtour um Bornholm sind vier oder fünf Tage. Übernachtungsmöglichkeiten findet man auf Campingplätzen, in Jugendherbergen, in Landgasthöfen oder in Hotels. Und wenn Sie unterwegs keine Lust mehr zum Strampeln haben sollten, weil Ihnen der Wind vielleicht etwas zu steif ins Gesicht bläst, dann

die Sct. Nikolaj Kirche in Rønne

fahren Sie einfach mit dem Bus zurück. Alle Busse sind zum Beför-
dern von Fahrrädern eingerichtet.

Sie können sich auch erst vor Ort spontan zu einer Radtour ent-
scheiden. Fahrradverleihs, die recht ordentliche Velos zur Verfügung
stellen, findet man in den größeren Orten. Auch Campingplätze und
Hotels vermieten vielfach Fahrräder. Vor allem in den Ferienmonaten
ist die Nachfrage allerdings sehr rege. Ggf. sollten Sie also eine
Reservierung vornehmen. Die Touristenbüros haben Listen mit
Adressen von Fahrradverleihs und einen Führer über Fahrrad- und
Wanderwege.

RØNNE

Rønne, Hauptort Bornholms, ist mit 15.300 Einwohnern größte Stadt
und wichtigster Fähr- und Handelshafen der Insel.

Rønne wurde bei einem Bombenangriff 1945 teilweise zerstört. Das
Straßenbild im Zentrum präsentiert sich nun in zeitgemäßer Form.
Einige alte Straßenzüge und Gebäude sind aber noch erhalten. Man
findet sie hauptsächlich um die durch ihren Fachwerkturm markan-
te, oberhalb des Hafenbeckens aufragende, weiße **Gemeindekirche
Sct. Nikolaj**.

Ein paar Straßen östlich der Kirche findet man in der vom Stadtzentrum nach Süden führenden Søndergade die alte **Hauptwache
Hovedvagten**, Søndergade 12. Die alte Bürgerwache entstand 1743
aus Steinen, die von der Festungsruine Hammershus hergeschafft
worden waren. Heute ist in der Wache ein Restaurant und ein
Straßenkaffee untergebracht.

Nördlich der Søndergade schließt der Platz Lille Torv an. Dort liegt
u.a. das Postamt. Man kann noch ein Stück weiter nordwärts gehen

Rønne

und gelangt dann z.B. durch die Ellekongstr. in die Sct. Mortens Gade.

Bornholm Museum *
1. 5. - 30. 9. Mo. - Sa. 10 - 117 Uhr. Übrige Zeit Di., Do. + Sa. 13 - 16 Uhr.

Das Bornholms Museum in der Sct. Mortensgade 29 ist Bornholms wichtigstes Museum. Es zeigt geologische und kulturhistorische Sammlungen. Zudem sieht man eine „gute Stube" aus Großmutters Zeit, einen Kaufmannsladen und eine alte Arztpraxis. Interessante Seefahrtabteilung, einmalige Sammlung der berühmten Bornholm-uhren. Außerdem Kirchenkunst, Spielzeuge, Bornholm Keramik u.a. Geht man die Sct. Mortens Gade ein kurzes Stück nach Westen, trifft man auf den **Store Torv,** der Große Marktplatz. Der Spring-brunnen auf dem Platz ist aus Bornholmer Granit gemacht und wurde 1908 errichtet.

Keramikmuseum
1. 5. - 30. 9. werktags 10 - 17 Uhr.

An seiner Westseite des Store Torv beginnt die Krystalgade. Dort findet man **Bornholms Keramikmuseum,** Krystalgade 5. Es ist ein-gerichtet in einer ehemaligen Keramikfabrik aus dem Jahre 1859. Das Museum ist als „arbeitendes Museum" konzipiert, in dem die Besucher Töpfern bei ihrem faszinierenden Handwerk zusehen kön-nen und die Entstehung eines Gegenstandes vom rohen Ton bis zur fertigen Keramik mitverfolgen können. Das Töpferhandwerk und die Keramikproduktion haben auf Bornholm eine lange Tradition. Heute verzichtet man allerdings auf industrielle Massenproduktion und widmet sich in weit über 80 über die Insel verstreuten Töpferei-en der Keramikproduktion eher unter dem Gesichtspunkt des Kunst-handwerks.

altes Bürgerhaus
Juni - Aug. Di. - Sa. 10 - 17 Uhr.

Zu den bemerkenswerten Bürgerhäusern der Stadt zählt der **Erichsens Gård** in der Laksegade 7. Der einstöckige Fachwerk-bau, ein Bürgerhaus aus dem Jahre 1806, den sich damals der Kanzleirat Thomas Erichsen hatte errichten lassen, dient heute als Kleinstadtmuseum. Man sieht das Interieur eines gutbürgerlichen Heims aus den frühen Tagen des 19. Jh., sowie Erinnerungsstücke an den Maler Kristian Zahrtmann und an den Dichter Holger Drachmann. Zum Anwesen gehört ein schöner Stadtgarten.

Über die Storegade kann man zurück zur Kirche oder zum Hafen gehen.

Auf dem Weg passiert man die Tolbodgade. Haus Nr. 1 dort gilt als ältestes erhaltenes Haus in Rønne. Es wurde einstmals als Proviant-depot der Ostseeflotte erbaut.

Am südlichen Stadtrand liegt der verbliebene Rest des im 17. Jh. erbauten **Kastells**, das Teil eines umfassenden Befestigungs-konzepts war, ab dem 19. Jh. aber nicht weiterverfolgt wurde. In dem runden Wehrturm ist ein **Museum** eingerichtet.

Rønne
Feste, Folklore

Praktische Hinweise

☎ **Bornholms Velkomstcenter,** Nordre Kystvej 3, 3700 Rønne, Tel. 56 95 95 00, Fax 56 95 95 68. Internet: http://www.bornholminfo.dk

❖ Feste, Folklore: **Sct. Hans Fest,** Johannisabend und Mittsommernacht, am 23. Juni, überall auf Bornholm (wie in ganz Dänemark) feiert man den längsten Tag und die Mittsommernacht mit großen Johannisfeuern, z.B. im Kanontal, oft mit Musik und Tanz.

Hotels: **Fredensborg Best Western,** 75 Zi., Strandvejen 116, Tel. 56 95 44 44, Fax 56 95 03 14; zeitgemäßes, komfortables Haus in bewaldeter Umgebung über dem Meer, südlich von Rønne; Zimmer teils mit Meerblick, zwei Restaurants, Sauna.
Griffen, 140 Zi., Kredsen 1, Tel. 56 95 51 11, Fax 56 95 52 97, zeitgemäßes Hotel im Zentrum von Rønne an der Küste; Zimmer teils mit Meerblick; Restaurant, Sauna, Schwimmbad.
Hoffmann, 85 Zi., Ndr. Kystvejen, Tel. 56 95 44 44, Fax 56 95 03 14, Hotel Garni, zentral am Hafen und Einkaufszentrum, Sauna, Schwimmbad.
Ryttergården, 106 Zi., Strandvejen 79, Tel. 56 95 19 13, Fax 56 95 19 22, südlich der Innenstadt gelegen, Restaurant, Sauna, Schwimmbad.
Hotel-Restaurant Skovly, 30 Zi., Nyker Strandvej 40, Tel. 56 95 07 84, Fax 56 95 48 23, Restaurant. – Und andere Hotels.

Jugendherberge: **Danhostel Rønne Vandrerhejm ***,** Arsenalvej 12, Tel. 56 95 13 40, 1. März – 1. Nov., 148 Betten, 26 Zimmer.

▲ – **Galløkken Camping **,** Tel. 56 95 23 20; 15. Mai – 31. Aug.; am südl. Stadtrand Richtung Flughafen; Wiese mit hohen Bäumen oberhalb des Meeres; ca. 2,5 ha – 120 Stpl.; Standardausstattung; 10 Miethütten.
– **Nordskovens Camping **,** Tel. 56 95 22 81; 1. Mai – Anf. Sept.; ca. 2 km nördl. Rønne an der Straße 159 Richtung Allinge; ca. 4 ha – 150 Stpl.; Standardausstattung; Laden; Imbiß; Fahrradverleih; 20 Miethütten.

Rønne Hotels

Jugendherberge

Camping bei Rønne

➔ **Route:** Unsere Rundfahrt um die nur etwa 40 km lange und maximal 22 km breite Insel beginnt in **Rønne** und folgt der in Küstennähe verlaufenden Straßen 159 und 158 zunächst nach Norden und später im Uhrzeigersinn rund um die Insel.
5 km nördlich Rønne zweigen wir von der Straße 159, die nach Hasle und weiter nach Allinge führt, ostwärts ab und gelangen nach 3 km nach **Nyker.** ●

Nordöstlich von **Nyker** liegt an der Straße nach Klemensker die **Ny Rundkirche.** Bemerkenswert ist, daß ihr runder Kirchenraum ohne die bei den anderen Rundkirchen üblichen, äußeren Strebepfeiler erbaut ist. Auch die Rundkirche von Ny war ursprünglich als Wehrkirche konzipiert. Später ersetzte man dort den Wehrgang aber durch das jetzige Spitzkegeldach.
Im Inneren sieht man **Fresken** aus dem 13. Jh. Die Motive an dem tragenden Mittelpfeiler stellen Szenen aus der Leidensgeschichte Christi dar. Im benachbarten „Waffenhaus" sieht man Fragmente eines Runensteines und eine Pesttafel aus der Zeit der Epidemien von 1618 und 1654.

sehenswerte Rundkirche bei Nyker *

Auf einem kleinen Umweg zurück zur Hauptstraße 159 passiert man an der Kreuzung Simlegårdsvej/Haslevej den **Brogårdsten** (Brückenhofstein). Dieser 2 Tonnen schwere und über zwei Meter hohe Runenstein gilt als der mächtigste seiner Art, der in Dänemark gefunden wurde. Ursprünglich stand er weiter östlich in der Gemeinde Rø. Die in ein verschlungenes Schriftband eingemeißelten Runen bedeuten: „Svenning ließ diesen Stein nach seinem Vater Toste und nach seinem Bruder Avlak und nach seiner Mutter und nach seiner Schwester errichten".

mächtiger Runenstein

Küste und Hinterland südlich von Hasle weisen große Waldgebiete mit schön gelegenen Seen (ausgediente Lehmgruben) und einen **Sandstrand** auf.

Hasle wird zwar zu den ältesten Gemeinden auf Bornholm gezählt, stand in seiner Entwicklung allerdings immer im Schatten der nahen Hafenstadt Rønne. Mitte des 17. Jh. taten sich die Bürger von Hasle durch ihren Widerstand gegen die Schweden hervor, mit Erfolg. Bornholm kam wieder zum dänischen Königreich. Ein Gedenkstein auf dem Marktplatz erinnert an den Aufstand.

Die gepflasterte Rådhusgade führt vom Marktplatz hinauf zur bescheidenen Gemeindekirche. Im Inneren ist ein schön gearbeiteter, dreiteiliger Flügelaltar aus dem frühen 16. Jh. zu sehen. Die bemerkenswerten spätgotischen Schnitzarbeiten werden einem norddeutschen Meister zugeschrieben und stellen Passionsszenen dar. Südlich der Kirche steht der Runenstein „Marevadstenen".

Hasle war früher berühmt für seinen gehaltvollen Kümmelschnaps. Und in einem alten bornholmschen Spruch heißt es: „Vor Schnäpsen, Schulden und Haslebewohnern soll man sich wahren".

Räucherhering, eine köstliche Spezialität auf Bornholm

Ganz typisch für Bornholm ist Räucherfisch. In vielen der Hafenstädtchen sieht man noch die markanten hohen Schornsteine der Fischräuchereien, so auch in Hasle. Der dortigen Räucherei ist ein **Räuchereimuseum** angeschlossen. Auf Bornholm wird der Fisch in aller Regel noch nach der althergebrachten Methode über Erlenholz geräuchert. Nur der Rauch dieses Holzes soll dem Fisch – man räuchert u.a. Hering, Dorsch, Makrelen, aber auch Krabben oder Wildlachs aus der Ostsee – die schöne goldene Farbe und den unvergleichlichen Geschmack verleihen, kurz, den Fisch in „Bornholmer Gold" verwandeln.

Praktische Hinweise

☎ **Hasle Turistbureau**, Havnegade 1, 3790 Hasle, Tel. 56 96 44 81, Fax 56 96 41 06.

Hasle
Feste, Folklore

❖ Feste, Folklore: **Sildefest**, großes, buntes Hafenfest in Hasle mit vielen Heringsspezialitäten, zweites Wochenende im Juli.

Hotels

⌂ Hotels: **Hotel Herold**, 18 Zi., Vestergade 65, Tel. 56 96 40 24, Restaurant. **Pension Svalhøj**, 5 Zi., Simblegårdvej 28, Tel. 56 96 40 18.

Jugendherberge

Jugendherberge: **Danhostel Hasle Vandrerhjem** **, Fælledvej 28, 3790 Hasle, Tel. 56 96 41 75; 1. April – 31. Okt.; 100 Betten, 24 Zimmer.

Camping

▲ – **Hasle Familiecamping** ***, Tel. 56 96 42 02; 1. Mai – 30. Sept.; im südl. Ortsbereich, ca. 11 km nördl. Rønne; ebene Wiese durch Bäume und Büsche unterteilt; ca. 3,5 ha – 130 Stpl.; Standardausstattung; zum Meer ca. 500 m.

schöne Küstenklippen und Spazierweg entlang der Steilküste

Der weitere Verlauf unserer Route führt nordwärts, vorbei an den kleinen idyllischen Fischerdörfern **Helligpeder** und **Teglkås**. Kurz darauf zweigen wir meerwärts ab, fahren bis zum Parkplatz am Hotel Jons Kapel und gehen den kurzen Weg zu den steilen **Küstenklippen Jons Kapel**. Durch eine enge Felsspalte führen 108 Stu-

fen steil hinunter an den mit Fels-
brocken übersäten Strand. Der 22
m hohe, freistehende Felsen wird
„Predigtstuhl" oder „Kapellen-
felsen" genannt. Angeblich soll hier
– einer alten Sage zufolge – der
Mönch Jon gepredigt haben. Ge-
wohnt hat der fromme Mann in einer der Grotten an der Steilküste.

Bei schönem Wetter bietet es sich
an, den knapp 3 km langen Spazierweg oberhalb der Steilküste bis
zum **Fischerhafen Vang** zu folgen.
Schöne Küstenszenerie und Blick
bis Schweden. Vang, mit seinem
unter Denkmalschutz stehenden
Fachwerk-Mühlengebäude, liegt
nur 6 km nördlich von Hasle.

Camping bei Vang
▲ – Lynholt Familie Camping ***, Tel.
56 48 05 74; 1. Jan. – 31. Dez.; 4 km
südl. Sandvig; ausgedehntes Wiesengelände in einem Waldgebiet neben
dem Tierpark; ca. 7 ha – 200 Stpl.; gute
Standardausstattung;   Laden;
Schwimmbad, Fahrradverleih; 14
Miethütten; zum Meer ca. 500 m.

*die Klippen Jons
Kapel*

Nur wenige Kilometer weiter, 12 km nördlich von Hasle, erhebt sich
auf einem 74 m hohen Felsplateau an der Nordwestküste Bornholms die Festungsruine **Hammershus**, Dänemarks größte Burgruine. Wann genau Hammershus entstand ist nicht überliefert. Sehr
wahrscheinlich ließ der Erzbischof von Lund die Festung im 12. Jh.
errichten.

*mächtige Festung
Hammershus **

Auch im Königreich Dänemark teilten sich damals – noch lange vor
der Reformation – Kirche und Krone in der Beherrschung irdischer
Güter. So auch auf Bornholm. Der Erzbischof war Herr über drei
Viertel der Insel. Der Krone gehörte der klägliche Rest. Zank und
Hader zwischen den Kirchenherren und dem König blieben nicht
aus. Und mit der Festung Hammershus wollte der Erzbischof von
Lund seine Vormachtstellung auf Bornholm wohl eindeutig doku-
mentieren und festigen.
Ausgangs des 13. Jh. war Hammershus die Fluchtburg all derer, die
nach dem Mord an König Erik Klipping als geächtet galten. Später
wurde die Festung von Königstruppen belagert und erstürmt, aber
Mitte des 14. Jh. wieder den Bischöfen übergeben, die Hammershus
dann bis 1522 besaßen.
1522 eroberte König Christian II. die Burg, die fortan im Besitz welt-
licher Herren blieb.

*BURG
HAMMERSHUS*

1 Brücke und
  Brückenhaus
2 Haupttor
3 Magazin
4 Kreuz
5 östliche Vor-
  burg
6 nördliche Vor-
  burg
7 Schloßhof
8 Burg Innenhof
9 Kirchenflügel
10 Wohnflügel
11 Mantelturm
12 Küchen
13 Backhaus
14 Haus des
  Kommandanten
15 Brauerei
16 Wassertor
17 Meertor
18 Stallungen und
  Scheunen
19 südliche Vor-
  burg

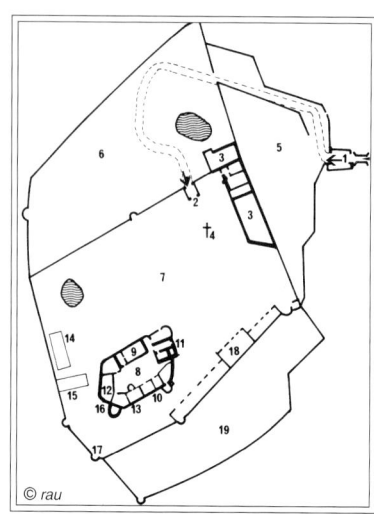

© rau

Ab 1524 war Hammershus fünfzig Jahre lang im Besitz der Lübecker Hanse, die die Festung im Interesse ihres Ostseehandels mächtig ausbauten. Nach der Hansezeit verfiel die gewaltige Anlage zusehends.

1743 schließlich verließ der letzte Burgherr, der Kommandant von Bornholm, die Festung. Die trutzige Burg war modernen Kriegsmaschinen, sprich Kanonen, nicht mehr gewachsen. Niemand auf Bornholm scheute sich fortan, sich von den verhaßten Mauern ausgiebig mit Bausteinen zu versorgen. In den Augen der meisten Bornholmer war Hammershus damals der Inbegriff für Unterdrückung und Gewalt, der ungeliebte Ort, der stets die steuereintreibenden Herren beherbergte. Mit Steinen von der Burganlage wurde die Festung auf Christiansø und die Hauptwache in Rønne zum großen Teil erbaut. Seit 1822 steht die Festung nun unter Denkmalschutz.

Der älteste Teil des riesigen, 35.000 qm großen Ruinenareals mit einer 750 m langen Ringmauer, ist der fünfstöckige **Mantelturm**. Um ihn rankt sich die melodramatische Geschichte der waghalsigen Flucht der Prinzessin Leonora Christina und ihres Gatten Corfitz Ulfeldt. Leonora Christina, die Tochter König Christians IV., und ihr Mann waren im Mantelturm eingekerkert. In der stürmischen, kalten Nacht des 14. März 1661 versuchten die beiden die Flucht durch das 13 m hoch gelegene Kerkerfenster. Die 40jährige schleppte ihren siechen Mann bis nach Sandvig. Dort wurden die beiden allerdings erkannt und verraten und wieder in den Mantelturm geschafft. Eine seltsam geformte Klippe unterhalb der Festung wird Lovehovederne (Löwenköpfe) genannt. Unterhalb der Burgfelsen gibt es einige Grotten, die aber nur von der Meerseite her per Boot zugänglich sind. Bootsfahrten dorthin werden vom Hammerhafen aus durchgeführt.

**Wander-
möglichkeiten**

In den Waldgebieten **Slotslyngen** südlich der Festung Hammershus und in den ausgedehnten Heidegebieten **Hammerknuden** nördlich davon, sind markierte **Wanderwege** und zahlreiche Parkplätze angelegt.

Sehr schön ist der **Weg zum Opalsee**, der sich in einem unter Denkmalschutz stehenden Steinbruch gebildet hat. Ganz in der Nähe liegt der größere **Hammer Sø**, der größte See auf Bornholm. Ihn wollte Zar Peter der Große angeblich in einen Kriegshafen verwandeln lassen. Romantischer liegt der kleine Krystalsøen unterhalb des Leuchtturms Hammer Fyr. Man kann vom Leuchtturm nordwestwärts weitergehen. Der Weg folgt

die Burgruine Hammershus bei Sandvig

der Küste entlang einem alten Rettungsweg, führt an der Ruine der alten Fischerkapelle **Salomons Kapel** und der in ihrer Nähe sprudelnden, angeblich wundertätigen Salomonsquelle vorbei zum **Hammerodde Leuchtturm** am nördlichsten Punkt Bornholms. Von dort gelangt man auf einem asphaltierten Gehweg ins etwa 1 km entfernte Sandvig.

Sandvig-Allinge, die beiden zusammengebauten Nachbarstädtchen, sind idyllische Ferienorte mit puppenstubenähnlichen Straßenzügen und Häuserzeilen in den Ortskernen. Die niederen, roten oder ockergelben Fachwerkhäuschen mit ihren roten Ziegeldächern, die lauschigen, gepflasterten Innenhöfe mit blühenden Stockrosen an den Mauern, die engen Gäßchen und Straßen bieten dem Auge einen Hauch von heiler Welt – auch wenn hinter den denkmalgeschützten Fachwerkfassaden kräftig und gar nicht mehr so romantisch das Geschäft des Tourismus betrieben wird.

Sandvig - hübsche Straßenzüge und schöner Strand

Sandvig hat einen schönen Badestrand und ein großes Schwimmbad.

Fast genau zwischen beiden Orten liegt in Küstennähe das alte Schulhaus. Ihm gegenüber findet man die flache **Klippe Madsebakke** mit bronzezeitlichen Felszeichnungen. Die Motive stellen Schiffe, Sonnenräder und Fußspuren dar.

Felszeichnungen *

Allinge Hotels

Hammersø, 50 Zi., Hammershusvej, in Sandvig, Tel. 56 48 03 64, Fax 56 48 10 90, geöffnet 1.5. – 1.10., in einem Waldgebiet am See gelegen, Restaurant, Schwimmbad.

Nordland, 24 Zi., Strandpromenade 5, Tel. 56 48 03 01, Fax 56 48 22 01; hübsches Haus direkt am Hafen von Sandvig gelegen, Zimmer teils mit Meerblick, Restaurant, Gartenlokal.

Romantik, 50 Zi., Strandvejen 68, Tel. 56 48 03 44, Fax 56 48 06 44, Haus direkt an der Felsküste, Restaurant mit Blick aufs Meer.

Sandvig, 42 Zi., Strandvej 99, Tel. 56 48 03 13.

Strandhotellet, Tel. 56 48 03 14, Fax 56 48 02 09; an der Küste in Sandvig, naher Sandstrand, in einem schön restaurierten Gebäude aus dem 19. Jh.; Restaurant.

Und zahlreiche weitere Hotels, Pensionen und Gasthöfe der mittleren bis gehobenen Preisklasse in **Sandvig, Sandkås** und **Tejn**.

Jugendherberge

Jugendherberge: **Danhostel Sandvig Vandrerhjem *****, in Sandvig, Hammershusvej 94; Tel. 56 48 03 62; 1. April – 31. Oktober; 120 Betten, 25 Zimmer.

Camping

▲ – **Sandvig Familiecamping *****, Tel. 56 48 04 47; 15. Mai – 15. Sept.; am nördl. Ortsrand von Sandvig; teils ebene Wiese mit Baumgruppen, teils Heidehügel mit Felsen, in schöner Lage, teils Blick aufs Meer; ca. 5 ha – 200 Stpl. + Dau.; Standardausstattung; Einkaufsmöglichkeiten ganz in der Nähe; zum Meer ca. 200 m; zum beheizten Meerwasserschwimmbad ca. 200 m.

– **Sandkås Camping *****, Tel. 56 48 04 41; 15. Mai – 15. Sept.; bei Sandkås, ca. 2 km südl. Allinge an der Straße 158 nach Gudhjem; zum Meer hin geneigte Wiesen; ca. 3 ha – 140 Stpl.; gute Standardausstattung; Fahrradverleih; zum Meer ca. 500 m durch ein Wäldchen. – Und andere Campingplätze.

Bootsausflug zu den „Erbseninseln"

Im Sommer verkehren ab Allinge Ausflugsbooten zur **Insel Christinsø**. Näheres darüber finden Sie unter Gudhjem weiter unten.

Der ganze Küstenstrich zwischen Sandvig und südlich des Fischereihafens Tejn ist das Feriengebiet auf Bornholm schlechthin. Hier machte die Insel auch ihre ersten Schritte auf dem Gebiet des Tourismus. Vom Anfang unseres Jahrhunderts bis zum ersten Weltkrieg galt diese Ecke Bornholms als Geheimtip in den Kreisen des wohlhabenden Bürgertums aus Kopenhagen und Norddeutschland.

Strand bei Sandkås

Einen schönen **Sandstrand**, eingebettet in weit ins Meer vorspringende Felsriegel, findet man in Sandkås.

Bornholms höchste Rundkirche *

Knapp 3 km landeinwärts liegt bei **Olsker** Bornholms höchste **Rundkirche** mit mächtigen Granitmauern. Sie stammt ca. aus der Mitte des 12. Jh. Unterhalb der kegelförmigen Turmhaube erkennt man die Schießöffnungen des Verteidigungsstockwerkes. Olskirke war ja, wie die anderen Rundkirchen auch, als Wehrkirche angelegt.

Bornholms berühmte 22 m hohe Klippe *

Knapp 4 km südöstlich von **Tejn** lohnt sich ein Abstecher zu den **Helligdomsklippen**. Die 22 m hohe, freistehende Klippe an der Steilküste galt früher als heiliger Ort und war ein viel besuchtes Wallfahrtsziel. Das Wasser einer in der Nähe entspringenden Quelle galt als heilbringend. Daß diese Küstenregion schon sehr früh besiedelt war und als Kultstätte diente, beweisen Monolithe und

*die Ols-Rundkir-
che bei Olsker*

Steinkreise, die nördlich der Klippen bei Stammershalde zu sehen
sind.

Im Juli 1993 wurde von Königin Margrethe II. von Dänemark per-
sönlich an den Helligdomsklippen nahe Rø **Bornholms Kunstmu-**
seum eingeweiht. In dem modernen Museumskomplex in Meeresnähe wird eine umfangreiche Sammlung von Kunst und Kunsthandwerk präsentiert, die bis dahin in Rønne untergebracht war. Im Mittelpunkt stehen Malereien und Skulpturen aus der sog. Bornholmer
Schule. Zudem gibt es Abteilungen für Textilien, Keramik oder Glas.

Bornholms
Kunstmuseum *
1. 4. - 31. 10. tgl.
10 - 17 Uhr, Winter
Di., Do., So. 13 -
17 Uhr.

GUDHJEM, das alte Fischer- und Ostseehandelsstädtchen, liegt
sehr malerisch an dem recht abschüssigen Küstenhang. Ungewohnt
steil sind die Straßen, die zum Hafen hinabführen. Im Sommer ist
der Besucherstrom oft so stark, daß man sich dazu entschließen
mußte, die Autolawine im Einbahnverkehr durch den Ort zu leiten.
Und Radfahrer sind übrigens dazu angehalten, ihr Rad auf der Hauptstraße zu schieben! Zahlreiche Fischräuchereien. Schöner Blick auf
den Ort von der Brücke der Umgehungsstraße aus.
Dort in der Nähe der Straßenbrücke sieht man eine von Dänemarks
größten **Windmühlen**. Anders als im übrigen Dänemark war es in
Bornholm nicht notwendig, zum Betreiben einer Mühle mit einem
besonderen Mühlenprivileg ausgestattet zu sein. Jeder der die Mittel dazu hatte, konnte eine Mühle bauen und betreiben. Auf Bornholm sind noch einige alte Windmühlen unterschiedlicher Bauart
erhalten. Vor allem findet man Bockmühlen und holländische Mühlen, wie die bei Gudhjem. Übrigens, jedes Jahr am 16. Juni, dem
nationalen Mühlentag, sind alle Mühlen geöffnet.

Aber man sieht nicht nur historische Windmühlen, sondern auch moderne Windräder, die zur Erzeugung von Strom verbreitet genutzt werden. Wie es heißt, sollen im Jahre 2000 10% des gesamten auf Bornholm verbrauchten

typisch, Kamine der Heringsräuchereien in Gudhjem

Stroms von Windrädern erzeugt werden.

Im Sommer werden ab Gudhjem **Bootstouren** zu den Küstenklippen Helligdomsklipperne angeboten.

Sehr schön ist der Weg vom Hafen entlang der Felsküste südwärts bis zum Strand und Badeort **Melsted**. Den Spaziergang oder die Fahrt nach Melsted sollte man mit einem Besuch im **Bauernhof Melstedgård** verbinden. Der schöne, alte Hof im Melstedvej 25 steht unter Denkmalschutz, dient als Landwirtschafts- und Bauernmuseum und wird noch heute in harter Knochenarbeit wie vor 100 Jahren betrieben. Man kann zuschauen, wie Flachs oder Wolle gesponnen wird, Pferde am Ziehbrunnen im Hof getränkt werden oder wie Speisen und Getränke nach alten Bauernrezepten hergestellt werden. Das Bauernhaus, ein strohgedeckter, eingeschossiger Fachwerkbau ist mit Originalgegenständen im Stil des frühen 19. Jh. eingerichtet. In den Wirtschaftsgebäuden und Scheunen sieht man landwirtschaftliches Gerät und Ausstellungen über das bäuerliche Leben auf Bornholm von etwa 1700 bis in unsere Tage.

Gudhjem
Feste, Folklore, Märkte

Hotels

Praktische Hinweise

☎ **Gudhjem Turistbureau,** Åbogade 9, 3760 Gudhjem, Tel. 56 48 52 10, Fax 56 48 52 74.

❖ Feste, Folklore, Märkte: **Gudhjem Havnefest,** großes Hafenfest mit Volkstanz und Jahrmarkt, Mitte Juli.

🏠 Hotels: **Casa Blanca,** 31 Zi., Kirkevej 10, Tel. 56 48 50 20, Fax 56 48 50 81, Restaurant, Schwimmbad.
Jantzens, 18 Zi., Brøddegade 33, Tel. 56 48 50 17, Fax 56 48 57 15, geöffnet 1. 4. – 15. Sept.; kleines, zentral gelegenes Stadthotel, Restaurant.
Pension Klippen, 17 Zi., Grevens Dal 50, Tel. 56 48 54 15, geöffnet 1.4. – Ende Okt., Restaurant.
Melsted Badehotel, 24 Zi., Melstedvej 27, Tel. 56 48 51 00, 56 48 55 84, Restaurant.

Stammershalle, 35 Zi., Sdr. Strandvej 128, Tel. 56 48 42 10, geöffnet Mitte Mai bis Ende Sept., Sauna, Schwimmbad.

Gudhjem
Hotels

Therns, 30 Zi., Brøddegade 31, Tel. 56 48 50 99, Fax 56 48 56 35, ganzjährig geöffnet, Restaurant. – Und andere Hotels.

Jugendherberge: **Danhostel Gudhjem Vandrerhjem** ***, Løkkegade 7, 3760 Gudhjem, Tel. 56 48 50 35; 1. Jan. – 31. Dez.; 170 Betten. Fahrradverleih.

Jugendherberge

▲ – **Sletten Camping** **, Tel. 56 48 50 71; 15. Mai – 15. Sept.; südöstl. von Gudhjem, Zufahrt von der Umgehungsstraße beschildert; große Wiesenmulde, bis an die Felsküste reichend; ca. 1,5 ha – 120 Stpl.; einfache Standardausstattung.

Camping

– **Strandlunden Camping** ***, Tel. 56 48 52 45; 15. Mai – 15. Sept.; 1 km südl. Gudhjem; schräge Wiesen mit Baumbestand in bewaldeter Umgebung, am Meer mit teils sandigem, teils steinigem Strand; ca. 3,5 ha – 100 Stpl.; Standardausstattung.

– **Sannes Familiencamping** ****, Tel. 56 48 52 11; 1. März – 31. Okt., südlich von Gudhjem; Wiesen und Geländestufen in schöner Lage über dem Meer, ca. 1,5 ha – 80 Stpl.; gute Standardausstattung; Laden; Schwimmbad; Fahrradverleih, 12 Miethütten.

AUSFLUG ZU DEN „ERBSENINSELN"

Schiffsabfahrten ab Gudhjem: Mai – Sept. bis zu drei Abfahrten täglich.

Ausflug zur Insel Christiansø.

Schiffsabfahrten ab Allinge: Ende Mai – Mitte September täglich außer Sonntag 13 Uhr.

Schiffsabfahrten ab Svaneke: Ganzjährig werktags um 10 Uhr.

Fahrtdauer jeweils eine Stunde. Rückfahrt gewöhnlich drei Stunden nach Ankunft.

Christiansø, ca. 700 m lang und 450 m breit, ist das größte Eiland der Inselgruppe **Erteholmene** (Erbseninseln), dem östlichsten Hoheitsgebiet Dänemarks. Außer Christiansø gehören noch **Frederiksø**, die unbewohnte Vogelinsel **Græsholmen** und eine Reihe von Felsklippen zur Inselgruppe. Die Erteholmene liegen 7 km nordöstlich von Bornholm.

Insel Christiansø

Christiansø war durch seine weit vorgeschobene Lage in der Ostsee lange ein strategisch wichtiger Punkt. Das erkannte auch König Christian V. und ließ um 1650 unter Federführung seines norwegischen Obersten Anthon Coucheron auf der Insel eine Festung anlegen, die im nordischen Krieg und später im Krieg mit England eine wichtige dänische Operationsbasis darstellte.

Ältester Teil der Anlage ist der runde, mit drei Meter dicken Mauern versehene Store Tårn oder Große Turm. Im Oktober 1808 tauchten die Engländer mit 8 Kriegsschiffen vor Christiansø auf und zerstörten die Festung erheblich. 1855 schließlich wurde das Militärkommando abgezogen. Eine Zeit lang war Christiansø Dänemarks „Teufelsinsel", auf der zu lebenslanger Haft Verurteilte ein recht düsteres Dasein fristeten. Heute ist Christiansø – wenn die tägliche Touristenschar wieder abgereist ist – ein friedliches, ruhiges Fleckchen Erde, wo die alten Kasernen als Wohn- und Ferienhäuser, die Waffenschmiede als Kirche und das ehemalige Staatsgefängnis öffentlichen Zwecken dient und die Staatsgewalt vom Herr Leuchtturmwärter repräsentiert wird. Christiansø – es leben kaum mehr als 100 Einwohner ständig auf der Insel, ist ein beliebter Aufenthaltsort von Malern.

Die Erbseninseln werden in aller Regel nur auf Tagesausflügen besucht, da die Übernachtungsmöglichkeiten äußerst beschränkt sind. Es gibt lediglich ein kleines Gasthaus und einen sehr einfachen Zeltplatz.

Bornholms größte Rundkirche **

Ab Gudhjem machen wir einen kleinen Umweg landeinwärts zur **Østerlars-Kirche** oder Laurentiuskirche aus dem 12. Jh. Sie ist mit 18 m Durchmesser die größte Kirche ihrer Art und wirkt durch die mächtigen äußeren Stützmauern sehr trutzig und wehrhaft. Die Decke des kreisrunden Kirchenraumes wird von einem 4 m dicken, hohlen Mittelpfeiler getragen, der die Taufkapelle aufnimmt. Der Pfeiler ist mit Fresken biblischer Szenen geschmückt. Runensteine aus dem 11. Jh. sieht man außerhalb der Kirche. Freistehender Glockenturm mit Fachwerkspitze.

In der Nähe von Østerlars kann man seit kurzem **Bornholms Mittelalterzentrum** besichtigen. Der Besucher kann sich anhand von Ausstellungen und durch die Aktivitäten kostümierter Interpreten in den mittelalterlichen Alltag der Bornholmer Landbevölkerung zurückversetzt fühlen.

➜ **Route:** Weiterreise von Østerlars über **Østermarie** nach Svaneke, ca. 13 km, oder von Østerlars zur Küste bei **Saltuna**, vorbei an der Klippenpartie **Randkløve Skåret** und über **Bølshavn** und **Listed** nach **Svaneke**. ●

markante alte Windmühle

Svaneke liegt an der Nordostecke Bornholms. Schon von weitem erkennt man die markante alte Bockmühle oberhalb der Stadt, die älteste **Windmühle** in ganz Dänemark. Die ganz in der Nähe aufragende Bake ist kein Seezeichen, wie man sie an der Westküste Jütlands z.B. häufig antrifft, sondern ein geschickt „getarnter" Wasserturm.

prämiertes Hafenstädtchen *

Svaneke, dieses hübsche kleine Hafenstädtchen mit etwa 1.200 Einwohnern, wurde für die Erhaltung seiner malerischen Straßenzüge und seines einheitlichen alten Stadtbildes schon verschiedentlich ausgezeichnet.

Svaneke Feste, Folklore, Märkte

Praktische Hinweise

📞 **Svaneke Turistbureau**, Storegade 24, 3740 Svaneke, Tel. 56 49 63 50, Fax 56 49 70 10.

❖ Feste, Folklore, Märkte: Im Sommer jeden Samstag **Wochenmarkt** von 9 bis 12 Uhr.
Kildefest am Sct. Hans Tag, Johannisfeuer zur Mittsommernacht am 23. Juni.
Sommerfest Svaneke, meist zweites Wochenende im Juli.

Hotels

🛏 Hotels: **Siemsens Gaard**, 50 Zi., Havnebryggen 9, Tel. 56 49 61 49, Fax 56 49 61 03, geöffnet 1.5. – 1. 10.; in einem restaurierten alten Kaufmannshof aus dem 17 Jh., am Hafen, Freiterrasse, Hotelgarten, Restaurant, Sauna, Parkplatz.

der Hafen in Gudhjem, Ausgangspunkt für Bootstouren zu den „Erbseninseln"

Pension Solgården, 18 Zi., Skolebakken 5, Tel. 56 49 64 37, Fax 56 49 65 37, geöffnet 15. 6. – 15. 8., Restaurant.

Østersøen, 75 Zi., 21 Appartements, Havnebryggen 5, Tel. 56 49 60 20, Fax 56 49 72 79, Schwimmbad. – Und andere Hotels.

Jugendherberge: **Danhostel Svaneke Vandrerhjem ****,** Reberbanevej 6, 3740 Svaneke, Tel. 56 49 62 42, 1. April – Mitte Okt.; 152 Betten, 40 Zi., Fahrradverleih.

Jugendherberge

▲ – **Hullehavn Camping ***,** Tel. 56 49 63 63; 15. Mai – 15. Sept.; an der Straße 158 nach Nexø, naturbelassenes Gelände in einem Wäldchen am Meer; ca. 2 ha – 100 Stpl.; Standardausstattung.
– **Møllebakken Familiecamping ***,** Tel. 56 49 64 62; Ende Apr. – 15. Sept.; nordwestl. Svaneke bei der Windmühle, einfacher Übernachtungsplatz zwischen Straße und einem Wäldchen; ca. 0,7 ha – 40 Stpl.; Standardausstattung.

Camping

Etwa 9 km südwestlich von Svaneke erstreckt sich das **Naturschutzgebiet Paradisbakkerne.** In diesem zerklüfteten Felsgebiet mit aus der Eiszeit übriggebliebenen Findlingen, Seen, Felsspalten, Heideflächen und Waldgebieten sind zahlreiche markierte Wanderwege angelegt. Ausgangspunkt für Wanderungen ist entweder der Hof „Paradisgård" am Nordrand oder „Lisegård" am Südrand. Die Wegmarkierungen signalisieren auch die Länge der Wanderungen: Kreis = eine Stunde, Viereck = zwei Stunden, Dreieck = vier Stunden. Eine kleine Attraktion im Naturschutzgebiet Paradisbakkerne ist der fast 30 Tonnen schwere Findling **Rokkestenen** der von Hand bewegt werden kann, trotz seines enormen Gewichts.

Wandern im Naturschutzgebiet

Auf dem Weg von Svaneke nach Paradisbakkerne kann man über **Brændesgårdshaven** fahren, ein beliebter Freizeitpark für Kinder mit großem Spielplatz, Klettergerüsten einem Wasserland mit

Freizeitpark für Kinder

Rutschbahn, Minigolf, See mit Ruderbooten, großer Park mit Rehen, Wildschweinen, Affen, Vögeln u.a. Der Freizeitpark liegt rund 3 km südwestlich von Svaneke.

herrliche Sandstrände bei Nexø **

Die Ost- und vor allem die Südostküste Bornholms weist ganz phantastische, weiße **Sandstrände** auf.

Nexø, der wichtigste Ort an der Ostküste und mit annähernd 4.000 Einwohnern Bornholms zweitgrößte Stadt, wurde im zweiten Weltkrieg stark in Mitleidenschaft gezogen. Viele der alten Häuser waren 1945 zerstört. Heute ist Nexø ein großer Fischereihafen mit Konserven- und Filetierfabriken. Außergewöhnliche touristische Höhepunkte bietet das Städtchen nicht.

In der Ferskesøstræde 36 kann man das Elternhaus des Dichters Martin Andersen besuchen. Andersen ist Autor des weit über Dänemark hinaus bekannten Romans „Pelle, der Eroberer", der 1987 unter der Regie des dänischen Regisseurs Bille August verfilmt wurde und 1989 mit einem Oscar und dem Golden Globe ausgezeichnet wurde.

Nexø
Hotels bei Nexø und Nähe Dueodde Strand

Jugendherberge

Camping

Praktische Hinweise

☎ **Nexø-Dueodde Turistbureau**, Åsen 4, 3730 Nexø, Tel. 56 49 32 00, Fax 56 49 43 10.

🏠 Hotels: **Balka Strand**, 37 Zi., Boulevarden 9 A, Tel. 56 49 49 49, Fax 56 49 49 48, zeitgemäßes Ferienhotel, Restaurant, Sauna, Schwimmbad, Sport- u. Freizeiteinrichtungen, Fahrradverleih, Autovermietung; in Strandnähe.
Balka Søbad, 106 Zi., Vester Strandvej 25, Balka, Tel. 56 49 22 25, Fax 56 49 22 33, Restaurant, Sauna, Schwimmbad, in Strandnähe.
Bornholm, 49 Zi., Pilegårdsvejen 1, Tel. 56 48 83 83, Fax 56 48 85 37, Restaurant, Sauna, Schwimmbad, am Strand.
Dueodde Badehotel, 48 Zi., Sirenevej 2, in Dueodde, Tel. 56 48 86 49, Fax 56 48 89 59, Restaurant, Sauna. – Und andere Hotels.

Jugendherberge: **Dueodde Vandrerhjem og Camping**, Skrokkegårdsvejen 17, Dueodde, Tel. 56 48 81 19, 1. Apr. – Mitte Okt.; 162 Betten, 36 Zimmer, Gästeküche, Cafeteria, in einem Waldgelände in Strandnähe.

▲ – **Nexø Familiecamping *****, Tel. 56 49 27 21; 1. Mai – Ende Sept.; am nördl. Ortsrand; lange Wiese zwischen Straße und Meer; ca. 4 ha – 150 Stpl.; Standardausstattung, 15 Miethütten.

Bornholms „Traumstrand" ***

Weiter südlich liegen die Badeorte **Balka** und **Snogebæk** mit Dünen und flachen, breiten Sandstränden. Ganz besonders beliebt sind die naturgeschützten Dünen und weiten, feinen, blendendweißen **Strandgebiete von Dueodde** an der Südostecke Bornholms. Der Sand bei Dueodde ist so fein, daß er früher bevorzugt in Sanduhren verwendet wurde. Der moderne, schlanke Leuchtturm von Dueodde ist Besuchern zugänglich.

Camping zwischen Snogebæk und Dueodde

▲ – **Snogebæk**
– **FDM-Camping Balka Strand *****, Tel. 56 48 80 74; Ende Apr. – Mitte Sept.; bei km 29,8 Abzweig zum Meer; fast ebenes Gras- und Sandgelände im lich

Kirche bei Tirstrup, Jütland

idyllische Häuserzeile in, Bornholm

SCHWABEN

REISEMOBILE · BUSINESSFAHRZEUGE ·

spiri

Im Freilichtmuseum von Odense, Fünen

Schloß Rosenholm

Rundkirche von Olsker, Bornholm

die Sanddünen von Dueodde, feinster, weißer Sand so weit das Auge reicht

ten Kiefernwald; ca. 3 ha – 200 Stpl.; gute Standardausstattung; 5 Miethütten; zum Strand ca. 100 m.

Dueodde
– **Bornholms Familie Camping** ***, Tel. 56 48 81 50; 1. Mai – 15. Sept.; Mischwaldgelände, teils etwas beengte Stellplätze, ruhige Lage; ca. 6 ha – 190 Stpl.; Standardausstattung; Fahrradverleih; am Sandstrand.
– **Dueodde Vandrerhjems Camping** ***, Tel. 56 48 81 19; Anf. Apr. – 30. Sept.; Abzweig 2 km nördl. Dueodde; relativ kleiner Platz auf Sandgelände im Kiefernwald, ruhige Lage; ca. 1,5 ha – 120 Stpl.; Standardausstattung; über eine Düne zum Sandstrand. *Jugendherberge.*
– **Møllers Dueodde Camping** ***, Tel. 56 48 81 49; 15. Mai – Mitte Sept.; an der Straße zum Dueoddestrand; naturbelassenes Mischwaldgelände, relativ ruhig gelegen; ca. 4 ha – 200 Stpl.; Standardausstattung; Tennis, Fahrradverleih; 20 Miethütten; zum Sandstrand ca. 500 m.

→ **Route:** Von Dueodde zurück zur Hauptstraße und westlich von **Pedersker** Abzweig landeinwärts nach **Åkirkeby.** ●

ÅKIRKEBY, die frühere Hauptstadt Bornholms, leitet ihren Namen ab von „*Å kirke*" (Flußkirche) und „*by*" (Stadt). 1346 bekam der Ort Stadt- und Handelsrechte, wurde später Sitz des einflußreichen Kirchenrates und war bis 1776 Gerichtsstadt. Åkirkeby hatte seinen Hafen an der Südküste, der zu Beginn des 18. Jh. allerdings zu versanden begann. Von da an übernahm Rønne mehr und mehr die Rolle als Bornholms Hauptstadt.

Bornholms alte Hauptstadt

Anfangs des 16. Jh. zerstörten Truppen der Lübecker Hanse Åkirkeby. 1535 lehnten sich die Bauern der Gegend gegen die Lübecker auf, aber ohne Erfolg. Zu Anfang und in der Mitte des 17. Jh. wütete die

die historische
Kirche von
Åkirkeby

Pest verheerend in der Stadt, die 1648 auch noch von einer Feuersbrunst zur Hälfte zerstört wurde. Aber wenn auch Åkirkeby Hauptort der Insel war, die Gerichtsbarkeit besaß und Sitz des Kirchenrates war, die Bevölkerung lebte offenbar mehr als bescheiden. 1787 z.B. schreibt ein Chronist, daß jeder zehnte Bürger vom Betteln lebt und noch 1808 vermerkt der Stadtvogt Jespersen: „Die meisten haben Hütten, nicht Häuser".

Noch mächtiger als heute muß damals der trutzige, doppeltürmige Bau der **Å-Kirche** aus dem 12. Jh. gewirkt haben. Sie war die Hauptkirche Bornholms im Mittelalter und gehörte zum Dom in Lund. In ihrer Nähe wurde jeden Samstag vor Sankt Hans das Landesthing abgehalten.

Die Kirche erfuhr verschiedentlich Umbauten. Dennoch ist der ursprünglich romanische Stil voll erhalten geblieben. Zuletzt führte man 1874 eine durchgreifende Restaurierung durch, der u.a. der freistehende Glockenturm zum Opfer fiel. Seitdem hängen die Kirchenglocken im doppelgiebligen Wehrturm. Die älteste Glocke stammt aus dem Jahre 1584.

Im Inneren der Johannes dem Täufer geweihten Kirche ist das **Altarbild** bemerkenswert. Es stammt aus dem frühen 17. Jh. und wurde von Jacob Kremberg aus Lund im Stil der Hochrenaissance geschnitzt. Das Bild oben in der Mitte zeigt den Kirchenpatron Johannes den Täufer, darüber das Wappen König Christian IV. Die Figuren am Altartisch symbolisieren die acht Tugenden: Stärke (gebrochene Säule), Klugheit (Schlange, Spiegel), Gerechtigkeit (Schwert, Waage), Mäßigkeit (Kanne, Becher), Liebe (Mutter, Kind), Hoffnung (Taube, Anker), Glaube (Kreuz, Kelch) und Friede (Palmzweig, Lamm).

Besondere Beachtung verdient der in Sandstein gehauene **Taufstein** (12. Jh.) aus Gotland. Rundum schmücken ihn elf Szenen aus dem Leben Jesu, die durch Runeninschriften erklärt werden. Das erste Motiv, gegenüber der Nordwand, stellt die „Verkündigung" mit dem Engel Gabriel und Maria dar. Daneben „Elisabeth und Maria". Dann „Maria und das Kind", weiter die „drei Könige" und „Jesus nimmt die Gaben an". Die beiden nächsten Reliefs zeigen die „abreisenden drei Könige", daneben die „Vision der drei Könige", weiter „die Ergreifung Jesu" und „Geiselung", dann „Jesus wird gebunden" und abgeführt und schließlich die „Kreuzigung".

Der Sockel des runden Beckens ist mit einem Löwen-, einem Widder- und einem Menschenkopf versehen.

Schließlich sind noch zwei alte Grabsteine in der Eingangshalle zu erwähnen. Sie stammen aus dem 16. Jh. und wurden für die beiden Frauen des damals auf Bornholm und Hammershus kommandierenden Lübeckers Sweder Ketting gesetzt. Außerdem gibt es zwei Runensteine zu sehen.

Wer sich mehr für Technik interessiert, kann im **Automobilmuseum** von Åkirkeby vorbeischauen. Dort sind historische Autos, Motorräder und Mopeds ausgestellt.

idyllisch und einladend, riedgedecktes Ferienhaus

Praktische Hinweise

☎ **Sydbornholms Turistbureau,** Torvet 2, 3720 Åkirkeby, Tel. 56 97 45 20, Fax 56 97 58 90. Internet: http://www.sydborn.dk

❖ Feste, Folklore, Märkte: **Blomsterfest,** Blumenfest, eines der farbenprächtigsten und schönsten Feste in Bornholm, Mitte Juli.

Åkirkeby
Hotels

🏠 Hotels: **Dams på Bakken,** 29 Zi., Haregade 14, Tel. 56 97 46 66, Fax 56 97 35 66, Restaurant.
Det gamle Mejeri, 12 Zi., Pedersker Hovegade 43, Tel. 56 97 81 31, Fax 56 97 72 12, Restaurant.
Strandhotel Boderne, 17 Zi., 10 Appartements, Boderne 1, Tel. 56 97 49 33, Fax 56 97 49 00, Restaurant, Sauna. – Und andere Hotels.

Jugendherberge: **Danhostel Boderne Vandrerhjem,** Bodernevej 28, in Boderne südlich von Åkirkeby, Tel. 56 97 49 50; 1. April – 31. Oktober, 75 Betten, 20 Zimmer.

Jugendherberge

Camping

▲ – **Åkirkeby Camping** ***, Tel. 56 97 55 51; 15. Mai – 15. Sept.; am südl. Ortsrand; kleiner, waldbegrenzter Wiesenplatz, recht ruhig gelegen; ca. 1,5 ha – 70 Stpl.; gute Standardausstattung; 7 Miethütten.

Ab Åkirkeby sollte man noch ein Stück landeinwärts fahren. Schon nach 6 km ist man mitten in Dänemarks drittgrößtem **Waldgebiet** „Almindingen". Das etwa 2400 ha umfassende Areal ist ein ideales Wandergebiet mit markierten Wegen, idyllisch gelegenen Seen, abwechslungsreicher Landschaft und artenreicher Vegetation.

Wandern im landschaftlich schönen „Almindingen" *

*die Rundkirche
von Nylars*

**Bornholms
höchster „Berg"**

Ganz in der Nähe der Weggabelung Rønne – Årsballe – Svaneke liegt ein Waldparkplatz. Er ist ein günstiger Ausgangspunkt für Wanderungen. Beliebte Wanderziele sind der 162 m hohe „**Rytterknægten**", Bornholms höchster Punkt, dann das romantische **Ekkodalen**, weiter die Ruinenreste **Lille Borg** in der Nähe des lauschigen Borgesø (nahe der Straße nach Rønne) und schließlich die Wallanlage **Gamleborg**.

Den nur noch kurzen Rückweg bis Rønne sollte man über **Vestermarie** und **Nylars** führen. Die **Rundkirche von Nylars** ist vor allem wegen ihrer **Fresken** sehenswert. Die Kalkmalereien entstanden im Jahre 1250 und werden zu den besterhaltenen auf Bornholm gezählt. Durch den Wehrgang und die Schießöffnungen im dritten, obersten Stockwerk ist der Wehrcharakter der Kirche noch recht gut zu erkennen.

☑ *Mein Tip!* Lassen Sie auf Bornholm mal das Auto beim Hotel oder auf dem Campingplatz stehen und erkunden Sie die Insel per Bus. Das geht dank des guten Streckennetzes sehr einfach und ist recht erholsam.

Noch empfehlenswerter ist es aber, **Bornholm per Rad** kennenzulernen. Man kann überall Räder ausleihen und die ausgezeichnet angelegten und markierten Radwege lassen das Radeln zum Spaß werden. Fahrradverleihs gibt es in fast jedem Ort. Außerdem verleihen viele Hotels und Campingplätze Fahrräder. Siehe auch weiter oben unter „Bornholm per Fahrrad".

PRAKTISCHE UND NÜTZLICHE INFORMATIONEN VON A BIS Z

ANSCHRIFTEN

Fremdenverkehrsämter

Dänisches Fremdenverkehrsamt, Postfach 10 13 29, 20008 Hamburg; Glockengießerwall 2, 20095 Hamburg, Tel. 0 40/32 02 10, Fax 0 40/32 02 11 11. E-mail: Daninfo@t-online.de

Büro Berlin: Friedrichstraße 180, 10117 Berlin, Tel. 0 30/54 37 67 33, Fax 0 30/54 37 67 34.

Weitere Touristeninformationsbüros sind in den Routenbeschreibungen der einzelnen Länder unter den jeweiligen Orten aufgeführt.

Internet

Informationen über die **skandinavischen Länder** finden Sie, in deutscher Sprache, unter: *http://www.skandinavien.de*

Über **Dänemark** unter: *http://www.dt.dk*

Über **Kopenhagen** unter: *http://www.woco.dk*

Über **Bornholm** unter: *http://www.bornholminfo.dk*

Konsularische Vertretungen

Königlich Dänische Botschaft, Pfälzer Str. 14, 53111 Bonn, Tel. 02 28/72 99 10, Fax 02 28/729 91 31.

Botschaft der Bundesrepublik Deutschland, Stockholmsgade 57, DK-2100 Kopenhagen, Tel. 00 45-35 26 16 22, Fax 00 45-35 26 71 05.

Automobilclubs

FDM – Forende Danske Motorejere, Firskovvej 32, DK-2800 Langby, Tel. 00 45-45 93 17 08.

Busunternehmen

Deutsche Touring GmbH, Am Römerhof 17, 60486 Frankfurt/Main, Tel. 0 69/7 90 30.

Schiffahrtslinien

Bornholm Ferries, Bornholmstrafikken – Fährhafen Saßnitz, 18546 Saßnitz-Mukran, Tel. 038 392/3 52 26, Fax 038 392/ 3 52 21. E-mail: info@bornholmferries.dk

Color Line GmbH, Norwegenkai, 24143 Kiel-Gaarden, Tel. 04 31/7 30 00, Fax 04 31/7 30 04 00.

DFO Deutsche Fährgesellschaft Ostsee GmbH, Fährcenter Rostock, Tel. 01 80/534 34 45, Fax 01 80/534 34 46. Internet: http://www.dfo.de

Stena Line, Schwedenkai 1, 24103 Kiel, Tel. 04 31/90 99, Fax 04 31/90 92 00. Internet: http://www.stenaline.de

Jugendherbergen

Deutsches Jugendherbergswerk, Bismarckstr. 8, 32756 Detmold, Tel. 0 52 31/74 01 36, Fax 0 52 31/74 01 67.

Kanusport

DK – *Århus Amt, Stenvey 23*, DK-8270 Højbjerg, Tel. 00 45 - 89 44 66 66, für Informationen über Kanuwandertouren auf der Gudenå, Dänemarks längstem Fluß.

CAMPING

Kaum ein anderes Land in Europa bietet seinen Gästen ein so dichtes Netz an gut ausgebauten Campingplätzen wie Dänemark. Gut 530 Anlagen, klassifiziert mit ein bis fünf Sternen, verteilen sich auf das Inselreich. Man muß nirgends lange nach einem Campingplatz suchen. Hat man dann noch den offiziellen Campingführer von Dänemark „Camping Danmark" zur Hand, kann man rasch seine Wahl treffen. Dänemark bietet Plätze für jeden Geschmack, vom Komfortplatz mit Sauna, erstklassigen Sanitäranlagen, Schwimmbad oder Tennisplatz bis zum naturnahen und ruhigen Platz. Auch das gibt es zur Genüge. Nur eines darf man in Dänemark nicht: „Wild" campen. Auch das Übernachten im Auto, Wohnmobil, Zelt oder Caravan auf Park- und Rastplätzen ist nicht erlaubt.

Viele dänische Campingplätze setzen Maßstäbe, sei es im Sanitärbereich, im Bereich des Freizeitangebots oder bei Einrichtungen für die kleinen Gäste. Warmwasser in den Waschbecken, die fast immer durch Sichtblenden voneinander abgeschirmt sind (ein Detail, das nur auf dänischen Plätzen so häufig zu finden ist), gehört ebenso zur Standardausrüstung, wie Warmduschen oder Geschirr- und Wäschewaschbecken mit Warmwasser und Waschmaschinen. Kaum ein Platz, der nicht mit einem Aufenthalts- oder Fernsehraum aufwartet. Für Kinder steht fast immer ein Spielplatz zur Verfügung. Häufig wurden richtige Abenteuerspielplätze errichtet, mit Trampolins, Indianerforts, Spielhütten und großen Klettergerüsten.

Auch für das leibliche Wohl wird gesorgt. Einen Lebensmittelladen, auf großen Plätzen nicht selten einen richtiggehenden Supermarkt, bietet fast jede Campinganlage. Und obendrein gibt es häufig Kochgelegenheiten, ein Restaurant oder eine Imbißtheke.

Natürlich hält jeder Campingplatz gegen Gebühr Stromanschlüsse für Caravans bereit. Und sollten Sie einmal keine Lust haben, Ihr Zelt aufzuschlagen, dann suchen Sie sich einfach einen Platz aus, der auch Campinghütten oder Mietcaravans anbietet.

Ein besonderer Service wird gerade in Dänemark Müttern mit Kleinkindern geboten. Sehr viele Plätze haben spezielle Babywickelräume eingerichtet mit Wickeltisch, Waschgelegenheit und nicht selten gleich mit eigener Kinderdusche.

Den Damen steht gelegentlich eine weitere Einrichtung zur Verfügung – der Frisierraum, mit großen Spiegeln und Trockenhaube oder zumindest Steckdosen für den eigenen Föhn.

Ganz besonders zu erwähnen sind die Bemühungen vieler dänischer Campingplatzhalter, die Platzeinrichtungen, hier besonders die Sanitäranlagen, auch körperbehinderten Feriengästen zugänglich zu machen. Immer mehr Plätze bieten speziell für Rollstuhlfahrer konzipierte Sanitärräume an.

Übrigens, auf Verständigungsprobleme werden Sie in Dänemark nicht stoßen, man versteht fast überall deutsch. Die Platzzufahrten sind gewöhnlich sehr gut beschildert. Etwa ein Viertel der dänischen Campinganlagen (ca. 120 Plätze) ist ganzjährig geöffnet, der überwiegende Rest steht zwischen dem 1. Mai und dem 1. September zur Verfügung. Allerdings muß auf vielen Plätzen ab Mitte August mit eingeschränktem Service gerechnet werden. Alle offiziellen dänischen Campingplätze verlangen zur Anmeldung die Vorlage des CCI (Camping Carnet International). Hat man kein CCI, kann man auf den dänischen Campingplätzen ein befristetes Carnet für Ausländer erwerben.

Campen außerhalb von Campingplätzen, auch nur zum einmaligen übernachten, ist auf öffentlichen Straßen und Parkplätzen und in Strandnähe nicht erlaubt.

Campinghütten

Wer nicht mit Zelt, Wohnwagen oder Wohnmobil durch Dänemark reist, oder auf einer Radtour abends ein festes Dach über dem Kopf vorzieht, dennoch aber nicht in Hotels oder Gasthäusern übernachten will, findet auf fast jedem Campingplatz in Dänemark sog. **Campinghütten**. Sie sind sehr verbreitet und bieten eine recht komfortable, wenn auch rustikale, aber relativ preiswerte Übernachtungsmöglichkeit. Vor allem auf einer Rad- oder Motorradtour werden Sie bei Schlechtwetterperioden eine gemütliche Hütte schätzen lernen.

Die aus Holz, oft in Blockhausmanier errichteten Häuschen bieten Platz für zwei bis sechs Personen. Sie sind in aller Regel recht zweckmäßig eingerichtet. Die Ausstattung, bei der fast immer reichlich Holz verwendet wird, reicht von der spartanischen Version mit Tisch, Stuhl und Bett bis zum komfortabel ausgestatteten und stilvoll möblierten Ferienhäuschen mit Dusche und WC, Heizung, Kochgelegenheit mit Kühlschrank und Wohnecke. Oft ist eine kleine überdachte Veranda vorgebaut. Bettwäsche ist mitzubringen, kann aber gelegentlich auch geliehen werden. Saubermachen muß man selbst und auch für des eigene leibliche Wohl muß man selbst sorgen. Einfachere Campinghütten haben keine eigenen Sanitäreinrichtungen, man bedient sich dann der Einrichtungen des Campingplatzes.

Auch Campinghütten sind in offizielle Qualitätskategorien unterteilt, die durch Sternsymbole angezeigt werden. Eine Hütte mit einem Stern soll z.B. außer dem notwendigsten Mobiliar (Tisch, Bett) auch einen Stromanschluß haben und eine 3-Sterne-Hütte zusätzlich mit fließend Wasser, Dusche und WC, Kochgelegenheit, Bettwäsche und abgetrenntem Schlafraum ausgestattet sein.

Vor allem im Hauptreisemonat Juli sollten Hütten unbedingt vorbestellt, oder sehr früh am Tage angefahren werden, da in dieser Zeit die Nachfrage überaus groß ist!

HINWEISE ÜBER ANGABEN ZU CAMPINGPLÄTZEN

Bei den in diesem Reiseführer aufgelisteten Campingplätzen folgt dem **Platznamen** die **Telefonnummer**, die **Öffnungszeit** und die Lokalisierung oder **Zufahrt**. Bei der Beschaffenheit des **Geländes** wird die Form angegeben, die überwiegt, z.B. Wiesengelände. Die **Größe** des Platzgeländes wird in Hektar (ha), die Aufnahmekapazität in Stellplätzen (Stpl.), ggf. mit Belegung durch Dauercamper (Dau.), angegeben. Die Angabe **Miethütten** (evtl. mit Anzahl) deutet auf das Vorhandensein von mietbaren Campinghütten hin.

Es wird versucht, die Platzeinrichtungen, so wie sie beim Besuch vorgefunden wurden, in etwa zu charakterisieren, wobei Zustand und Pflege der Gebäude und Installationen auch von Bedeutung waren. Die Übergänge zwischen den drei als grobe Anhaltspunkte geschaffenen Kategorien sind fließend.

Mindestausstattung: Einfacher Platz mit bescheidenen, veralteten oder vernachlässigten Einrichtungen, die außer WC's, Kaltwasserwaschbecken und evtl. Duschen keine oder völlig unzeitgemäße Einrichtungen für Hygiene und Körperpflege aufweisen.

Standardausstattung, mit den Varianten *einfache* oder *gute Standardausstattung:* Der Durchschnittscampingplatz mit WC's, Kaltwasserwaschbecken und Duschkabinen in den Waschräumen, evtl. mit Warmwasser, Kochgelegenheit, Geschirrspül- und Wäschewaschbecken teils mit Warmwasser. Ordentlicher Gesamteindruck, einige Stromanschlüsse für Caravans.

Komfortausstattung, mit der Variante *gehobene Komfortausstattung:* Außer ausreichend WC's, Waschbecken mit Warmwasser und Warmduschen in zeitgemäßen, gepflegten Sanitäranlagen, werden auch Geschirr- und Wäschewaschbecken mit Warmwasser, Waschmaschine und Trockner, Küche und Aufenthaltsraum, Chemikalausgüsse für Campingtoiletten und Stromanschlüsse für Caravans in ausreichender Zahl erwartet. Das Terrain soll durch Wege erschlossen sein und im Gelände verteilte Müllbehälter und Wasserzapfstellen, sowie Restaurant oder Cafeteria, Einkaufsmöglichkeit und möglichst Freizeit- oder Sporteinrichtungen aufweisen.

EINREISEBESTIMMUNGEN

Einreise mit dem Auto

Private Kraftfahrzeuge können von Besuchern vorübergehend zollfrei eingeführt werden. Gültiger nationaler Führerschein und Kraftfahrzeugschein sind ausreichend. Die Internationale „Grüne Versicherungskarte" ist nicht zwingend vorgeschrieben, ihre Mitführung wird aber empfohlen. Das Nationalitätskennzeichen „D", „A", „CH" o.a. muß am Auto angebracht sein.

Haustiere

Hunde und Katzen dürfen nach Dänemark mitgebracht werden. Voraussetzung ist aber eine Impfung gegen Tollwut, die in einem tierärztlichen Zeugnis attestiert sein muß. Die Impfung muß mindestens 30 Tage und darf höchstens 12 Monate alt sein.

Persönliche Dokumente

Dank der „Nordischen Paßunion" zwischen

Dänemark, Norwegen, Schweden und Finnland gelten die Staatsgebiete der vier nordischen Staaten als einheitliches Paßgebiet. Zudem haben die fünf nordischen Länder (inkl. Island) Ende 1996 das Schengener Abkommen über Paßfreiheit und politische Zusammenarbeit unterzeichnet. Die EU-Mitglieder Dänemark, Schweden und Finnland sind Vollmitglieder des Abkommens. Zur Einreise in die skandinavischen Länder als Tourist benötigen Bürger aus der Bundesrepublik Deutschland, aus Österreich, der Schweiz und weiteren westeuropäischen Ländern lediglich einen gültigen Personalausweis oder Reisepaß. Für Kinder unter 16 Jahren wird ein Kinderausweis oder der Eintrag im Paß der Eltern verlangt. Ohne weitere Formalitäten ist der vorläufige Aufenthalt auf drei Monate beschränkt.

Zollbestimmungen (unvollständiger Auszug)

Persönliche Gegenstände und alle auf der Reise benötigten Artikel wie Sportgeräte können zollfrei eingeführt werden. Medikamente, die ausschließlich für den Gebrauch durch die Reisenden bestimmt sind, können mitgeführt werden. Über Medikamente (in Schweden Ration für max. fünf Tage), die Rausch- oder Betäubungsmittel enthalten, auf die der Reisende aber aus medizinischen Gründen nicht verzichten kann, ist eine ärztliche Bescheinigung mitzuführen, aus der eindeutig diese Notwendigkeit hervorgeht.

Freigrenzen für Reisende aus EG-Ländern: Im allgemeinen dürfen Lebensmittel, die für den persönlichen Verzehr der Reisenden bestimmt sein müssen, in kleinen Mengen zollfrei eingeführt werden. Für Reisende aus EG-Ländern gibt es außerdem folgende Freigrenzen: 1,5 l Spirituosen oder 3 l Wein (Reisende ab 18. J.), 300 Zigaretten oder 75 Zigarren oder 400 g Tabak; 750 g Kaffee, 150 g Tee, 75 g Parfüm. Andere Waren inkl. Bier bis zu einem Gegenwert von höchstens DKK 1.400.

Fahrzeuge ausländischer Touristen dürfen nicht an Einheimische verliehen werden.

ESSEN UND TRINKEN

Daß Dänemark ein ausgesprochenes Agrarland ist, wurde eingangs schon erwähnt. Was Wunder also, daß die ausgezeichneten landwirtschaftlichen Rohprodukte auch in Dänemarks Küche erfreuliche, sprich wohlschmeckende „Spuren" hinterlassen. Und daß das allseits von Meeren umgebene Inselreich mit seiner lebhaften Fischereiindustrie seinen Gastronomen unter dem Stichwort „Fischgericht" auf den Speisekarten eine lange Li-

ENTFERNUNGSÜBERSICHT

Aalborg												
111	**Århus**											
217	152	**Esbjerg**										
171	65	112	**Frederikshavn**									
135	64	215	194	**Grenå**								
425	328	320	489	390	**Helsingør**							
385	285	280	445	350	48	**Kopenhagen**						
244	147	140	305	208	190	146	**Odense**					
174	128	80	235	188	360	320	175	**Ringkøbing**				
410	311	306	474	375	203	165	174	345	**Rødbyhavn**			
105	212	320	40	235	528	487	345	278	515	**Skagen**		
90	155	185	140	185	422	380	240	125	407	170	**Thisted**	
170	72	87	233	136	255	215	75	105	240	275	166	**Vejle**

Beispiel: Rødbyhavn – Århus = 311 km

tanei ermöglicht, ist nicht verwunderlich. Auf einen Nenner gebracht: Die Chancen in Dänemark gut zu essen, sind gegeben. Wer allerdings lieber mehr von Gemüsen oder Salaten lebt, als von Fleisch und Fisch, wird sich etwas einschränken müssen. Grünzeug ist das Stiefkind in Dänemarks Küchen. Eine typische, echt dänische Spezialität gibt es eigentlich nicht. Nein, auch Smørrebrød, diese appetitlich belegten Butterbrote, sind keine ausschließlich dänische, sondern eher eine skandinavische Besonderheit. Aber etwas muß dänische Köche doch berühmt gemacht haben, so berühmt, daß einer ihrer Vertreter sogar als „Muppet" auf den Bildschirmen der ganzen Welt Stammgast war und in Amerika eine Gebäckart gar *Danish Pastry* heißt. In kaum einem anderen Land werden Schweinebraten, Hacksteak, Scholle und Dorsch, aber auch Aal so variantenreich zubereitet, wie auf den dänischen Inseln. Gerichte solcher Art findet man auf fast jeder Speisekarte, so daß man geneigt sein könnte, von typisch dänischen Gerichten zu reden. Von ausgezeichneter Qualität und eine Genuß sind frisch geräucherte Heringe. Auf Bornholm z.B. wird geräucherter Hering gerne kräftig und herzhaft mit Radieschen, Schnittlauch und grobem Meersalz garniert, mit Zwiebelringen, einem rohen Eigelb und mit einem Glas Bier und einem Aquavit serviert und ist dann als „Sonne über Gudhjem" bekannt. Große Tradition haben in Dänemark Salzheringe, die gekonnt angerichtet ein herrliches Gericht abgeben. Oder versuchen Sie, wenn Sie es auf der Karte finden, Kalbsragout mit neuen Kartoffeln, ein Gedicht. Und natürlich werden Sie irgendwann auch Dänemarks heißgeliebte *Frikadeller*, versuchen, mit Kartof-

feln, zerlassener Butter, Gewürzgurke, Roter Pete oder Rotkohl oder mit einem Spiegelei oben drauf. Übrigens, original dänische Frikadeller werden aus gehacktem Schweinefleisch und gehackten Kalb-

die dänische Küche, ein weiterer Grund für einen Dänemarkurlaub
Foto: Dänisches Fremdenverkehrsamt

fleisch, zu gleichen Teilen gemischt, zubereitet. Rindfleisch wird nicht verwendet. Wer etwas höhere Ansprüche stellt, findet aber genauso gut Krabben, Hummer oder andere Schalentiere, fein serviert mit einem Fläschchen Champagner.

Essen gehen, und noch dazu gut essen gehen, ist in allen skandinavischen Ländern eine recht teure Angelegenheit. Relativ preiswert kann man sich in Cafeterias, Snackbars, Selbstbedienungsrestaurants oder in den Restaurants der Warenhäuser verköstigen. In aller Regel gut und gepflegt, aber eben auch mit den entsprechend „gepflegten" Preisen, ißt man in Restaurants und Hotels.

Was in Dänemark alles aufs **Smørrebrød** gezaubert wird, ist auf dieser Seite nicht wiederzugeben. Und Smørrebrøds einfach als bescheidene Butterbrote zu bezeichnen, was der Übersetzung entspräche, ginge an der Wahrheit weit vorbei. Smørrebrøds sind kulinarische Kreationen, können Gedichte sein. Von Garnelen über Lachs, geräuchert oder mariniert, von Aal bis Hering in unglaublich raffinierten Variationen, von Roastbeef, Salami, Eiern, Käse bis Schinken, von Dillsträußchen, Meerrettich oder Pickles bis Gurkenscheiben, alles und noch viel mehr findet man zum Reinbeißen appetitlich angerichtet auf Smørrebrøds. In großen Städten gibt's eigens Geschäfte, die nur Smørrebrøds zum Mitnehmen verkaufen. Verschiedentlich findet man in Restaurants mittags wie abends ein Buffet, an dem man sich zu einem Pauschalpreis nach Herzenslust bedienen darf.

Besondere Erwähnung verdient an dieser Stelle der **Kro**, der dänische Landgasthof. Dort ist man wirklich in Dänemark. Viele der Gasthöfe haben lange Tradition und oft sind sie in netten alten Häusern untergebracht, die alleine schon das Einkehren lohnen. Natürlich wird man da nicht unbedingt jedesmal auf ein erstklassiges Geheimtip-Lokal stoßen. Aber in aller Regel ist man im Kro zum Essen und Trinken immer gut aufgehoben. Hier wird man am ehesten noch auf typisch dänische Kochkunst und lokale Spezialitäten stoßen.

Gefrühstückt wird in Dänemark (jedenfalls in Hotels) gewöhnlich zwischen 7.30 und 10 Uhr. Normalerweise besteht das Frühstück aus den gleichen Zutaten, die landläufig als kontinentales Frühstück bekannt sind, nämlich: Kaffee, Tee, verschiedene Brotarten, evtl. ein Gebäckstück, Konfitüre, Butter. Ein echt dänisches „Morgenmad" ist dagegen wesentlich reichhaltiger und zu dem schon Erwähnten mit Eierspeisen, Wurst, Käse und mehreren Gebäcksorten bereichert.

Das **Mittagessen**, auf dänisch „Lunch" und komischerweise auch „Frukost" (wer weiß, wie früh die Altvorderen im Norden schon zu Mittag aßen?) genannt, wird gewöhnlich zwischen 12 und 14 Uhr serviert. Für die Dänen ist das Mittagessen nicht die Hauptmahlzeit. Entsprechend sind die Mittagsgerichte in Restaurants eher Smørrebrød, kalte und kleine warme Gerichte und die beliebte „Platte", ein Büfett im kleinen, mit Fisch, Wurst, Buletten und Käse. Je nach Gütegrad des Lokals kann der schlichte Fisch zu Lachs, Räucheraal oder zu Garnelen werden, die Wurst zu Leberpastete, die Bulette zu Schweinefilet oder Entenbrust und der Käse zur dänischen Käseauswahl.

Das **Abendessen** nennen die Dänen „Middag". Middag ißt man zwischen 18 und 20 Uhr und das gerne und reichlich, schließlich ist es des Dänen Hauptmahlzeit. Nun sind die Speisekarten vollgeschrieben mit Suppen, Brühen, Cremes, mit Vorspeisen, Filets, Schweine-, Kalbs- oder Rindfleisch, gebraten, gegart, gedünstet, geschmort und am liebsten gehackt. Gehacktes Beefsteak mit Spiegelei und Zwiebeln nimmt man allerorten besonders gern. Natürlich gibt es auch Steaks, amerikanisch oder anders. Und Fisch fehlt auf keiner guten Speisekarte. Dänischer Käse ist bekannt ob seiner Qualität. Auch im Königreich zwischen Ost- und Nordsee schließt er den Magen.

Die Wahl unter den **Nachspeisen** wird einem zwischen Crepes, Eis, Kompott, Obst, roter Grütze mit Sahne, verschiedenen Beeren usw. usw. auch nicht eben leicht gemacht.

Ja, und was trinkt man? Zum kalten Büfett und zum Smørrebrød natürlich Bier und Aquavit oder einen kalten Klaren. Alles in Dänemark in bester Qualität, aber bestimmt nicht billig zu bekommen. Weine aus den großen europäischen Anbaugebieten stehen in der Gunst der Gäste weit hinter Bier und Aquavit. Dänemark ist das einzige der skandinavischen Länder, in dem **alkoholische Getränke** – nicht nur Wein und Bier, sondern auch hochprozentige – im Supermarkt zu haben sind. Die Preise allerdings sind ziemlich gesalzen. Unter den **nichtalkoholischen Getränken** nehmen neben Kaffee (weniger Tee), Fruchtsäften und Limonaden jeder Art, Milch und Milchgetränke einen breiten Raum ein. Uns haben es immer die nirgends so gut schmeckenden Frucht-Milchmixgetränke angetan. Man findet sie in jedem besseren Supermarkt bei den Molkereiprodukten. Im Sommer sind diese Getränke herrlich erfrischend und unterwegs ein guter Ersatz, wenn das Mittagessen mal ausfällt.

Selbstversorger haben in Dänemark nun wahrlich keine Probleme, etwas in ihre Töpfe zu bekommen. Überall finden sie ein ausgezeichnetes Angebot aller nur erdenklichen Lebensmittel in bester Qualität.

FREIZEITAKTIVITÄTEN

ANGELN

In allen Gewässern Dänemarks ist das Angeln nur mit dem dänischen Angelschein erlaubt. Er ist obligatorisch für Personen im Alter von 18 bis 67 Jahren. Man erhält den Angelschein gegen Entrichtung einer Gebühr (Tagesgebühr z.B. DKK 25,-) bei den Postämtern oder bei den Fremdenverkehrsbüros. Die besten Tips zu Küstenangeln, Molenangeln, Bootsangeln und Schleppen, Hochseeangeln sowie Angeln an Seen und Auen stehen in der Broschüre „Angeln in Dänemark", die vom Dänischen Fremdenverkehrsamt (siehe unter „Anschriften") herausgegeben wird. Dort ist auch alles über Schutzzonen und Schonzeiten zu lesen.

RADELN

Die vielen Fahrradwege (über 3.000 km ausgeschilderte Radwege) und die ungezählten Möglichkeiten, sich seinen Weg über kaum befahrene Nebenstraßen zu suchen, machen eine **Radtour durch Dänemark** zur Erholung. Aber nicht nur das, auch das überwiegend flache Terrain trägt dazu bei, daß ein Ausflug auf zwei Rädern nicht zur übermäßigen Anstrengung ausartet – auch wenn der Wind manchmal steif entgegen bläst.

Die Fremdenverkehrsämter vieler Orte im Seengebiet Jütlands und auf den Inseln geben Broschüren heraus, die viele schöne Radwanderwege beschreiben. So haben z. B. die vierzehn Landkreise gemeinsam zehn attraktive Fahrradrouten ausgearbeitet, die fast alle über ausgebaute Fahrradwege verlaufen. Die Touren führen an den Küsten Jütlands entlang (alleine hier stehen über 300 km Radwege zur Verfügung), oder umrunden Inseln wie Fünen, Falster und Lolland oder erschließen Seeland. Und auf Bornholm führt eine herrliche, bestens ausgeschilderte Radtour meist auf küstennahen Wegen 80 km rund um die Insel.

Selbst wenn Sie den eigenen Drahtesel nicht mitnehmen wollen, brauchen Sie auf einen Radausflug nicht zu verzichten. Einige Campingplätze und viele Verkehrsbüros geben Auskunft, wo Fahrräder zu mieten sind oder vermieten gar selbst. Bei Fahrradmieten wird eine Kaution verlangt und der Personalausweis muß vorgelegt werden.

Die örtlichen Touristen Informationsbüros halten in aller Regel recht gut ausgearbeitete Übersichtskarten mit Routenverlauf der Radwege, Sehenswürdigkeiten, Rastplätzen, Restaurants und Übernachtungsmöglichkeiten bereit. Zudem gibt es beim Dänischen Fremdenverkehrsamt die Broschüre „Radurlaub".

Es gibt aber auch fertig geplante und bestens ausgearbeitete Fahrrad-Pauschaltouren, inklusive Fahrrad, Packtaschen, detaillierten Routenbeschreibungen, Kartenmaterial und vorgebuchten Übernachtungen in Hotels, Jugendherbergen oder in einem Kro. Die Etappen sind nie länger als 50 bis 60 km und sind so angelegt, daß man pro Tag kaum mehr als 5 oder 6 Stunden fahren muß. Vorschlag einer Radtour siehe bei Silkeborg.

WANDERN

Wer in Dänemark gerne wandern möchte braucht nach Möglichkeiten nicht lange zu suchen. Im ganzen Land sind in vielen der „Plantagen" genannten Staatsforsten markierte Wege angelegt. Darüber gibt es die ausgezeichnete Broschüre „Wanderungen in den staatlichen Wäldern" mit detailgenauer Wanderkarte. Sie geben die Wegführung, Parkmöglichkeiten, Aussichtspunkte, Sehenswertes und die benötigte Gehzeit an. Außerdem wird alles erklärt, was es rechts und links des Weges zu sehen gibt. Man sollte in den Informationsbüros der örtlichen Verkehrsämter nach diesen Broschüren, die oft auch in deutscher Sprache erhältlich sind, Ausschau halten. Wandervorschläge durch Mitteljütland finden Sie in diesem Führer bei Silkeborg.

Schließlich sei nicht vergessen, daß man entlang den Stränden und vor allem an den kilometerlangen, breiten Sand- und Dünengestaden an der Westküste Jütlands stundenlang herrliche Strandspaziergänge unternehmen kann. Ein erholsames Vergnügen nicht nur bei schönem Wetter.

WASSERSPORT

Wassersportler haben in Dänemark ja nun wirklich die Qual der Wahl. **Windsurfer** finden nicht nur an den Gestaden der Nord- und Ostsee vorzügliche Bedingungen. Ein wahres Surfparadies sind vor allem auch die Seen des Limfjord-Gebietes im Nordwesten Jütlands und andere nur durch schmale Landzungen von der Nordsee getrennte, dadurch ruhige, aber keineswegs windstille Gewässer.

Ebenfalls in Jütland und zwar ziemlich genau in der Mitte der Halbinsel, liegt ein wahres Eldorado für Anfänger des **Kanusports** und des **Wasserwanderns**. Die Seen und das Flüßchen Gudenå dort sind wirklich ein Paradies für gemütliche Kanufahrten. Anregungen und Vorschläge dazu finden Sie in diesem Führer bei Silkeborg.

Baden im Meer, ob an der Ostsee- oder Nordseeküste, ist für viele der Hauptgrund, in Dänemark Urlaub zu machen. Die Voraussetzungen, zumindest von der Strandbeschaffenheit her, sind auch ausgezeichnet.

Von Rømø bis Skagen zieht sich an der Westküste Jütlands der Strand fast ununterbrochen hin. Bis zu 300 m breit, teils mit dem Auto befahrbar (was in der Ferienzeit leider viel zu häufig ausgenutzt wird), zieht er sich Kilometer um Kilometer hin. Dahinter erheben sich die hohen, mit Strandhafer bewachsenen und den Badenden Windschutz bietenden Dünengürtel. Besondere Erwähnung verdient noch der schneeweiße, feine Sandstrand von Dueodde an der Südostküste von Bornholm.

Natürlich gibt es auch an der Ostküste Jütlands und rund um die Inseln gute Strände und Bademöglichkeiten.

Bei aller Freude über die vielen Bademöglichkeiten sollte man nicht vergessen, daß vor allem die Nordsee ihre Tücken hat. Gezeitenwechsel, Meeresströmungen längs der Küsten, Unterströmungen, hoher Wellengang u.a. sollten wirklich nicht unterschätzt werden. Die Behörden warnen immer wieder davor, auf keinen Fall mit Luftmatratzen oder Gummibooten aufs Meer zu fahren oder mit Kleinbooten ohne Rettungswesten in See zu stechen. Übrigens sind Rettungseinsätze keineswegs in jedem Fall kostenlos. Man glaubt es kaum, denn die Wirklichkeit läßt das nicht vermuten, aber Nacktbaden ist in Dänemark keineswegs vom Gesetzgeber erlaubt. Es wird nur großzügig toleriert. Man erwartet aber auch vom Feriengast Rücksicht und die Respektierung eventueller Verbotsschilder.

Und niemals sollte man die **Waldbrandgefahr** unterschätzen, eine ständige Gefahr in allen waldreichen Gebieten! Offenes Feuer darf auf Wanderungen nur an den dafür vorgesehen Stellen entzündet werden. Bei sehr trockenem Wetter gilt ein allgemeines Verbot für offene Feuer. Nehmen Sie auf Wanderungen also einen Kocher mit.

GESETZLICHE FEIERTAGE

Neben kirchlichen Feiertagen wie Dreikönig, Karfreitag, Ostern, Christi Himmelfahrt, Pfingsten, Allerheiligen und Weihnachten, gelten folgende Feiertage, an denen Geschäfte, Banken und Büros meist geschlossen bleiben: 1. Januar – Neujahrstag, 5. Juni – Grundlovsdag (Verfassungstag).

HOTELS UND ANDERE UNTERKÜNFTE

In dem relativ kleinen Land Dänemark bieten rund 1.000 Hotelbetriebe, vom einfachen Garnihaus bis zur Luxusherberge, ihre Dienste an. Moderne Hotelhochbauten wird man (außer in der Hauptstadt vielleicht) vergeblich suchen. Man beläßt die Hotels gerne in ihren alten, traditionsreichen Häusern – oft genug sind diese restauriert und modernisiert.

Eine offizielle Einteilung der Hotels in Qualitätskategorien gibt es in Dänemark nicht. Einziger Gradmesser sind hier die Preise und ganz allgemein kann man schon davon ausgehen, daß ein hoher Preis auch ein komfortables Zimmer verheißt. Allerdings sind natürlich auch andere Faktoren wie Saisonzeit, Lage (Feriengebiet, Großstadt) und Service (Schwimmbad, Sauna, Fernseher im Zimmer, Bar, etc.) ausschlaggebend.

In den Übernachtungspreisen sind das Serviceentgelt und die Mehrwertsteuer (MOMS) enthalten, oft ist auch ein Frühstück eingeschlossen.

Wer's urig und gemütlich haben möchte, wird zum Übernachten gerne in Dänemarks Landgasthöfen den **Kroer** absteigen. Da in den meist kleinen Häusern nur wenig Zimmer vorhanden sind, empfiehlt sich, zumindest in der Hauptreisezeit Juli, eine rechtzeitige Reservierung.

Als Quartier für einen ganzen Sommerurlaub ist das **Ferienhaus** oder das Appartementhotel beliebt. Die meisten Ferienhäuser liegen natürlich in Strand- und Meeresnähe. Sie bieten Platz für bis zu sechs Personen und reichen in ihrer Bauweise und Ausstattung vom einfachen Blockhaus bis zur komfortablen Strandvilla

mit Kamin und Reetdach. Es versteht sich, daß sich die Preise nach Größe, Ausstattung und Lage des Ferienhauses richten. Aber unter 1.500 DKK pro Woche wird auch das einfachste Häuschen nicht zu haben sein.

Verzeichnisse der Hotels, Kros, Ferienhäuser und aller anderer Unterkunftsmöglichkeiten gibt es beim Dänischen Fremdenverkehrsamt.

Nicht nur Jugendlichen, auch älteren Semestern und Familien, ob zu Fuß, mit dem Fahrrad oder gar mit dem Auto unterwegs, bieten in Dänemark die **Jugendherbergen** (Ungdomsherberger) eine preiswerte Übernachtungsmöglichkeit. 95 gut eingerichtete und geleitete Häuser stehen zur Verfügung. Notwendig ist ein Jugendherbergsausweis, der in Deutschland beim Jugendherbergsverband in Detmold zu haben ist. Man kann aber auch noch in Dänemark eine Gästekarte kaufen.

Männer und Frauen schlafen in getrennten Unterkünften. Die Zeiten sind aber längst vorbei, in denen in riesigen Schlafsälen zwanzig, dreißig Leute nächtigten. Oft haben die Zimmer heute nur vier oder sechs Betten. Für Familien können in manchen Fällen (nach rechtzeitiger Reservierung) auch Familienzimmer zur Verfügung gestellt werden. Bettzeug muß mitgebracht (genehmigter JuHe-Leinenschlafsack), kann oft auch gemietet werden.

Viele Jugendherbergen bieten Frühstück und Mahlzeiten zu wirklich günstigen Preisen an. Man kann aber in der Gästeküche auch selbst kochen, muß aber dann Teller und Besteck mitbringen. Und daß man in der Jugendherberge selbst mithelfen muß, ist vielen sicher aus der Jugendzeit noch bekannt.

Wenn Sie eine Rundreise durch Dänemark auf Hotelbasis planen, sollten Sie sich vorher nach den diversen **Scheck- und Rabattsystemen** erkundigen. Das momentan am weitesten und in ganz Skandinavien verbreitete Schecksystem für ermäßigte Zimmerpreise stellen die Hotel-Schecks von *ProSkandinavia* dar. Dem

System sind z. Zt. mehr als 400 Hotels angeschlossen. Infos zu den detaillierten Konditionen der Hotelscheck-Systeme, die sich immer wieder etwas ändern, sowie Hotelverzeichnisse gibt es bei den Fremdenverkehrsämtern der skandinavischen Länder.

KLIMA UND DURCHSCHNITTS-TEMPERATUREN

Dänemark weist ein gemäßigtes ozeanisches Klima, mit oft rasch wechselnden Wetterlagen auf. Regenschauer sind auch im Sommer nichts ungewöhnliches. Lange, beständige Wetterperioden sind selten. Am ehesten kann in der Zeit zwischen Mai und Juni/Juli mit Schönwetterperioden gerechnet werden. Zumindest an den Küsten ständiger Wind. Im Sommer liegen die Durchschnittstemperaturen am Tage um 20 Grad, die Meerestemperatur bei 18 Grad. Der wärmste Monat ist gewöhnlich der Juli, der kälteste der Februar.

MEDIKAMENTE, ÄRZTLICHE VERSORGUNG

Wer unterwegs auf bestimmte Medikamente angewiesen ist, sollte sich diese von zu Hause mitbringen. Wichtig ist dabei aber, daß man dann tunlichst eine Bescheinigung des Arztes mitführt, die aussagt, daß man auf diese Medikamente aus medizinischen Gründen nicht verzichten kann. Eine solche Bescheinigung ist um so wichtiger, wenn die Medikamente Stoffe enthalten, die unter das Betäubungsmittelgesetz fallen.

Ganz allgemein kann festgestellt werden, daß der Medikamentenverkauf in den skandinavischen Ländern strenger geregelt ist als bei uns.

Obwohl zwischen der BRD und den skandinavischen Ländern Sozialversicherungsabkommen bestehen und in Dänemark darüber hinaus das E111-Formular der deutschen Krankenkassen akzeptiert wird, der Reisende dadurch im Krankheitsfall oder bei einem Unfall eine gewisse krankenversicherungstechnische Absiche-

Durchschnittstemperaturen im Sommerhalbjahr:				
Ort	Mai	Juni	Juli	August	Sept.
	°C	°C	°C	°C	°C
Aalborg	10,5	14	16,5	16	13
Esbjerg	10	13,5	16	16	14
Fredericia	11	14,5	16,5	16,5	13,5
Gedser	10	14,5	17,5	17	14
Kopenhagen	12	15,5	18	17	14
Langeland	11	15	17	17	14
Odense	11,5	15	17	16,5	13
Rønne	9,5	14	16,5	17	14
Skagen	10,5	14	16,5	16,5	13,5
Thisted	11	14	16,5	16	13

Wassertemperaturen			
Ort	Juni	Juli	August
	°C	°C	°C
Aalborg	15,5	18	17
Kopenhagen	14,5	17,5	17,5
Langeland	14	17	17

rung genießt, sollte man dennoch auf eine Auslandskrankenschutzversicherung nicht verzichten.

MINIWORTSCHATZ – KLEIN, ABER NÜTZLICH

☑ *Mein Tip!* Wenn Sie in Dänemark etwas in einer alphabetisch geordneten Auflistung suchen, z.B. im Telefonbuch, in einem Hotelverzeichnis o. ä. finden Sie Namen, Ortsnamen etc. die mit Å, Æ, Aa oder Ø beginnen immer am Ende des dänischen Alphabets. In diesem Reiseführer ist das nicht berücksichtigt, z.B. im Register.

Allgemeines

Auf Wiedersehen! – Favel!
Ausgang – Udgang
Auskunft – oplysning
Ausweis – legitimation
Baden verboten! – Badning forbudt!
Bitte sehr! – Værsgo!
Briefkasten – postkasse
Briefmarken – frimærker
Brieftasche – tegnebog
Danke sehr! – Mange tak!
Drücken! (Tür) – Tryk!
Eingang – Indgang
Entschuldigung! – Undskyld!
Freibad – friluftsbad
Gefahr – fare
Geld – penge
geöffnet – åben
geschlossen – lukket
Guten Abend! – God aften!
Guten Tag! – God dag!
Hallenbad – svømmehal
Haus – huset
Kirche – kirke
krank – syg
Krankenhaus- sygehus
Krankenwagen – ambulance
Liegestuhl – liggestol
Münzwäscherei – møndtvask
Name – navn
offen – åben
Postamt – posthuset
Postkarte – brevkort

Reinigung – renseri
Reisescheck – rejsecheck
schwarz – sort
Umgebung – omegn
Verbandszeug – forbindsager
Wald – skov
weiß – hvid
Wie bitte? – Hvad behager?
Wo ist ... – Hvor er ...
Wohnort – bopael
Zahnarzt – tandlæge
Zeitung – aviser
Ziehen! (Tür) – Træk!

Auf Reisen, Verkehr

Abfahrt – afgang
Ankunft – ankomst
Autobahn – motorvej
Autofähre – bilfærgen
Autoreisezug – biltog
Bahnhof – banegård
Baustelle – vejarbejde
Brücke – bro
Bus – rutebil, bus
Dorf – landsby
Dünen – klitter
Einbahnstraße – Ensrettet
Eisenbahn – Jernbane
Fähre – færge
Fahrkarte – billetter
Fahrplan – køreplan
Fahrrad – cykel
Fluß – å
Gut, Herrensitz – herregård
Haltestelle – stoppested
Hügel – bakke
Kurswagen – gennemgåendevogn
Leuchtturm – fyr
links – venstre
Meer – hav
Platzkarte – pladsbillet
rechts – højre
Richtung – retuing
Schaffner – konduktør
Schiff, Boot – båd
Schlafwagen – sovegogn
Schließfach – bagageboks
Schloß – slot
Stadt – by
Stadtteil – kvarter

Stadtzentrum – byens centrum
Steilküste – klint
Straße – gade, vej
Strömung – strøm
Sturmwarnung – stormvarsel
Turm – tårn
Umleitung – omkørsel
Umsteigen – skifte
Wald – skov
Zug – tog
Zu den Zügen – til togene
zurück – tilbage

Auto

Abschleppseil – slæbetov
Abschleppwagen – kranvog
Anlasser – starter
Auspuff – lydpotte
Auto – bil
Beleuchtung – belysning
Ersatzteil – reservedel
Führerschein – kørekort
Gaspedal – speeder
Keilriemen – kiledrivrem
Kupplung – kobling
Ölwechsel – skifte olie
Rad – hjul
Reifen – dæk
Scheibenwischer – vinduesvisker
Scheinwerfer – lygte
Schraubenzieher – skruetrækker
Sicherheitsgurt – sikkerhessele
Unfall – bilulykke
Vergaser – korburator
Wagenheber – donkraft
Warndreieck – advarselstrekant
Wohnwagen – campingvogn
Zündkerze – tændrør
Zündung – tænding

Hotel

Haben Sie ein Einzel-/Doppelzimmer? –
Har De et enkelt-/dobbeltværelse?
Nehmen Sie Kreditkarten? – Tager De
kreditkort?
Abendessen – middag
Bett – seng
Bettwäsche – sengtøj
Doppelzimmer – dobbeltværelse
Dusche – brusebad

Empfang – reception
Etage – sal
Frühstück – morgenmad
für eine Nacht – for en nat
Gasthaus – Kro
Hotelhalle – hotelvestibule
Mittagessen – frokost
Schlüssel – nøgle
Speisesaal – spisesalen
Steckdose – stikkontakte
Wasserhahn – vandhane
Zimmer – værelser
Zimmermädchen – stuepige

Restaurant/Einkauf

Aal – al
Apfel – æble
Aschenbecher – askebæger
Besteck – bestik
Bier – Øl
Birne – pære
Blaubeeren – blåbær
Blumenkohl – blomkål
Braten – steg
Bratkartoffeln – braskartoffler
Bückling – røget sild
Dorsch – torsk
Drogerie – materialhandel
Erbsen – ærter
Erdbeeren – jordbær
Fisch – fisk
Fischfilet – fiskefilet
Fischklößchen – fiskeboller
Fleisch – kød
Fräulein! – Frøken!
Frikadellen – kødboller
Geflügel – fjerkoe
Gemüse – grøntsager
Geschäft, Laden – førretning
Hähnchen – kylling
Hauptgang – hovedret
Heilbutt – helleflynder
Hering – sild
Herr Ober! – Tjener!
Himbeeren – hindbær
Huhn – høns
Kabeljau – kabiau
Kartoffeln – kartofler
Käse – ost
Kaufhaus – varehus

Kaufmann, Supermarkt – købmand
Krabben – rejer
Lachs – laks
Lebensmittel – levensmidler
Löffel – ske
Messer – kniv
Milch – moelk
Mineralwasser – mineralvand
Nachspeise – dessert
Obst – frugt
Rechnung – regning
Rinderbraten – oksesteg
Rosenkohl – rosenkål
Rote Grüze – rødgrød
Rührei – røræg
Sauerkraut – surkål
saure Heringe – marineret sild
Soda – dansk vand
Speisekarte – spisekort
Stockfisch – klipunsk
Tasse – kop
Trinkgeld – drikkepenge
Vorspeise – forret
Wasser – vand
Wasser – vand
Wein, rot, weiß – vin, rod-, hvid-
Wurst – pølse
Zwiebeln – løg
Ist dieser Platz frei? – Er denne plads fri?
Wir möchten bestellen. – Vi vil gerne bestille.
Wir möchten bezahlen. – Vi vil gerne betale.

Wochentage
Montag – mandag
Dienstag – tirsdag
Mittwoch – onsdag
Donnerstag – torsdag
Freitag – fredag
Samstag – lørdag
Sonntag – søndag

Zahlen
1 – en
2 – to
3 – tre
4 – fire
5 – fem
6 – seks
7 – syn
8 – otte
9 – ni
10 – ti
12 – tolv
11 – elleve
20 – tyve
21 – enogtyve
30 – tres
40 – fyrre
50 – halvtreds
60 – tredive
70 – halvfjerd
80 – firs
90 – halvfems
100 – hundrede

MIT DEM AUTO DURCH DÄNEMARK

Das dänische **Straßennetz**, ob Landstraßen oder Fernverbindungsstraßen, ob auf den Inseln oder auf Jütland kann nicht anders als vorzüglich bezeichnet werden. Selbst der kleinste Schleichweg ist geteert. Für Radfahrer ist häufig eine Fahrspur oder ein eigener Fahrweg vorgesehen. Die wenigen Autobahnstücke sind gebührenfrei. Auch die Straßen- und Verkehrsbeschilderung ist ausgezeichnet. Einschränkend muß hier allerdings gesagt werden, daß in ländlichen Gebieten Wegweiser mit Ortsnamen nur in Kniehöhe und ohne Vorwegweiser unmittelbar am Abzweig angebracht sind. Wenn dann noch das Gras oder das Getreide etwas hoch steht, sind sie vom Autofahrer leicht zu übersehen.

Im Sommer ist ein **Notrufdienst** für deutschsprachige Touristen eingerichtet: ADAC, c/o FDM-Huset, Firskovvej 32, DK-2800 Lyngby, Tel. 45 93 17 08.

Verkehrsregeln und Verkehrszeichen entsprechen den in Europa üblichen. Besondere Vorsicht und Rücksicht ist allerdings gegenüber Fußgängern und Radfahrern geboten. Vor allem beim Abbiegen nach rechts ist unbedingt auf geradeausfahrende Rad- oder Mopedfahrer zu achten! Fußgänger, die die Straße überqueren wollen, ob auf Zebrastreifen oder nicht, haben immer das Vorrecht (Achtung beim Rechtsabbiegen!). Weiße Dreiecke, sog. „Haifischzähne" auf der Fahrbahn bedeuten soviel wie „Achtung! Vorfahrt gewähren!".

Das **Abblendlicht** (Fahrlicht) muß **auch am Tage** eingeschaltet sein! Standlicht genügt nicht! Ein **Warndreieck** muß mitgeführt werden. Es gilt die **Anschnallpflicht** auf Vorder- und Rücksitzen. Spikes sind erlaubt zwischen 1.10. und 30. 4.

Motorradfahrer müssen einen Schutzhelm tragen und bei Fahrten am Tage das Abblendlicht einschalten. **Promillegrenze:** 0,8. Die Strafen bei Verstößen gegen Verkehrsregeln oder der Mißbrauch von Alkohol und/oder Medikamenten am Steuer sind empfindlich!

Bei Mißachtung des Park- und Halteverbots (Parkering/Standsning Forbudt) werden auch ausländische Besucher zur Kasse gebeten. Für einige Parkzonen (beschildert) ist die Parkscheibe vorgeschrieben. Ist Parken nur zu bestimmten Zeiten erlaubt, wird das durch schwarze oder rote Zahlen angegeben: Schwarz bedeutet montags bis freitags, in Klammern samstags; Rot bedeutet sonn- und feiertags. Für Parkuhren sind 1 Krone- oder 25 Öre-Münzen notwendig.

Uns fremd ist *Datostop/Datoparkering*. Es besagt, daß Halten/Parken an Tagen mit geradem Datum nur an der Straßenseite mit geraden Hausnummern, an ungeraden Daten nur vor ungeraden Hausnummern erlaubt ist.

Übrigens: Telefonieren mit dem **Handy im Auto** während der Fahrt, kann in Dänemark teuer werden. Wer erwischt wird, muß mit einem Bußgeld von umgerechnet DM 100,- rechnen.

Zulässige **Höchstgeschwindigkeiten:** Innerorts (ab Schild mit Ortssilhouette) 50 km/h, Abweichungen sind ausgeschildert. Pkw und Wohnmobile bis 3,5 t außerorts 80 km/h, auch auf Schnellstraßen; auf Autobahnen 110 km/h. Pkw mit Anhänger höchstens 70 km/h.

Wichtig für Caravan-Gespannfahrer: Anhänger hinter Pkw dürfen nicht länger als 12 m und nicht breiter als 2,5 m sein. Ist der Hänger mehr als 20 cm breiter als das Zugfahrzeug, sind vordere Begrenzungslichter am Anhänger vorgeschrieben.

Für **Radfahrer** ist in Dänemark eine besondere Regelung zu ihrem Schutze beim Linksabbiegen an Kreuzungen eingeführt worden. Um aus den gefahrenträchtigen Fahrbahnen der Autos soweit wie möglich herauszubleiben, ordnet man sich zum Linksabbiegen nicht links ein, sondern fährt an der rechten Straßenseite oder auf dem Radweg weiter bis zur gegenüberliegenden Ecke, wartet dort ab bis die Straße frei ist oder die Ampel Grün zeigt und überquert nun die Straße in der neuen Fahrtrichtung.

Kraftstoffpreise

Tankstellen aller gängigen Marken sind in einem dichten Netz über das ganze Land verteilt, außer an dänischen Autobahnen. Dort wird man vergeblich nach Tankstellen suchen.

Selbstbedienung an den Zapfsäulen ist üblich. Vielfach sind Automaten angebracht, die in Dänemark und Schweden nur 20 Kronen-Scheine akzeptieren, manchmal auch 100 Kronen-Scheine. Man sollte also immer einen entsprechenden Vorrat an solchen Banknoten bei sich haben, besonders nachts, wenn man auf die Tankautomaten angewiesen ist.

Die meisten Tankstellen akzeptieren Kreditkarten. Tankstellen sind gewöhnlich zwischen 7 und 21 Uhr geöffnet.

Preise pro Liter:
Normal bleifrei (95) DKK ca. 6,60
Super bleifrei (98) ca. DKK 6,45
Diesel ca. DKK 5,45

ÖFFNUNGSZEITEN

Geschäfte
Montag – Mittwoch 9 – 17.30 Uhr.
Donnerstag und Freitag 9 – 19/20 Uhr.
Samstag 9 – 13/14/ teils 21 Uhr.
Sonntag geschlossen, außer Bäckereien und viele Kioske.
Mittagspause teils zwischen 12 und 14 Uhr.
Auf Grund eines sehr liberalen Ladenschlußgesetztes können die Öffnungszeiten, vor allem im Sommer oder in Feriengebieten, stark variieren.

Banken
Montag – Freitag 9.30 – 16 Uhr.
Donnerstag bis 18 Uhr.

Postämter
Montag – Freitag 9/9.30 – 17 17.30 Uhr.
Samstag 10 – 12 Uhr (nur teilweise!). Kopenhagen, Hauptpostamt längere, tägliche Öffnungszeiten.

POST UND TELEFON

Porto in EG-Länder: Postkarte und Standardbrief bis 20 g DKK 3,75.

Telefonieren: Vollautomatisches Telefonnetz. In Dänemark gibt es Telefonnummern mit acht Ziffern. Die Ortsvorwahl ist in die Rufnummer integriert!
Selbstwählferngespräche sind auch von öffentlichen Fernsprechern möglich. Anfangs nur geringen Betrag einwerfen, da keine Münzrückgabe bei Nichtzustandekommen des Gesprächs. Allerdings muß auch erwähnt werden, daß eingeworfene Münzen bei Nichtzustandekommen eines Gesprächs zunächst als Guthaben gespeichert werden. Man kann also noch einmal wählen.

Notruf (Polizei, Ambulanz, Feuerwehr): **112**, gebührenfrei, von Telefonzellen aus ohne Münzeinwurf erreichbar!

Vorwahlen:
Für **Dänemark: 00 45** (danach achtstellige Rufnummer).
Für Deutschland: **00 49** (danach Ortsvorwahl ohne erste Null, dann Rufnummer).

Für Österreich: **00 43** (danach Ortsvorwahl ohne erste Null, dann Rufnummer).
Für die Schweiz: **00 41** (danach Ortsvorwahl ohne erste Null, dann Rufnummer).

Übrigens: Namen die mit **Æ, Å, Ä, Ø** oder **Ö** beginnen, finden Sie in dänischen Telefonbüchern **am Ende des Alphabets**!

REISEN IM LANDE

Per Flugzeug
Knoten- und Ausgangspunkt des innerdänischen Flugverkehrs ist der **Flughafen Kopenhagen-Kastrup**. Von dort werden im Inlandverkehr sternförmig folgende Städte angeflogen: Århus, Aalborg (ca. 8 mal täglich, Flugzeit 60 Minuten), Thisted/Hanstholm (ca. 2 mal täglich, 60 Minuten), Esbjerg (3 mal täglich, 60 Minuten), Billund/Jütland (Direktflüge ab Frankfurt, Wien und Zürich), Odense (4 mal täglich, 30 Minuten), Sønderborg (bis 5 mal täglich, 45 Minuten), Rønne (5 mal täglich, 40 Minuten). Querverbindungen, z.B. von Odense nach Ålborg, bestehen nicht.
Viele der Flugplätze sind so gelegen, daß sie zwei oder drei Städte als Flughafen dienen können. Zu den Flugplätzen gibt es Zubringerdienste.

Per Bahn und Bus
Ein dichtes Bahnnetz überzieht Jütland und die dänischen Inseln, so daß alle wichtigen Orte mit den schnellen und pünktlichen Zügen der Dänischen Staatsbahnen (DSB) und einigen Privatbahnen erreicht werden können. Das Streckennetz wird komplettiert und verdichtet durch ein gutes Angebot an Busverbindungen der DSB. Zwischen allen größeren Städten auf Jütland und Fünen und Kopenhagen verkehren Intercity-Schnellzüge im Stundenintervall. Besonders wichtige Strecken werden außerdem von sog. Blitzzügen (Lyntog) bedient. Zwingend vorgeschrieben sind Platzreservierungen für alle Züge über den Großen Belt (Korsør – Nyborg). Durch die kurzen Entfernungen im Lande sind die Bahnfahrzeiten nicht lange. Aufgrund dessen führen die Züge auch keine

Speise- oder Schlafwagen und nur auf den längsten Strecken Liege- oder Buffetwagen.

Fahrkarten – auch für anschließende Fährschiffe – gibt es auf den Bahnhöfen. Busfahrkarten kauft man im Bus direkt. Es gibt keine Rückfahrermäßigung auf Bahnfahrkarten.

SCANRAIL TICKET – Für unbegrenztes Reisen mit der Bahn in Dänemark, Norwegen, Schweden und Finnland haben die Bahngesellschaften der vier nordischen Länder das **ScanRail-Ticket** kreiert. Man erhält bis zu 50% Ermäßigung auf zahlreichen Fähr- und Busverbindungen in und zwischen den skandinavischen Ländern. Außerdem gibt's mit dem ScanRail-Ticket günstige Preise in den Scan Class Hotels, Top International Hotels und in den Gästehäusern. Die Tickets gibt es für die erste und für die zweite Klasse in unterschiedlichen Preiskategorien und Gültigkeitsdauern (z.B. 15 Tage oder 30 Tage) für Kinder, Jugendliche, Erwachsene und Senioren

Per Mietauto

In allen größeren Städten, auf den Flughäfen und wichtigen Bahnstationen können von international operierenden Firmen Autos gemietet werden. Mindestalter ist 25 Jahre. Manche Verleihfirmen setzen ein Mindestalter von 25 Jahren voraus. Benötigt werden Führerschein und Personalausweis. Bei Vertragsabschluß muß eine Anzahlung geleistet werden. Viele Firmen verlangen die Vorlage einer internationalen Kreditkarte.

Per Schiff

Natürlich sind nicht alle der 400 zu Dänemark gehörenden Inseln mit Autofähren zu erreichen. Zu den wichtigsten aber bestehen ganzjährig gute Verbindungen mit mehreren Abfahrten täglich.

Jütland – Seeland

Ebeltoft – Sjællands Odde, bis 30 mal täglich, 1 Std. 15 Min., Schnellfähre 45 Min..
Århus – Kalundborg, bis 12 mal täglich, 1 Std. 30 Min. bis 3 Std., je nach Abfahrt.

Jütland – andere Inseln

Frederikshavn – Læsø, bis 4 mal täglich, 1 Std. 30 Min.

Grenå – Anholt, bis 2 mal täglich, 2 Std. 45 Min.

Hov – Samsø, bis 10 mal täglich, 1 Std. 20 Min.

Snaptun – Endelave, bis 4 mal täglich, 1 Std. 10 Min.

Ærøsund – Årø, bis 16 mal täglich, 10 Minuten.

Ballabro – Hardeshøj/Als, bis 4 mal stündlich, 8 Minuten.

Esbjerg – Fanø, bis 2 mal stündlich, 12 Minuten.

Fünen – Seeland

Seit Juni 1998 steht dem Auto- und Zugverkehr zwischen Knudshoved (Fünen) und Halskov (Seeland) die neue **Storebæltbrücke**, eine imposante Brücken-Tunnel-Verbindung über den Großen Belt, zur Verfügung. Die Fahrzeit zwischen Fünen und Seeland wird dadurch erheblich verkürzt. Der Fährverkehr zwischen Nyborg/Knudshoved und Korsør/Halsskov auf Grund der neuen Straßenverbindung wird eingestellt.

Fünen – andere Inseln

Assens – Bagø, bis 6 mal täglich, 30 Minuten.

Bøjden – Fynshav/Als, bis 7 mal täglich, 50 Minuten.

Fåborg – Avernakø – Lyø, bis 8 mal täglich, 40 Minuten.

Fåborg – Søby/Ærø, bis 6 mal täglich, 1 Stunde.

Svendborg – Skarø – Drejø, bis 4 mal täglich, 1 Std. 30 Min.

Svendborg – Ærø, bis 6 mal täglich, 1 Std. 15. Min.

Seeland – andere Inseln

Kopenhagen – Rønne/Bornholm, bis 2 mal täglich, 7 Stunden.

Korsør – Lohals/Langeland, bis 5 mal täglich, 1 Std. 15 Min.

Halskov – Knudshoved, siehe Fünen – Seeland.

Kalundborg – Samsø, bis 3 mal tgl., 2 Std.

Rørvig – Hundested (Isefjord), bis 25 mal täglich, 25 Minuten.

Holbæk – Orø (Isefjord), bis 10 mal täglich, 30 Minuten.

Zwischen den wichtigsten anderen Inseln

Bandholm/Lolland – Askø, bis 9 mal täglich, 30 Minuten.

Kragenaes/Lolland – Femø, 6 mal täglich, 50 Minuten.

Kragenæs/Lolland – Fejø, stündlich, 15 Minuten.

Tars/Lolland – Spodsbjerg/Langeland, bis 34 mal täglich, 45 Minuten.

Rudkøbing/Langeland – Strynø, bis 9 mal täglich, 30 Minuten.

Rudkøbing/Langeland – Marstal/Ærø, bis 6 mal täglich, 1 Stunde.

Søby/Ærø – Mommark/Als, bis 6 mal täglich, 1 Stunde.

REISEZEIT

Als beste Zeit für eine Reise durch Dänemark ist wohl die Spanne zwischen Ende Mai und Anfang August geeignet. In aller Regel ist dann mit den sonnigsten und wärmsten Wetterabschnitten zu rechnen und alle touristischen Einrichtungen sind in Betrieb.

Eine Rundreise, weniger ein Badeaufenthalt, kann aber auch noch später, etwa bis Mitte Oktober mit Aussicht auf ansprechendes Reisewetter (wenn auch mit einigen Abstrichen) unternommen werden. Man sollte aber berücksichtigen, daß dann manche Campingplätze und andere touristische Einrichtungen wie z.B. Informationsbüros in kleineren Orten schon geschlossen sind oder nur noch einen eingeschränkten Service bieten. Außerdem macht sich im Herbst die nördliche Lage Dänemarks durch merklich kürzere Tage bemerkbar.

Wärmende, wind- und regenabweisende Kleidung sollten aber nie im Gepäck fehlen, weder im Sommerurlaub noch auf einer Reise in der Nebensaison.

VERANSTALTUNGEN

Mai – Anfang Mai in **Århus „Nordisches Musikfestival"** mit Uraufführungen dänischer und ausländischer Werke, Musiktheater etc.

– Pfingsten in **Kopenhagen „Karneval in Kopenhagen"**, ausgelassenes Fest in allen Straßen und Plätzen.

Juni – Mitte Juni bis Mitte September in **Kopenhagen „Sommerunterhaltung"**, breites Unterhaltungsprogramm mit Musik, Theater, Tanz und Kunst.

– Mitte Juni **„Sommer Jazz"** in **Odense/Fünen**, Tag und Nacht über 1000 Stunden Jazz aller Schattierungen.

– Ende Juni bis Ende August in **Kværndrup/Südfünen „Sommer Musik Matinees auf Schloß Egeskov"**, Kammerkonzerte jeden Sonntagnachmittag.

– Ende Juni, große **Segelregatta „Rund Seeland"**.

– Ende Juni bis Angang Juli in **Frederiksund „Wikingerspiele"**.

– Ende Juni in **Skagen, Lieder- und Folklorefestival**.

– Ende Juni in **Ringe** auf Fünen **„Midtfyns Festival"**, auf mehreren Bühnen fünf Tage lang über hundert Konzerte mit Rock, Blues, Funk, Jazz, Country Music, Folk.

– Ende Juni, gelegentlich auch Anfang Juli in **Roskilde „Roskilde Musikfestival"**, eines der größten Open Air Festivals in Nordeuropa mit Rock, Folk, Beat, Jazz, Theater und Film.

Juli – Anfang Juli bis Mitte August **„Copenhagen Summer Festival"**, klassische Konzerte täglich im Festsaal des Schlosses Charlottenburg und in der Schloßkirche Christiansborg.

– Anfang bis Mitte Juli **„Kopenhagen Jazz Festival"**.

– Anfang Juli bis Mitte August **„Vendsyssel Festival"**, klassische Musik, Jazz, Musiktheater.

– Mitte Juli **„Ringreiterfest" in Sønderburg/Als** in Südjütland, Reiter müssen von galoppierenden Pferden mit einer Lanze einen kleinen, an einer Schnur über der Reitbahn hängenden Ring aufspießen.

– Mitte Juli bis Anfang August in **Odense/Fünen „H.C. Andersen Festspiele"**,

Märchen unter freiem Himmel.
– Mitte Juli bis Mitte August auf **Bornholm**, **„Bornholmer Musikfestival"**, moderne und klassische Musik montags bis mittwochs in den Bornholmer Kirchen.
– Ende Juli bis Mitte August in **Kalundborg, „Musiktage auf Schloß Lerchenberg"**.

August – Anfang August **„Mosstock Festival", Open Air Festival am Mossø** bei Skanderborg, drei Tage lang Rock, Folk, Jazz.

September – Ende September in **Århus** **„Festwoche in Århus"**, gilt als größtes Kulturfestival Skandinaviens, Ballett, Oper, Jazz, Volksmusik, Straßenfeste.

WÄHRUNG UND DEVISEN

In den skandinavischen Ländern gibt es bei der Ein- und Ausfuhr inländischer wie ausländischer Währung keinerlei Beschränkungen.
Übersteigt in Dänemark allerdings die Ausfuhr DKK 50.000,-, gelten besondere Bestimmungen!
Die dänische Währung ist die **Dänische Krone** (DKK) zu 100 Øre (Öre). Geldschein gibt es mit den Werten 1.000, 500, 100 und 50 Kronen und Münzen zu 20, 10, 5, 2 Kronen und 1 Krone, sowie 50 und 25 Øre.
DKK 100 = ca. DM 27,00. Die Wechselkurse unterliegen Schwankungen.
International bekannte **Reiseschecks** und die gängigen **Kreditkarten** werden in vielen Geschäften, Tankstellen, Hotels, Restaurants etc. als Zahlungsmittel akzeptiert. Gehen Sie mit Ihren Kreditkarten, Kreditkartenabdrucken (auch mit dem Karbonpapier zwischen den einzelnen Kopien) nicht zu sorglos um, um Mißbrauch und späteren unliebsamen Überraschungen auf Ihrem Bankkonto vorzubeugen.
Euroschecks mit Scheckkarte werden von den Banken **immer seltener** akzeptiert! Als Zahlungsmittel in Geschäften etc. sind Euroschecks nicht gebräuchlich. Die kostenintensive Bearbeitung der Schecks

und immer öfter auftauchende Fälschungen vermiesen den Banken das Geschäft mit Euroschecks. Schweden z.B. hat den Umgang mit Euroschecks im Frühjahr 1998 ganz eingestellt! Verlassen Sie sich also *keinesfalls* ausschließlich auf Euroschecks, um in Dänemark Landeswährung einzutauschen!
Sehr verbreitet sind in Dänemark **Geldautomaten**, an denen Sie mit Ihrer EC-Karte oder Kreditkarte mit der geheimen PIN-Nummer rund um die Uhr Geld bekommen können.

ZEICHENERKLÄRUNG

Durch diese Angaben, zusammen mit der Kartenskizze vor jeder Teilstrecke, haben Sie die wichtigsten Informationen über die jeweilige Etappe auf einen Blick zusammen. Sie können – ohne die ganze Etappe durchblättern zu müssen – abschätzen, was Sie auf dieser Strecke erwartet. Beispiel:

⊙ **Entfernung:** Rund 190 km, plus 1 Fähre.

➡ **Strecke:** Über die Storebæltsbrücke nach **Halsskov-Korsør/Seeland** – E20 über **Slagelse** bis **Sorø** – Straße 219 und Landstraße bis **Schloß Lerchenborg** – Straßen 205 und 237 bis **Gilleleje**.

🕐 **Reisedauer:** Mindestens ein Tag.

⌘ **Höhepunkte:** Die **Storebæltbrücke ***** – die **Wikingerfestung Trelleborg** – die **Frauenkirche *** in Kalundborg – die **Strände **** am Kattegat.

Mit folgender **Hervorhebung im Text, beginnend mit einem Pfeil und endend mit einem Punkt**
➡ **Route:** Weiterreise nach ... ●
soll die eigentliche Route/Fahrstrecke von den Beschreibungen der Städte, Landschaften und Sehenswürdigkeiten optisch unterschieden und der Wiedereinstieg in die Route bei der Weiterfahrt erleichtert werden.

☑ *Mein Tip!* **Dieser Hinweis** ist eine subjektive Einschätzung durch den Autor. Damit sind Sehenswürdigkeiten, Hotels, Restaurants, Ausflüge o. ä. gekennzeichnet, die während der Recherchenreisen einen besonders starken und positiven Eindruck hinterlassen haben. Oder es werden damit wichtige Reisetips markiert.

BESUCHEN SIE UNS IM INTERNET!

Mehr über unser Buchprogramm und über RAU'S TOURING-GUIDES, die individuellen Auto-Reiseführer finden Sie unter:

http://members.aol.com/rauverlag

Piktogramme am Seitenrand:

 die Route

 archäol. Sehenswürdigkeit

 Wandermöglichkeit

 Umweg, Alternativroute

 Stadtrundgang

 Radtouren

 Abstecher, Ausflug

 Schloß, hist. Gebäude, Tempel

 Information

 Autofähre

 Campingplatz

 Restaurant

 Sehenswürdigkeit

 kulinarische Spezialität

 Hotels

Wichtige, am Rande vermerkte Sehenswürdigkeiten sind ihrer Bedeutung entsprechend mit ein, zwei oder drei Sternchen versehen:

* = sehenswert
** = sehr sehenswert
*** = ein „Muß" auf der Reise

MOBIL REISEN
Praktische Reiseführer
aus dem Werner Rau Verlag Stuttgart
mit Routen, Touren, Reisetips
für individuelles Auto-, Motorrad- und
Wohnmobil-Touring (*).

*) oder einfach für erlebnisreiches Reisen auf eigene Faust.

Mobil Reisen: SKANDINAVIEN
Reiseziel Nordkap

Die große Tour zum Nordkap in bequem zu kombinierenden Reiserouten. Mit vielen Routenvarianten durch alle vier nordischen Länder - Dänemark, Norwegen, Schweden und Finnland. Ausführliche Beschreibung der Hauptstädte.
424 S., zahlr. s/w.- u. Farb-Abb., Hotels, Campingplätze, Kartenskizzen, Stadtpläne und viele Infos.
ISBN 3-926145-14-5

Touring Quer Durch NORWEGEN

In besonders für den Individual-Autoreisenden aufbereiteter, praktischer und übersichtlicher Form wird das Land von Oslo durch die schönsten Täler und Fjordlandschaften Süd- und Westnorwegens, über die Lofoten und Vesteralen-Inseln bis zum Nordkap anhand zuverlässiger Routenvorschläge beschrieben.
240 S., Stadtrundgänge, Wandervorschläge, zahlr. s/w.- u. Farb-Abb., Hotels, Campingplätze, Kartenskizzen, Stadtpläne und viele Infos.
ISBN 3-926145-07-2

Mobil Reisen: DÄNEMARK

Handlich und praktisch für erlebnisreiches Auto-, Motorrad- oder Wohnmobil-Touring. Auf 15 handverlesenen Urlaubsrouten zu den schönsten Städten und Küsten in Jütland, Fünen, Seeland und Bornholm. Ausführlicher Teil über "wonderful, wonderful Copenhagen".
208 S., zahlr. s/w.- u. Farb-Abb., Hotels, Campingplätze, Kartenskizzen, Stadtpläne und viele Infos.
ISBN 3-926145-02-1

Mobil Reisen: PORTUGAL

Gesamt Portugal, vom grünen Norden bis zur sonnigen Algarveküste, vom kargen, ursprünglichen Alto Alentejo bis zu den Seebädern am Atlantik beschreibt dieser Band auf leicht nachvollziehbaren Touren, die einen kompletten Eindruck von diesem überaus interessanten Reiseland vermitteln. Besonders ausführlich die Weinstadt Porto und natürlich Lissabon, eine der schönsten Hauptstädte Europas.

208 S., zahlr. s/w.- u. Farb-Abb., Hotels, Campingplätze, Kartenskizzen, Stadtpläne und viele Infos.

ISBN 3-926145-04-8

Touring Quer Durch GRIECHENLAND

Aus der Reisepraxis für die Reisepraxis geschrieben. Ein Reisehandbuch mit Routen, Touren und Reisetips fürs Auto-, Motorrad- oder Wohnmobil-Touring. Eine Fülle von Routenvorschlägen führt durch gesamt Griechenland, von den Badestränden der Chalkidiki-Halbinsel bis zum Peloponnes und natürlich zu allen archäologischen Stätten.

256 S., viele s/w- u. Farb-Fotos; Karten, Stadt- und Lagepläne, Stadtspaziergänge, Hotels, Campingplätze.

ISBN 3-926145-05-6

Mobil Reisen: BRETAGNE DURCH DAS LOIRE-TAL

Ein individueller Reiseführer mit Routenvorschlägen, ausgesuchten Touren und praktischen Reisetips. Eine bequem nachvollziehbare Reise von Orléans durch das Tal der Loire bis an die bretonische Atlantikküste. So angenehme Themen wie "Essen und Trinken" kommen ebenso wenig zu kurz wie Historisches und Amüsantes.

400 S., zahlr. s/w.- u. Farb-Abb., Hotels, Restaurants, Kulinarisches, Campingplätze, Karten, Stadtpläne und viele Infos.

ISBN 3-926145-20-X

Quer Durch SCHWEDEN

Die schönsten Reise(mobil)routen. 21 sorgfältig ausgewählte, vor Ort getestete Auto-Routen durch die schönsten Landschaften, Städte und Regionen. Mit vielen Reistips und Informationen über Sehenswertes vom südlichen Schonen bis Lappland. Mit ausführlichem Stockholm-Teil, Stadtrundgänge u.a. durch Helsingborg, Göteborg, Uppsala, Kalmar, sowie die Inseln Öland und Gotland.

300 S., zahlr. s/w.- u. Farb-Abb., Hotels, Campingplätze, Kartenskizzen, Stadtpläne und viele Infos.

ISBN 3-926145-13-7

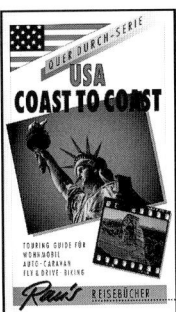

America on the road!

Quer Durch USA – COAST TO COAST

Das kompetente Tourenbuch mit 44 ausgesuchten Routenvorschlägen für Ihre Traumtour mit dem Wohnmobil, dem Mietwagen oder mit dem Motorrad. Tour-Ideen von der Ost- zur Westküste zum Aussuchen und Kombinieren, unter Einbeziehung der grandiosen Nationalparks. Übersichtlich und reich illustriert. Ausführliche Städteportraits, u.a. über New York City, New Orleans, Las Vegas, San Francisco u.v.a.
588 S., zahlr. s/w.- u. Farb-Abb., Hotels, Campingplätze, Karten, Stadtpläne und viele Infos.
ISBN 3-926145-06-4

America on the road!

Quer Durch KALIFORNIEN & NEVADA

Touring U.S.A., ein bißchen easy rider feeling, baden in Malibu oder die Automaten füttern in Las Vegas. Dieser Touring-Guide sagt Ihnen, wo's langgeht, ob in den Nationalparks, in den Spielkasinos oder in San Francisco, Los Angeles oder San Diego.
186 S., Klappenbroschur in Fadenheftung, viel Farbfotos, Hotels, Campingplätze, Karten, Stadtpläne und viele Infos.
ISBN 3-926145-11-0

America on the road!

Quer Durch FLORIDA

Sonne satt. Strände soweit das Auge reicht. Und natürlich Heimat der berühmtesten Maus der Welt. Das alles ist Florida. Aber wußten Sie auch, daß Floridas infrastrukturelle Entwicklung zwei Eisenbahnmagnaten zu verdanken ist? Dies und noch viel andere Reisetips – verpackt in bequemen Routenvorschlägen stehen in diesem Reiseführer.
200 S., zahlr. s/w.- u. Farb-Fotos, Hotels, Campingplätze, Karten, Stadtpläne und viele Infos.
ISBN 3-926145-16-1

America on the road!

Quer Durch HAWAII

Die "Trauminseln" im Pazifik lassen sich bequem mit dem Mietwagen erkunden. Dieser Band zeigt dem individuellen Auto-Tourer die schönsten Urlaubsrouten auf den Inseln Oahu, Hawaii, Maui, Lanai, Molokai und Kauai. Sehenswürdigkeiten, Hotels, Beach Resorts, Hintergrundinfos. Mit San Francisco und Los Angeles als Stopovers.
199 S., Klappenbroschur in Fadenheftung; zahlr. Farbfotos, Hotels, Campingplätze, Karten, Stadtpläne und viele Infos.
ISBN 3-926145-19-6

NEU!
Das ganze Euro-Straßennetz auf einer CD-ROM

AND ROUTE EUROPA

Zuverlässige und schnelle Planung Ihrer Reiseroute.
Ein kompletter Routenplaner für Deutschland, Österreich, die Schweiz und das komplette europäische Straßennetz auf einer CD-ROM.
50 europäische Länder, und 450.000 Orte.
Übersichtliche Routendarstellung in detaillierten, farbigen Straßenkarten.
Effektive Druck- und Mailfunktion für Routenbeschreibung und Karte.

Systemanforderungen: Windows 95/98, Windows NT 4.0 – PC mit 80486-Prozessor oder höher – 4 MB RAM – ca. 4 MB freier Speicher auf der Festplatte – Soundkarte – 4-fach CD-ROM-Laufwerk.
Preis: DM 49,- + DM 6,- für Porto und Verpackung.

Zu beziehen bei: Werner Rau Verlag, Feldbergstraße 54, D-70569 Stuttgart, gegen Voreinsendung eines Verrechnungsschecks über DM 55,- oder Überweisung des Betrages auf Konto Nr. 12 809 004, BLZ 600 608 93, Filderbank eG Stuttgart. Bitte bei der Bestellung Ihre genaue, deutliche Anschrift nicht vergessen!